立信会计系列精品教材

国家级特色专业教材
上海市会计学教育高地重点建设项目

成本会计学

（第五版）

主编　陈云

副主编　杨鲁

立信会计 出版社
LIXIN ACCOUNTING PUBLISHING HOUSE

图书在版编目(CIP)数据

成本会计学 / 陈云主编. —5 版. —上海：立信
会计出版社，2023.12
立信会计系列精品教材
ISBN 978-7-5429-7482-2

Ⅰ．①成… Ⅱ．①陈… Ⅲ．①成本会计—高等学校—
教材 Ⅳ．①F234.2

中国国家版本馆 CIP 数据核字(2024)第 000560 号

责任编辑　　余　榕
助理编辑　　窦乔伊
美术编辑　　吴博闻

成本会计学(第五版)

CHENGBEN KUAIJIXUE

出版发行	立信会计出版社		
地　　址	上海市中山西路 2230 号	邮政编码	200235
电　　话	(021)64411389	传　　真	(021)64411325
网　　址	www.lixinaph.com	电子邮箱	lixinaph2019@126.com
网上书店	http://lixin.jd.com		http://lxkjcbs.tmall.com
经　　销	各地新华书店		
印　　刷	常熟市人民印刷有限公司		
开　　本	710 毫米×960 毫米	1/16	
印　　张	26.75		
字　　数	555 千字		
版　　次	2023 年 12 月第 5 版		
印　　次	2023 年 12 月第 1 次		
书　　号	ISBN 978-7-5429-7482-2/F		
定　　价	53.00 元		

序

　　立信会计这一品牌是由我国现代会计之父、会计学家及会计教育家潘序伦博士创立的。上海立信会计学院是我国唯一一所以会计命名的、以培养财会、经济管理类各级专门人才为目标的全日制普通高等院校,在近八十年的办学历史中,根据潘序伦老校长确定的"立信为本,实践为衡,求是务实,报效社会"的办学理念,为社会培养了二十余万财经管理人才,在会计界享有盛誉。2005年,上海立信会计学院会计学专业群被上海市确定为重点建设的教育高地,"立信会计系列精品教材"是会计学教育高地的建设项目之一。

　　立信会计因其会计教育、会计师事务所与会计出版社三位一体的办学模式而使其教材在国内独树一帜。在我国会计国际趋同及其企业会计准则体系已经形成、资本市场的发展对会计信息不断提出新的要求、会计诚信受到普遍关注的背景下,高等院校会计学专业无论教学的理念,还是教学的内容与手段都在发生变化,为适应这些变化,我们组织编写了这套"立信会计系列精品教材"。这套系列教材主要以高等院校会计学本科专业的学生为使用对象,由《会计学原理》《中级财务会计学》《高级财务会计学》《成本会计学》《管理会计学》《财务管理学》《审计学》与《电算化会计》八本教材构成,涵盖了高等院校本科会计学专业的八门核心课程,其中的一些教材也适用于财务管理、审计学以及工商管理等财经类专业的教学。

　　之所以将这套系列教材列为精品教材,是因为这套教材的编写努力传承了潘老校长开创的立信会计教材编写的良好传统,吸收了潘老校长以及各位立信会计贤达编写的教材精华,以及国内外同类教材的精华、当前会计理论与会计教育研究成果的精华,采用教授领衔、任课老师参与的原则,将教材编写与精品课程建设、课堂教学紧密地结合起来,在内容上将会计理论与会计实务有机地结合起来。

尽管我们将这套会计系列教材定位于精品教材,也为编写好这套教材作出了努力,但限于水平仍会有种种不足。同时,会计学科是与社会经济环境密切相关的,新的会计业务与新的会计问题在不断地出现,也需要对教材进行及时更新。为此,我们真诚地期待着各位专家、学者及广大的读者对这套教材的任何方面提出意见和建议,以便再版时改进,使其成为名副其实的精品教材。

第五版前言

上海立信会计金融学院"会计学"专业是国家级特色专业,也是上海市重点建设的教育高地之一。作为"立信会计系列精品教材"之一的《成本会计学》,自 2007 年 2 月首次出版至今,由立信会计出版社连续出版了 4 版,累计印量已达 45 000 册。

一、教材特点

首先,在编写内容上,本教材既兼顾历史延续性及完整性,又及时吸纳学科发展的最新研究成果,还形成知识、能力、课程思政于一体的内容体系,确保学生在课程学习的全过程都能得到思想的引领。其次,在框架结构设计上,本教材尽可能方便高校学生自学,每章都设有"复习思考题""练习题",并在关键知识点上设计"案例分析题",将学生职业素养的培养贯穿始终。最后,在教材不断完善方面,本教材除了修订及时,将本学科最前端研究成果,以及国家会计、金融和税务等最新规范加以体现,确保内容的新颖与实务的可操作性,同时还适时调整了编写团队,吸纳了年轻有为的高学历、高职称教师。

二、修改内容

本次改版是在第四版的基础上作了修改,其中教材编写组重点将党的二十大精神融入教材,具体体现在每章末尾增加了"思政拓展思考",以便加强学生课后对专业视野的开拓及深入思考,为培养创新性人才创造条件;第五章和第十九章全部改由教学经验丰富的博士教师重新编写,其他章节则由原编写作者在内容上适当更新。本次改版依旧尤其注重方便自学与创新能力的培养两个方面。

三、适用对象

本教材可作为会计学、财务管理、审计专业等财经类及其他相关专业的本专科院校教材,也可作为实务人员从事成本核算与管理岗位的自学参考用书。

本教材自正式出版以来,深受我国广大财经院校师生及相关实务工作者的喜爱,这主要得益于其主编及编写团队的不懈努力。2015 年 5 月,《成本会计学》《成本会计学学习指导书》,荣获由上海市教育委员会颁发的"上海普通高校优秀教材奖"。主编陈云在从事成本会计研究方向的教学与科研的 40 余年中,带领编写团队获得了丰硕成果,如由其主持的"产学研引领创新人才培养,开创成本会计课程教学改革新局面"教研项目,荣获由上海市教育委员会颁发的"2017 年上海市高等教育教学成果奖二等奖";由其主持的"成本会计课程立体化教学资源建设"教研项目,荣获由上海立信会计金融学院颁发的"2017年校级教学成果奖一等奖"。这些教学与科研研究成果,不断地融入了教材的编写、修订工作中,确保了教材质量的不断完善。

　　本次修订的编写分工如下:由陈云担任主编,杨鲁担任副主编;其中,第一、第二、第三、第十一、第十五、第十六、第十七、第二十章由陈云编写;第四、第十、第十二章由杨鲁编写;第五、第十九章由汪猛编写;第六、第七、第十八章由刘睿洁编写;第八、第九章由白莉编写;第十三、第十四章由肖琳编写。本次修订首先由主编陈云组织并提出具体要求,其次由各章编写人员分工撰写与修订,最后由主编陈云总纂定稿。

　　在本教材编写与修订过程中,参考了诸多专家及学者的研究成果。在此,一并表示感谢!

　　本教材中如有疏漏、错谬之处,欢迎读者批评指正,以便再版时修正。

　　本教材配有 PPT 课件,读者可登录立信会计出版社网站(www. lixinaph. com)下载。

陈　云

2023 年 11 月

第四版前言

上海立信会计学院"会计学"专业是国家级特色专业,也是上海市重点建设的教育高地之一。作为"立信会计系列精品教材"之一的《成本会计学》,分别于2007年3月、2009年5月、2011年10月由立信会计出版社连续出版了3版,累计印刷9次,累计印量已达35000册,2015年5月荣获"上海普通高校优秀教材奖"称号,也得到了诸多院校师生和实务工作者的认可。

为了全面贯彻和落实我国财政部颁发的《企业产品成本核算制度》,适应现代企业多维度、多层次的成本管理要求,根据我国成本会计理论研究、成本会计教学研究及其实务的发展,在充分考虑本教材广大使用者的信息反馈意见基础上,在教材内容及编写人员安排上均进行了重大调整。本次修订旨在保证及时符合制度要求、保证内容前沿。

在内容结构上,本教材取消了原第十六章"适时生产系统与倒推成本法",而在书末新增了"专项成本会计"一章,主要介绍了环境成本会计、人力资源成本会计、质量成本会计和精益成本会计等内容,借以吸纳本课程最新的研究成果,将成本核算与成本控制、宏观资源的有效利用与微观产品成本的持续降低有机结合起来。

本次修订在编写人员安排上,亦有所变动。变动后的编写分工如下:由陈云担任主编,杨鲁担任副主编;其中,第一、第二、第三、第十一、第十五、第十六、第十七、第二十章由陈云编写;第四、第十、第十二章由杨鲁编写;第五章由周陈莲编写;第六、第七、第十八章由刘睿洁编写;第八、第九章由白莉编写;第十三、第十四章由肖琳编写;第十九章由胡启宏编写。本次修订由陈云组织并提出具体要求,各章编写人员分工撰写与修订,最后再由主编陈云总纂定稿。

本教材配有PPT课件,读者可上立信会计出版社网站(www. lixinaph. com)下载。

陈　云

2016年2月

第三版前言

上海立信会计学院"会计学"专业是国家级特色专业,也是上海市重点建设的教育高地之一。作为"立信会计系列精品教材"的《成本会计学》,分别于 2007 年 3 月和 2009 年 5 月由立信会计出版社出版了第一版与第二版,已印刷了 4 次,累计印量已达 14 500 册,得到了诸多院校师生和实务工作者的认可。

根据我国成本会计理论研究与成本会计教学研究及其实务的发展,以及本教材在使用中获得的信息反馈,我们对本教材进行了全面的修订,在内容上、体系结构上和编写人员安排上均进行了重大的调整。本次修订旨在充分吸纳热心专家的建议以及数年来使用本教材的专业教师的教学反馈,并使教材内容准确体现最新《企业会计准则》的精神。

在内容上,力求进一步体现《企业会计准则》应用指南中对成本、费用、损失、税金、其他支出等进行的划分及范围确定的最新精神。

在体系结构上,主要作了以下较大的变动:

(1) 为了避免与管理会计、人力资源会计等教材的重叠,取消了本教材原第十五章"变动成本法"和原第二十二章"工业企业成本的考核和决策"的内容。

(2) 为了更好地满足教师教学和学生自学的需要,本书在结构上作了部分的调整,即在每章的正文前列示了"学习目的与要求"和"课前预习题"、正文后增加了"本章要点概览"等内容。

在编写人员安排上,本教材亦有所变动。变动后的编写分工为:第一、第二、第三、第十一、第十五、第十七、第十八章由陈云编写;第六、第七、第十九章由刘睿洁编写;第十、第十二、第十六章由付君编写;第十三、第十四章由肖琳编写;第八、第九章由白莉编写;第四章由郭思永编写;第五章由周陈莲编写;第二十章由胡启鸿编写。本次修订由陈云组织并提出具体修订要求,由各章编写人员分工修订,最后再由陈云总纂定稿。

本书配有 PPT 课件,读者可上立信会计出版社网站(www.lixinaph.com)下载。

陈 云

2011 年 9 月

第 二 版 前 言

　　《成本会计学》既是"立信会计系列精品教材"之一,又是上海市会计学教育高地重点建设项目之一。第一版已于 2007 年 2 月由立信会计出版社出版,并得到了诸多院校师生和实务工作者的认可。在吸纳了两年来教学过程中的使用体会以及热心专家的建议的基础上,我们经再次酝酿,对本书作了全面修订,期望能更好地满足全国各地相关院校经济类专业的教学需要。

　　本次修订在体系结构方面未作大的变动,但在内容上呈现了如下特点:

　　(1) 在会计账户的使用及核算内容方面,充分体现新企业会计准则的精神,更新了相关内容,并加强理论与实务的结合。

　　(2) 为了便于学生自学自修,在各章后均增加了客观题目的测试内容。

　　(3) 为了便于教学和自测教学效果,还以附录形式增列了各章复习思考题的部分参考答案。

　　(4) 对原版中不妥之处进行了重新编写,以求在完善教材内容的基础上,进一步提高教材质量。

　　立信会计系列精品教材已于 2006 年 9 月被批准列为上海"十一五"重点规划教材。

　　本次修订由主编组织,并提出具体修订要求,由原各章编写人员分工修订,最后再由主编总纂完成。

　　本书配有 PPT,读者可上立信会计出版社网站(www. lixinaph. com)下载。

陈　云

2009 年 5 月

前　　言

在高新技术迅猛发展,以自动化和电脑化为特征的新制造环境对成本会计的冲击及管理理论与方法的创新对成本会计的影响越来越大的情况下,成本会计的模式也在发生着巨大的变化,事先、事中和事后的全过程成本控制、企业职员全员的成本核算与成本控制相结合已成为必然趋势;在全球范围资源日益稀缺和贫乏、环境污染严重影响着人们的正常生产和生活的时候,如何加强成本核算与成本控制,不断降低产品成本,提高社会资源的利用率,亦成为人们深思的一大课题。

本教材是立信会计系列精品教材之一。本教材属于财经类专业及《会计学原理》《财务会计》之后必读的主干专业课程教材之一,本教材的主要内容及特点是:

(1) 以成本核算、成本控制与成本分析为主线,对成本核算理论与一般方法、产品成本计算的基本方法、产品成本计算的辅助方法、其他行业成本核算、工业企业成本报表的编制及分析等内容进行了全面、系统的阐述。

(2) 从成本计算方法的通用性出发,以工业企业为例,较系统、全面地阐述了成本核算的理论与方法,同时兼顾性地介绍了其他行业成本核算的特点。

(3) 本教材为克服"教材内容=讲课内容=考试内容"的单一、呆板的教材体系,每章开头均有"本章提要",每章之后附有主要术语、复习思考题、业务题,并在后续篇章中加进了案例分析题,有利于鼓励教师采用启发式、案例分析讨论式等各种教学方式教学,也有利于提高学生分析问题和解决问题的能力,每章还列出了"阅读文献",便于学生的深入自学和拓宽知识视野。

(4) 兼顾稳定性与前瞻性。本教材在选材上,选择在实践中已证明行之有效、生命力强的内容,同时也适量纳入适应现代经济发展的有关成本控制和管理的内容。

(5) 与我国《企业会计准则》的精神相吻合。在会计账户的使用和会计业务的处理上,尽量使用新的会计科目和贯彻新《企业会计准则》的核算原则。尤其在基本概念的表述上,首次试图将"成本"与"费用"严格区分开来,基于《企业会计准则》将"费用"定义为"能引起所有者权益减少的……"前提,本教材将"费用"一律更名为"耗费",如"生产费用"表述为"生产耗费",费用就指期间费用,生产耗费即为成本范畴的内容。为了将绝对数与相对数概念及运用尽量明确区分,突出绝对数用金额表示、相对数用百分比表示的特征,本教材对平均每小时耗费的工资定额、平均每小时耗费的制造费用定额一律表述为"小时工资额""小时制造费额",而不用"小时工资率""小时制造费率"来表述。

本教材由陈云担任主编,负责拟订编写大纲、设计体例和确定内容结构,并负责撰写、修改和定稿;由马建钢、付君担任副主编,协助主编承担相应的工作。本教材第一章、第二章、第三章、第十一章、第十六章、第十八章由陈云编写,第四章、第七章由沈亚香编写,第五章由周陈莲编写,第六章、第十三章、第二十章由马建钢编写,第八章由危玲编写,第九章由秦玉丽编写,第十章、第十二章、第十七章由付君编写,第十四章、第十五章由肖琳编写,第十九章由应淑仪编写,第二十一章由胡启鸿编写,第二十二章由顾玉芳编写。

本教材适用于会计学、财务管理、审计专业等财经类及其他相关专业的本科教学,也可作为企业经济管理人员、会计人员的培训教材及自学参考用书,还可作为教师授课的参考用书。

在本教材编写过程中,为博取众家之长,参考了国内外的优秀教材,在此谨向这些教材的作者一并致以谢意。

尽管本着精品教材的目标,反复斟酌,精益求精,但由于作者水平有限,加之有些问题目前尚未形成公认的定论,书中疏漏错谬之处在所难免。欢迎读者批评指正,以便再版时修订。

陈 云

2007 年 2 月

目　　录

第一章 总 论

━━━━━学习目的与要求━━━━━

　　本章旨在介绍成本会计的基本理论框架。其内容主要包括成本会计的意义、产生和发展、成本会计的工作环节及其工作的组织。通过本章学习,学生应了解成本会计产生和发展的由来,理解成本会计的经济内涵,熟悉成本会计的工作环节,领会成本会计工作组织的基本类型。

 **课前预习题**

1. 成本会计产生的动因是什么?
2. 成本的经济内涵在理论上包括哪几部分?
3. 成本的经济内涵在理论与实务上是何关系?
4. 成本会计工作的内容有哪些?
5. 成本核算在历史上经历了哪几个阶段?

第一节 成本会计的意义

成本是商品经济的产物,是商品经济的重要组成部分。马克思政治经济学的劳动价值理论、剩余价值理论和企业再生产理论,为市场经济条件下的成本的内涵奠定了坚实的理论基础。

一、成本的含义

有关企业的成本构成问题,马克思在《哥达纲领批判》中阐述的两条基本原理,可作为其成本构成经济内涵的直接理论依据。

第一,"劳动不是一切财富的源泉"①。这是因为企业在生产经营活动中,劳动者必须与生产资料相结合,才能创造物质财富,而且生产资料和活劳动,作为生产经营活动的基本生产要素是缺一不可的,从资金循环和周转过程可知,随着生产经营活动的不断进行,所耗费的生产要素逐渐地转化为劳动的生产成果,而生产成果再通过其价值的实现,就又重新补偿和收回生产经营过程所垫付的资金,进而可以开始下一轮的再生产。这就说明成本的构成不仅应当包含活劳动报酬的价值,而且还应当包含生产资料转移的价值,这样,企业才能补偿自身在生产经营中物化劳动和活劳动的全部耗费,这是其在简单再生产的基础上持续经营的基本前提。

第二,不能实行"不折不扣"的劳动所得,要"有折有扣"②。这一方面是为了发展社会生产力,确保全社会科学技术的进步和提高劳动者素质等方面的资金筹集;另一方面是为了满足社会分工的需要,有条件地在全社会范围内允许一部分人脱离直接生产领域去从事文化、教育、科研、卫生、国防、行政管理等项工作,就不能将劳动者新创造的价值全部以薪酬的形式支付给劳动者,要"有折有扣",来满足全社会以上两方面的需要。也就是说,劳动者创造的价值中,支付给个人的部分称为必要活劳动的价值(按相当于平均生活资料的价值测算),以保证劳动力的再生产;为社会创造的部分称为剩余价值,以满足社会再生产(外延扩大再生产)和社会分工的需要。这就说明在企业成本构成中的活劳动创造的价值,不能是其创造的全部价值,而只能是必要活劳动耗费的价值。

在市场经济体制下,作为自主经营、自负盈亏、自我约束、自我发展的实行独立经济核算的经济组织,其生产经营活动是以资金的投入为起点,以资金的使用与耗费为过程,以资金的收回与分配为终点的连续不断、依次继起的资金运动过程。在这个过程中,产品的价值是由三个部分组成的:① 已耗费的生产资料转移的价值(C)。

---

① ②　马克思、恩格斯著:《马克思恩格斯全集》(第 19 卷),人民出版社 1966 年版。

② 劳动者为自己劳动所创造的价值(V)。③ 劳动者为社会劳动所创造的价值(M)。从理论上讲,上述的前两个部分即 C＋V 是商品价值中的补偿部分,它构成商品的理论成本。

综上所述,理论上的产品成本就是指生产经营过程中所耗费的生产资料转移的价值和劳动者为自己劳动所创造的价值的货币表现。

需要说明的是,以上只是从理论上说明了成本的经济实质和基本内容,但在实务上成本的开支范围是由国家通过有关法规制度来加以界定的。为了促使企业加强经济核算,减少生产损失,对于一些不形成产品价值的损失性支出(如工业企业季节性和修理期间的废品损失、停工损失等)、劳动者为社会劳动创造的某些价值(如财产保险费)等也计入产品成本。这就说明实务上的产品实际成本是以产品的理论成本为基础,但不完全等同于理论成本,不过这种实际成本与理论成本的背离应通过制度法规等方式严格加以限制。

美国会计学会(American Accounting Association,简称 AAA)所属成本概念与标准委员会将成本定义为:成本是指为达到特定目的而发生或应发生的价值牺牲,它可用货币单位加以衡量。

事实上,成本是一个不断发展的概念,成本的概念和内涵,随着社会经济的发展和企业管理要求的细密也在不断发展变化。传统的成本基本侧重于生产过程的制造成本,而现今的成本已涵盖了产品的设计、开发、生产、销售和使用的全过程,也是对企业事前、事中和事后成本控制的一种全面考虑。随着会计管理职能的逐渐扩大,成本所涵盖的内容还引入了诸如质量成本、差别成本、机会成本、战略成本和环境成本等内容。

二、成本的作用

成本在企业管理工作中的作用可概括如下。

(一)成本是企业补偿生产耗费、确定纯收入的基本依据

作为自负盈亏的商品生产者和经营者的企业,要确保其简单再生产的正常进行,就需要定期从收入中将相当于已耗成本的数额划分出来,用以补偿其资金耗费。同时,已耗成本也是企业确定纯收入的基本依据,因为扣除已耗成本后才是企业的纯收入,而且已耗成本与企业纯收入之间存在着此增彼减的数量关系。

(二)成本是企业有效决策的重要依据

对制造业来说,在进行产品生产方向决策时,只要是社会需要而且企业也具备生产条件的,在预测了价格因素的基础上决定生产哪些产品、生产多少产品的最重要因素便是产品的成本水平,即要选择那些毛利较大的产品。对劳务业来说也不例外,在劳务收入既定、保证劳务质量的前提下,企业就要选择那些劳务综合成本较低或劳务净收益较

高的劳务项目。总之,成本的高低是企业进行决策时必须考虑的重要因素之一。

（三）成本是产品定价的基础

在商品经济中,社会产品仍是使用价值和价值的统一,而决定产品价值的应为生产该商品产品的社会必要劳动量,而不是个别企业的实际劳动量。产品价格是产品价值的货币表现,一般来说,产品价格应大体上符合其价值,符合价值规律的基本要求。但在实际操作时产品价值难以直接计算和确定,一般都是在考虑各种产品的比价关系、市场上的供求关系、产品在市场竞争的态势、所耗费资源的再生能力等因素的基础上,以该行业或该类产品的社会平均耗费成本加上利税来确定的。总之,无论国家进行宏观调控,还是企业进行产品定价,都要以成本为基础。

（四）成本是综合反映企业管理工作质量的重要指标

成本指标是一项涉及面广、综合性强的经济指标,成本的高低反映着企业各个职能部门的工作质量。例如,产品设计阶段的设计成本(产品的功能、体积大小、耗费哪些材料、各品名材料分别耗费多少、工序工时的设计等),产品生产阶段的制造成本(生产工艺的合理程度、固定资产的利用情况、直接材料的节约与浪费和劳动效率的高低等),产品销售阶段的销售成本(新产品广告费、产品的发运费和推销费等),以及售后服务费等无不直接或间接地反映到成本这个综合指标中来。另外,企业资金结构配置的筹资费用、厂部各个职能部门的各项管理性的费用等,都直接影响着企业的经营成果,这就要求企业实行全过程和全员的成本管理,以确保经营目标的实现。

（五）成本是影响企业经营成果的关键因素

在市场经济条件下,每家企业的经营成果好坏一定意义上取决于其成本的高低,即在生产量或创造价值量不变的条件下,成本越低的企业,其经营成果越好。这是因为在市场竞争、供求关系等诸因素影响下,全社会自然构筑了每种商品产品的平均市场价格,也就派生出了社会平均成本。只有那些个别成本低于社会平均成本的企业,才会获得超额利润,才会在竞争中取胜。从宏观的角度来看更是如此,即全社会经济效益的提高,最终依靠对资源的科学、合理的开发以及资源的节约和有效使用。

第二节　成本会计的产生和发展

一、成本会计经历的阶段

成本会计是基于生产管理的需要而产生,并随着生产力的发展而不断发展和完善的。成本会计先后经历了以下三个阶段:

（1）早期成本会计阶段(1880—1920 年)。随着英国产业革命的完成,机器大工业和工厂制的市场竞争因企业规模之扩大而日趋激烈,如何降低企业成本而在市场竞争中取胜,已成为企业管理的首要议题之一。这就由起初在会计账簿之外的采用统计方法计算成本,改进为将成本计算与普通会计相结合,形成了初创阶段的成本会计。

这个时期的记录型成本会计也取得了一定的进展,主要表现在:① 设立材料账户和材料卡片等建立的材料核算和管理办法。② 按部门归集和分配人工成本所建立的工时记录和人工成本的计算方法。③ 在实践中先后提出了按实际数进行间接费分配的正常分配理论。④ 在制造业开始推广并采用了分批成本法和分步成本计算法计算产品成本等。世界上被称为第一本成本会计著作的是由美国陆军军械官亨利·梅特卡夫(Henry Metcalfe)于1885年出版的《制造成本》一书。

(2) 近代成本会计阶段(1921—1945年)。随着科学技术的迅猛发展,市场竞争的日趋加剧,成本管理在企业管理中的重要性日渐显现,在制造业科学管理之父泰勒(Taylor)的科学管理方法的启发下,美国会计学家将标准成本制度从实验阶段推进到了实施和广泛推广阶段。这就使得原来的事后成本核算转变为事先制定成本标准,事中控制及事后核算与分析相结合。到了1928年,美国一些会计师和工程师还提出并实行了分别制定弹性预算和固定预算来合理地控制不同属性的费用支出,也使得成本会计的应用范围从原来的工业企业扩展到其他行业。这一时期代表性的成本会计名著包括美国尼科尔森(Nicholson)和罗尔巴克(Rohrback)合著的《成本会计》、陀耳(Dohr)著的《成本会计原理和实务》等。

(3) 现代成本会计阶段(1945年以后)。20世纪50年代后期,随着科技进步和企业生产自动化程度的提高,跨国公司纷纷涌现,适应企业管理现代化的要求,运筹学、系统工程和电子计算机等各种科学技术成就在成本会计中得到了更为广泛的应用,形成了新型的注重管理的经营型成本会计。这主要表现在:开展成本的预测和决策,实行目标成本计算,实施责任成本计算,实行变动成本计算法,推行质量成本计算,作业制成本计算法的提出和应用以及成本会计的电算化等。在成本会计理论体系上,形成了企业会计中财务会计、成本会计和管理会计的三分局面。

二、当代成本会计的发展趋势

当代成本会计正经历着前所未有的变化,这种变化主要体现在两个方面:首先,成本会计的技术手段与方法在不断更新,会计电算化的普及使适时报告系统成为可能;其次,成本会计的应用范围在不断拓展,如医院、计算机生产厂商、航空公司等企业对成本控制也越来越重视。

以自动化和电脑化为基本特征的新制造环境,对传统的成本会计技术与方法提出了挑战,如人工成本的大幅度降低、间接制造费的剧增并多样化,就使得使用传统的分配标准分配的结果无法准确计量。同时,成本控制还可能产生反功能行为。例如，为获得有利的材料价格差异，采购部门可能大宗采购或买进低质材料，就可能导致材料超储或产品质量问题；为获得有利的人工成本差异，人力资源部门可能配备技术结构较低的层次的员工，因无战略发展眼光，就可能导致企业丧失可持续发展的竞争能力等。西方国家倡导的作业成本法、作业为基础管理的原理就可确保新环境下成本计算和分配得更准确。

管理理论与方法的创新对成本会计的影响主要表现在：其一，适时制。适时制作为一种严格的需求带动制度，它要求从材料采购到生产各环节之间确保实施的时间衔接，尽可能实现"零库存"，以降低存货的库存成本。其二，全面质量管理。全面质量管理是传统质量管理的再发展，它以事先预防为主，侧重于管理产品质量赖以形成的工作质量，引导全体操作员工自我质量的纠正和监控，企业绩效衡量指标中也包含了产品可靠度、服务的及时性等非货币性指标。其三，战略成本管理。战略成本管理是使用成本数据来开发和识别产生持续性竞争优势的战略，其管理内容主要包括战略衡量指标（如低成本战略、差异化战略和集中一点战略等）、用成本数据支持的产业价值链分析和企业内部价值链的分析及作业管理、目标成本、约束理论和生命周期成本等。其四，基准管理和持续改进。基准管理就是用一公司外部或内部最优的业绩标准来衡量自身的生产活动；持续改进是指确定的基准是一个动态的不断改进提高的过程，把降低成本看作是永无止境的比赛。其五，限制理论。限制理论是把企业看作一系列链状相连的过程，如果薄弱的连接处（制约着企业发展的瓶颈）得到了加强，那么，整个链也就得到了加强。这就启示成本管理人员要有逆向思维，在薄弱环节加大投入量，以提高整个链的综合效益。其六，成本企划。成本企划是指在产品的策划、开发中，根据用户需求设定相应的目标，希冀同时达成这些目标的综合性利润管理活动。成本企划对成本会计的影响，是要求成本会计管理领域尤其要深入延伸到产品形成过程的产品策划、开发设计、工艺准备等整个技术领域，实行预防性控制，以保证目标利润的实现。

第三节　成本会计的工作环节

成本会计的工作环节，是对成本会计管理工作的具体描述。它具体包括以下内容。

一、成本预测

成本预测是根据相关信息（包括历史资料、可能的变化趋势等），通过一定的方法，对未来的成本状况及趋势作出科学的测算。经常性的成本决策之前的成本预测，可为成本决策提供依据，使决策考虑得更为全面；制订计划阶段的成本预测，可促使计划的制订过程能集思广益，有效调动成本管理各部门的积极性和能动性；计划执行过程中的成本预测,可随时有效地发现问题、纠正偏差,确保成本降低目标的实现。

二、成本决策

成本决策是指根据相关信息,运用特有的方法,在若干个预测的方案中选择最优方案的行为。成本决策可以是在一种产品生产或一项劳务提供所确定的若干成本预测方案中,选择综合成本最低的方案;也可以是广义的成本决策,如长期投资成本决策、产品设计成本决策、材料采购成本决策、产品销售成本决策等,决策的依据既可以是成本达到最低水平,又可以是收入与成本相抵后的净收益达到最高水平。

三、成本计划

成本计划是指根据成本预测、决策后确定的计划期生产经营任务,通过一定的程序,运用特定的方法,具体测算出产品生产成本或提供劳务各项目在计划期的要求发生数额,是日常成本控制的具体标准,也是定期进行成本分析与考核的基本依据。

四、成本控制

成本控制一般是指根据预定目标,对成本费用耗费数额进行审核、比较,以便及时发现偏差,采取措施,确保经营活动按既定的目标进行的过程。

成本控制应该是事先、事中和事后全过程的控制,在资源日益匮乏、市场竞争日趋激烈的条件下,事先和事中的控制显得尤为重要。例如,制造业产品设计阶段的成本控制,对全社会最大限度地挖掘降低成本、费用的潜力,有效利用社会资源具有深远的现实意义。

五、成本核算

成本核算是指对日常生产经营过程中发生的成本费用进行归集、登记和分配,并进行有关的账务处理,最后求得各成本计算对象或各劳务对象的总成本及单位成本的过程。

在日常的成本核算过程中,要尽可能将实际耗费划分为符合标准的耗费与脱离标准的耗费两部分,将成本控制、分析与日常核算有机结合起来;同时,对不确定性的资金耗费,要遵循谨慎性和重要性的原则,通过符合逻辑的判断,合理地估计和测算可能发生的耗费以贴近实际。

六、成本分析

成本分析一般是根据日常成本核算的实际成本数据与有关标准数据(如本期计划成本、定额成本、标准成本)或历史数据(如上年同期实际成本、企业历史最低成本、国内外最低成本)等进行比较,以便客观地了解企业目前所处的成本状态和在同行业中的成本管理水平,确定成本超支或节约额。在此基础上,深入查明成本变动的各影响因素和成本差异产生的具体原因,并设法找到纠正偏差的有效措施,提高企业的经济效益。

七、成本考核

成本考核是在成本比较的基础上,定期对各责任部门成本指标实际完成情况进行的总结和评价。为了确保成本考核的客观性和合理性,一方面要尽可能地确保所确定的各责任单位成本定额或标准既先进又合理可行;另一方面还要剔除一些客观因素(即不可控因素)对实际成本的影响。只有在此基础上将考核结果与奖惩制度挂钩,才能真正起到奖勤罚懒、鼓励先进、鞭策后进的实效,充分体现按劳分配、多劳多得的原则。

综上所述,成本会计的各个环节,是一个不可分割、相互依赖的大系统。在这个大系统中,一般计划开始之前事先要进行成本预测、成本决策及成本计划的制订,确定成本目标;事中在成本核算的同时,不断地实施成本控制;事后定期进行成本分析和成本考核,这样就完成了一个系统的循环。只要企业正常运营,则各个循环系统之间总是首尾相接而连续不断的。在诸环节中,成本核算是最基础的环节,离开了成本核算所提供和积累的基础数据,成本的预测、决策、计划、控制、分析和考核等工作均无从谈起。

第四节　成本会计工作的组织

成本会计工作的组织,一般应包括成本会计工作的组织原则、成本会计机构的设置、其他职能部门的相关成本工作、成本会计人员和成本会计制度等内容。

一、成本会计工作的组织原则

成本会计工作的组织原则,一般应包括:

(1)成本会计工作必须从观念上强化职工的成本意识和法治观念。企业应积极通过各种方法和渠道,采取多种形式,坚持不懈地宣传教育全体职工,不能将成本管理看作是几个管理人员的专项工作,应在专职人员的指导下,通过各种消耗定额指标,先从厂部到车间,再到班组的层层分解,使每个职工都充分理解和深刻认识开源节流的重要性,熟悉和掌握国家有关成本开支范围及其有关成本的计量原则、计量方法等明确规定,必须充分调动员工在成本管理上的能动性和创造性,建立企业的全员成本控制和从产品设计到生产加工直至销售、售后服务等全过程的成本控制体系。

（2）成本会计工作必须加强与企业采购、生产、技术等其他职能部门的协调与密切配合。成本是一项综合性的经济指标，内容涉及多个职能部门，因而，成本控制不能仅仅局限于如实地归集、登记、分配和计算结转所发生的成本费用，更重要的是要与企业的生产技术、材料采购供应、产品设计、工艺技术改革等工作，以及材料的配方、生产设备配置、生产调度组织等职能部门密切配合，通过这些职能部门来落实成本计划和成本目标，不断寻求降低成本的途径。专职的成本会计人员不可能完全通晓成本耗费所波及的各个部门的各种技能，这就要求成本会计人员要加强与企业其他职能部门的沟通、协调和合作能力。

（3）成本会计工作必须健全成本管理责任制。成本管理责任制的建立和健全，是进行有效成本管理的保证。企业应在实行成本分级管理的情况下，发挥成本会计工作的核心作用，具体负责组织成本指标的制定和分解落实、日常的监督检查、成本信息的反馈和调节，以及成本责任的考核、分析、奖惩等工作。因此，应不断完善从厂部到车间、再到生产班组的纵向的成本会计工作，以有效贯彻经济责任制的原则。

（4）成本会计工作必须树立社会经济可持续发展与社会经济效益的整体意识。在人类可利用资源日益稀缺、环境污染日趋严重的情形下，企业在原材料配方设计上切忌过度地开发和利用不可再生资源，而且在决策时，应充分考虑因企业不适当经营给社会带来的噪声、水污染、大气污染等负面影响，并将其纳入企业经营成果的考察范围，坚决抵制那些以偷工减料、以劣充优、假冒伪劣等不正当经营手段牟取暴利的违法行为，维护消费者利益；正确处理企业当前利益与长远利益、企业利益与国家利益的关系，当企业利益与国家利益发生矛盾时，企业应当始终以大局为重，服从国家和社会的长远利益。

二、成本会计机构的设置

企业的成本会计机构是指组织、领导并从事企业的成本会计工作的职能部门或组织，是企业会计机构的组成部分。一般说来，大中型企业应在专设的会计部门中单独设置成本会计机构，而在规模较小、会计人员不多的企业，可在会计部门中指定专人负责成本会计工作。另外，有关生产车间和生产班组，也可根据工作需要配备专职或兼职的成本会计人员。企业内部各级成本会计机构之间的组织分工，有集中工作和分散工作两种基本方式。

集中工作方式是指成本会计的主要工作集中在厂部成本会计机构进行。在这种方式下，凭证的审核和整理、耗费的归集和分配、成本的计算和结转，以及成本计划的制订、成本分析考核等，都集中由厂部成本会计机构来完成，车间或其他部门的成本会计机构及人员只负责原始记录和原始凭证的填制，并对它们进行初步的审核、整理和汇总。在这种情况下，企业的各车间、部门一般只配备专职或兼职的成本核算员，不单独设置成本会计机构。采用集中工作方式,成本会计机构的设置较为精简,有利于厂部会计部门随时了解全厂各车间、部门的成本费用信息,但不利于基层成本会计人员成本管理主动性和创造性的发挥。

分散工作方式是指把成本会计的主要工作,分别下放给各车间、部门的成本会计机构或成本核算员,厂部会计机构只根据下面各车间、部门上报的成本计算资料进行全厂成本的汇总核算以及对全厂成本进行综合的计划、控制、分析和考核。这种工作方式的特点正好与集中核算方式相反。

三、其他职能部门的相关成本工作

根据成本责任制的原则,企业的其他职能部门都应对企业成本承担一定的责任。

(1)企业的技术开发及工艺管理部门负责制定有关物资消耗定额,从产品设计和工艺技术上确保合理利用社会资源,确保低成本、高质量、高效率。

(2)企业的生产部门负责制定各车间的生产定额,编制生产计划、组织均衡生产,力求充分、合理地利用生产环节的人、财、物等基本资源,提高工时利用率,减少生产资金的占用。

(3)企业的质检部门负责全面的质量管理,确保不断提高优质品率、合格品率、减少次品率和废品率。

(4)企业的物流管理部门负责制定物资储备定额,控制物资的消耗,合理组织物资的采购、运输,减少流通环节的耗费。

(5)企业的设备管理部门负责制定设备利用定额,提高设备的完好率和利用率,降低设备修理,减少维护保养费用。

(6)企业的动力部门负责水、电、气消耗定额的制定和管理,在保证生产需要的前提下,努力控制能源消耗。

(7)企业的人力资源部门负责劳动力的合理配置,制定劳动定额,提高工时利用率和劳动生产率,控制职工薪酬的支出,节约劳动保护费用的开支。

四、成本会计人员

在成本会计机构中,配备一定数量的成本会计人员,是做好成本会计工作的关键。成本会计的复杂性、市场竞争的加剧和成本管理要求的提高,对成本会计人员的素质提出了更高的要求,即:除了要有较高的政治素质、职业道德和基本专业知识能力,还要适应战略成本管理的需要,从市场的角度,能够用目标成本法来确定企业的目标成本,根据产品生命周期成本的变化,设计、建立和控制上游成本、生产成本和下游成本;通过价值链的分析,用作业管理的理论与方法减少各环节的非增值作业,也要熟悉迈克尔·波特(Michael Porter)所阐述的现代市场经济条件下的三种基本竞争战略,即成本领先战略、差异化战略和目标集聚战略;用质量成本核算所提供的信息进行全面质量管理,从而提高企业可取得的"顾客价值"。

在当代的企业环境下,成本会计人员的角色已由财务业绩的记录者转换为企业高层管理者的业务伙伴,企业为了制定战略、实施战略、评估战略的执行情况,就需要一套比产品成本信息更广泛的成本信息。这些信息包括企业外部环境和企业内部活动的信息,不仅包括财务信息,还包括非财务信息。其中,财务信息包括企业政策、企业生产经营流程对当期财务状况和经营成果的影响;非财务信息则主要从顾客、业务内部流程和人力资源等方面反映企业当期和潜在的竞争地位,这就要求成本会计人员必须刻苦钻研业务,不断充实和更新自己的专业知识,在不断提高自身综合素质的过程中适应新形势下的成本管理的要求,充分发挥好会计的职能作用。

五、成本会计制度

成本会计制度是组织和处理成本会计工作的规范,是会计法规和制度的重要组成部分。企业在制定成本会计制度时,应符合国家颁布的《中华人民共和国会计法》《企业会计准则》和《企业会计制度》等有关规定,满足企业内部管理和战略成本管理的需要,适应企业的生产特点和管理要求,确保及时全面地提供成本管理信息。

成本会计制度的内容一般包括以下几个方面:① 关于成本预测决策的制度。② 关于定额成本、计划成本和标准成本制定的制度。③ 关于战略成本管理的制度。④ 关于成本核算的制度。⑤ 关于成本控制的制度。⑥ 关于责任成本的制度。⑦ 关于企业内部结算价格和内部结算办法的规定。⑧ 关于成本指标完成的奖惩制度。⑨ 关于成本报表的制度。⑩ 关于成本分析的制度。⑪ 其他有关成本会计的制度。

成本会计制度是开展成本会计工作的依据和行为规范,在成本会计制度的制定过程中,必须适应全球经济一体化的世界范围竞争的要求,从战略成本管理的高度立足企业长远发展目标;而且要随经济形势的变化,适时和有效地修订和完善成本会计制度,以保证其科学性、先进性和可行性。

本章要点概览

1. 成本会计是基于生产管理的需要而产生,并随着生产力的发展和管理要求的加强而不断发展和完善的,由在会计账簿之外的统计方法计算成本,改进为将成本计算与普通会计相结合;由事后成本核算,转变为事前、事中和事后相结合的全过程核算与成本控制相结合。

2. 成本是由已耗费的生产资料的转移价值和劳动者为自己劳动所创造的价值两部分所构成的。成本是企业补偿生产耗费、确定纯收入的基本依据,也是产品定价的基础,对企业进行有效决策和提高管理质量等有着重要作用。

3. 成本会计的工作环节包括成本预测、成本决策、成本计划、成本控制、成本核算、成本分析和成本考核七个环节。

4. 企业内部各级成本会计机构之间的组织分工,有集中工作和分散工作两种方式。

 主要术语

1. 物化劳动　　　　　　　　　2. 活劳动
3. 实际成本　　　　　　　　　4. 理论成本
5. 战略成本管理　　　　　　　6. 全面质量管理
7. 成本预测　　　　　　　　　8. 成本决策
9. 成本计划　　　　　　　　　10. 成本控制
11. 成本核算　　　　　　　　　12. 成本分析
13. 成本考核　　　　　　　　　14. 集中工作
15. 分散工作　　　　　　　　　16. 适时制
17. 限制理论　　　　　　　　　18. 成本企划

阅 读 文 献

1. 于文生、王俊生、黎文珠主编:《成本会计学》(第一章　总论),中国人民大学出版社 2002 年版。

2. 欧阳清、万守义主编:《成本会计》(第二章　成本会计的发展及其职能和种类),东北财经大学出版社 2002 年版。

3. 李定安主编:《企业成本学》(绪论　企业成本的一般概念),湖北科学技术出版社 1993 年版。

4. 贺南轩主编:《成本会计学》(第一章　总论),中国财政经济出版社 1995 年版。

复 习 思 考 题

1. 企业"理论成本"包括的内容有哪些?
2. 实际成本与理论成本的关系如何?
3. 成本的作用主要有哪些?
4. 成本的产生和发展经历了哪几个阶段?
5. 当代成本会计的发展趋势如何?
6. 成本会计的工作环节有哪些?
7. 企业内部成本会计机构之间的组织分工有哪两种基本工作方式?
8. 一般来说,企业内部应制定的成本会计制度有哪些?

练 习 题

一、单项选择题

1. 按照马克思对企业成本的阐述,理论上的企业产品成本是指( )。
   A. C
   B. C＋V
   C. C＋V＋M
   D. C＋M

2. 马克思在《哥达纲领批判》一书中,对企业理论成本阐述中的 C 是指( )。
   A. 劳动者为自己劳动所创造的价值
   B. 劳动者为社会劳动所创造的价值
   C. 已耗费的生产资料转移的价值
   D. 已耗费的劳动对象转移的价值

3. 在马克思企业理论成本中,C＋V＋M 的 V 是指( )。
   A. 劳动者为自己劳动所创造的价值
   B. 劳动者为社会劳动所创造的价值
   C. 已耗费的生产资料转移的价值
   D. 已耗费的劳动对象转移的价值

4. 将成本会计的主要工作集中在厂部成本会计机构进行的方式称为( )工作方式。
   A. 集中
   B. 分散
   C. 统一
   D. 松散

5. 在成本会计的工作环节中,( )是基本环节。
   A. 成本预测与决策
   B. 成本分析与考核
   C. 成本控制
   D. 成本核算

二、多项选择题

1. 下列选项中,属于成本会计工作环节的有( )。
   A. 成本控制与成本核算
   B. 成本预测与成本决策
   C. 成本考核与成本分析
   D. 成本计划

2. 马克思在《哥达纲领批判》一书中,对企业理论成本阐述的两条基本原理包括( )。
   A. 劳动不是一切财富的源泉
   B. 劳动是一切财富的源泉
   C. 要实行不折不扣的劳动所得
   D. 不能实行不折不扣的劳动所得

3. 成本在企业管理中的作用主要表现在( )。
   A. 成本是企业补偿生产耗费的尺度
   B. 成本是企业产品定价的基础
   C. 成本是企业决策的重要依据
   D. 成本是企业合理避税的重要因素

4. 早期成本会计阶段所取得的进展主要表现在( )。
   A. 开始推广分批成本和分步成本计算法
   B. 形成了新型的经营性成本会计
   C. 按部门归集和分配人工成本
   D. 提出并实行了分别弹性和固定预算的编制

5. 现代管理理论与管理方法的创新对成本会计的影响表现在( )。
   A. 实行适时制管理
   B. 实行全面质量管理

C. 实行战略成本管理   D. 实行基准管理

三、判断题

1. 依照马克思有关企业成本构成的理论阐述,应实行不折不扣的劳动所得。（   ）

2. 成本分析是成本管理、成本控制过程中的基本职能。（   ）

3. 实际工作中核算的产品成本与马克思阐述的理论成本是完全一致的。（   ）

4. 按现行规定,实务中废品损失和停工损失也计入企业的产品成本。（   ）

5. 近代成本会计发展阶段的主要标志是财务会计、成本会计和管理会计的三分局面。（   ）

<h2 align="center">思政拓展思考</h2>

    党的二十大报告在"开辟马克思主义中国化时代化新境界"中指出：马克思主义是我们立党立国、兴党兴国的根本指导思想。实践告诉我们,中国共产党为什么能,中国特色社会主义为什么好,归根到底是马克思主义行,是中国化时代化的马克思主义行。拥有马克思主义科学理论指导是我们党坚定信仰信念、把握历史主动的根本所在。推进马克思主义中国化时代化是一个追求真理、揭示真理、笃行真理的过程。我们党勇于进行理论探索和创新,以全新的视野深化对共产党执政规律、社会主义建设规律、人类社会发展规律的认识,取得重大理论创新成果,集中体现为新时代中国特色社会主义思想。

    请思考：对成本的经济内涵的理解必须坚持源于马克思《哥达纲领批判》一书中的两条基本原理的原则;对成本会计产生与发展过程的理解及前景展望,需要理论联系实际,本着追求真理、揭示真理的原则。以上两点原则,对你有何启示?

第二章　成本核算原理

——学习目的与要求——

　　本章旨在介绍成本核算的基本理论。其内容主要包括成本核算的基本假设、成本核算的原则、成本核算的对象以及降低成本的意义和途径。通过本章学习,学生应了解成本核算的基本假设,熟悉成本核算的基本原则,掌握成本核算与成本管理的一般对象,理解企业降低成本的意义及途径。

 **课前预习题**

1. 会计的基本假设及原则与成本核算的基本假设及原则之间是什么关系?

2. 成本会计的对象应由哪几个基本要素构成?

3. 降低成本的意义在微观和宏观上是如何体现的?

第一节　成本核算的基本假设

在成本核算中,由于资金耗费情况的复杂和竞争环境的多变,往往存在着诸多不确定的因素,这就给成本核算的准确性带来了一定的难度,这就要求在理论上给予一定的界定。成本核算的基本假设就是对经济活动中的那些不确定的因素或状况所作出的逻辑性的推理判断和方法上的认定,也就是说,针对具体某一问题,在诸多可能性中,要认定哪种可能性最大,以便有效组织日常的成本核算与控制、成本规划与管理。

有关成本核算的基本假设主要如下。

一、资金耗费与资金回收持续性的假设

一般来说,资金耗费与资金回收持续性的假设是指企业投入的各种生产要素和垫付的各类资金,都能在其价值实现,即转让其使用价值的过程中得以收回。提出这一假设的目的在于,当有关资产被耗费时,就可以根据其受益的期限,贯彻受益的原则,将其耗费的总额分别计入其受益期间。也正是有了这个基本假设,固定资产才得以以折旧费的形式分期计入,跨期耗费才得以按月平均分摊。

但是,当企业已经被兼并、拍卖、解散或宣告破产时,企业的资金耗费与资金回收持续性的假定将不复存在,就应改为按清算拍卖的规则进行有关的会计处理。

二、资产计价多重标准的假设

在企业纷繁复杂的各种资产变动的会计处理中,资产计价方面按会计准则的规定,分别采用实际成本、账面价值、公允价值、重置成本、现值等多重标准。当企业在日常经营过程中耗费资产时,资产转移价值的确定方法往往有许多种,如固定资产折旧方法有使用年限法、年数总合法、双倍余额递减法等;发出材料成本的计价方法有先进先出法、加权平均法、个别计价法等。这就要求企业的成本核算人员根据企业的实际,作出职业的判断,从中选择一种较为接近实际的方法,一经选定就意味着采用这种方法的计算结果是客观的,但无论采用哪种方法,都必须有确凿的证据和充分的理论支持说明目前只有采用此方法才能保证计算结果的相对真实。为了确保会计指标的可比性,一般短期内对同一资产所采用的计价标准或方法应保持不变。

三、共同耗费分配标准的假设

共同耗费分配标准的假设是指企业在生产经营过程中由两种以上的成本计算对象共同受益的各项耗费,按一定的分配标准在各个成本计算对象之间确定的比例所

分摊的数额是真实、可信的。例如,工业企业同一生产车间多品种产品的生产,共同的生产工人的薪酬、水电费、生产设备的折旧费等,根据共同耗费的性质往往可以采用多种分配标准,如按产品实际(或定额)消耗量比例分配若干产品共同的材料费、生产工人的薪酬、生产车间的折旧费等。由于这些标准都是按各成本计算对象的受益情况确定的,尽管分配结果与各成本计算对象的实际不可能完全吻合,但也认为按此假设所分配的耗费其计算结果是真实的。

四、成本计算周期的假设

成本计算周期的假设是指根据不同企业的生产经营特点和成本管理要求,所确定的企业每间隔多长时间总结计算一次总成本(单位成本),并假定在该计算期内,每一单位生产成本是相等的。

生产性企业的产品生产周期,有的期间就较为明确且周期较长,如大型机械产品的制造、房屋及建筑物的建造等;有的期间不明确且周期较短,如日用产品、饮食品等。从理论上讲,不同批次、不同生产周期的同一种产品,其生产成本是不同的,如某产品的生产周期为 3 小时,就应每 3 小时总结计算一次成本,以如实反映不同周期产品生产成本的差别,但实务上不胜其烦。另外,从重要性原则和成本—效益原则考虑,也无此必要。制造费的分配均是按月分配并计入各成本计算对象成本的;而且,对外销售和生产完工的批量不可能完全一致,为了确定销售成本,也假设在计算期内单位生产经营成果的成本是相等的。当然,对于生产周期较长的单一产品,则应以生产周期为成本计算的周期,以便准确反映其成本。例如,造船厂所制造每一艘船,若制造周期为 5 个月,就以 5 个月为成本计算期。

第二节　成本核算的原则

无论生产性企业,还是劳务性企业,也不管同类企业的生产特点和管理要求多么不同,它们在成本核算的信息提供上都存在着一些相同的质量特征。例如,要及时核算和反馈成本信息,以满足企业成本控制、成本分析、成本决策和成本考核的需要;成本信息的质量应该是可靠的,无人为地任意虚升或虚降的现象。

一、分期核算原则

无论企业的生产周期是 1 个月以上,还是 1 个月以内,实践中贯彻的成本分期核算工作即耗费的归集和分配,都必须按月进行,以便于企业利润的考核。实际工作中,产品的成本计算期因各个企业生产组织、生产工艺和管理要求的不同,可以分别采用按月总结计算一次或者按企业每个生产周期总结计算一次的方式。但成本分期核算与报告的周期应该始终与会计年度的分月度、分季度和分年度保持一致。

二、一致性原则

一致性原则是指成本核算所采用的方法前后各期应保持一致，以便各期的成本信息具有可比性。这是因为经济生活中有些资产的耗费是无法绝对准确地加以衡量和计算的，如固定资产每月的折旧额、共同性耗费在各受益的成本计算对象之间的分配等，只能根据成本会计人员长期实践的经验和较为科学的思维能力，作出一种合乎逻辑的判断，确认采用哪种方法，选用哪个分配标准较为合理。正是由于同一成本问题的各种方法其计算结果差别很大，要求在一定期间相邻月份都采用一致的方法，这样就可维持企业成本指标口径的一致性与计算结果的相对可靠。

当然，一致性原则并不是说所采用的成本计算方法就永远不变，也不能改变，如果采用原方法的环境和条件发生了根本性的变化，就应该研究采用更为贴切的新的有关方法。但在年度财务报告中，要将因有关方法改变所影响的成本数或利润数加以说明，保证信息的充分披露。

三、配比性原则

配比（或受益）性原则是指收入和成本在期间上的配比以及成本在各个受益对象之间的配比。期间配比是指何时受益何时负担，即成本负担的期间应与受益的期间相一致。那些为实现本期收入而发生的各种耗费，不管是否付出货币资金，都要计入本期成本；反之，那些与本期收入实现无因果关系的货币资金的付出，就不应计入本期成本。受益对象的配比是指资产价值形成过程的配比，即谁受益谁负担，如采购材料过程的装卸、搬运、仓储等耗费，就应按各材料的受益程度（如材料的件数、重量、体积或买价等比例）分配计入各个品种材料的采购成本；同理，同一生产车间几种产品共同耗费的制造费，也要按各个产品的受益程度（如各产品的生产工时、生产工资比例或所耗费的资源作业等比例）分配计入各产品的制造成本。

四、可靠性原则

可靠性原则是指成本核算指标真实、正确。真实是指已入账的所有成本及耗费，实属客观发生过的经济事实或者有确凿证据表明已显现的跌价和减值，无虚构和秘密计提现象；正确是指在耗费分配计入的过程中，始终在贯彻着受益原则，而且是在严格按受益程度分配的，尤其要注意的是所选择的分配标准与所发生的耗费之间应存在着合乎逻辑的因果关系。

五、合法性原则

合法性原则是指计入成本费用的耗费,都必须符合国家有关法律、法令和制度等的规定,不得虚列和多计成本。例如,凡是属于构建长期资产的各项资本支出,就应相应地记入有关的"在建工程""固定资产""无形资产""长期待摊费用"等账户,在诸项资产未耗费之前不得直接计入成本、费用;另外,企业对外捐赠、发生非常损失等,也不得反映在产品成本中。

六、成本—效益原则

成本—效益原则是指在决定是否采取某种举措时要进行所得与所费的比较,当所得大于所费时就为之;反之,当所得小于所费时就不为之。企业在组织日常成本费用核算和期末耗费分配时,要求产品成本分配计算准确是应该的,但如果为之付出的代价还大于计算准确所带来的直接或间接的经济利益时,就应考虑采用其他较为简化的方法。例如,当企业生产的产品品种很多时,一般来说,采用品种法比采用分类法计算成本计算结果准确度要高,但采用品种法若付出的代价远远大于可带来的利益时,就应采用分类法计算了。总之,在选择成本计算方法时,通过比较提供资料所用成本与由此而获得的收益,来决定究竟需要提供哪些成本信息,并对收入小于成本的次要的成本费用信息,可考虑选择采用一些简化的成本计算方法。

第三节　成本会计的对象

成本会计的对象是指成本会计反映和监督的内容,成本所包括的内容也就是成本会计应该反映和监督的内容。成本会计的对象可分为成本核算的对象与成本管理的对象两大类。

一、成本核算的对象

企业若按经营的目标不同,可分为生产性企业和劳务性企业。生产性企业以工业企业为例,将成本会计应反映和监督的主要内容分述如下:工业企业的主要经营过程分为供应过程、生产过程和销售过程,在各阶段都有其不同的成本核算的内容。

供应过程是为生产过程采购和提供劳动资料的过程。随着材料物资的买进、装卸、搬运等采购耗费的发生及材料买价的支付,伴随着企业货币资金向储备资金的不断转化,就形成了材料物资的采购成本。购买价格和采购耗费的发生是供应过程成本会计核算的主要内容。

生产过程是工业企业产品价值形成的过程,随着劳动对象、劳动手段和劳动力等耗费的不断发生，即货币资金、固定资金及储备资金等向生产资金以至成品资金的不断转化，就形成了产品的生产成本(或制造成本)。上述制造过程中各种生产耗费的支出和成品生产成本的形成，便构成生产过程成本会计核算的主要内容。

销售过程是工业企业产品价值实现的过程。随着应由企业负担的销售、发运产品的装卸搬运费、包装保险费、广告费及专设销售机构有关费用的不断发生，即成品资金向货币资金的不断转化，就形成了产品的销售成本，即主营业务成本。上述销售费用的归集及已销售产品生产成本的计算和结转，是该阶段成本会计核算的主要内容。

企业的行政管理部门为组织和管理生产经营活动也会发生各种各样的费用支出，如管理人员的职工薪酬、办公费、水电费、业务招待费、固定资产折旧费等，这些管理费用的归集、登记过程，也是经营阶段成本会计核算的重要内容。

另外，企业为筹集生产经营所需资金而借入的资金，也会发生如利息净支出、汇兑净损失，向金融机构支付的手续费等这些财务费用的归集、登记过程，也是经营阶段成本会计核算的重要内容。

以上制造业的成本核算对象可分为两个层次，即狭义的和广义的成本核算对象，前者是指产品的制造成本(制造过程的耗费)；后者是指除了制造成本，还包括销售费用、管理费用和财务费用的全部内容。

除工业企业外，商品流通、交通运输、建筑安装、农业、林业、渔业、牧业等其他行业企业的生产经营过程虽各有其特点，但仅仅是表现形式上的差别，基本也可归纳为主营业务成本和期间费用两部分。

劳务性的企业，由于管理的目标不同，产品成本的含义也有所不同。提供无形产品(或服务)的企业成为劳务性的企业，尽管无形产品相对于有形产品来说存在着无形性、瞬时性和多样性的特点，但在提供劳务的过程也要耗费材料、人工和其他耗费即劳务成本，企业总体的行政管理及筹资的代价等期间费用也在发生着，本质上与生产性企业成本核算对象是无区别的。

成本核算对象是以一定期间和空间范围为条件而存在的成本核算实体，而且企业的任何经营成果都是在一定的时空范围内形成的，因而，成本核算对象应由基本的三个要素组成：

(1)成本核算实体。成本核算实体是指承担耗费的企业经营成果的实物形式。对于生产性企业而言，成本计算实体可以划分为某品名产品、某批次产品或某类别产品等。对于劳务性的企业而言，而只能根据劳务的性质确定。例如，运输企业的客运和货运、旅游企业的不同旅游路线等。

(2)成本核算期。成本核算期是指归集、登记和分配耗费的时间范围，也就是每间隔多长时间总结计算一次成本，生产性企业一般应按企业生产的特点，分别按产品的生产周期或日历月份作为成本计算期;而劳务性企业一般均以日历月份作为成本计算期,然而劳务周期长的如远洋运输等例外。

（3）成本核算空间。成本核算空间是指企业生产耗费发生,并能组织企业成本核算的地点(部门、单位或车间)。生产性企业的成本核算空间可划分为全厂或各生产步骤、生产班组;而劳务性企业一般可划分为企业的各部门和各单位。

二、成本管理的对象

在成本会计的诸环节中,成本预测、成本决策、成本计划、成本控制、成本分析和成本考核各环节的工作重点和中心在于成本管理(当然,成本核算过程也是要进行管理和控制的),在成本管理的过程中,还会涉及变动成本、固定成本、机会成本、差别成本、沉没成本、可控成本和不可控成本等内容。

第四节　降低成本的意义和途径

成本指标是一个综合性的经济指标,而且是企业各种指标中最重要的指标之一,它牵涉到企业的各个职能部门及个人,因而降低成本具有十分重要的意义。

一、降低成本的意义

（1）降低成本,可以节约社会资源,促进人类社会的可持续发展。从宏观的角度来看,要实现社会经济的可持续发展,必须明确经济、环境、社会等是不可分割的可持续发展要素,其中生态持续性是可持续发展的基础,经济可持续性是条件,社会可持续性是目的。只有所有的企业都在努力降低成本的消耗,从根本上改变传统的以"高投入、高消耗、高污染"为特征的粗放型的生产模式,才可使人类的经济建设与社会发展不会超出自然资源与生态环境的承载能力,就可避免以牺牲后代人的利益为代价来满足当代人利益的发展,就可在消耗同量资源的条件下,为全社会提供更多、更好的消费品,为人类造福。

（2）降低成本,可以在全社会降低价格。个别企业基于占领市场和竞争的需要,可以降低其个别产品的价格作为企业管理的手段,但它不会引起全社会产品价格的持续性和普遍性的降低,只有全社会多数企业生产产品的物化劳动和活劳动平均水平的降低,才会形成全社会产品价格的真正降低。

（3）降低成本,是提高企业竞争能力的有效手段。在日趋激烈的市场竞争中,企业如何才能立于不败之地呢? 无非是价格和质量两个方面,即同样价格条件下的较高质量,或同样质量条件下的较低价格。但以压低价格来争取较高的市场占有率,短期内是可见成效的,但压低价格也必须以千方百计降低成本为前提,只有企业的个别成本低于社会的平均成本,才有条件以较低的售价为代价去占领市场,增进企业的持续竞争能力。

(4) 降低成本,可以提高企业与社会的经济效益并实现多赢。产品已耗成本是抵减利润的一个直接因素,而且已耗成本与利润之间是此增彼减的数量关系,因而,企业降低成本就可直接增加财务成果,为企业实现内涵扩大再生产创造条件。同时,企业利润增加,也为国家提供了更多的积累,给投资者带来了较多的投资收益,由此而形成企业的良性循环。

二、降低成本的途径

(1) 实行全员成本管理和全过程的成本控制。成本是一个综合性的指标,它涉及企业的所有部门和员工。因而,应将成本指标分解到企业的各职能部门和员工,形成成本控制的网络。这里的全过程是指从产品的设计、材料物资的采购、产品的加工制作、产品的销售及售后服务等,唯有如此,才能在总成本降低时真正提高企业的经营成果;否则,就会此消彼长,终无效益。

(2) 增强员工的成本意识,提高其总体素质。企业员工是最终的、长期的成本动因,只有企业的员工才能采取决策或行动来降低成本。因而,企业应建立一个人人关心成本的企业文化氛围,不断强化员工的成本意识。通过招聘高素质的员工,对员工不断进行经常性的培训来提高员工的技术和创新水平;实行严格的成本奖惩制度,突出激励机制;实行成本否决制来树立成本的权威地位即在所设计的多项考核指标中,不管其他指标完成得如何,只要成本指标未能完成,就应否决其工作业绩,依次逐渐引导各职能部门将工作重心转到降低成本的工作上来。

(3) 采取有效措施,不断提高劳动生产率。劳动生产率的提高,不仅会使生产过程的劳动消耗得到节约,促使单位人工成本的降低,也会伴随着产量的增加,使得单位产品所负担的固定耗费下降。为了提高劳动生产率,就必须采用新技术、新设备和新工艺;必须合理安排生产,改善劳动组织,做到均衡生产,改进操作流程,通过企业专业化协作水平的提高,可以给企业带来规模效应,不断增加技术含量高的设备投入,减少机器设备的停机时间,以长期增加产量和提高产品质量。

(4) 降低材料成本。不断降低劳动对象的消耗,是降低产品成本的一个重要途径。在材料成本占比重较大的企业更是如此。企业的采购部门要确定最优的采购批量,对材料市场进行充分调查,及时掌握供应行情,加强材料采购费用的控制,不断降低材料的采购成本;技术部门要从材料配方的改进、消耗定额的制定、限额发料,不断开发代用材料等方面采取措施,生产部门要尽量减少边、角、余料,提高材料的利用率,控制生产过程中的废品损失。

(5) 实行成本节省和成本避免。成本节省是指通过降低消耗、减少损失,或通过扩大生产规模和提高劳动效率来降低单位成本。成本避免是指从预防的角度出发，运用管理会计中的"零基预算"原理来挖掘降低成本的潜力。例如，美国国防部采用了"成本设计"的方法，将成本避免工作渗透到了产品的设计阶段，以此控制军用品的采购成本；日本丰田汽车公司探索出的"成本企划"模式，将成本管理的视野提前到了产品开发、设计阶段使成本避免更具实效。

　　总之，在市场经济条件下，企业对降低成本要有一个辩证的认识。不能将成本降低片面地理解为成本越低越好，而应建立成本—效益的理念，从战略成本的高度来决策投入成本的合理性、可行性；与此同时，应将降低成本的视野扩展到整个产品生产周期的成本，加强其全过程的控制。

本章要点概览

　　1. 成本核算的基本假设就是对经济活动中的那些不确定因素或状况所作出的逻辑性的推理判断和方法上的认定。有关成本核算的基本假设主要包括：资金耗费与资金回收持续性的假设、资产计价多重标准的假设、共同耗费分配标准的假设和成本计算周期的假设。

　　2. 为了确保成本核算的质量，成本核算中应贯彻的基本原则主要包括：分期核算原则、一致性原则、配比（或受益）性原则、可靠性原则、合法性原则和成本—效益原则。

　　3. 成本会计的对象是指成本会计反映和监督的内容，它包括成本核算的对象和成本管理的对象，两者共同构成了成本会计的全部工作环节。

　　4. 成本指标是一个综合性的经济指标。降低成本，可以促进人类社会经济的可持续发展，可在降低产品价格的同时，有效提高企业的竞争力。降低产品成本的主要途径从生产要素入手，如从劳动手段、劳动力抓起，要实行全员成本管理和全过程的成本控制；增强员工的成本意识，提高其总体素质；采取有效措施，不断提高劳动生产率；降低材料成本；实行成本节省和成本避免。

 主要术语

1. 分配标准
2. 基本假设
3. 成本核算期
4. 分期核算原则
5. 一致性原则
6. 成本—效益原则
7. 成本核算对象
8. 成本会计对象
9. 成本核算实体
10. 成本核算空间
11. 成本节省
12. 成本避免
13. 资产计价标准
14. 劳动生产率
15. 全员成本管理
16. 全过程成本管理

阅 读 文 献

1. 李定安主编：《企业成本学》（第一章 成本核算原理），湖北科学技术出版社2001年版。

2. 陈云主编：《成本会计学》（第三章 成本核算原理），中国物价出版社2001年版。

3. 万寿义著：《现代企业成本管理研究》（第十五章 降低成本专题研究），东北财经大学出版社2004年版。

复 习 思 考 题

1. 资产计价的标准主要有哪些？

2. 成本核算的原则主要有哪些？

3. 成本核算的基本假设主要有哪些？

4. 生产性企业与劳务性企业的成本核算期有何不同？

5. 降低产品成本的意义主要有哪些？

6. 降低产品成本的途径主要有哪些？

练 习 题

一、单项选择题

1. 企业投入的各种生产要素一般都能在其价值实现时得以收回的假设是（ ）。

A. 资产价值多重标准假设　　　　　　B. 成本计算周期假设

C. 共同耗费分配标准假设　　　　　　D. 资金耗费与资金回收持续性假设

2. 在成本归集与分配过程中，坚持何时收益何时负担、何者受益何者负担的精神体现了（ ）的成本核算原则。

A. 可靠性　　　　　　　　　　　　　B. 成本—效益

C. 配比性　　　　　　　　　　　　　D. 一致性

3. 在成本归集与分配过程中，要求将所得与所费加以比较，从而作出有关决策的成本核算原则是（ ）原则。

A. 可靠性　　　　　　　　　　　　　B. 成本—效益

C. 配比性　　　　　　　　　　　　　D. 一致性

4. 狭义的成本核算对象是指（ ）。

A. 制造成本　　　　　　　　　　　　B. 制造成本与管理费用

C. 制造成本与销售费用　　　　　　　D. 制造成本与期间费用

5. 下列选项中，能直接引起本期利润减少的是（ ）。

A. 生产成本　　　　　　　　　　　　B. 制造费用

C. 期间费用　　　　　　　　　　　　D. 资本性支出

二、多项选择题

1. 成本会计对象的三个基本要素包括(　　)。

　　A. 成本核算实体　　　　　　　　　B. 成本核算空间

　　C. 成本核算期　　　　　　　　　　D. 成本核算方法

2. 下列选项中,属于成本核算原则的有(　　)。

　　A. 分期核算　　　　　　　　　　　B. 成本—效益

　　C. 资产计价多重标准　　　　　　　D. 配比性

3. 下列选项中,属于成本核算基本假设的有(　　)。

　　A. 共同耗费分配标准　　　　　　　B. 成本计算周期

　　C. 一致性　　　　　　　　　　　　D. 合法性

4. 广义的成本核算对象包括(　　)。

　　A. 制造成本　　　　　　　　　　　B. 管理费用

　　C. 财务费用　　　　　　　　　　　D. 销售费用

5. 降低成本的意义表现在(　　)。

　　A. 可以相对增加社会财富　　　　　B. 是提高企业竞争能力的重要手段

　　C. 可以提高企业的经济效益　　　　D. 可以提高产品的销售价格

三、判断题

1. 资金耗费与资金回收持续性的假设是指企业的任何付出都能收回。　　　　(　　)

2. 共同耗费分配标准的假设也适用于期间费用的核算。　　　　　　　　　　(　　)

3. 一致性原则是指在企业成本核算中,对同一问题的处理所采用的有关分配方法是永恒不变的。　　　　　　　　　　　　　　　　　　　　　　　　　　　　　　　　　　　(　　)

4. 降低成本有助于提高企业产品的销售价格。　　　　　　　　　　　　　　(　　)

5. 无论哪类行业企业,广义的成本核算对象均包括主营业务成本和期间费用两部分。(　　)

思政拓展思考

　　党的二十大报告在"坚持全面依法治国,推进法治中国建设"中指出:全面依法治国是国家治理的一场深刻革命,关系党执政兴国,关系人民幸福安康,关系党和国家长治久安。必须更好发挥法治固根本、稳预期、利长远的保障作用,在法治轨道上全面建设社会主义现代化国家。我们要坚持走中国特色社会主义法治道路,建设中国特色社会主义法治体系、建设社会主义法治国家,围绕保障和促进社会公平正义,坚持依法治国、依法执政、依法行政共同推进,坚持法治国家、法治政府、法治社会一体建设,全面推进科学立法、严格执法、公正司法、全民守法,全面推进国家各方面工作法治化。

　　请思考:在成本核算的基本假设、成本核算的原则的内容方面,如何保证其基本假设与具体核算原则的设立,它们一定是建立在《中华人民共和国宪法》《中华人民共和国会计法》《企业会计准则》的基础之上的吗?

第三章 成本核算概述

---学习目的与要求---

本章旨在介绍成本核算的一般性要求。其内容主要包括成本会计的基础工作耗费和成本的分类、成本核算的基本要求、企业成本核算的一般程序及其账簿设置。通过本章学习,学生应理解成本会计的基础工作和基本要求,掌握成本核算的一般程序和账簿设置方法,领会耗费与成本分类的意义。

 **课前预习题**

1. 支出、成本、费用之间的关系如何?
2. 收益性支出与资本性支出对企业损益的影响有何区别?
3. 成本核算的一般程序包括哪些环节?
4. 成本核算的基础工作应有哪些?
5. 在成本费用核算时会涉及哪些会计账户?
6. 耗费和成本的实质性区别有哪些?

第一节 成本会计的基础工作

成本会计的基础工作是进行成本会计核算的首要条件。一般来说,成本会计的基础工作应包括以下内容。

一、建立定额管理制度

定额是指企业在生产经营活动中对经济活动在数量和质量上应达到的水平所规定的目标和限额。科学先进的定额标准,是企业制定定额成本、编制成本计划的直接依据,也是进行成本控制和分析,进而评价企业经营业绩的客观标准。因而,健全的定额管理制度,对于企业降低劳动耗费、简化成本核算、强化成本控制有着重大意义。

与成本有关的定额一般包括:① 物资消耗定额,如单位产品材料消耗定额、单位产品燃料动力消耗定额、材料利用率定额、材料损耗率定额等。② 固定资产利用定额,如单位产品设备台时定额、设备工时率利用定额、设备台时产量定额等。③ 劳动生产定额,如生产批量定额、劳动人员定额、出勤定额、单位产品生产工时定额、单位时间产量定额、单位台时产量定额等。④ 耗费定额,如期间费用开支定额等。⑤ 质量定额,如产品合格率、等级品率、废品率、返修率等。

定额有计划定额、现行定额和经验统计定额之分。计划定额是反映计划期内应达到的平均水平的定额(一般以 1 年为一个时间区间),以此计算的是计划成本;现行定额是反映当前应达到的水平定额(一般以 1 月为一个时间区间),以此计算的是定额成本;经验统计定额是根据统计资料和经验而制定的定额。

二、健全物资的计量、验收、领发和清查制度

为了进行成本核算和成本管理,还必须对材料、物资的收发、领退和结存进行计量,建立健全材料物资的计量、收发、领退和清查制度。

企业要对不同的计量对象配备相应的计量器具,如对管道输送的液体和气体,以及锅、釜、槽中的液体和气体要安装仪表计量,并建立计量仪器和器具的管理与定期检验制度以保证计量仪器和器具始终处于良好状态。

材料验收有提货验收和入库验收之分。提货人员当发现数量短缺、重量不足或破损时,应查明原因并要求鉴证。仓库验收时,应根据材料的不同特性,分别采取点数、过磅、量尺、折算等方法以正确核算其数量。在产品和半成品的验收,一般是根据有关产量凭证,通过自检、互检或专业检验等方式来完成的;领用材料、半成品、工具等物资都要有严格的手续和制度,剩余物资要及时退库,库存物资和在产品要定期盘

点，做到账实相符。

三、制定合理的凭证传递流程及建立原始记录制度

原始记录是企业在生产经营活动发生之时，记载业务事项实际情况的书面凭证。作为成本信息的载体，它直接关系到成本核算的真实度。因而，建立严格的原始记录制度，制定合理的凭证传递流程，对加强企业经营管理，具有重要意义。

原始记录的种类很多，与成本有关的原始记录主要有：材料物资消耗记录，如收料单、限额领料单、材料切割单、材料退库单、补料单、代用材料单、废品回收单、材料耗用汇总表、材料盘点报告单、工具请领单、工具借缴登记簿等；设备使用记录，如设备交付使用单、设备运转记录、事故登记表等；人事工资记录，如职工录用通知单、职工调动通知单、请假单、考勤簿、加班加点记录单、工资和奖金支付单等；产品生产记录，如生产命令通知单、工票、工序进程单、停工通知单、废品通知单、完工通知单、成品交库单、半成品入库报告单、在产品转移交接单、成品报废单、在产品、半成品、产成品盈亏报告单等。

原始记录往往为若干部门所使用，因此大多采用一式多份要求填写的原始记录，应同时分别送交有关需用部门。企业还应健全原始记录制度，明确制定各种原始记录的传递程序，并使之符合企业成本核算与管理的要求以及班组经济核算的开展，力求简明、实用。

四、建立健全各项规章制度

规章制度是企业为了进行正常的生产经营和管理而制定的有关制度、章程和规则，是各职能部门及其员工行为的准绳，是实施有效的成本控制的保证。一般来说，与成本控制有关的规章制度包括：计量验收制度、岗位责任制度、质量检验制度、物资盘存制度、材料收发领用制度、设备管理与维修制度和考勤制度等。各种规章制度还要不断地修订和完善。

第二节　耗费和成本的分类

企业的耗费是指企业在生产经营过程中发生的各种各样的支出，其中生产性的支出应计入产品成本，管理性的支出应计入期间费用。我国《企业会计准则——基本准则》明确指出，费用是指企业在日常活动中发生的、会导致所有者权益减少的、与向所有者分配利润无关的经济利益的总流出。为了加强成本费用的核算与管理，必须对企业的各种耗费进行合理的分类。

一、耗费的分类

耗费可以按不同的标志分类,其中最基本的是按耗费的经济内容和经济用途的分类。

(一)耗费按经济内容的分类

企业的生产经营过程,也是物化劳动和活劳动的耗费过程。耗费按经济内容分类,主要包括以下耗费要素:

(1)外购材料。它是指企业为进行生产经营而耗费的从企业外部购进的原材料及主要材料、半成品、辅助材料、包装物、修理用备件和低值易耗品。

(2)外购燃料。它是指企业为进行生产经营而耗费的一切从外部购进的各种燃料,包括液体、气体和固体燃料。

(3)外购动力。它是指企业为进行生产经营而耗费的从外部购进的各种动力,包括电力、热力和蒸汽等。

(4)职工薪酬。它是指支付给企业员工的工资,以及按照工资的一定比例计提的职工福利费。

(5)折旧费。它是指企业对固定资产按照耗费情况,采用一定方法计提的折旧费。

(6)利息费。它是指企业计入成本耗费等的负债利息净支出(即利息支出减去利息收入后的余额)。

(7)税金。它是指应计入企业成本耗费的各种税金,如房产税、车船税、印花税、城镇土地使用税等。

(8)其他支出。它是指不属于以上各要素,但应计入成本耗费的支出,如差旅费、租赁费、外部加工费、保险费、邮电费等耗费。

以上各要素,称为耗费要素,按照耗费要素反映的耗费称为要素耗费。

耗费按经济内容划分,可反映企业在一定时期内发生了哪些方面的耗费,金额是多少,通过各项金额的比重,可以分析出企业各种要素耗费占总耗费的比重,有利于考核耗费计划的执行情况。

(二)耗费按经济用途的分类

耗费按经济用途分类,先划分为应计入成本的耗费和不应计入成本的耗费两部分;在分清应计入成本的耗费与不应计入成本的耗费的基础上,为了具体反映成本构成情况,还需将应计入成本的耗费再进一步划分为若干个项目,即"成本项目"。

根据生产特点和管理要求,我国企业一般主要设立以下成本项目:

(1)直接材料。它是指企业在产品生产过程中消耗的直接用于产品生产、构成产品实体的原材料及主要材料、外购半成品、修理用配件、包装物、有助于产品形成的辅助材料以及其他直接材料。

（2）直接人工。它是指直接参加产品生产的生产工人工资以及按生产工人工资一定比例计提的职工福利费等。

（3）燃料及动力。它是指在生产产品过程中消耗的直接用于产品生产的外购和自制的燃料及动力费。

（4）制造费。它是指间接用于产品生产和提供劳务的各项耗费，以及虽直接用于产品生产和劳务提供，但不便于直接计入产品成本和劳务成本，因而未专设成本项目的各种耗费。

对于上述成本项目，企业可以根据本单位的具体情况和成本管理的要求，对成本项目进行适当调整。例如，小型制造企业，若生产规模小，燃料及动力费在成本中占比重小且消耗较稳定，就可不设"燃料及动力"成本项目，将耗费的燃料并入"直接材料"成本项目，将耗费的动力并入"制造费"成本项目；如果直接用于产品生产的外购半成品成本比重大，可以将"外购半成品"单独列为一个成本项目；如需外部协作加工较多的产品，为了集中反映和比较外部加工发生的耗费，可增设"外部加工费"成本项目；经企业内多个生产步骤加工结转的产品，为了综合反映以前步骤半成品实物转入的耗费，可增设"自制半成品"成本项目。生产过程中产品耗损较大的产品，为了完整反映产生废品而造成的损失，可增设"废品损失"成本项目等。

在规定或调整成本项目时，应从企业成本管理的要求和成本—效益原则出发，一般来说，对那些在成本中占比重较大，管理上需要定期比较和分析的内容就单设为一个成本项目；对那些在成本中所占比重较小，耗费又较为稳定，管理上不要求定期考核分析的内容就可集中在综合性的成本项目中，以简化核算，如"制造费"等成本项目。

耗费按经济用途划分，对同一经济用途或发生地点相同的生产耗费归集于同一成本项目之内，便于反映和监督产品消耗定额和成本计划的执行和完成情况，有利于分析产品成本结构的合理性。

二、成本的分类

为了适应企业成本管理工作的需要，寻求企业在市场上的竞争优势，应了解成本的基本分类。

（一）按成本在经济工作中的作用分类

成本在经济工作中的作用，除了计量资金耗费、定期计算损益，还须为企业的决策提供支持。为此，按成本在经济工作中的作用不同，企业可将成本划分为财务成本与管理成本两大类。

1. 财务成本

财务成本是指根据现行会计准则及会计制度核算出来的一定数量和质量产品或

劳务的个别劳动耗费的补偿价值。正确计算企业的财务成本,对于维持企业的再生产,保证企业期末存货价值和盈利的正确计算,具有重要的意义。

财务成本在生产性企业中,根据经营阶段和生产组织、生产工艺的不同,表现形式多种多样,具体表现为采购成本、生产成本、销售成本;生产成本还可再细化为班组成本、自制半成品成本、产成品成本、在产品成本等。

2. 管理成本

管理成本是指根据企业生产经营决策、成本控制及责任考核的需要,向企业管理当局提供用于计划、决策、控制和业绩评价等管理活动所需要的各种财务与非财务信息所建立的成本指标体系。

计划与决策中运用的成本概念有相关成本和无关成本。相关成本是指与特定决策方案相关联,对决策有影响的各种形式的未来成本,如差量成本、机会成本、边际成本、付现成本、专属成本、可选择成本等。无关成本是指与特定决策方案无关、对决策没有影响的成本,如沉没成本、联合成本、约束性成本等。

成本控制与业绩评价中的成本概念有可控成本和不可控成本。可控成本是指责任中心对其发生的成本能予以控制的成本,如原材料的实物耗用成本就是生产部门的可控成本;不可控成本是指责任中心对其发生的成本不能予以控制的成本,如原材料的价格对生产部门来说是一种不可控的成本。正确区分可控和不可控成本,是有效划分不同责任中心责、权、利的重要保证。

战略管理的成本概念。"价值链"一词是迈克尔·波特在其名著《竞争优势》一书中首先提出来的。一项产品(或劳务)的完整的价值链包括研究与开发、设计、生产、营销、销售、售后服务等一系列活动。通过价值链成本分析,可以找出在价值链的哪一个阶段可以增加顾客价值或降低成本,为企业资源的获取和配置方式决策提供支持。

(二)按成本构成的性质和特点分类

按各类企业劳动成果来划分,可以将企业成本划分为生产性成本与劳务性成本。

1. 生产性成本

生产性成本是指生产性企业(如工业企业、建筑施工企业、种植养殖企业等)为一定的生产目标,所发生的个别耗费的物化劳动 C、生产者必要活劳动 V 的补偿价值。生产性企业是指采用一定的技术方法,经过专门的工艺流程,在劳动者利用劳动手段对劳动对象加工之后,生产出的具有特定使用价值及实物形态产品的企业。这些企业产品的成本计算对象时空概念较为明确,一般可以按产出的地点和时间来汇集耗费并计算成本。

2. 劳务性成本

劳务性企业是指那些在一定服务设施条件下,通过劳动者的技能,来满足顾客某方面需要的企业,包括商业物资贸易企业、邮电通信企业、交通运输企业、饮食宾馆、旅游企业和金融保险企业等。

劳务性成本是指以上这些劳务性企业在提供劳务或服务的过程中,所发生的个别耗费的物化劳动 C、提供劳动者必要活劳动 V 的补偿价值。这些企业的劳动成果大多不具有实物形态,只能按提供劳务的性质和项目归集耗费、计算成本。

（三）按生产耗费在企业成本中的存在形式分类

按照生产耗费在企业成本中的存在形式划分,可分为单要素成本和综合性成本。

单要素成本是指单一性质耗费的成本项目,如"直接材料"成本项目;综合性成本是指两种以上性质耗费的成本项目,如"制造费"成本项目。一般来说,在成本中所占比重较大、管理上要求单独考核的就应列为单要素成本项目;反之,就列为综合性成本项目。这种分类,便于了解企业的成本结构和进行成本的分析与考核。

（四）按生产耗费计入企业成本的方式分类

按生产耗费计入企业成本的方式分类,可分为直接成本和间接成本。直接成本是指某一特定成本计算对象单独受益,可直接计入该对象的成本,如只为某一种产品或某一项劳务发生的耗费。间接成本是指两个或两个以上成本计算对象共同受益,需要分配后才能计入各该对象的成本,如某月份几种产品在同一生产车间发生的制造费、生产工资等。正确划分直接成本和间接成本,有利于正确确定成本核算的程序和采用较为合理的分配方法,贯彻配比和受益原则。

（五）按成本与业务量的依存关系分类

按成本与业务量的依存关系分类,可分为变动成本、固定成本和混合成本。

变动成本是指其发生额随产量(业务量)的变动而正比例增减变动的成本,如直接材料项目。

固定成本是指其发生额不随业务量的增减变动而正比例增减变动的成本。但就单位固定成本而言,则是随着业务量的增减变化而呈反比例变动的,如保险费、财产税、研究开发费、职工培训费等。

混合成本是指其发生总额虽受业务量变动的影响,但其变动幅度并不同业务量的变动保持严格的正比例关系的成本。

将成本划分为变动成本和固定成本,有利于在企业内部采用变动成本法,为企业的成本预测和决策提供依据。

三、成本会计的基本概念

美国会计师公告 1957 年第 4 号会计名词公告（Accounting Terminology Bulletin No.4)中指出:成本是指为了取得或将取得的商品或劳务所支付的现金或转让的其他资产、发行的股票、提供劳务或发生的负债,以货币计量的数额。成本按与损益的关系可分为已耗成本和未耗成本。已耗成本是指那些本会计期间内已经消耗且在未来会计期间不会创造收益的支出，它是已作为当期收入的减项或从保留盈余中支付的成本，如已销售货物的成本。根据对企业取得收入是否有贡献，已耗成本还可分为费用和损失，这类成本列入利润表。未耗成本是指可在未来会计期间产生收益的支出，这类成本在资产负债表上列为资产项目，如存货、厂房、投资等。

从本质上说，成本的基本特征表现为成本的发生不直接影响所有者权益的变化（而费用的发生会引起所有者权益的减少），因为资产内部形态的转化或者因资产减少、负债增加而发生的成本尚属未耗成本，只有成本由未耗成本转化为已耗成本时（将生产完工的产品对外销售），成本才转化为"费用"，根据收入与费用配比原则，利润减少，所有者权益减少。

1. 成本汇集与成本分派

成本核算的过程大体上可分为两大阶段，即成本汇集与成本分派。成本汇集是指对发生的各种耗费，按照一定的规则和程序进行成本数据的确认、收集和记录的过程。

成本分派包括成本追溯和成本分配。成本追溯是通过成本与成本对象的直接关系，如因果关系，向成本对象分派成本。一般有直接追溯法、动因追溯法两种方法。

直接追溯法是将直接成本分派给相应的成本对象，如生产汽车所需要耗费的直接材料和直接人工工资，可以直接通过实物观察进行追溯。

动因追溯法是当一些间接成本无法通过直接追溯法进行分派时，使用动因将成本分配至各成本对象的过程。这里的动因追溯包括两种动因追溯，即资源动因和作业动因。资源动因计算各作业对资源的需要，用于将资源分配到各个作业上；作业动因计量各个成本对象对作业的要求，并用于分配各个作业成本。

主观分配法是在分配一些间接成本时，当成本与成本对象不存在因果关系，成本追溯在经济上不可行时，采用主观判断将间接成本分配到成本对象。这种主观判断法是建立在简便假设或合理假设的基础之上的。例如，在一个生产多种产品的生产车间的照明用电费及工艺上消耗的一般性材料，由于因果关系不明确，只能根据主观判断，一般做法为：在劳动密集型生产条件下，按照各产品所耗费的直接人工小时比例分配；在生产机械化水平较高的情况下，可按照各产品所耗用的机器工时的比例分配等。分配间接成本的有关计算公式如下：

$$间接成本分配率 = \frac{待分配的间接成本总额}{\sum(各受益对象分配标准的份额)}$$

$$某受益对象应负担的间接成本 = 该受益对象分配标准份额 \times 间接成本分配率$$

一般来说，由于间接成本的多样性，分配间接成本时用来在各受益对象之间确定负担比例,确定单位分配标准应负担的间接成本时,所采用的分配标准通常有各种材料的采购价格、重量、体积等,以及各种产品的实际产量、重量、体积、产值、实际生产工时、生产工资、机器工时、定额消耗量、定额费用等。

对多部门为同一成本对象提供服务的共同成本的分配,一般应以共同成本与成本对象的因果关系为基础。如果共同成本与成本对象之间的关系不止一种,可采用双重或多重基础分配。在一般分配基础无法反映其间的因果关系时,也可采取某些复杂性指标。如果无法确定共同成本与成本对象之间的关系,纳税人确定的最合理的分配基础应保留详细资料,以备税务机关审查。

对于同一种投入可以制造两种或两种以上产品的联合成本的分配,应反映投入成本与产出经济效益之间的关系,如果联合产品在联合生产结束时的分离点上可以出售,则可按售价或市价来进行分配。如果联合产品必须经过进一步加工才能出售,则可按再加工后的售价减加工成本,得到推定的净变现价值后进行分配。如果联合产品价格起伏不定,从分离点到可出售点之间需要大量加工,或者在成本加成合同下无法事先得知成本的情况下,可按联合产品在体积、重量等方面的实际数量来分配联合成本,但前提是联合产品的实际数量应能够反映其经济价值。如果联合产品中有不重要的副产品,可以将全部联合成本分配给主产品。

2. 成本动因

成本动因是任何能影响成本的驱动因素。它可分为两个层次:一是战术层次的与企业具体生产作业相关的成本动因,它是在企业生产范围内根据已经或正在发生的成本费用,依据科学的成本动因进行分配和分析,如生产进程的生产时间、机器小时、直接人工成本、设备调试次数、营销阶段的广告次数、销售数量、配送产品的数量、售后服务阶段的服务次数、维护检修产品的数量等。其深刻的意义在于提供更加准确的成本信息并找到可以改善或降低成本的关键因素。二是战略层次上的成本动因,是指从战略上对企业的成本产生影响的因素,如企业在生产、研究、开发、制造和市场开发等方面的投资规模;工厂所处地理位置和外部环境;员工对企业生产经营活动的投入的向心力;企业既定规模下企业能力的利用和发挥程度;企业与供应商、客户关系的开发以及企业内部价值链的各个链节的协调程度等。它超出了传统成本分析的狭隘范围,依据战略成本动因进行成本管理可以控制住企业日常经营中大量潜在的成本问题。

第三节　成本核算的基本要求

为了充分发挥成本核算的作用,在成本核算工作中,应做到以下几点。

一、遵守国家规定的成本开支范围和费用开支标准

成本开支范围是为了加强成本管理,确保成本能正确地反映和计量企业的生产经营耗费状况,根据企业成本的经济内容和成本管理要求,由国家统一规定的。企业发生的耗费是多种多样的,而这些不同用途的耗费应由不同的渠道开支。费用开支标准是对某些费用开支的数额、比例所作出的具体规定。例如,固定资产和低值易耗品的划分标准、业务招待费允许扣税的比例、对外福利性捐赠允许扣税的比例、期末资产计提减值准备的比例等。企业都应遵守国家规定的成本开支范围和费用开支标准,这样,既确保了同类企业成本的可比性,又为正确计算利润提供了保证。

根据《企业会计准则》应用指南,有关工业企业的现行规定包括以下三方面内容。

(一)产品制造成本的开支范围

产品制造成本的开支范围如下:

(1)生产过程中实际发生的各种原材料、辅助材料、备品配件、外购半成品、燃料、动力、包装物、低值易耗品的原价和运输、装卸和整理等耗费。

(2)直接从事产品生产人员的工资、奖金、津贴和补贴以及按工资总额一定比例提取的职工福利费、工会经费、职工教育经费、待业保险费、劳动保险费、工伤保险费、生育保险费等工资性的附加费用。

(3)企业各个生产单位(分厂、车间)为组织和管理生产所发生的生产单位管理人员的工资、奖金以及按工资总额一定比例提取的职工福利费、工会经费、职工教育经费、待业保险费、劳动保险费、工伤保险费、生育保险费等工资性的附加费用。

(4)生产单位房屋及建筑物、机器设备等折旧费,租赁费(不包含融资租赁费),原油储量有偿使用费,油田维护费,矿山维简费。

(5)生产单位一般性消耗的机物料,低值易耗品,取暖费,水电费,办公费,差旅费,运输费,保险费,设计制图费,试验检验费,劳动保护费,季节性、修理期间的停工损失及其他费等。

这里需要指出的是,按照《企业会计准则》应用指南的规定,无形资产包含的经济利益通过所生产的产品实现的摊销金额应计入生产成本;符合借款费用资本化条件的存货也要计入生产成本。

(二)期间费用的开支范围

1. 管理费用

管理费用是指企业行政管理部门为管理和组织经营活动所发生的各项费用,包括:

(1)公司经费。它是指工厂总部管理人员的职工薪酬、差旅费、办公费、折旧费、修理费、物料消耗、低值易耗品摊销以及其他公司经费。

（2）工会经费。它是指按照职工工资总额的2%计提并拨交给工会的经费。

（3）职工教育经费。它是指企业为职工学习先进技术和提高文化水平而支付的费用，按照职工工资总额的1.5%计提。

（4）劳动保险费。它是指企业支付给离退休职工的退休金（包括按照规定缴纳的离退休统筹金）、价格补贴、医药费、职工退休金、6个月以上病假人员的工资、职工死亡丧葬补助费、抚恤费、按照规定支付给离退休人员的各项经费。

（5）待业保险金。它是指企业按照国家规定缴纳的待业保险基金。

需要指出的是，工会经费、职工教育经费、待业保险费、工伤保险费、生育保险费等项目，不再全部直接列支"管理费用"账户，而是仅指企业行政管理部门范围的职工发生的这些项目的内容。

（6）董事会费。它是指企业最高权力机构及其成员为执行职能而发生的各项费用，包括差旅费、会议费、董事会成员津贴等。

（7）咨询费。它是指企业向有关咨询机构进行科学技术经营管理咨询所支付的费用，包括聘请经济技术顾问、法律顾问等支付的费用。

（8）审计费。它是指企业聘请中国注册会计师进行查账验资以及进行资产评估等发生的各项费用。

（9）诉讼费。它是指企业因起诉或者应诉而发生的各项费用。

（10）排污费。它是指企业按照规定缴纳的排污费用。

（11）绿化费。它是指企业对厂区、矿区进行绿化而发生的零星绿化费用。

（12）税金。它是指企业按照规定支付的房产税、车船税、城镇土地使用税、印花税等。

（13）土地使用费（海域使用费）。它是指企业使用土地（海域）而支付的费用。

（14）土地损失补偿费。它是指企业在生产经营过程中破坏的国家不征用的土地所支付的土地损失补偿费。

（15）技术转让费。它是指企业使用非专利技术而支付的费用。

（16）技术开发费。它是指企业研究开发新产品、新技术、新工艺所发生的新产品设计费，工艺规程制定费，设备调试费，原材料和半成品的试验费，技术图书资料费，未纳入国家计划的中间试验费，研究人员的工资，研究设备的折旧，与新产品试制、技术研究有关的其他经费，委托其他单位进行的科研试制的费用以及试制失败损失的费用。

以上支出中，研究阶段的支出和开发阶段的支出不符合资本化支出的条件。

（17）无形资产摊销。它是指专利权、商标权、著作权、土地使用权、非专利技术等使用寿命确定的无形资产的摊销。

（18）业务招待费。它是指企业为业务经营的合理需要而支付的费用，在下列限额内据实列入管理费用:全年销售净额在 1 500 万元(不含 1 500 万元)以下的,不超过年销售净额的 5%;超过 1 500 万元(含 1 500 万元)但不足 5 000 万元的,不超过该部分的 3%;超过 5 000 万元(含 5 000 万元)但不足 1 亿元的,不超过该部分的 2%;超过 1 亿元(含 1 亿元)的,不超过该部分的 1%。按照《企业会计准则》的规定,业务招待费根据实际发生额列入管理费用。但按照税收条例的规定,企业发生的与生产经营活动有关的业务招待费支出,按照发生额的 60% 扣除,但最高不得超过当年销售(营业)收入的 5‰。

(19)企业在筹建期间发生的开办费。

(20)企业生产车间(部门)和行政管理部门发生的固定资产后续支出(修理费用)。

2. 财务费用

财务费用是指企业为筹集短期借入资金而发生的各项费用。包括企业生产经营期间发生的利息支出(减利息收入)、汇兑净损失、调剂外汇手续费、金融机构手续费及筹资发生的其他财务费用等。

这里需要指出的是,按照《企业会计准则》应用指南的规定,一般借款的利息总额还要扣除应予资本化的金额。

3. 销售费用

销售费用是指企业在销售产品、自制半成品和提供劳务等过程中发生的各项费用。包括应由企业负担的运输费、装卸费、包装费、保险费、委托代销手续费、广告费、展览费、租赁费(不含融资租赁费)和销售服务费,销售部门人员的工资,以及按一定比例提取的职工福利费、工会经费、职工教育经费、待业保险费、劳动保险费、工伤保险费、生育保险费等工资性的附加费用,差旅费、办公费、折旧费、修理费、物料消耗、低值易耗品摊销以及其他经费。

(三)不得列入企业成本开支范围的耗费

下列耗费不得列入企业的成本开支范围:

(1)为购置和建造固定资产、无形资产和其他资产的支出。

(2)对外投资的支出。

(3)被没收的财物、支付的滞纳金、罚款、违约金、赔偿金以及企业赞助、捐赠支出。

(4)国家法律、法规以外的各种付费。

(5)国家规定不得列入成本、费用的其他支出。

二、正确划分各种耗费的界限

为了正确计算成本和损益,企业必须正确划分以下六个方面的耗费界限。

(一)正确划分生产经营耗费与非生产经营耗费的界限

企业的支出是多方面的,伴随着经济活动的多样性,资金补偿的渠道和期间也各不相同。只有在制造过程发生的耗费,才构成制造成本的内容;只有特定用途的耗费,才分别计入有关的期间费用。那些资本性的耗费如企业购置和建造固定资产、购买无形资产以及进行对外投资等,应分别增加有关的长期资产;福利性的耗费如福利人员的工资、职工医药费的报销等应从"应付职工薪酬——福利费"中列支;分配性的耗费如投资分利应在"利润分配"中反映;损失性的耗费如企业的固定资产盘亏损失、固定资产报废清理损失以及人力不可抗拒的自然灾害产生的净损失等应在"营业外支出"中列支;计提的各项资产减值准备所形成的损失,应在"资产减值损失"中反映。乱挤和少计生产经营耗费,会使企业的生产经营耗费失实。乱挤生产经营耗费,会减少企业利润和国家税收;少计生产经营耗费则会虚增利润、超额分配,导致企业垫付的资金不能足额补偿,从而影响企业再生产的正常进行。

(二) 正确划分生产成本(或劳务成本)与期间费用的界限

计入期间费用的各种耗费,期末全额直接转入当月损益,作为当月利润的扣减额,从当月的收入中得到了补偿;而计入产品生产成本(或劳务成本)的耗费,只有在制造完工并对外已销售的情况下,才成为已耗成本转化为"主营业务成本",作为当月利润的扣减额,实现了价值的补偿;但当月尚未生产完工的月末在产品、半成品以及已制造完工但尚未对外销售的库存成品,作为未耗成本还滞留在"存货"的资产形态上,并不参加当月利润的计算。也就是说,生产成本与期间费用的补偿期限是不同的,若混淆了成本与费用的界限,就会在收入不变的条件下,人为地虚增或虚降利润,尤其是要防止企业故意混淆两者界限,达到人为调节各月利润的不当行为。

(三) 正确划分各个月份的耗费界限

为了按月分析和考核产品成本(或劳务成本)与期间费用的耗费情况,正确计算各月损益,还应将成本与期间费用按受益期在各月之间加以划分。为此,企业应严格贯彻权责发生制原则,凡是本月已实际受益的耗费,不管是否实际付出货币资金,都应计入本月的耗费;若在以前月份实际付出货币资金或者领用了有关物资,就应作为"预付账款""长期待摊费用"在本月的摊销;若在以后月份才实际付出货币资金,就应通过"应付账款"来预提。若有确凿证据表明有关资产已发生跌价或减值,就应通过"坏账准备""存货跌价准备"等来计提。凡是本月未实际受益的耗费,就不应计入本月的耗费,而应反映为"预付账款""长期待摊费用"等资产的增加。切忌企业利用耗费待摊和预提的方式,去人为调节各个月份的成本费用,进而人为调节损益的不当行为。

(四) 正确划分各种产品(或劳务)的成本界限

为了分析和考核各种产品(或劳务)的成本计划或成本定额的执行情况,就要分别计算各种产品(或劳务)的成本,因而,成本性的耗费还需在各种产品(或劳务)之间加以划分。划分的原则是:凡某产品单独受益而耗费的,就直接计入该种产品(或劳务)成本;凡若干种产品(或劳务)共同受益而耗费的,应分项目先行归集,至期末再采用适当的分配方法,分配计入各该产品(或劳务)的成本。需要注意的是,切忌有些企业在可比产品与不可比产品、盈利产品与亏损产品之间人为地任意增减成本,借以达到虚报成本、降低业绩的不当行为。

（五）正确划分单项目成本和综合项目成本的界限

为了便于产品(或劳务)成本与同行业的横向比较,以及本企业不同月份、同一产品(或劳务)成本的纵向比较,对计入产品(或劳务)的成本还要正确划分各成本项目的成本。例如,基本生产车间的薪酬耗费,就应将生产工人的薪酬记入"直接人工"成本项目;生产车间管理人员的薪酬记入"制造费"成本项目。又如,基本生产车间的材料耗费,就应将其中构成产品实体的物资消耗记入"直接材料"成本项目;将生产车间一般性、工艺上的物资消耗记入"制造费"成本项目。与此同时,还应保持各个成本项目的内容基本稳定,以便成本的比较和分析。

（六）正确划分完工产品(或劳务)与在产品(或尚未完工劳务)的成本界限

为了月末编制资产负债表的需要,求得"存货"项目的数额,必须计算出月末在产品成本和月末库存商品的成本;为了计算损益的需要,求得"主营业务成本"项目的数额,必须计算出本期已完工产品的生产成本。这就要求在期末,将生产总成本(月初在产品成本加本月生产成本)在本月完工产品与月末在产品之间加以划分。在划分时,若某产品(或劳务)全部未完工,那么,该产品的生产总成本就是月末在产品(或劳务)的总成本;若某产品(或劳务)全部完工,则该产品的生产总成本即为该月该产品完工产品总成本;若某种产品(或劳务)部分完工、部分未完工,那么就应将各该产品的各项生产成本总额,采用适当的方法,在完工产品与在产品之间加以分配。在选择分配标准和分配方法时,应根据企业的生产组织、在产品数量的多少、各成本项目的比重、定额及计划管理的状况等具体情况选择适用的方法。但切忌企业通过改变分配方法来任意调节完工产品成本乃至本月损益的不当行为。

三、正确确定资产计价和价值补偿的方法

企业的生产经营过程,除了活劳动耗费,转移到成本费用中去的财产物资的耗费占有相当的比重,尤其在技术进步飞速的条件下,无形资产在企业的总资产中所占比重会越来越高。因此,这些资产的计价和价值结转方法是否恰当,直接关系到企业成本和期间费用核算的准确度。例如,固定资产原值的确认、所采用的折旧计算方法、折旧率的种类以及预计净残值的大小;无形资产价值的认定及摊销年限的估计;企业广告费是按收益性还是资本性处理;材料成本的组成内容,材料按实际成本核算时发出材料单位成本的计算方法,材料按计划成本核算时材料成本差异种类的选择(如个别差异率、分类差异率、综合差异率、本月差异率、上月差异率等);采用分类差异率时材料类距的大小选择;期末资产计提减值准备的估计时有关方法的选择,如应收账款

计提的坏账准备,是采用余额百分比法,还是采用账龄分析法;存货的成本与可变现净值进行比较时,是采用单项比较法、分类比较法,还是采用总额比较法。为了正确地核算成本和费用,对于这些资产的计价和价值补偿的方法,应选择既较科学、合理,又较简便的方法,切忌随意改变资产计价和价值补偿的方法,而人为调节成本和费用的不当行为。

四、按照生产特点和管理要求,采用适当的成本计算方法

产品的制造成本是在生产过程中形成的,因而,每家企业的产品生产组织、生产工艺和成本管理的要求不同,所应采用的产品成本计算方法也应有所不同。因而,企业要研究比较各种产品成本计算方法的特点和适用性,为本企业选择符合管理要求且简便可行的方法,为成本管理提供可靠的信息。

第四节 企业成本费用核算的一般程序

企业成本费用核算的一般程序是指对企业在生产经营过程中发生的各项耗费,按照成本费用核算的基本要求,逐步进行归集和分配,计算并转出完工产品成本和期间费用的基本过程。企业成本费用核算的一般程序可概括如下。

一、审核各项耗费,进行要素耗费的初次分配

对企业生产经营过程中发生的各项耗费,要依据国家有关法规、企业有关计划及定额等标准进行事先和事后的审核,以确保其支出的合法合理性和真实性,并根据其具体的受益地点和用途,编制各种要素耗费分配表及有关的记账凭证,在这个过程中要正确划分成本费用与非成本费用、成本与费用的界限。

二、生产成本的分配

对制造过程所发生的有关耗费,应按发生地点、受益对象、受益程度选择适当的分配标准,在各成本计算对象(各品名产品、各步骤、各批次)之间进行分配,同时,对计入各产品(或劳务)的成本要分成本项目进行反映。凡专设成本项目的,应直接或分配计入直接材料、直接人工、燃料和动力等项目;凡未专设成本项目的耗费(综合性的成本项目)应先归集为不同生产车间的制造费用,至期末再分车间分配计入各种产品成本。

三、待摊费用和预提费用的分配

应严格贯彻权责发生制和受益的原则,凡应由本月生产车间和期间费用负担的

耗费,无论是以前月份发生,还是本月发生的预付账款,或者本月的应付账款,都要通过待摊和预提,按不同的生产车间计入本月的产品成本,按不同的费用项目计入本月的期间费用。

四、辅助生产成本的分配

在辅助生产成本归集至期末,应区别辅助生产产品和劳务种类,按受益的程度在各受益的对象之间分配,属于期间费用应负担的,按费用项目分别记入"管理费用""制造费用""制造费用"各账户,并按费用项目归集计入;属于产品生产成本应负担的,按成本项目直接计入专设项目栏或先在基本生产车间的"制造费用"账户归集(本教材以辅助生产车间不单独设置"制造费"成本项目来讲解和举例)。

五、制造费用的分配

基本生产车间归集的制造费用至期末,应在不同车间、不同产品品种之间分配,分配后直接记入各产品成本的"制造费"成本项目。

六、废品损失及停工损失的分配

在单独核算废品损失和停工损失的企业中,因出现废品和停工所发生的损失,均应在以上各步骤的成本分配中,分别按废品损失、停工损失归集,并记入产品成本的"废品损失""停工损失"成本项目。

七、完工产品与月末在产品之间的成本分配

经以上程序分配归集后,各产品、各成本项目的累计数即为该产品的全部产品成本。若某产品当月全部未完工,则全部为月末在产品成本;若当月全部完工,则全部为完工产品成本;若当月既有完工产品,又有月末在产品,则需将各成本项目总成本在完工产品与在产品之间分配,计算并转出按成本项目反映的完工产品成本。

八、已销售产品生产成本的结转

为了计算产品的销售利润,期末,应选择采用适当的方法(如库存商品按实际成本核算时,发出成本计价的先进先出法、加权平均法、分批认定法等)计算并结转已售产品的生产成本。

九、期间费用的结转

期末,应将所归集的期间费用全数转入"本年利润"账户。

以上程序见图3-1。

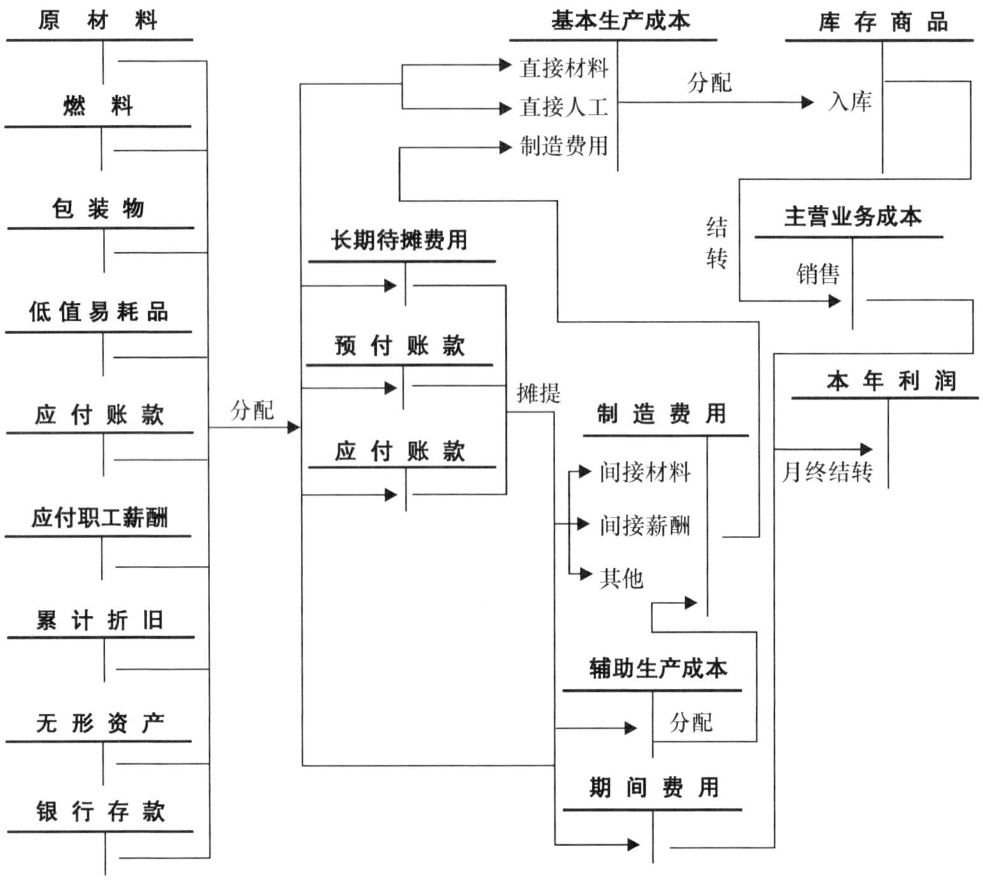

图3-1 成本的总分类核算

第五节 企业成本费用核算的账簿设置

企业成本费用的核算,实际上,是按确定的成本计算对象和受益的不同部门,对各种耗费划分的过程,也是将不同耗费记入不同会计账户的过程。

为了按照用途归集登记各种成本费用、正确计算产品成本和劳务成本,应设置以下会计账户:

为了进行产品成本的总分类核算,应设立"生产成本"总账账户,并在其下设"基本生产""辅助生产"两个二级账户。为了简化账簿的级次,也可以不设"生产成本"总账账户,直接设置"基本生产成本""辅助生产成本"两个总账账户。本教材采用这种方式来组织成本核算。

一、"基本生产成本"账户

基本生产是指为完成企业主要生产目的而进行的商品产品生产。"基本生产成本"账户是为了归集基本生产部门制造过程的全部耗费,计算完工产品成本而专设的账户。制造过程的全部耗费记入其借方;转出完工产品成本记入其贷方;余额在其借方,表示期末在产品成本的实际资金占用。该账户应按成本计算对象建立明细账簿,账中应按成本项目分设专栏或专行登记有关内容。其账页格式见表3-1~表3-4。

表3-1　　　　　　　　基本生产成本明细账

第一车间　　　　　　　　　　　　　　　　　　　产量:100件
产品名称:甲　　　　　　　　　　　　　　　　　　单位:元

摘　　要	直 接 材 料	直 接 人 工	制 造 费 用	合　　计
月初在产品成本	1 800	920	620	3 340
本月发生	26 400	10 560	10 560	54 560
合　　计	28 200	18 520	11 180	57 900
完工产品成本	26 400	17 600	10 560	54 560
单位成本	264.0	176.0	105.6	545.6
月末在产品成本	1 800	920	620	3 340

表3-2　　　　　　　　基本生产成本明细账

第一车间　　　　　　　　　　　　　　　　　　　产量:100件
产品名称:乙　　　　　　　　　　　　　　　　　　单位:元

成 本 项 目	月初在产品成本	本月发生耗费	生产耗费合计	完工产品成本		月末在产品成本
				总成本	单位成本	
直接材料	12 160	30 870	43 030	30 870	308.70	12 160
直接人工	2 490	5 600	8 090	5 600	56.00	2 490
制造费用	5 430	11 850	17 280	11 850	118.50	5 430
合　　计	20 080	48 320	68 400	48 320	483.20	20 080

表3-3　　　　　　　　　　基本生产成本明细账

车间：第一车间

产品：丙　　　　　　　　　　　　　　　　　　　　　　金额单位：元

| 202×年 | | 摘　要 | 产量(件) | 成　本　项　目 | | | 成本合计 |
月	日			直接材料	直接人工	制造费用	
7	31	本月生产耗费		12 0000	24 000	36 000	180 000
7	31	本月完工产品成本	1000	120 000	24 000	36 000	180 000
7	31	完工产品单位成本		120	24	36	180

表3-4　　　　　　　　　　基本生产成本明细账

车间：第二车间

产品：丁　　　　　　　　　　　　　　　　　　　　　　金额单位：元

| 202×年 | | 摘　要 | 产量(件) | 成　本　项　目 | | | 成本合计 |
月	日			直接材料	直接人工	制造费用	
7	31	在产品成本		30 000	12 000	18 000	60 000
8	31	本月生产耗费		150 000	58 000	88 000	296 000
8	31	生产耗费合计		180 000	70 000	106 000	356 000
8	31	完工产品成本	2 000	144 000	54 600	82 680	281 280
8	31	在产品成本		36 000	15 400	23 320	74 720

二、"辅助生产成本"账户

辅助生产是指为整个企业服务而进行的其他产品生产和劳务供应(如机械行业的工具、模具、修理用备件的制造,修理、运输、供水、供电等劳务的提供)。辅助生产产品的目的,主要不是对外销售,而是供企业内部使用。辅助生产过程发生的全部耗费记"辅助生产成本"账户的借方;转出完工产品成本或分配转出的劳务耗费记入其贷方;余额在其借方,表示辅助生产在产品的成本(劳务成本一般无余额)。该账户的明细账簿应按辅助生产车间和生产的其他产品品名或不同劳务设置,账中分设专栏或专行进行登记。

三、"劳务成本"账户

"劳务成本"账户核算企业对外提供劳务活动而发生的各项耗费。发生的全部耗费记入其借方;转出的完工劳务成本记入其贷方;该账户的余额在其借方,表示尚未完工劳务的成本。该账户应按劳务成本的计算对象建立明细账,账中应按成本项目分设专栏或专行登记有关内容。

四、"制造费用"账户

"制造费用"账户核算企业为生产产品而发生的各项间接耗费和未专设成本项目的直接耗费。发生的间接耗费记入其借方；分配转出记入其贷方；月末一般无余额。该账户应按不同的车间设置明细账，账内按耗费的内容设专栏进行明细核算。

五、"废品损失"账户

需要单独核算废品损失的企业，应设置"废品损失"账户。不可修复废品的生产成本和可修复废品的修复费用记入其借方；废品残料收回的价值、应收的赔款以及转出的废品净损失记入其贷方；该账户月末应无余额。该账户应按产品品种建立明细账，账内按各成本项目设置专栏或专行进行明细核算。

六、"销售费用"账户

"销售费用"账户核算企业为销售产品而发生的各项耗费。发生的耗费记其借方；期末全额转出记入其贷方；期末结转后应无余额。该账户的明细账簿应按费用项目设置专栏进行明细核算。

七、"管理费用"账户

"管理费用"账户核算企业行政管理部门为组织和管理生产经营活动而发生的各项耗费，发生的耗费记入其借方；期末全额转出记其贷方；期末结转后应无余额。该账户的明细账簿应按费用项目设置专栏进行明细核算。

八、"财务费用"账户

"财务费用"账户核算企业为筹集生产经营所需的借入资金而发生的各项耗费。发生的耗费记入其借方；冲减的耗费及期末全额转出记入其贷方；期末结转后应无余额。

九、"预付账款"账户

"预付账款"账户核算企业已经支付，但应由本期和以后各期的成本费用共同负担，分摊期在1年以内的各项耗费。实际支付记入其借方；分期摊销记入其贷方；余额在借方，表示已付未摊的费用。该账户应按费用种类设置明细账簿进行明细核算。

十、"长期待摊费用"账户

"长期待摊费用"账户核算企业已经支付，但受益期限在1年(不含1年)以上的各项耗费。实际支付记入其借方；分期摊销记入其贷方；余额在借方，表示企业尚未摊销的摊余价值。该账户应按费用种类设置明细账簿进行明细核算。

十一、"应付账款"账户

"应付账款"账户核算企业按规定在受益时预提计入成本费用但尚未实际支付的耗费。因受益预提时记入其贷方；实际支付时记入其借方；若为贷方余额表示已预提尚未支付的耗费；若为借方余额则应视之为预付账款。该账户应按费用种类设置明细账簿，进行明细核算。

本章要点概览

1. 做好成本会计的基础工作是进行成本会计核算的首要条件，也是确保成本核算质量的基本前提。一般来说，成本会计的基础工作包括：建立定额管理制度，健全物资的计量、验收、领发和清查制度，制定合理的凭证传递流程及建立原始记录制度，建立健全各项规章制度。

2. 企业的耗费，按其经济内容分类称为耗费要素；按其经济用途分类，将生产性耗费细化成为成本项目。

3. 成本按在经济工作中的作用分类，可分为财务成本与管理成本；按成本构成的性质和特点分类，可分为生产性成本与劳务性成本；按生产耗费在企业成本中的存在形式分类，可分为单要素成本和综合性成本；生产耗费按计入了企业成本的方式分类，可分为直接成本和间接成本；按成本与业务量的依存关系分类，可分为变动成本、固定成本和混合成本。

4. 成本核算过程涉及的基本概念有成本归集、成本分派与成本动因。成本核算的基本要求包括：遵守国家的成本开支范围和费用开支标准，正确划分各种耗费的界限，正确确定资产计价和价值补偿的方法，按照生产特点和管理要求，采用适当的成本计算方法。

5. 企业成本费用核算要按照一定的程序，通过审核各项耗费，按用途和范围归集、登记、分配、计算和转出等一系列过程。

6. 企业成本费用核算，还要通过设置专门的成本类和损益类账户为载体，来组织日常与定期的核算与结转。

 主要术语

1. 物资消耗定额	2. 劳动生产定额
3. 耗费定额	4. 原始记录
5. 规章制度	6. 耗费要素

7. 成本项目　　　　　　　　　8. 财务成本

9. 管理成本　　　　　　　　　10. 生产性成本

11. 劳务性成本　　　　　　　　12. 单要素成本

13. 综合性成本　　　　　　　　14. 直接成本

15. 间接成本　　　　　　　　　16. 成本汇集

17. 成本分派　　　　　　　　　18. 成本动因

19. 成本开支范围　　　　　　　20. 期间费用

阅 读 文 献

1. 王盛祥、欧阳清、韩殿文主编:《成本会计学》(第一章　成本会计的基础和工作组织),东北财经大学出版社 1994 年版。

2. 于富生、王俊生、黎文珠主编:《成本会计学》(第二章　工业企业成本核算的要求和一般程序),中国人民大学出版社 2002 年版。

3. 谢灵主编:《成本会计学》(第一章　总论),中国人民大学出版社 2004 年版。

4. 乐艳芬主编:《成本会计》(第二章　成本核算的基本原理),清华大学出版社 2005 年版。

复 习 思 考 题

1. 成本会计的基础工作主要有哪些?

2. 耗费的最基本分类是哪两类? 耗费按经济内容具体分为哪些? 我国企业常设的成本项目主要有哪些?

3. 成本按其在经济工作中的作用可划分为哪两类?

4. 成本按其构成的性质和特点可划分为哪两类?

5. 成本按其与业务量的依存关系可划分为哪三类?

6. 什么是成本开支范围? 我国产品制造成本的成本开支范围是如何规定的?

7. 期间成本是指哪三个会计账户核算的内容?

8. 为了正确计算企业成本和损益,必须正确划分的耗费界限有哪些?

9. 企业成本费用核算的一般程序有哪些?

10. 企业成本费用核算应设置的会计账户有哪些?

练 习 题

一、单项选择题

1. 下列选项中,属于耗费要素的是(　　　)。

　　A. 制造费用　　　　　　　　　B. 直接材料

　　C. 外购材料　　　　　　　　　D. 管理费用

2. 下列选项中,属于成本项目的是( )。

    A. "外购材料"　　　　　　　　　　　　B. "职工薪酬"

    C. "折旧费"　　　　　　　　　　　　　　D. "直接材料"

3. 当一些间接成本无法通过直接追溯法进行分派时,便使用动因将成本分配至各成本计算对象的过程,这种成本分配方法称为( )。

    A. 直接追溯法　　　　　　　　　　　　B. 动因追溯法

    C. 主观分配法　　　　　　　　　　　　D. 客观对照法

4. 下列选项中,应计入产品制造成本的耗费是( )。

    A. 制造费用　　　　　　　　　　　　　B. 管理费用

    C. 销售费用　　　　　　　　　　　　　D. 财务费用

5. 下列选项中,属于综合性成本项目的是( )。

    A. "直接材料"　　　　　　　　　　　　B. "直接人工"

    C. "制造费"　　　　　　　　　　　　　D. "燃料及动力"

二、多项选择题

1. 下列选项中,属于成本核算基础工作的有( )。

    A. 建立定额管理制度　　　　　　　　　B. 建立原始记录制度

    C. 正确划分各种耗费的界限　　　　　　D. 健全物资的计量、收发、领退和盘点制度

2. 下列选项中,属于产品生产成本项目的有( )。

    A. "外购材料与燃料"　　　　　　　　　B. "直接材料与直接人工"

    C. "职工薪酬"　　　　　　　　　　　　D. "制造费"

3. 生产耗费按其在企业成本中的存在形式分类,可分为( )。

    A. 单要素成本　　　　　　　　　　　　B. 劳务性成本

    C. 固定成本　　　　　　　　　　　　　D. 综合性成本

4. 为了正确核算企业的成本与损益,必须正确划分的耗费界限有( )。

    A. 生产成本与期间费用　　　　　　　　B. 各种产品

    C. 完工产品与在产品　　　　　　　　　D. 各个月份

5. 下列选项中,属于销售费用核算的内容有( )。

    A. 广告费　　　　　　　　　　　　　　B. 销售佣金

    C. 短期借款利息　　　　　　　　　　　D. 销售人员薪酬

三、判断题

1. 企业本期发生的成本与期间费用,都直接引起本期损益的变化。　　　　　　　　( )

2. 生产工时、直接人工成本、设备调试次数等均可作为成本动因用来分配有关的共同性耗费。

    ( )

3. 成本追溯是通过成本和成本对象的关系分派成本。包括直接追溯法和动因追溯法两种。( )

4. 为了精简账户的级次,在实际工作中,"生产成本"账户可直接用"基本生产成本"账户和"辅助生产成本"账户来代替。　　　　　　　　　　　　　　　　　　　　　　　　　　( )

5. 企业的技术研发费,无论研发成功与否,均应记入"管理费用"账户。　　　　　( )

思政拓展思考

　　党的二十大报告在"开辟马克思主义中国化时代化新境界"中指出：必须坚持自信自立。中国人民和中华民族从近代以后的深重苦难走向伟大复兴的光明前景，从来就没有教科书，更没有现成答案。党的百年奋斗成功道路是党领导人民独立自主探索开辟出来的，马克思主义的中国篇章是中国共产党人依靠自身力量实践出来的，贯穿其中的一个基本点就是中国的问题必须从中国基本国情出发，由中国人自己来解答。我们要坚持对马克思主义的坚定信仰、对中国特色社会主义的坚定信念，坚定道路自信、理论自信、制度自信、文化自信，以更加积极的历史担当和创造精神为发展马克思主义作出新的贡献，既不能刻舟求剑、封闭僵化，也不能照抄照搬、食洋不化。

　　请思考：在不同行业中，如何体现耗费及成本的分类的差异？成本会计的基础工作，在新兴企业与传统企业之间有哪些差异？以上两个论题在我国与西方国家有哪些差异？

第四章　要素耗费的核算

────── **学习目的与要求** ──────

　　本章旨在介绍企业要素耗费的核算。其内容主要包括材料费的核算、职工薪酬的核算、外购动力费的核算、燃料费的核算、折旧费的核算,以及利息费、税金和其他支出的核算。通过本章学习,学生应了解成本核算账户的设置与应用,掌握各项要素耗费归集与分配的原理和方法。

 **课前预习题**

1. 企业的要素耗费包括哪些内容?

2. 企业的要素耗费核算会涉及哪些会计科目?

3. 如何归集和分配材料费?

4. 企业工资总额包括哪些内容? 如何计算计时工资和计件工资?

5. 材料的盘存制度有哪几种? 不同的盘存制度对成本核算有什么影响?

第一节　要素耗费核算概述

耗费按经济内容可以划分为外购材料、外购燃料、外购动力、职工薪酬、折旧费、利息支出、税金和其他支出八个要素。按照耗费要素反映的耗费，称为要素耗费。

为了正确计算产品或劳务的成本和各项期间费用，必须先对企业发生的各项要素耗费进行归集和分配。企业经营过程中所发生的要素耗费应按其用途和地点进行归集和分配，其具体原则可概括为：

（1）将各种要素耗费区分为应计入产品成本的要素耗费和不应计入产品成本的要素耗费。应计入产品成本的要素耗费最终形成产品成本，不计入产品成本的要素耗费，应按照其经济用途分别记入"销售费用""管理费用""财务费用"的总账账户及其所属明细账的相关费用项目，然后转入"本年利润"账户，最终计入当期损益。

（2）对于应计入产品成本的各种要素耗费，还应按其与产品生产工艺的关系进行归集和分配。凡是专为某种产品所耗用，并能确认其负担数额的直接费，应根据原始凭证采取直接计入的方法计入某种产品成本；凡是几种产品共同耗用，不能确认为某种产品所耗用的耗费，应先行归集，然后再采用适当的方法，在有关产品之间进行分配。

（3）为了具体反映成本构成情况，还需将应计入产品成本的要素耗费再进一步划分为若干成本项目，在将相关要素耗费记入"基本生产成本""制造费用"或"辅助生产成本"总账的同时，直接记入或分配记入有关产品成本明细账的相关成本项目，便于反映和监督产品消耗定额和成本计划的执行和完成情况，有利于分析产品成本结构的合理性。

（4）各项要素耗费的分配是通过编制相应的要素分配表来进行的，根据分配表据以登记各种成本、费用总账账户及其所属明细账。要素分配表的编制，应根据成本核算的体制、凭证的份数和传递程序等具体条件的不同而有所区别。企业实行一级成本核算时，应由财会部门编制，实行两级成本核算体制时，则由各车间的成本会计人员编制。

第二节　材料费的核算

材料是产品成本的重要组成部分，也是占用资金较多的一项存货。加强对材料费的核算，对于降低产品成本、节约使用资金、加速资金周转等方面都有着十分重要的作用。

一、材料费核算的内容及原则

根据经济用途的不同,产品生产过程中所消耗的材料可分为直接材料和间接材料。直接材料指直接用于产品生产、构成产品实体的原料、主要材料和有助于产品形成的辅助材料。间接材料是指企业为组织生产、管理生产和保证生产正常进行而耗用的一般消耗性材料,如消耗的机物料、低值易耗品和为保证劳动的正常进行而耗用的照明电力等。区分直接材料和间接材料的目的,在于两类材料费计入产品成本的程序和方式不同。直接材料直接计入(能够分清某一成本计算对象耗用的直接材料)或是按适当的方法分配计入(不能分清某一成本计算对象耗用的直接材料)某一成本计算对象,并在成本计算单中的"直接材料"或"原材料"成本项目列示,称为直接材料成本。间接材料不能够直接计入某一成本计算对象,而是按材料耗费地点先进行归集,在成本计算单中的"制造费"成本项目中列示,期末再通过一定方法分配计入各成本计算对象,故而称为间接材料成本。直接材料和间接材料的划分是相对的,需要根据材料耗费与具体产品生产之间的紧密程度来划分。本节的材料费仅指直接材料费,间接材料的核算将在第六章"制造费的核算"中讲解。

材料费的核算包括材料费的归集和分配两个方面。材料费的归集是进行分配的基础和前提。在通常情况下,材料费是按其发生的地点和用途进行归集。为确保材料费归集的准确性,企业必须建立和健全领/发料的审批和登记制度、凭证的流转和保管制度、材料的退库和盘存制度,从材料采购、入库、发出等各个环节做好核算基础工作。归集好的材料费应按其用途直接计入或采用适当的方法分配计入各种产品成本或是期间费用中去。

二、材料费的归集

(一)材料费的计量

耗用的材料费是由材料的价格和耗用的数量决定的。发出材料的计价方法和确定其耗用数量的盘存制度会影响到材料费计算的程序和准确性。

在日常核算采用计划成本计价的情况下,对于发出的材料,应按计划成本转出,同时计算发出材料应负担的材料成本差异,把发出材料的计划成本调整为实际成本。期末库存材料应以实际成本反映在资产负债表上。在日常核算采用实际成本法的情况下,发出材料的实际成本,可采用先进先出法、月末一次加权平均法、移动加权平均法或个别计价法等方法计算确定。通常来说,如果企业规模较小、材料的品种规格不多且收发不太频繁,材料可按实际成本法计价;若企业规模较大,材料品种规格繁多且收发频繁,则宜采用计划成本法计价。

企业采用的盘存制度有两种:永续盘存制和实地盘存制。在永续盘存制下,材料明细账上可以随时反映材料的收、发、存情况,便于对材料的跟踪与控制。实地盘存制则"以消计耗",凡是不包含在期末存货中的材料都被计入材料费,这样可能会将偷窃、损坏、遗失等不合理损耗包括在消耗量中,从而导致消耗量资料和产品成本不够准确。因此,实地盘存制一般只适用于那些在领用时不能随时办理领料手续的材料,如黄沙、石子等大宗、大堆材料。

(二)领用材料的原始凭证的归集

材料的发出必须办理一定的手续和填制有关的原始凭证,记录发出材料的单位、时间、数量(或金额)和审批情况等内容,以加强对材料费的控制,明确有关经济责任。材料发出的原始凭证一般包括领料单、限额领料单和领料登记簿等,企业应根据领用材料的具体情况,选择采用某一种领料凭证。

企业还应加强对退料的管理和核算。对于月末已领未用的材料,如果下月不再继续使用,应填制退料单或填写红字领料单,并及时办理退库;如果下月还需继续使用,则应办理假退料手续,即同时填制本月退料单和下月领料单,材料不退回仓库。

月末,将各种领料凭证和退料凭证按车间或部门进行汇总,就能计算出本车间或部门消耗材料的数量和金额,通过编制材料费分配表即可进行材料费分配的核算。

三、材料费的分配

(一)材料费分配的原则

直接用于产品生产、构成产品实体的材料费,在产品成本中一般占有较大的比重,通常按照产品的品种(或成本计算对象)分别领用,如造船耗用的钢材、制作家具耗用的木材等,属于直接计入费,可以直接记入该种产品"基本生产成本"明细账的"直接材料"成本项目。

对于不能按照产品品种(或成本计算对象)分别领用,而是几种产品共同耗用的原料及主要材料,如化工生产的多种产品耗用的材料费,属于间接计入费,需要采用合适的分配标准,分配记入"基本生产成本"明细账的"直接材料"成本项目。材料费的分配标准很多,通常可按产品重量、体积分配,当材料消耗定额比较准确的情况下,也可以按照产品的材料定额消耗量的比例或材料定额成本比例进行分配。

(二)材料费的分配方法

1. 产量(体积、重量)比例分配法

这是一种以产品的产量、体积或重量为分配标准分配材料费的方法。当材料费与产品的重量密切相关时,材料费按产品的重量比例分配;当材料费与产品体积密切相关时,材料费按产品体积比例分配;当不同产品所耗用的材料数量(或价值)相等时,材料费按产品的产量比例分配。有关计算公式如下:

$$材料费分配率=\frac{共同耗用的材料费总额}{各种产品重量(体积、产量)之和}$$

某产品应分配的材料费＝该种产品重量(体积、产量)×材料费分配率

【例4-1】 某企业生产甲、乙两种产品,共耗用A材料45 600千克,每千克单价为3.5元。甲产品的重量为12 000千克,乙产品的重量为26 000千克。采用产品重量比例分配法分配材料费的结果如下:

$$材料费分配率=\frac{45\,600\times3.5}{12\,000+26\,000}=4.2$$

甲产品应分配的材料费＝12 000×4.2＝50 400(元)

乙产品应分配的材料费＝26 000×4.2＝109 200(元)

2. 定额消耗量比例分配法

定额消耗量比例分配法是以各种产品材料消耗定额为标准分配材料费的一种方法,一般在各项材料消耗定额比较健全、准确的情况下采用。有关计算公式如下:

某产品材料定额消耗量＝该产品产量×该产品单位产品材料定额消耗量

$$材料消耗量分配率=\frac{材料实际消耗量总额}{各种材料定额消耗量之和}$$

某产品应分配的材料实际消耗量＝该产品材料定额消耗量×材料消耗量分配率

某产品应分配的实际材料费＝该产品材料实际消耗量×材料单价

【例4-2】 某企业生产甲、乙两种产品,共同耗用某种原材料6 000千克,每千克单价为15元,共计90 000元。单件产品原材料定额如下:甲产品30千克,乙产品15千克;产量:甲产品120件,乙产品80件。按原材料定额消耗量比例分配计算甲、乙产品实际耗用原材料的结果如下:

甲产品定额消耗量＝30×120＝3 600(千克)

乙产品定额消耗量＝15×80＝1 200(千克)

$$原材料消耗量分配率=\frac{6\,000}{3\,600+1\,200}=1.25$$

甲产品应分配的实际耗用量＝3 600×1.25＝4 500(千克)

甲产品应分配的实际材料费＝4 500×15＝67 500(元)

乙产品应分配的实际耗用量＝1 200×1.25＝1 500(元)

乙产品应分配的实际材料费＝1 500×15＝22 500(元)

3. 定额成本比例分配法

定额成本比例分配法是按照产品材料定额成本分配材料费的一种方法,一般适用于几种产品共同耗用几种材料的情况。有关计算公式如下:

某产品材料定额成本＝该产品实际产量×该产品单位产品定额成本

$$材料定额成本分配率＝\frac{各种材料实际材料费总和}{各种产品材料定额成本总和}$$

某产品应分配的材料费＝该产品材料定额成本×材料定额成本分配率

【例 4 - 3】　某企业生产甲、乙两种产品,共同领用 A、B 两种主要材料。耗用 A 材料 2 945 元,耗用 B 材料 15 700 元。甲产品实际产量为 150 件,单位产品材料定额成本为 20 元,乙产品实际产量为 300 件,单位产品材料定额成本为 45 元。采用定额成本法分配材料费的结果如下:

甲产品材料定额成本＝150×20＝3 000(元)

乙产品材料定额成本＝300×45＝13 500(元)

$$原材料定额成本分配率＝\frac{2\ 945＋15\ 700}{3\ 000＋13\ 500}＝1.13$$

甲产品分配原材料费＝3 000×1.13＝3 390(元)

乙产品分配原材料费＝13 500×1.13＝15 255(元)

四、材料费分配汇总表的编制及账务处理

材料费是通过编制材料费分配汇总表进行分配的。"材料费分配汇总表"是按车间、部门和材料的类别,根据当月领料单、限额领料单、退料单及其他有关资料编制。在此基础上,可以将各车间、部门的"材料费分配表"合并编制一张"材料费分配汇总表"。

实际成本计价方式下,材料费分配汇总表见表 4 - 1。

表 4 - 1 　　　　　　　　材料费分配汇总表(实际成本计价)

202×年 8 月　　　　　　　　　　　　　　　金额单位:元

应借账户		成本或费用项目	直接计入	分配计入(分配率为3.25)		合计
				定额消耗量(件)	分配金额	
基本生产成本	甲产品	直接材料	86 204	12 000	39 000	125 204
	乙产品	直接材料	76 542	18 000	58 500	135 042
	小　计		162 746	30 000	97 500	260 246
制造费用	基本生产车间	机物料消耗	4 234			4 234
管理费用		其他	3 230			3 230
销售费用		包装费	3 864			3 864
合计			174 074		97 500	271 574

根据各车间、部门的"材料费分配表",可以登记"基本生产成本"明细账、"制造费用"明细账和"管理费用"明细账等有关明细账。直接用于产品生产的直接材料,应直接记入"基本生产成本"账户,同时记入"基本生产成本"明细账中的"原材料"或"直接材料"成本项目;间接用于产品生产的材料,应先记入"制造费用"账户,期末同其他制造费用一同分配记入"制造费"成本项目;用于组织和管理生产的材料费,记入"管理费用"账户,同时记入"管理费用"明细账中的"材料费"成本项目;用于产品销售的材料费,应记入"销售费用"账户,同时记入"销售费用"明细账中的"材料费"成本项目;用于建造固定资产的材料费,记入"在建工程"账户。

　　根据表 4－1 进行总分类和明细核算,编制会计分录如下:

　　　借:基本生产成本——甲产品 125 204
　　　　　　　　　　——乙产品 135 042
　　　　制造费用——基本生产车间 4 234
　　　　管理费用 3 230
　　　　销售费用 3 864
　　　贷:原材料 271 574

第三节　职工薪酬的核算

　　职工薪酬是产品成本和期间费用的重要组成部分,加强职工薪酬的核算,对于不断降低产品成本,提高企业的经济效率,有着十分重要的意义。

一、职工薪酬的构成和分类

　　职工薪酬是指企业为获得职工提供的服务或终止劳动合同关系而给予的各种形式的报酬。企业提供给职工配偶、子女、受赡养人、已故员工遗属及其他受益人等的福利,也属于职工薪酬。

　　(一)职工薪酬的构成

　　职工薪酬中直接支付给职工个人的部分构成了工资总额;不直接支付给职工个人的部分,构成了其他相关支出。

　　工资总额通常包括计时工资、计件工资、资金、津贴和补贴、加班加点工资和特殊情况下支付的工资等。为了保证国家对工资进行统一的核算和统计,该部分的核算内容由国家统一规定。工资总额是职工薪酬中的基本内容,它也是计算和提取职工福利费、各种社会保险费、住房公积金、工会经费和职工教育经费等的依据。

　　其他相关支出是指除了直接支付给职工个人,以工资总额为基础计算的相关支出以及其他与获得职工提供的服务相关的支出,通常包括职工福利费、社会保险费、住房公积金、工会经费和职工教育经费、非货币性福利、辞退福利、股份支付等。

（二）职工薪酬的分类

职工薪酬按其记入项目的不同,可以分为生产工人工资和其他人员工资。生产工人工资同产品生产直接产生联系,因而可以直接计入或分配计入产品成本。在产品成本项目中,专设"直接人工"成本项目,来归集生产工人的工资费用。其他人员工资由于不直接同产品生产相联系,不能直接记入"直接人工"成本项目,应根据职工所处的岗位的不同,分别记入相应的成本或费用项目中。对于生产车间发生的为生产产品或提供劳务而发生的各项间接工资费用,如车间管理人员的工资,应记入"制造费用"中的"工资费"明细项目,再通过分配计入产品成本;对于企业行政管理部门人员的工资费用,应记入"管理费用"中的"工资费"明细项目;对于销售机构人员的工资费用,应记入"销售费用"中的"工资费"明细项目。

二、职工薪酬的计算和分配

企业应该将支付给职工的薪酬作为一种耗费,即工资费,按照其用途和发生部门进行归集和分配,计入产品成本或期间费用。

（一）薪酬计算的原始记录

为了正确计算工资费,必须建立和健全工资计算的原始记录。这些原始记录主要有以下内容。

1. 考勤记录

考勤记录是登记职工出、缺勤情况的记录,应由考勤人员根据职工出勤和缺勤情况逐日登记。它是计算职工计时工资的基本依据,同时也是企业进行劳动管理的重要依据。

2. 产量记录

产量记录是反映工人或班组在出勤时间内生产产品的产量和耗用生产工时的记录。它是企业计算计件工资的原始记录。由于生产车间的工艺过程、生产组织的特点和产品的性质不同,产量记录的具体内容、格式和登记程序也不尽相同,一般有工作通知单、工序进行单和产量明细表等。

3. 工资卡

工资卡又称职工工资目录,它应按每一职工设置,主要记录职工的工资级别和工资标准、工龄和享受的津贴等内容。

（二）工资费的计算

合理分配工资费的基础在于准确计算工资费。工资费中计时工资和计件工资的计算,构成了工资费计算的主要内容。

1. 计时工资

计时工资是指按计时工资标准和工作时间支付给职工个人的劳动报酬。按工资计算时间的不同，计时工资又可分为月薪制和日薪制。我国企业固定职工的计时工资一般采用月薪制，临时职工的计时工资大多以日薪计算，也有以小时工资计算的。下面只介绍月薪制下职工计时工资的计算。

月薪制按月计算工资，每月的标准工资相同，可以按下列公式计算应付月计时工资：

$$应付月计时工资＝月标准工资－应扣缺勤工资－应扣病假工资$$

$$应扣病假工资＝病假日数×日工资额×病假扣款比例$$

或：

$$应付月计时工资＝出勤天数×日工资额＋应发病假工资$$

$$应发病假工资＝病假日数×日工资额×（1－病假扣款比例）$$

为了按照职工出勤或缺勤计算应付的工资，还应根据月标准工资计算日工资额，即每日平均工资。

2. 计件工资

计件工资是指根据规定的计件单价和完成合格品数量计算支付的工资。计件工资可以分为个人计件工资和集体计件工资两种。

（1）个人计件工资的计算。个人计件工资应根据产量记录登记每个工人完成的实际产量，乘以规定的计件单价计算。有关计算公式如下：

$$应付计件工资＝\sum 完成的产品产量×该种产品的计价单价$$

$$计价单价＝单位产品所耗工时定额×小时工资额$$

完成的产品产量中如果有废品，则需要分析产生废品的原因。如果是由材料本身质量原因造成的，即废料，应该照常付工资，包括在完成的产量中；如果是工人本人过失造成的，就不能支付工资，不能包括在完成的产量中，有的还应由工人赔偿损失。

（2）集体计件工资的计算。在采用集体计件工资的情况下，应先按集体完成的工作量和计件单价计算集体应得的计件工资总额，再在集体内部各工人之间按照贡献大小进行分配。企业通常可按每人的工资标准和工作日数（或工时数）的乘积作为标准进行分配。

（三）工资费的分配

工资费应按其发生的地点和用途进行分配。具体分配原则如下：

（1）生产车间直接从事产品生产的生产工人工资，应记入"基本生产成本"账户的"直接工资"成本项目。

（2）生产车间管理人员的工资，应记入"制造费用"账户。

（3）行政管理人员的工资应记入"管理费用"账户。

（4）固定资产更新改造等工程人员工资，应记入"在建工程"账户。

（5）专设销售机构人员的工资,则应记入"销售费用"账户。

记入"基本生产成本"账户的工资费,根据其计入产品成本的程序和方式,又可以分为直接计入费和间接计入费。在采用计件工资的形式下,与产品生产相关的工资费一般属于直接计入费,根据产量记录直接记入某种产品成本明细账的"直接人工"成本项目。在采用计时工资时,则需要根据具体情况分别处理。如果生产车间只生产一种产品,则该车间汇总的生产工人的工资费属于直接计入费,可以直接记入该种产品成本明细账的"直接人工"成本项目;如果生产车间生产多种产品,该车间生产工人的工资费则属于间接计入费,需要在各成本计算对象之间进行分配,通常按实际生产工时比例进行分配,在没有实际生产工时的情况下,可采用定额工时比例进行分配。

按产品生产工时(实际或定额)比例分配生产工人工资费的计算公式如下:

$$生产工人工资费分配率 = \frac{生产工人工资总额}{各种产品的生产工时总额}$$

$$某产品应分配工资费 = 该产品的生产工时 \times 生产工人工资费分配率$$

【例 4-4】　某公司一车间生产甲、乙两种产品,某月发生的生产工人工资共计98 400 元。甲、乙两种产品的生产工时分别为:7 800 小时、4 500 小时。按产品生产工时比例分配工资费的计算结果如下:

$$生产工人工资费分配率 = \frac{98\ 400}{7\ 800 + 4\ 500} = 8$$

$$甲产品应分配工资费 = 7\ 800 \times 8 = 62\ 400(元)$$

$$乙产品应分配工资费 = 4\ 500 \times 8 = 36\ 000(元)$$

三、职工薪酬分配表的编制及账务处理

在实际工作中,工资费的分配是通过编制工资及福利费用分配汇总表(表 4-2)进行的,根据其编制会计分录,登记有关总账和明细账。

表 4-2　　　　　　　　　　工资及福利费用分配汇总表

202×年 8 月　　　　　　　　　　　　　　　　金额单位:元

应借科目		工资				职工福利费(14%)	工资及福利费合计
总账及二级科目	明细科目	分配标准(工时)	直接生产人员(0.5)	管理人员工资	工资合计		
基本生产成本	甲产品	56 000	28 000		28 000	3 920.00	31 920.00
	乙产品	32 000	16 000		16 000	2 240.00	18 240.00
	小　计	88 000	44 000		44 000	6 160.00	50 160.00

| 应借科目 | | 工资 | | | 职工福利费（14%） | 工资及福利费合计 |
总账及二级科目	明细科目	分配标准（工时）	直接生产人员（0.5）	管理人员工资	工资合计		
辅助生产成本	供电车间		17 520		17 520	2 452.80	19 972.80
	锅炉车间		12 000		12 000	1 680.00	13 680.00
	小　计		29 520		29 520	4 132.80	33 652.80
制造费用	基本车间			600	600	84.00	684.00
	供电车间	35 040		350	350	49.00	399.00
	锅炉车间	24 000		320	320	44.80	364.80
	小　计	59 040		1 270	1 270	177.80	1 447.80
管理费用				3 600	3 600	504.00	4 104.00
合　　计					78 390	10 974.60	89 364.60

根据表4-2进行总分类和明细核算，编制会计分录如下：

借：基本生产成本——甲产品　　　　　　　　　　　　　　 31 920.00
　　　　　　　　——乙产品　　　　　　　　　　　　　　 18 240.00
　　辅助生产成本——供电车间　　　　　　　　　　　　　 19 972.80
　　　　　　　　——锅炉车间　　　　　　　　　　　　　 13 680.00
　　制造费用——基本车间　　　　　　　　　　　　　　　　　 684.00
　　　　　　——供电车间　　　　　　　　　　　　　　　　　 399.00
　　　　　　——锅炉车间　　　　　　　　　　　　　　　　　 364.80
　　管理费用　　　　　　　　　　　　　　　　　　　　　　 4 104.00
　　贷：应付职工薪酬　　　　　　　　　　　　　　　　　　 89 364.60

第四节　其他要素耗费的归集与分配

其他要素耗费是指除材料费、工资费以外的各项耗费。这些耗费内容繁多，无法一一列举，本节仅介绍几种常见要素耗费的核算。

一、外购动力费的核算

动力是指企业用于产品生产、照明或取暖等目的而外购或自制的电力、热力、风力和蒸汽等。企业动力的取得有自制和外购两种,自制部分通过辅助生产组织核算,这里主要分析外购动力费的归集和分配。

外购动力费是指企业从外单位购入的电力、热力、蒸汽等动力费。在一般情况下,外购动力都用仪器仪表记录使用量。在支付外购动力费时,企业应根据仪器仪表上的耗用数量和规定的计价标准向提供动力的单位支付款项。以支付款项的凭证编制记账凭证,作为外购动力费分配的依据。

在分配外购动力费时,应由财会部门根据所支付的外购动力费金额和各部门耗用外购动力的数量,通过编制外购动力费分配表进行分配。如果企业各车间、部门分别安装了记录动力耗用量的仪器仪表,应根据计量仪器仪表记录的实际耗用量分配;如果企业各车间、部门没有安装记录动力耗用量的仪器仪表,应采用适当的标准将外购动力费在各车间和部门进行分配。常用外购动力费分配标准有生产工时比例、机器功率时数比例和定额消耗量比例等。各车间和部门分配外购动力的计算公式如下:

$$外购动力费分配率 = \frac{待分配的外购动力费用总额}{各种产品机器工时(生产工时、机器功率时数等)之和}$$

$$\begin{array}{c}某种产品应分配\\的动力费\end{array} = \begin{array}{c}该种产品的机器时数\\(生产工时、机器功率时数等)\end{array} \times \begin{array}{c}外购动力费\\分配率\end{array}$$

【例 4 - 5】 某企业于 202×年 8 月共支付外购电力费 440 000 元,各车间、部门的电表所计量的用电度数为 1 100 000 度。根据各车间、部门用电量及有关产品的工时资料,编制外购动力费分配表(表 4 - 3)。

表 4 - 3　　　　　　　　外购动力费分配表

202×年 8 月

分配对象		成本项目	耗用数量（度）	分配标准（定额工时）	分配率	分配金额（元）
基本生产车间	甲产品	动力费		65 000		195 000
	乙产品	动力费		30 000		90 000
	丙产品	动力费		25 000		75 000
	小　计		900 000	120 000	3	360 000
	车间耗用	动力费	100 000			40 000
辅助生产车间		动力费	80 000			32 000
行政管理部门		动力费	20 000			8 000
合　　计			1 100 000			440 000

基本生产车间直接用于产品生产的动力费,应记入"基本生产成本"账户的"燃料及动力"成本项目;基本生产车间照明、取暖等难以在各产品间分配的一般耗用动力,应记入"制造费用"账户;辅助生产车间发生的动力费,应直接或分配记入"辅助生产成本"账户;行政管理部门和销售部门的照明或取暖用动力费,则应分别记入"管理费用"账户和"销售费用"账户。

根据表 4-3 进行总分类和明细核算,编制会计分录如下:

借:基本生产成本——甲产品   195 000
     ——乙产品   90 000
     ——丙产品   75 000
  制造费用——基本生产车间   40 000
  辅助生产成本   32 000
  管理费用   8 000
 贷:应付账款或银行存款   440 000

二、燃料费的核算

生产过程中使用的燃料,实际上也属于材料,可以设置"燃料"账户单独核算燃料的增减变动和结存情况,也可以在"原材料"账户中反映。其耗费的归集与分配方法与材料费大致相同。

如果燃料费在产品成本中比重较大,可以在"基本生产成本"账户中与动力费一起专门设置"燃料及动力"成本项目,归集生产中使用的燃料费,以便于对其使用情况进行分析和考核。直接用于产品生产的燃料,能分清是由哪种产品耗用的,属于直接计入费,可以直接记入各种产品成本明细账的"燃料及动力"成本项目;如果属于几种产品共同耗用的燃料,属于间接计入费,应采用适当的分配方法,在各种产品之间进行分配,然后再记入各种产品成本明细账的"燃料及动力"成本项目。采用的分配标准一般为产品的重量、体积、定额耗用量,或定额费用比例等。如果燃料费不多,可不设置专门的成本项目,而是将其列入"制造费用"账户的成本项目中。

对于间接用于生产以及用于企业管理和产品销售的燃料费,应分别记入"制造费用""辅助生产成本""管理费用""销售费用"总账账户及其所属明细账户的有关项目。

三、折旧费的核算

固定资产在长期使用中保持实物形态不变,但其价值随着固定资产的使用会因损耗而逐渐减少,这部分由于损耗而减少的价值就是固定资产折旧,应该作为费用计入产品成本或期间费用。

固定资产的折旧费通常按发生地点进行归集。除已经提足折旧仍继续使用的固定资产和按规定单独计价作为固定资产入账的土地不计提折旧外,其余所有固定资产均需要计提折旧。当月开始使用的固定资产,当月不提折旧,从下个月起计提折旧;当月减少的固定资产,当月仍计提折旧,从下月起停止计提折旧。

企业各车间和部门应根据月初计提折旧固定资产的有关资料和确定的折旧计算方法编制固定资产折旧计算明细表(表4-4),企业财会部门在汇总各车间、部门的固定资产折旧计算明细表的基础上编制固定资产折旧费分配表(表4-5),对折旧费按使用地点和用途进行分配。

表 4-4　　　　　　　　　　固定资产折旧计算明细表

车间:基本生产车间　　　　　　　　　202×年8月　　　　　　　　　单位:元

固定资产类别	月折旧率(平均年限法)	上月折旧	上月增加固定资产原价	上月减少固定资产原价	应增、应减折旧额	本月折旧额
房屋	2.0‰	3 000	400 000	300 000	200	3 200
机械设备	4.5‰	4 500	—	20 000	—90	4 410
动力设备	6.0‰	1 680	—	—		1 680
合　　计	—	9 180	400 000	320 000	110	9 290

表 4-5　　　　　　　　　固定资产折旧费分配表

202×年8月　　　　　　　　　单位:元

| 项目 | 基本生产车间 | 辅助生产车间 | | 行政管理部门 | 专设销售机构 | 合计 |
		供水车间	运输车间			
折旧费	9 290	1 200	2 500	2 100	1 000	16 090

企业依据"折旧费分配表"编制会计分录,登记有关总账及所属明细账。企业生产的某种产品往往需要使用多种机器设备,而某种机器设备可能生产多种产品,因此,计入产品成本的折旧费虽是直接用于产品生产的耗费,但一般属于分配工作比较复杂的间接计入费,为简化核算,往往不单独设置成本项目,而是作为制造费用的项目,和其他耗费一起分配计入产品的生产成本。对于企业行政管理部门和销售部门的折旧费,则分别借记"管理费用""销售费用"等账户。未使用和不需用的固定资产,

也需要计提折旧,折旧费记入"管理费用"账户。

根据表4-5进行总分类和明细核算,编制会计分录如下:

借:制造费用——基本生产车间	9 290
辅助生产成本——供水车间	1 200
——运输车间	2 500
管理费用	2 100
销售费用	1 000
贷:累计折旧	16 090

四、利息费、税金和其他支出的核算

这些耗费有的是产品成本的组成部分,有的则是期间费用的组成部分,在耗费发生时,按照耗费的用途进行归类,分别计入产品成本和期间费用。计入产品成本的耗费,通常也不专设成本项目,而是记入"制造费用"账户。

税金,如印花税、房产税、车船税和城镇土地使用税等,不是产品成本的组成部分,应该在缴纳时,记入"管理费用"账户;利息费用,指记入"财务费用"账户的利息费,通常可采用预提的方式进行核算;其余的其他费用,应该在费用发生时,按费用的地点和用途,分别记入"制造费用""辅助生产成本""管理费用""销售费用"等账户。

在实际工作中,利息费用、税金和其他费用是通过编制利息费、税金和其他费分配表(表4-6)进行分配的。

表 4-6 利息费、税金和其他费分配表

202×年8月 单位:元

应借账户		成本或费用项目	金额
制造费用	基本生产车间	办公费	2 600
		其他	1 700
		小计	4 300
辅助生产成本	机修车间	办公费	900
		其他	200
		小计	1 100
	运输车间	办公费	480
		其他	360
		小计	840

（续表）

应借账户		成本或费用项目	金额
财务费用		利息费	7 200
管理费用		税金	520
		办公费	2 700
		其他	4 200
		小计	7 420
销售费用		广告费	50 000
		其他	200
		小计	50 200
合　　计			71 060

根据表4-6及其他有关资料进行总分类和明细核算,编制会计分录如下:

```
借:制造费用——基本生产车间                          4 300
   辅助生产成本——机修车间                           1 100
            ——运输车间                              840
   财务费用                                         7 200
   管理费用                                         7 420
   销售费用                                        50 200
 贷:银行存款                                        71 060
```

本章要点概览

1. 要素耗费的核算,就是对企业生产经营过程中所发生的各种要素耗费,按其发生地点和用途进行归集,并按一定的方法分配记入各有关成本和费用账户。

2. 材料费的分配有狭义和广义之分,狭义的分配是直接材料费用在各个产品之间的分配,常见的分配标准有重量、体积、产品产量、定额消耗量和定额费用等。广义的分配是指材料在所有领用部门之间的分配。

3. 企业经营过程中所发生的职工薪酬,首先应根据其经济用途确定计入产品成本还是期间费用;计入产品成本的职工薪酬,应根据其与生产的关系,确定其属于直接耗费还是间接耗费,如属于直接耗费,则应记入"基本生产成本"账户或"辅助生产成本"账户,如属于间接耗费,则应先归集于"制造费用"账户,通过分配再记入"基本生产成本"或"辅助生产成本"账户;记入"基本生产成本"账户的职工薪酬,又可分为直接计入费和间接计入费,直接计入费应直接记入各种产品"基本生产成本"明细账的"直接人工"成本项目,而间接计入费则要通过一定的方法分配记入各种产品"基本生产成本"明细账的"直接人工"成本项目。

4. 其他要素耗费主要包括外购动力、燃料、折旧费、利息支出、税金和其他支出等。燃料的核算与材料费大致相同,外购动力、折旧费应根据受益原则,应属于产品成本负担部分的记入"制造费用"账户,由企业管理部门或销售部门所耗用的,则分别记入"管理费用""销售费用"等账户。

 主要术语

1. 要素耗费	2. 职工薪酬
3. 折旧	4. 外购动力费
5. 定额消耗量比例法	6. 定额成本比例法
7. 直接耗费	8. 间接耗费
9. 直接计入费	10. 间接计入费

阅 读 文 献

1. 陈云主编:《成本会计学》(第四章 要素耗费的核算),立信会计出版社2011年版。

2. 乐艳芬主编:《成本会计》[第四章 成本费用的归集和分配(一);第五章 成本费用的归集和分配(二)],上海财经大学出版社2012年版。

3. 于富生、黎来芳、张敏编著:《成本会计学》(第三章 费用在各种产品以及期间费用之间的归集与分配),中国人民大学出版社2015年版。

4. 万寿义、任月君主编:《成本会计》(第五章 生产要素费用的汇集与分配),东北财经大学出版社2013年版。

5. 中国注册会计师协会编:《财务成本管理》(第十四章 产品成本计算),中国财政经济出版社2015年版。

复 习 思 考 题

1. 材料耗费包括哪些内容? 直接材料成本和间接材料成本有何区别?
2. 要素耗费分配的一般原则是什么?
3. 材料成本分配的主要方法有哪些? 如何选择分配方法?
4. 如何归集和分配职工薪酬?
5. 按耗费要素反映的生产费用和按成本项目反映的产品成本之间有什么区别?

练 习 题

一、单项选择题

1. 下列选项中,不属于要素耗费的是(   )。

A. 折旧费　　　　　　　　　　　B. 租赁费用

    C. 财务费用　　　　　　　　　　D. 材料费

2. 按产品材料定额比例分配法分配材料费时,其适用的条件是(　　)。

    A. 产品的产量与所耗用的材料有密切的联系

    B. 产品的重量与所耗用的材料有密切的联系

    C. 几种产品共同耗用几种材料

    D. 各项材料消耗定额比较准确稳定

3. 几种产品共同耗用的原材料费,属于间接计入费,一般采用的分配方法是(　　)。

    A. 工时比例分配法　　　　　　　B. 计划成本分配法

    C. 材料定额成本比例法　　　　　D. 以上均可

4. 企业在生产多种产品时,几种产品共同耗用的生产工人的计时工资属于(　　)。

    A. 直接计入费　　　　　　　　　B. 间接计入费

    C. 间接生产费　　　　　　　　　D. 制造费

5. 材料按计划成本计价时,期末应将发出材料的计划成本(　　)。

    A. 加材料成本节约差异　　　　　B. 减材料成本节约差异

    C. 调整为实际成本　　　　　　　D. 按计划成本计价

二、多项选择题

1. 材料费的分配标准有(　　)。

    A. 材料定额消耗量　　　　　　　B. 产品工时定额

    C. 产品体积　　　　　　　　　　D. 生产工人工资

2. 要素耗费的分配原则有(　　)。

    A. 所有的耗费均应采用一定的方法在各种产品当中进行分配

    B. 直接计入费直接计入产品成本

    C. 直接费直接计入产品成本

    D. 间接计入费分配计入产品成本

3. 材料费的分配标准有(　　)。

    A. 材料定额消耗量　　　　　　　B. 材料定额费用

    C. 产品体积　　　　　　　　　　D. 产品工时定额

4. 各项要素耗费归集时,借记有关成本、费用账户,其贷方对应账户通常有(　　)。

    A. "累计折旧"　　　　　　　　　B. "原材料"

    C. "应付职工薪酬"　　　　　　　D. "制造费用"

5. 计入产品成本的各种工资,按其用途应分别借记(　　)账户。

    A. "销售费用"　　　　　　　　　B. "制造费用"

    C. "基本生产成本"　　　　　　　D. "管理费用"

三、判断题

1. 车间领用的材料在产品完工时,如有余料,应填制退料单及时退回仓库。对于下月需要继续耗用的材料,为了简化领料、退料手续,可以办理"假退料"手续。　　　　　　　　　　(　　)

2. 由几种产品共同耗用的原材料费,在材料消耗定额比较准确的情况下,可以按照产品的原材料消耗量或原材料定额成本比例分配。   (   )

3. 用于基本生产车间、辅助生产车间和行政管理部门的照明用电不计入产品成本,应计入管理费用。   (   )

4. 如果是因为料废原因而导致的废品,应照付计件工资。   (   )

5. 要素耗费中的职工薪酬是指应计入产品成本中的生产工人的工资。   (   )

四、业务题

【业务题一】

(一)**目的** 练习材料耗费的核算。

(二)**资料** 某企业基本生产车间生产甲、乙两种产品,共同耗用某种材料的计划成本110 000元,本月材料成本差异率为2%,单件产品原材料消耗定额:甲产品40千克,乙产品20千克。本月产品产量:甲产品340件,乙产品420件。

(三)**要求**

(1)按定额耗用量比例分配计算甲、乙产品所耗材料的实际成本。

(2)编制有关的会计分录。

【业务题二】

(一)**目的** 练习外购动力耗费的核算。

(二)**资料** 某企业9月耗电42 000度,每度电价为0.60元,电费未付。据电表记录,该企业基本生产车间耗电32 000度(其中车间照明用电5 000度),企业行政管理部门耗电8 000度,销售部门耗电2 000度。企业基本生产车间生产甲、乙两种产品,甲产品生产工时为36 000小时,乙产品生产工时为24 000小时。

(三)**要求**

(1)按所耗电度数分配电费,甲、乙产品按生产工时计算分配电费。

(2)编制有关的会计分录。

【业务题三】

(一)**目的** 练习工资费的分配。

(二)**资料** 某企业基本生产车间生产甲、乙两种产品,6月生产工人的计时工资为180 000元,车间管理人员工资为40 000元;甲产品生产耗用定额工时为16 000小时,乙产品生产耗用定额工时为20 000小时。该企业其他职工薪酬的提取比例为工资总额的40%。

(三)**要求**

(1)按定额工时比例计算分配甲、乙产品生产工人工资费。

(2)计算本月应计提的其他职工薪酬费。

(3)根据以上的计算和分配结果编制分配职工薪酬费的会计分录。

案 例 分 析 题

某公司生产厨房刀具,产品有甲、乙、丙三类,共用原材料,采用计件工资制。下面为该公司202×年9月刀具生产的一些成本数据(单位:万元):

材料成本：

不锈钢	400
设备机油和润滑油	8
塑料和玻璃纤维手柄	15
为顾客放置用的木制刀架	9.2

人工成本：

设备运行者	20
设备编修工	5
工厂管理人员	11.8

要求：根据上述资料回答下列问题：

（1）该公司发生的直接材料成本是多少？直接人工成本是多少？

（2）直接材料成本是直接计入费，还是间接计入费？直接人工成本是直接计入费，还是间接计入费？

（3）间接材料和总间接人工制造费是多少？

思政拓展思考

党的二十大报告在"新时代新征程中国共产党的使命任务"里指出：中国式现代化是人与自然和谐共生的现代化。人与自然是生命共同体，无止境地向自然索取甚至破坏自然必然会遭到大自然的报复。我们坚持可持续发展，坚持节约优先、保护优先、自然恢复为主的方针，像保护眼睛一样保护自然和生态环境，坚定不移走生产发展、生活富裕、生态良好的文明发展道路，实现中华民族永续发展。

请思考：要素耗费中的原材料成本是制造业产品成本中的主要组成部分，面对社会资源的日益匮乏，尤其对不可再生资源的消耗日益严重，除了准确核算材料成本，如何科学地开发资源、利用资源，遵循自愿恢复与再生的基本规律，借以达到最大限度、最大效益的开发与消耗资源？如何加强材料成本的控制与管理？如何创造性地寻找代用材料、替代材料？

第五章　辅助生产费的核算

学习目的与要求

　　本章旨在介绍辅助生产费的核算。辅助生产费的核算,对于正确、及时地计算产品成本和当期损益有着重要的意义。其内容主要包括辅助生产费归集与分配的核算,具体包括辅助生产费的内容、辅助生产费归集的方法、辅助生产费分配的程序与原则、辅助生产费的分配方法。通过本章学习,学生应掌握辅助生产费归集的方法,熟悉辅助生产费的内容,了解辅助生产费分配的程序与原则,熟练掌握辅助生产费分配的各种方法及其相应的账务处理。

 **课前预习题**

　　1. 在制造企业中,是否都设置辅助生产车间? 辅助生产车间与基本生产车间有何区别?

　　2. 辅助生产费的核算对企业有何意义?

　　3. 辅助生产车间如何进行分类?

　　4. 辅助生产费归集的方法有几种?

　　5. 辅助生产费分配的原则是什么?

　　6. 辅助生产费分配方法中的哪几种方法需要进行交互分配? 其适用性如何?

第一节　辅助生产费归集的核算

辅助生产费的正确归集,是辅助生产费分配的前提,也是产品成本正确计算的基础。为了正确归集辅助生产费,企业必须设置"辅助生产成本"账户,并且一般应按车间别,以及劳务或产品别设置明细账,以归集辅助生产车间的耗费。

一、辅助生产费的内容

在生产规模较大的制造企业中,除基本生产车间外,一般都设有辅助生产车间,如供电车间、供水车间、运输车间和修理车间等。这些辅助生产车间是专门为基本生产车间和行政管理部门等提供劳务或产品的生产车间,是为了保证基本生产车间产品生产的正常进行,以满足企业内部需要为根本。因此,尽管辅助生产车间有时也对外提供劳务或产品,但这并不是辅助生产车间的主要任务。

辅助生产车间在提供劳务或产品过程中会发生各种耗费,如原材料费、工资费、固定资产折旧费、修理费、办公费、水电费和保险费等。辅助生产车间提供劳务或产品所耗费的各种生产耗费之和,构成这些劳务或产品的成本,称为辅助生产成本。辅助生产车间提供的劳务,如供电、供水、供气(汽)、运输和修理等;辅助生产车间提供的产品,如工具、模具和修理用备件等。由于这些劳务或产品绝大部分被本企业内部各车间、各部门所消耗、领用,对于耗用这些劳务或产品的基本生产车间和行政管理部门等来说,这些辅助生产车间的劳务或产品成本又是一种耗费,称为辅助生产费。

辅助生产车间提供的劳务或产品被基本生产车间所消耗的部分,构成企业产品成本的一部分;被行政管理部门所消耗的部分,构成管理费用的一部分,因此,辅助生产车间提供劳务或产品成本的高低,对于企业产品成本水平和当期损益确定有着直接的影响。同时,也只有在辅助生产的劳务或产品成本确定以后,才能归集出各基本生产车间发生的全部制造费,才能着手基本生产产品成本的计算与当期损益的确定。正确、及时地组织辅助生产费的归集和分配,对于节约生产耗费、降低产品成本,以及正确、及时地计算产品成本和当期损益有着重要意义。

辅助生产车间发生的各项耗费一般包括:

(1)直接材料,是指辅助生产车间为提供劳务或产品而直接消耗的各种材料,包括原料及主要材料、辅助材料、外购半成品、修理用备件、包装材料和燃料等。

(2)直接人工(或职工薪酬),是指辅助生产车间直接从事劳务供应或产品生产人员的职工薪酬,包括工资、奖金、津贴和补贴,以及职工福利费等。

(3)制造费,是指辅助生产车间为组织和管理生产所发生的各项耗费,包括辅助生产车间管理人员的职工薪酬,辅助生产车间厂房、机器设备等固定资产的折旧费、修理费,办公费、水电费、取暖费、租赁费、机物料消耗、财产保险费、低值易耗品摊销、劳动保护费以及其他制造费。

二、辅助生产费归集的方法

辅助生产车间主要是为基本生产车间和行政管理部门等提供劳务或产品。辅助生产车间按其所提供的劳务或产品的品种可以分为两种类型:一类是只提供一种劳务或产品的辅助生产,如供电、供水、运输等车间;另一类是提供多种劳务或产品的辅助生产,如修理、工模具制造等车间。辅助生产费的归集与辅助生产的类型有着密切的联系。在只提供一种劳务或产品的辅助生产车间,其所发生的一切耗费都直接计入耗费,一般可按经济用途,即成本项目直接归集,并且由于这些车间生产的产品或劳务期末一般无在产品,归集的生产耗费总额也就是该车间劳务或产品的总成本,除以劳务或产品的数量,即为劳务或产品的单位成本。在提供多种劳务或产品的辅助生产车间中,所发生的各项耗费包括直接耗费和间接耗费,企业需要分清是哪一种劳务或产品所耗,对于能分清的直接计入耗费应直接计入该种劳务或产品的成本中并予以归集;对于不能分清的共同耗费作为间接计入耗费,应先按辅助生产车间分别归集,再采用适当的分配标准,在各种劳务或产品之间进行分配并予以分别归集,最后确定各种劳务或产品的总成本和单位成本。

为了归集辅助生产费和计算辅助生产产品或劳务的成本,企业需要设置"辅助生产成本"账户。该账户的借方登记为进行辅助生产所发生的一切耗费,包括辅助生产车间内直接发生的耗费及从其他辅助生产车间分配转入的耗费;该账户的贷方登记完工入库的自制材料、工模具的成本,以及向其他辅助生产车间、基本生产车间、行政管理部门、销售部门等受益单位分配转出的劳务费;该账户期末如有借方余额,表示辅助生产车间的在产品成本。

在"辅助生产成本"账户下,还需要根据各个辅助生产车间的实际情况设置明细账并在账内分设成本项目,进行明细核算。对于只提供一种劳务或生产一种产品的辅助生产车间,可根据车间别设置明细账,账内可按耗费的经济内容并适当结合用途分设成本项目。对于提供多种劳务或生产多种产品的辅助生产车间,需根据车间按每种劳务或产品设置明细账,账内可按耗费的经济用途分设成本项目。

辅助生产费归集的方法按是否设置"制造费用——辅助生产车间"明细账,具体可分为两种不同的方法:

(1)在设置"制造费用——辅助生产车间"明细账的方法下,可比照基本生产车间一样处理。对于辅助生产车间提供劳务或产品发生的耗费,记入"辅助生产成本"

账户及其所属明细账;而对于辅助生产车间为组织和管理生产等发生的制造费,先记入"制造费用——辅助生产车间"账户,月末再分配转入"辅助生产成本"账户,经分配结转后,"制造费用——辅助生产车间"账户应无余额。

(2)在不设置"制造费用——辅助生产车间"明细账的方法下,凡是辅助生产车间发生的各项耗费(无论是为提供劳务或产品发生,还是为组织、管理生产而发生的制造费),全部直接记入"辅助生产成本"账户。

第二节 辅助生产费分配的核算

辅助生产费归集后,在期末要采用一定的方法,按照一定的标准在各个受益对象之间进行分配。

一、辅助生产费分配的程序与原则

辅助生产费的分配,就是将归集在"辅助生产成本"总账及其明细账借方的辅助生产费,采用一定的处理方法进行结转和分配。由于辅助生产提供劳务或生产产品的种类不同,其耗费结转和分配的程序也不同。

对于生产工具、模具、修理用备件而发生的辅助生产费,在工具、模具、修理用备件完工入库时,其成本也从"辅助生产成本"账户的贷方转入"包装物""低值易耗品""原材料"等账户的借方,其结转过程与基本生产车间完工产品成本的结转基本相同;在领用时,根据用途按存货发出的各种计价方法,从"包装物""低值易耗品"和"原材料"等账户的贷方转入"基本生产成本""制造费用""管理费用"等账户的借方。

对于提供水、电、运输、修理等劳务发生的辅助生产费,应按受益单位的耗用量,采用一定的分配方法在受益单位之间进行分配,从"辅助生产成本"账户的贷方转入"辅助生产成本""基本生产成本""制造费用——基本生产车间""管理费用""销售费用""在建工程"等账户的借方。

为了正确分配辅助生产费,企业应遵循以下分配原则:

(1)谁受益谁承担。对于接受辅助生产车间提供的劳务或生产的产品的受益单位,均应负担辅助生产费。其中,凡是能够直接确认受益单位的,应直接计入各受益单位成本中;不能直接确认受益单位的,应按受益比例在各受益单位之间进行分配,受益多的多分配,受益少的少分配。

(2)方法简便合理。辅助生产费的分配要采用既简便又合理的方法进行。为此,企业应根据辅助生产车间提供劳务的具体情况及其管理上的要求,选择合适的分配方法进行分配,既不能只求分配方法的简单而忽略了分配结果的准确,又不能只求分配结果的准确而致使分配方法过于复杂。

根据辅助生产费的分配原则,各受益单位负担辅助生产费时,对于不能直接确认受益单位的,应按受益程度(分配标准)在各受益单位之间进行分配。由此可见,分配辅助生产费的关键之处在于分配标准的选择及其对受益程度的正确计量。受益程度的确定,必须采用科学的计量工具和合理的标准来加以测定。凡是能够用仪器、仪表计量的,如供电、供水等,可以将仪器、仪表的抄见数作为确定受益程度的依据。对于无法用仪器、仪表计量的,如机修,应选择合理的计量标准,如选择实际修理时间等作为确定受益程度的依据,并且应加强对原始记录的监管,以确保其正确性。只有选择合理的分配标准和正确地加以计量,才能保证辅助生产费分配的正确。

二、辅助生产费的分配方法

辅助生产费的分配必须分别车间进行,其分配的计算一般通过编制辅助生产费分配表进行。该表不仅起到分配计算辅助生产费的作用,而且还是各受益单位耗用辅助生产费据以入账的依据。

辅助生产费的分配方法很多,主要有直接分配法、交互分配法、顺序分配法、计划成本分配法和代数分配法等方法。

(一)直接分配法

直接分配法是辅助生产费分配的基本方法,此方法不考虑辅助生产车间之间相互提供劳务或产品的情况,将辅助生产费直接分配给除辅助生产车间以外的各受益单位。有关计算公式如下:

$$耗费分配率 = \frac{该辅助生产车间待分配耗费总额}{该辅助生产车间对外提供的劳务总量}$$

$$\begin{matrix}辅助生产车间以外各\\受益单位应负担的耗费\end{matrix} = \begin{matrix}辅助生产车间以外各\\受益单位耗用劳务数量\end{matrix} \times \begin{matrix}该辅助生产车\\间耗费分配率\end{matrix}$$

【例 5-1】 某企业设有供电和锅炉两个辅助生产车间。该企业辅助生产车间的辅助生产明细账所归集的耗费分别是供电车间 11 万元、锅炉车间 10.5 万元;供电车间为生产甲、乙产品,向各车间和企业行政管理部门提供 22 万度电,其中锅炉车间耗费 2 万度电;锅炉车间为生产甲、乙产品,向各车间和企业行政管理部门提供 525 吨热力蒸汽,其中供电车间耗费 25 吨热力蒸汽。该企业其他相关信息见辅助生产费分配表(表 5-1),采用直接分配法分配供电车间和锅炉车间耗费。

表 5 - 1　　　　　　　　**辅助生产费分配表(直接分配法)**

202×年 8 月　　　　　　　　　　　　单位:万元

项　目		生产成本 (基本生产成本)		制造费用 (基本生产车间)	管理费用	合计
		甲产品	乙产品			
供电车间	耗用量 (万度)	10.0	9.0	0.6	0.4	20.0
	分配率					
	金额					11
锅炉车间	耗用量 (吨)	200	275	20	5	500
	分配率					
	金额					10.5
金额合计						21.5

根据表 5 - 1,采用直接分配法编制辅助生产费分配表(表 5 - 2)。

表 5 - 2　　　　　　　　**辅助生产费分配表(直接分配法)**

202×年 8 月　　　　　　　　　　　　单位:万元

项　目		生产成本 (基本生产成本)		制造费用 (基本生产车间)	管理费用	合计
		甲产品	乙产品			
供电车间	耗用量 (万度)	10.0	9.0	0.6	0.4	20.0
	分配率	11÷20=0.550				
	金额	5.50	4.95	0.33	0.22	11
锅炉车间	耗用量 (吨)	200	275	20	5	500
	分配率	10.5÷500=0.021				
	金额	4.200	5.775	0.420	0.105	10.500
金额合计		9.700	10.725	0.750	0.325	21.500

根据表 5 - 2,编制会计分录如下:

借：基本生产成本——甲产品	97 000
——乙产品	107 250
制造费用——基本生产车间	7 500
管理费用	3 250
贷：辅助生产成本——供电车间	110 000
——锅炉车间	105 000

（二）交互分配法

交互分配法是对各辅助生产车间的耗费进行两次分配的方法。首先，根据各辅助生产车间相互提供的产品或劳务的数量和交互分配前的单位成本（耗费分配率），在各辅助生产车间之间进行一次交互分配。其次，将各辅助生产车间交互分配后的实际耗费（交互分配前的成本费加上交互分配转入的成本费，减去交互分配转出的成本费）、按对外提供产品或劳务的数量和交互分配后的单位成本（耗费分配率），在除辅助生产车间以外的各受益单位进行一次对外分配。

【例 5 - 2】 甲公司有锅炉和供电两个辅助生产车间，分别为基本生产车间和行政管理部门提供蒸汽和电力，两个辅助生产车间之间也相互提供产品。202×年 8 月，甲公司辅助生产及耗用情况如下：

（1）甲公司辅助生产情况见表 5 - 3。

表 5 - 3　　　　　　　　甲公司辅助生产情况

项　　目	锅炉车间	供电车间
生产耗费	60 000 元	100 000 元
生产数量	15 000 吨	200 000 度

（2）甲公司各部门耗用辅助生产产品情况见表 5 - 4。

表 5 - 4　　　　　　甲公司各部门耗用辅助生产产品情况

耗用部门		锅炉车间	供电车间
辅助生产车间	锅炉车间		75 000 度
	供电车间	2 500 吨	
基本生产车间		12 000 吨	100 000 度
行政管理部门		500 吨	25 000 度

注：该公司产品成本项目，未设置"燃料及动力"项目。

要求：

（1）采用交互分配法对辅助生产费进行分配并编制相关会计分录。

（2）比较直接分配法和交互分配法的优缺点,并指出甲公司适合采用哪种方法对辅助生产费进行分配。

解析：

（1）交互分配法（第一次分配）：

锅炉车间辅助生产费交互分配率＝$60\,000 \div 15\,000 = 4$

锅炉车间分配给供电车间耗费＝$2\,500 \times 4 = 10\,000$（元）

供电车间辅助生产费交互分配率＝$100\,000 \div 200\,000 = 0.5$

供电车间分配给锅炉车间耗费＝$75\,000 \times 0.5 = 37\,500$（元）

交互分配法（第二次分配）：

锅炉车间辅助生产费对外分配率＝$(60\,000 - 4 \times 2\,500 + 0.5 \times 75\,000) \div$
$$(15\,000 - 2\,500)$$
$$= 7$$

制造费用＝$12\,000 \times 7 = 84\,000$（元）

管理费用＝$500 \times 7 = 3\,500$（元）

供电车间辅助生产费对外分配率＝$(100\,000 + 4 \times 2\,500 - 0.5 \times 75\,000) \div$
$$(200\,000 - 75\,000)$$
$$= 0.58$$

制造费用＝$100\,000 \times 0.58 = 58\,000$（元）

管理费用＝$25\,000 \times 0.58 = 14\,500$（元）

辅助生产费交互分配对外分配的结果见表5－5。

表5－5　　　　　　　　辅助生产费分配表（交互分配法）　　　　　　　单位：元

项　目		锅炉车间	供电车间	合　计
对外分配耗费		87 500	72 500	160 000
分　配	制造费用	84 000	58 000	142 000
	管理费用	3 500	14 500	18 000

根据计算结果及表5－5,编制会计分录如下：

第一,交互分配：

借：辅助生产成本——供电车间　　　　　　　　　　　　　　　　　10 000

　　　　　　——锅炉车间　　　　　　　　　　　　　　　　　37 500

　　贷：辅助生产成本——锅炉车间　　　　　　　　　　　　　　　　　10 000

　　　　　　——供电车间　　　　　　　　　　　　　　　　　37 500

第二,对外分配：

借：制造费用——基本生产车间   142 000

  管理费用   18 000

  贷：辅助生产成本——供电车间   72 500

        ——锅炉车间   87 500

（2）采用直接分配法，由于各辅助生产车间的耗费只需直接对外一次分配即可完成，计算方法最为简便。当辅助生产车间相互提供产品或劳务量差异较大时，分配结果往往与实际不符，因此，直接分配法只适合在辅助生产车间内部相互提供产品或劳务不多、不进行耗费的交互分配，以及对辅助生产成本和产品制造成本影响不大的情况下采用。

采用交互分配法，由于辅助生产内部相互提供产品或劳务全部进行了交互分配，提高了分配结果的正确性。但各辅助生产费要计算两个单位成本（费用分配率），进行两次分配，增加了计算工作量。

由于甲公司辅助生产车间内部相互提供产品或劳务较多、不进行耗费的交互分配对辅助生产和产品制造成本影响较大，不适合采用直接分配法分配辅助生产费，而适合采用交互分配法对辅助生产费进行分配。

（三）顺序分配法

顺序分配法又称梯形分配法，是将各辅助生产车间按受益多少的顺序依次排列，受益少的排在前，先将耗费分配出去，受益多的排在后，后将耗费分配出去，排列在前的分配给排列在后的，排列在后的不再分配给排列在前的。但应注意的是，受益多少是指受益金额的大小，而不是指受益数量的多少。排列在后的进行分配时，应在原发生的耗费基础上，加上排列在前的辅助生产车间耗费分配转入数。其基本分配程序见图 5-1。

项目	辅助生产车间A	辅助生产车间B	辅助生产车间C	辅助生产车间外各受益部门M
待分配耗费（元）	a	b	c	
A分配(a)		a_1	a_2	a_3,……
B分配($b+a_1$)			b_1	b_2,……
C分配($c+a_2+b_1$)				c_1,……

图 5-1 顺序分配法的基本分配程序

【例 5-3】 假定某制造企业设有供电和供水两个辅助生产车间。202×年 8 月，供电车间供电 58 000 度，全月发生的生产耗费为 34 800 元；供水车间供水 25 000 吨，全月发生的生产耗费为 27 500 元。该制造企业辅助生产车间不设置"制造费用"账户,"基本生产成本"明细账只设置"直接材料""直接人工"和"制造费"三个成本项目。202×年8月,该制造企业供电车间和供水车间提供的水、电,向各受益单位提供情况见表5-6。

表5-6　　　某制造企业202×年8月辅助生产劳务提供情况

受益单位	供电数量(度)	供水数量(吨)
供电车间		5 000
供水车间	8 000	
基本生产车间	40 000	18 000
行政管理部门	10 000	2 000
合　计	58 000	25 000

交互分配前电费分配率为0.6(34 800÷58 000),水费分配率为1.1(27 500÷25 000)。供电车间接受供水车间劳务为5 500元(5 000×1.1),供水车间接受供电车间劳务为4 800元(8 000×0.6)。由于供水车间接受供电车间劳务少于供电车间接受供水车间劳务,应将供水车间排在前,先将耗费分配给供电车间及其他受益单位,而供水车间则不负担供电车间的耗费。按顺序分配法编制辅助生产费分配表见表5-7。

表5-7中分配金额合计(横向)62 300元与分配金额合计(纵向)67 800元(27 500＋40 300)两者相差5 500元,这是由于分配金额合计(纵向)中包括了排列在前的供水车间分配给排列在后的供电车间耗费5 500元的缘故。也就是说,分配金额合计(纵向)包括了交互分配的金额,而分配金额合计(横向)仅仅为对外分配的金额,没有包括交互分配的金额。

根据表5-7,编制会计分录如下:

借:辅助生产成本——供电车间　　　　　　　　　　　　　　　　5 500
　　制造费用　　　　　　　　　　　　　　　　　　　　　　　19 800
　　管理费用　　　　　　　　　　　　　　　　　　　　　　　 2 200
　　贷:辅助生产成本——供水车间　　　　　　　　　　　　　　　　27 500
借:制造费用　　　　　　　　　　　　　　　　　　　　　　　32 240
　　管理费用　　　　　　　　　　　　　　　　　　　　　　　 8 060
　　贷:辅助生产成本——供电车间　　　　　　　　　　　　　　　　40 300

采用顺序分配法,各辅助生产车间的耗费也只需分配一次即可完成,分配方法简单;同时,还能反映出各辅助生产车间之间相互提供劳务的差异程度。由于辅助生产费分配时既分配给除辅助生产车间以外的各受益单位,又分配给排列在后的其他辅

表 5-7

辅助生产费分配表（顺序分配法）

202×年8月

金额单位：元

辅助生产车间		供水车间 劳务数量	供水车间 待分配耗费	供水车间 分配率	供电车间 劳务数量	供电车间 待分配耗费	供电车间 分配率	基本生产车间 耗用量	基本生产车间 分配金额	行政管理部门 耗用量	行政管理部门 分配金额	分配金额合计
供水	待分配数量及耗费	25 000	27 500	1.100								
	分配耗费	−25 000	−27 500		5 000	5 500		18 000	19 800	2 000	2 200	27 500
供电	待分配数量及耗费 原发生的耗费					34 800						
	待分配数量及耗费				50 000①	40 300②	0.806					
	分配耗费				−50 000	−40 300		40 000	32 240	10 000	8 060	40 300
	分配金额合计								52 040		10 260	62 300

① 供电车间供应劳务数量＝58 000－8 000＝50 000（度）

② 供电车间待分配耗费＝5 500＋34 800＝40 300（元）

助生产车间,使得排列在后的辅助生产车间耗费归集较全,分配结果准确性较直接分配法有所提高。但由于排列在前的辅助生产车间不负担排列在后的辅助生产车间的耗费,其分配结果的准确性受到排列顺序的影响。另外,各辅助生产车间之间耗费分配排列顺序的确定也比较困难,为此,其使用受到了一定的限制。这种分配方法只适宜在各辅助生产车间之间相互受益具有明显差异的企业中采用。

（四）计划成本分配法

计划成本分配法是先根据劳务的计划单位成本和各受益单位（包括辅助生产车间）的实际耗用数量进行分配,再将计划成本分配额与"实际"耗费（原待分配耗费加上按计划成本分配转入的耗费）之间的差额（即辅助生产成本差异）进行调整分配。计划成本分配法与交互分配法相类似,实际上也是将辅助生产费分两步进行分配。

第一步,按计划成本分配。它是根据各受益单位（包括辅助生产车间）实际耗用某项劳务数量,分别乘以该项劳务的计划单位成本计算确定各受益单位应负担该项劳务的计划成本。所有受益单位负担该项劳务的计划成本的总和,即为该辅助生产车间按计划成本分配转出总额。有关计算公式如下:

$$\begin{matrix}各受益单位应负担\\某项劳务的计划成本\end{matrix}=\begin{matrix}各受益单位实际\\耗用该项劳务数量\end{matrix}\times\begin{matrix}该辅助生产车间劳\\务的计划单位成本\end{matrix}$$

第二步,调整分配。它是将各辅助生产车间按计划成本分配的总额与其发生的"实际"耗费的差额,即辅助生产成本差异,对除辅助生产车间以外的受益单位进行调整分配。有关计算公式如下:

$$\begin{matrix}某辅助生产车间劳务\\分配的成本差异\end{matrix}=\begin{matrix}该辅助生产车间\\发生的"实际"耗费\end{matrix}-\begin{matrix}该辅助生产车间按\\计划成本分配转出总额\end{matrix}$$

上式计算结果为正数,表示超支差异;反之,表示节约差异。

$$\begin{matrix}该辅助生产车间\\发生的"实际"耗费\end{matrix}=\begin{matrix}该辅助生产车间按计划成本\\分配前归集的待分配耗费\end{matrix}+\begin{matrix}其他辅助生产车间按\\计划成本分配转入的耗费\end{matrix}$$

调整分配在会计处理上有两种方法:一是将差异按除辅助生产车间以外各受益单位实际耗用劳务数量的比例分配。二是简化处理,差异全部记入"管理费用"账户,即全部由行政管理部门负担,此种处理不会因辅助生产成本的差异而影响到基本生产车间,从而有利于对基本生产车间的业绩考核与评价。本书为简化起见,采用第二种方法。

【例5-4】　东岭公司有供电和机修两个辅助生产车间,主要为基本生产车间和行政管理部门等提供服务。东岭公司各辅助生产车间向各受益单位劳务提供情况见表5-8。

表 5 - 8 辅助生产车间劳务提供情况

受益部门		供电车间(千瓦时)	机修车间(小时)
辅助生产车间	供电车间		5 000
	机修车间	90 000	
第一基本生产车间一般耗用		500 000	9 200
第二基本生产车间一般耗用		250 000	6 800
行政管理部门耗用		90 000	5 000
合　计		930 000	26 000

假定供电车间的计划单位成本为 0.3 元/千瓦时,机修车间的计划单位成本为 4 元/小时。供电车间本月发生费用 81 000 元,机修车间本月发生费用 180 000 元。

要求:按照计划成本分配法分配辅助生产成本,各辅助生产成本实际成本与计划成本的差额计入管理费用。

(1) 按照计划成本分配:

发电车间:

发电车间计划总成本 = 930 000 × 0.3 = 279 000(元)

机修车间计划成本 = 90 000 × 0.3 = 27 000(元)

第一基本生产车间计划成本 = 500 000 × 0.3 = 150 000(元)

第二基本生产车间计划成本 = 250 000 × 0.3 = 75 000(元)

行政管理部门计划成本 = 90 000 × 0.3 = 27 000(元)

机修车间:

机修车间计划总成本 = 26 000 × 4 = 104 000(元)

供电车间计划成本 = 5 000 × 4 = 20 000(元)

第一基本生产车间计划成本 = 9 200 × 4 = 36 800(元)

第二基本生产车间计划成本 = 6 800 × 4 = 27 200(元)

行政管理部门计划成本 = 5 000 × 4 = 20 000(元)

(2) 计算实际成本:

供电车间实际成本 = 81 000 + 20 000 = 101 000(元)

机修车间实际成本 = 180 000 + 27 000 = 207 000(元)

(3) 差额处理:

供电车间成本差异 = 101 000 - 279 000 = -178 000(元)(节约差异)

机修车间成本差异 = 207 000 - 104 000 = 103 000(元)(超支差异)

按计划成本分配法,编制辅助生产费分配表(表 5 - 9)。

表 5 - 9　　　　　　辅助生产费分配表(计划成本分配法)　　　　金额单位:元

数量单位:千瓦时、小时

项目	计划单位成本	辅助生产车间				第一基本生产车间		第二基本生产车间		行政管理部门	
		供电车间		机修车间							
		数量	金额	数量	金额	数量	金额	数量	金额	数量	金额
直接发生成本		930 000	81 000	26 000	180 000						
供电车间	0.3			90 000	27 000	500 000	150 000	250 000	75 000	90 000	27 000
机修车间	4.0	5 000	20 000			9 200	36 800	6 800	27 200	5 000	20 000
合计			101 000		207 000		186 800		102 200		47 000
计划成本			279 000		104 000						
成本差额			−178 000		103 000						

根据表 5 - 9,编制会计分录如下:

(1)按计划成本分配:

借:辅助生产成本——供电车间　　　　　　　　　　　　　　　　　　　20 000

　　　　　　　——机修车间　　　　　　　　　　　　　　　　　　　27 000

　　制造费用——第一基本生产车间　　　　　　　　　　　　　　　　186 800

　　　　　　——第二基本生产车间　　　　　　　　　　　　　　　　102 200

　　管理费用　　　　　　　　　　　　　　　　　　　　　　　　　　47 000

　　贷:辅助生产成本——供电车间　　　　　　　　　　　　　　　　279 000

　　　　　　　　　——机修车间　　　　　　　　　　　　　　　　104 000

(2)调整辅助生产成本差异:

借:管理费用　　　　　　　　　　　　　　　　　　　　　　　　　　75 000

　　贷:辅助生产成本——供电车间　　　　　　　　　　　　　　　　103 000

　　　　　　　　　——机修车间　　　　　　　　　　　　　　　　178 000

　　采用计划成本分配法,由于是按照事先确定的计划单位成本进行分配的,不必再单独计算耗费分配率,而且各辅助生产车间之间的相互分配也只需按计划单位成本一次分配完成,亦无须相互等待,从而简化和加速了计算工作;同时,采用这种分配方法,通过将实际成本与计划成本相比较,不仅能反映和考核辅助生产成本计划的执行情况,有助于进一步分析差异的原因,而且还便于分析和考核各受益单位的成本,便于分清企业内部各单位的经济责任。但是,采用计划成本分配法,计划单位成本与实际误差不能太大;否则,不仅会影响分配结果的准确性,还会直接影响业绩的考核与评价。为此,一般来说,企业采用计划成本分配法的前提条件是要事先制定好既科学又合理的辅助生产车间劳务的计划单位成本。当然,根据计划成本分配法的原理,对于没有制定劳务计划单位成本的企业,也可以按定额成本、标准成本或以往实际单位成本进行分配,但它们必须同本期的成本水平相差不大。计划成本分配法一般适宜在有比较准确的计划成本等资料的企业中采用。

(五)代数分配法

代数分配法是根据初等代数中解多元一次联立方程的原理,先计算出各辅助生产车间劳务的单位成本,再根据该单位成本和各受益单位(包括辅助生产车间)耗用劳务的数量分配计算出各受益单位应负担的辅助生产费的一种分配方法。这种分配方法,根据辅助生产车间之间相互提供劳务的情况,以各辅助生产车间归集的耗费(即该辅助生产车间直接发生的各项耗费加上从其他辅助生产车间分配进来的耗费)应等于该辅助生产车间提供劳务的数量与其提供劳务的单位成本的乘积的思路,建立联立方程式。其用公式表示如下:

$$\begin{array}{c}\text{某辅助生}\\\text{产车间直接}\\\text{发生的耗费}\end{array}+\begin{array}{c}\text{该辅助生产车间}\\\text{耗用其他辅助生}\\\text{产车间劳务数量}\end{array}\times\begin{array}{c}\text{其他辅助生}\\\text{产车间劳务}\\\text{的单位成本}\end{array}=\begin{array}{c}\text{该辅助生产}\\\text{车间提供}\\\text{劳务数量}\end{array}\times\begin{array}{c}\text{该辅助生产}\\\text{车间提供劳务}\\\text{的单位成本}\end{array}$$

只需用上式中各辅助生产车间提供劳务的单位成本设为未知数求解,解出的未知数即为各辅助生产车间提供劳务的实际单位成本,然后按下式计算分配:

$$\begin{array}{c}\text{各受益单位应负担}\\\text{某辅助生产车间耗费}\end{array}=\begin{array}{c}\text{各受益单位耗用该辅助}\\\text{生产车间劳务的数量}\end{array}\times\begin{array}{c}\text{该辅助生产车间}\\\text{劳务的实际单位成本}\end{array}$$

【例 5-5】 沿用[例 5-4]的资料,按代数分配法计算如下:

设:供电车间每度电的单位成本为 X,机修车间的单位劳务成本为 Y。

应设立的二元一次联立方程为:

$$\begin{cases}81\,000+5\,000Y=930\,000X & (5-1)\\ 180\,000+90\,000X=26\,000Y & (5-2)\end{cases}$$

将(5-1)式移项,得:

$$Y=\frac{930\,000X-81\,000}{5\,000} \qquad (5-3)$$

将(5-3)式代入(5-2)式,得:

$$180\ 000 + 90\ 000X = 26\ 000 \times \left(\frac{930\ 000X - 81\ 000}{5\ 000} \right)$$

化简，得：　　　　$X = 0.1$　　　　　　　　　　　　　　　　　　(5-4)

将(5-4)式代入(5-2)式，得：

$$180\ 000 + 90\ 000 \times 0.1 = 26\ 000Y$$

化简，得：　　　　$Y = 7.3$

根据上述计算结果，按代数分配法编制辅助生产费分配表(表5-10)。

表 5-10　　　　　　　　辅助生产费分配表(代数分配法)　　　　　金额单位：元

数量单位：千瓦时、小时

项目	单位成本	辅助生产车间				第一基本生产车间		第二基本生产车间		行政管理部门		合计
		供电车间		机修车间								
		数量	金额	数量	金额	数量	金额	数量	金额	数量	金额	
待分配耗费		930 000	81 000	26 000	180 000							261 000
供电车间	0.1			90 000	9 000	500 000	50 000	250 000	25 000	90 000	9 000	93 000
机修车间	7.3	5 000	36 500			9 200	67 160	6 800	49 640	5 000	36 500	189 800
合计			117 500		189 000		117 160		74 640		45 500	543 800

根据表5-10，编制会计分录如下：

借：辅助生产成本——供电车间　　　　　　　　　　　　　　　　　9 000

　　　　　　　——机修车间　　　　　　　　　　　　　　　　　36 500

　　制造费用——第一基本生产车间　　　　　　　　　　　　　　117 160

　　　　　　　——第二基本生产车间　　　　　　　　　　　　　74 640

　　管理费用　　　　　　　　　　　　　　　　　　　　　　　　45 500

　贷：辅助生产成本——供电车间　　　　　　　　　　　　　　　　93 000

　　　　　　　　——机修车间　　　　　　　　　　　　　　　　189 800

　　采用代数分配法，由于辅助生产费是用联立方程求解得到的实际单位成本进行分配的，其分配结果最准确。但在分配前先要解联立方程，如果辅助生产车间多，未知数也就多，计算工作量就会大大增加，计算亦较复杂，因此，这种方法一般适宜在辅助生产车间不多或已经实现会计电算化的企业中采用。

本章要点概览

1. 辅助生产费是辅助生产车间发生的各种耗费,辅助生产费的核算包括辅助生产费的归集和分配两方面。

2. 辅助生产费的归集是辅助生产费分配的基础。辅助生产费一般应按照辅助生产车间以及劳务或产品的类别进行归集,辅助生产费归集的过程,也是辅助生产车间劳务或产品成本计算的过程;辅助生产费的归集,通过设置"辅助生产成本"账户进行,而对于辅助生产车间发生的制造费具体可分为通过"制造费用——辅助生产车间"账户与不通过"制造费用——辅助生产车间"账户两种方法进行。

3. 辅助生产费的分配,是按照一定的标准和方法,将辅助生产费分配给各受益单位或产品的过程。辅助生产费的分配方法有直接分配法、交互分配法、顺序分配法、计划成本分配法、代数分配法等,企业可根据具体情况选择采用。

 主要术语

1. 辅助生产费   2. 直接分配法

3. 交互分配法   4. 顺序分配法

5. 计划成本分配法   6. 代数分配法

阅 读 文 献

1. 李延莉、上官敬芝、张淑云主编:《成本会计》(第三章 工业企业成本核算基础知识),南京大学出版社 2017 年版。

2. 欧阳清、杨雄胜主编:《成本会计学》(第六章 间接费用的核算),首都经济贸易大学出版社 2002 年版。

3. 万寿义、任月君主编:《成本会计》(第六章 辅助生产费用的核算),东北财经大学出版社 2022 年版。

4. 万宇洵主编:《新编成本会计学》(第四章 辅助生产费用的核算),湖南人民出版社 2003 年版。

5. 王雄元主编:《成本会计》(第二章 辅助生产费用的归集与分配),中国财政经济出版社 2019 年版。

6. 乐艳芬主编:《成本会计》(第五章 服务部门费用的核算),上海财经大学出版社 2006 年版。

7. 翟文莹主编:《成本会计》(第八章 辅助生产费用的核算),经济科学出版社 1997 年版。

8. 中国注册会计师协会:《财务成本管理》(第十三章 产品成本计算),中国财政经济出版社 2021 年版。

复习思考题

1. 什么是辅助生产费？辅助生产费包括哪些内容？

2. 如何归集辅助生产费？

3. 辅助生产费的分配有何特点？

4. 辅助生产费的分配方法有哪几种？各种分配方法有什么优缺点？

5. 辅助生产费的分配在采用交互分配法与计划成本分配法时，确定各辅助生产车间实际耗费是否相同？它们有何区别？为什么？

6. 在什么情况下，企业可采用直接分配法分配辅助生产费？

7. 辅助生产费的分配方法中哪些方法是进行交互分配的？试比较其与直接分配法的适用性。

8. 你认为辅助生产费的分配方法中哪种方法的分配结果最为准确？为什么？

练　习　题

一、单项选择题

1. 辅助生产车间生产的修理用备件完工入库时，其成本结转应借记(　　)账户。

　　A. "低值易耗品"　　　　　　　　B. "自制半成品"

　　C. "原材料"　　　　　　　　　　D. "库存商品"

2. 甲公司的基本生产车间生产 X 和 Y 两种产品；供电和锅炉两个辅助生产车间分别为 X 产品、Y 产品、行政管理部门提供动力和蒸汽，同时也相互提供服务。若采用直接分配法分配辅助生产费，供电车间的生产费用不应分配给(　　)。

　　A. X 产品　　　　　　　　　　　B. Y 产品

　　C. 行政管理部门　　　　　　　　D. 锅炉车间

3. 在辅助生产费的分配方法中，不考虑辅助生产车间之间相互提供劳务或产品的方法是(　　)。

　　A. 代数分配法　　　　　　　　　B. 直接分配法

　　C. 交互分配法　　　　　　　　　D. 计划成本分配法

4. 分配辅助生产费用的各种方法中，分配结果最准确的方法是(　　)。

　　A. 直接分配法　　　　　　　　　B. 交互分配法

　　C. 代数分配法　　　　　　　　　D. 顺序分配法

5. 采用顺序分配法分配辅助生产费，各辅助生产车间的排列顺序为(　　)。

　　A. 按规模大小依次排列，规模大的排在前

　　B. 按规模大小依次排列，规模小的排在前

　　C. 按受益多少依次排列，受益多的排在前

　　D. 按受益多少依次排列，受益少的排在前

6. 在辅助生产费的分配方法中，便于分析和考核各受益单位的成本、分清企业内部各单位的经济责任的是(　　)。

A. 计划成本分配法   B. 直接分配法

C. 交互分配法   D. 代数分配法

7. 在交互分配法下,辅助生产车间经过交互分配后的实际耗费应在(　　)之间进行分配。

     A. 各受益单位   B. 各基本生产车间

     C. 各辅助生产车间   D. 除辅助生产车间以外的各受益单位

8. 在计划成本分配法下,某辅助生产车间发生的"实际"耗费的计算方法是(　　)。

     A. 该车间待分配耗费减去分配转出的耗费

     B. 该车间待分配耗费加上分配转入的耗费

     C. 该车间待分配耗费加上分配转出的耗费减去分配转入的耗费

     D. 该车间待分配耗费加上分配转入的耗费减去分配转出的耗费

9. 在辅助生产费采用计划成本分配法下,辅助生产成本差异为简化处理,差异全部记入(　　)账户。

     A. "基本生产成本"   B. "制造费用"

     C. "管理费用"   D. "营业外支出"

10. 在交互分配法下,某辅助生产车间对外分配的实际耗费总额为(　　)。

     A. 交互分配前的耗费

     B. 交互分配前的耗费加上交互分配转入的耗费

     C. 交互分配前的耗费减去交互分配转出的耗费

     D. 交互分配前的耗费加上交互分配转入的耗费减去交互分配转出的耗费

二、多项选择题

1. 下列选项中,属于辅助生产费分配方法的有(　　)。

     A. 直接分配法   B. 约当产量分配

     C. 顺序分配法   D. 计划成本分配法

     E. 代数分配法

2. 在辅助生产费分配方法中,需要考虑辅助生产车间相互提供产品和劳务的有(　　)。

     A. 直接分配法   B. 计划成本分配法

     C. 代数分配法   D. 交互分配法

     E. 顺序分配法

3. 下列关于辅助生产费用的分配的表述中,正确的有(　　)。

     A. 直接分配法只考虑辅助生产内部相互提供的劳务量

     B. 交互分配法只考虑辅助生产对外提供的劳务量

     C. 直接分配法只考虑辅助生产对外提供的劳务量

     D. 交互分配法考虑辅助生产提供的总劳务量

     E. 直接分配法不考虑辅助生产对外提供的劳务量

4. 分配结转辅助生产费,可能借记的账户有(　　)。

     A. "基本生产成本"   B. "制造费用"

     C. "管理费用"   D. "低值易耗品"

     E. "在建工程"

5. 辅助生产费在计划成本分配法下,辅助生产车间按计划成本分配的总额与其发生的"实际"耗费的差额,进行调整分配处理时(   )。

    A. 可按辅助生产车间耗用劳务数量的比例分配

    B. 可按除辅助生产车间以外各受益单位耗用劳务数量的比例分配

    C. 可按所有受益单位的耗用劳务数量的比例分配

    D. 可全部计入管理费用

    E. 可全部计入制造费用

6. 辅助生产费归集时,在设置"制造费用——辅助生产车间"明细账的方法下,直接记入"辅助生产成本"账户借方的耗费有(   )。

    A. 辅助生产车间工人工资   B. 辅助生产车间管理人员工资

    C. 辅助生产车间机器设备折旧费   D. 辅助生产车间厂房折旧费

    E. 其他辅助生产车间分配转入的耗费

7. 辅助生产费分配方法中的顺序分配法(   )。

    A. 适用于辅助生产车间之间相互提供受益具有明显差异

    B. 按各辅助生产车间受益多少顺序依次排列

    C. 将受益少的辅助生产车间排列在前,先将耗费分配出去

    D. 将受益多的辅助生产车间排列在前,先将耗费分配出去

    E. 排列在前的分配给排列在后的,排列在后的不再分配给排列在前的

8. 采用交互分配法分配辅助生产车间的耗费时,应(   )。

    A. 在企业内部各受益单位之间进行一次分配

    B. 向除企业以外的各受益单位进行一次分配

    C. 先在辅助生产车间之间进行交互分配

    D. 根据交互分配后的实际耗费向企业外部单位进行分配

    E. 根据交互分配后的实际耗费向除辅助生产车间以外的各受益单位进行对外分配

9. 按计划成本分配法分配辅助生产费(   )。

    A. 可简化和加速计算工作

    B. 能反映和考核辅助生产成本计划的执行情况

    C. 便于分析和考核各受益单位的成本

    D. 便于分清企业内部各单位的经济责任

    E. 分配结果最准确

10. 甲公司有供电、燃气两个辅助生产车间,采用交互分配法分配辅助生产成本。本月供电车间供电 20 万度,成本费用为 10 万元,其中燃气车间耗用 1 万度电;燃气车间供气 10 万吨,成本费用为 20 万元,其中供电车间耗用 0.5 万吨燃气。下列选项中,正确的有(   )。

    A. 供电车间分配给燃气车间的成本费用为 0.5 万元

    B. 燃气车间分配给供电车间的成本费用为 1 万元

    C. 供电车间对外分配的成本费用为 10.5 万元

    D. 燃气车间对外分配的成本费用为 19.5 万元

    E. 燃气车间对外分配的成本费用为 10.5 万元

三、判断题

1. 辅助生产车间发生的各种耗费都直接记入"辅助生产成本"账户。　　　　（　　）

2. 归集在"辅助生产成本"总账及其明细账借方的辅助生产费,由于辅助生产提供劳务或生产产品的种类不同,其耗费结转和分配的程序也不同。　　　　（　　）

3. 直接分配法是指将辅助生产费直接计入各种辅助生产产品或劳务成本的方法。　　（　　）

4. 辅助生产车间为组织和管理生产发生的制造费,可以不通过"制造费用"账户核算。　　（　　）

5. 在不设置"制造费用——辅助生产车间"明细账的情况下,辅助生产车间发生的各项耗费全部直接记入"辅助生产成本"账户。　　　　（　　）

6. 顺序分配法将各辅助生产车间按受益多少的顺序依次排列,受益多的排列在前,受益少的排列在后。　　　　（　　）

7. 辅助生产费分配的交互分配法,只需进行一次分配。　　　　（　　）

8. 辅助生产费分配方法中不必单独计算耗费分配率,各辅助生产车间之间的相互分配只需按事先确定的单位成本一次分配完成,而无须相互等待的分配方法是计划成本分配法。　　（　　）

9. 按计划成本分配法分配辅助生产费,不必在辅助生产车间之间进行交互分配。　　（　　）

10. 采用代数分配法分配辅助生产费时,应用代数中解联立方程的原理,直接分配各受益车间、部门应负担的费用,不需要计算辅助生产产品或劳务的单位成本。　　　　（　　）

四、业务题

【业务题一】

（一）目的　练习辅助生产费分配的交互分配法。

（二）资料　某制造企业设有机修和运输两个辅助生产车间。202×年3月,各辅助生产车间发生耗费为:运输车间50 000元,机修车间100 000元。供应劳务数量为:运输车间20 000千米,其中机修车间耗用800千米;机修车间12 500工时,其中运输车间耗用500工时。

（三）要求　采用交互分配法分别计算运输车间和机修车间的实际单位成本。

【业务题二】

（一）目的　练习辅助生产费分配的计划成本分配法。

（二）资料　某制造企业有供水和供电两个辅助生产车间。202×年7月,供水车间供水15 000吨,全月发生的生产耗费为12 000元,每吨水的计划成本为1.25元;供电车间供电43 000度,全月发生的生产耗费为25 000元,每度电的计划成本为0.70元。水、电均为一般消耗用。

202×年7月,各车间、部门耗用水、电情况见表5-11。

表5-11　　　　　　　　各车间、部门耗用水、电情况表

耗　　用	单　位	供水车间	供电车间	基本生产车间	行政管理部门
水	吨	——	4 000	8 000	3 000
电	度	10 000	——	28 000	5 000

注:辅助生产车间不设置"制造费用"账户。

（三）要求　按计划成本分配法分别计算供水车间和供电车间的成本差异。

【业务题三】

（一）目的　练习辅助生产费分配的核算。

（二）资料　假定某制造企业设有运输和机修两个辅助生产车间，202×年8月，有关辅助生产费分配资料见表5-12。

表 5-12　　　　　　　　　　　辅助生产费分配资料

辅助生产车间		运输车间	机修车间
待分配耗费		23 200元	58 800元
供应劳务数量		4 640吨千米	2 450工时
计划单位成本		7.50元/吨千米	26.10元/工时
耗用劳务数量	运输车间		450
	机修车间	640	
	企业销售部门	3 000	1 750
	行政管理部门	1 000	250

注：辅助生产车间不设"制造费用"账户。机修车间受益少。

（三）要求

（1）采用直接分配法分配辅助生产费，并据以编制有关的会计分录。

（2）采用顺序分配法分配辅助生产费，并据以编制有关的会计分录。

（3）采用交互分配法分配辅助生产费，并据以编制有关的会计分录。

（4）采用计划成本分配法分配辅助生产费，并据以编制有关的会计分录。

（5）采用代数分配法分配辅助生产费，并据以编制有关的会计分录（分配率保留8位小数，分配金额保留2位小数）。

案 例 分 析 题

李颖是某财经大学会计系毕业班学生，202×年3月刚过完新年，她就来到了M钢铁厂财务科进行毕业实习。M钢铁厂有冶炼车间和轧钢车间两个基本生产车间，以及煤气车间、蒸汽车间和机修车间三个辅助生产车间。煤气车间生产的煤气主要用于轧钢时进行加热。蒸汽车间生产的蒸汽大量用于制造煤气，少量用于冶炼车间冶炼和机修车间清洗零部件，以及车间、部门取暖使用。机修车间为煤气车间的煤气发生炉、送风机、煤气压缩机、供煤机，蒸汽车间的锅炉、风机、水泵等设备提供修理劳务。本月煤气车间共发生耗费150 000元，蒸汽车间共发生耗费840 000元，机修车间共发生耗费124 000元，各辅助生产车间提供的劳务及耗用情况见表5-13。

表 5 – 13　　　　　　　辅助生产车间提供的劳务及耗用情况表

耗用劳务单位		煤气车间(立方米)	蒸汽车间(吨)	机修车间(工时)
煤气车间			8 000	3 000
蒸汽车间				800
机修车间			1 200	
冶炼车间	产品耗用		2 000	
	一般耗用		200	2 500
轧钢车间	产品耗用	300 000		
	一般耗用		200	3 200
行政管理部门			400	500
合　　计		300 000	12 000	10 000

　　李颖来到财务科后恰逢原成本核算员王力因病住院,于是财务科科长让李颖顶替王力的工作进行辅助生产费的分配。李颖在查看王力以前的做法时发现其原来是采用直接分配法进行辅助生产费分配的,李颖在了解到各辅助生产车间的前述情况后向财务科科长提出了自己对辅助生产费分配方法的一些建议和看法。

　　要求:

　　(1) 该厂原采用直接分配法分配辅助生产费是否合适? 为什么?

　　(2) 如果要改变辅助生产费的分配方法,则改按什么方法比较恰当? 为什么? 请编制分配方法改变前、后的辅助生产费分配表(分配率保留 2 位小数,机修车间分配尾差计入管理费用)。

思政拓展思考

　　党的二十大报告在"实施科教兴国战略,强化现代化建设人才支撑"中指出:加快实施创新驱动发展战略。坚持面向世界科技前沿、面向经济主战场、面向国家重大需求、面向人民生命健康,加快实现高水平科技自立自强。加快实施一批具有战略性全局性前瞻性的国家重大科技项目,增强自主创新能力。加强企业主导的产学研深度融合,强化目标导向,提高科技成果转化和产业化水平。强化企业科技创新主体地位,发挥科技型骨干企业引领支撑作用,营造有利于科技型中小微企业成长的良好环境,推动创新链产业链资金链人才链深度融合。

　　请思考:基本生产与辅助生产的划分,能否从科技创新、产学研结合的层面突破传统的划分原则? 能否从自主创新的视角,将辅助生产的管控要求提高到与基本生产同样的高度,借以降低主产品的制造成本?

第六章 制造费的核算

---学习目的与要求---

　　本章旨在介绍制造费的核算。其内容主要包括制造费的含义及内容、制造费的归集、制造费的分配。通过本章学习,学生应掌握制造费的含义,了解制造费的内容,掌握制造费归集的方法,熟练掌握几种常用的制造费分配方法,理解制造费分配的意义。

 **课前预习题**

1. 耗费分配的原则是什么?
2. 简述直接生产耗费与间接生产耗费的区别。
3. 简述分配制造费的意义。
4. 制造费的分配方法有哪些?

第一节 制造费的含义及内容

一、制造费的含义

在产品生产时,直接材料和直接人工等耗费与产品生产直接相关,一般可以直接或通过简便合理的分配方法确定应归属的成本计算对象。此外,还有很多耗费也是企业各生产车间为了生产产品而发生的,它们与产品生产相关,应该计入产品成本,但一般无法直接或者难以通过简便合理的分配方法确定应归属的成本计算对象。这些耗费一般作为制造费核算,在发生的时候先集中归集,到月末再统一分配至相关产品的成本。具体来说,制造费是指制造企业各生产车间为生产产品所发生的不能直接计入各成本计算对象的间接生产耗费,以及没有专设成本项目的直接生产耗费。

随着工业化生产的发展、技术水平的提高以及信息技术的运用,产品成本中直接材料和直接人工所占的比重逐渐减少,制造费的比重逐渐增加。在某些生产领域,制造费的比重已经大大超过直接成本。因此,制造费核算准确与否,直接影响产品成本计算的正确性。

二、制造费的内容

制造费的构成比较复杂,可概括为以下三个方面。

（一）间接用于产品生产的耗费

这部分耗费与产品生产间接相关,如机物料消耗,辅助人员的工资及福利费,车间生产用房屋及建筑物的折旧费、租赁费和保险费,车间照明费、取暖费、运输费、劳动保护费,以及季节性生产和固定资产季节性修理期间的停工损失等。

（二）直接用于产品生产的耗费

这些耗费虽然与产品生产直接相关,但管理上不要求或不便于单独核算,因而没有专设成本项目的耗费。例如,机器设备的折旧费、租赁费和保险费,生产用低值易耗品的摊销和修理费①,设计制图费和试验检验费,未专设成本项目的生产用动力耗费等。

（三）生产车间组织管理生产而发生的耗费

这些耗费虽然具有管理费用的性质,但由于生产车间是企业从事生产活动

---

① 2006 年财政部颁布的《企业会计准则》规定,生产单位的固定资产修理费计入管理费用,生产单位的不属于固定资产的修理费计入制造费用。

的单位,它的管理活动与生产关系密切,因此也作为制造费核算。这些耗费有:车间管理人员工资及福利费,车间管理用房屋和设备的折旧费、租赁费和保险费,车间管理用具摊销,车间管理用的照明费、水费、取暖费、差旅费和办公费等。

第二节　制造费的归集

制造费在"制造费用"账户的借方进行归集。辅助生产车间若制造费金额少,可不需对制造费单独设账,直接计入辅助生产成本。制造费用明细账按车间设置,账内按具体项目设置专栏。具体项目可以根据耗费比重大小和管理要求,按照耗费性质或用途划分。

制造费的具体项目有:

(1) 工资。工资是指生产车间除生产工人之外的管理人员、技术人员和其他生产人员的工资。

(2) 职工福利费。职工福利费是指按生产车间上述人员工资的一定比例计提的福利费。

(3) 工资性的附加费用。例如,企业各生产车间按管理人员工资总额一定比例提取的工会经费、职工教育经费、待业保险费、劳动保险费、工伤保险费、生育保险费等工资性的附加费用。

(4) 折旧费。折旧费是指生产车间的房屋、机器设备等固定资产按规定的折旧方法计提的折旧费。

(5) 租赁费。租赁费是指生产车间租入固定资产和专用工具发生的租金,不包括融资租赁费。

(6) 修理费。修理费是指生产车间除固定资产修理以外的其他修理费。固定资产发生的修理费如果不符合资产确认条件,则直接计入当期损益(管理费用或销售费用)。

(7) 机物料消耗。机物料消耗是指生产车间为维护生产设备和保持正常生产环境所消耗的各种材料。它不包括修理用和劳动保护用材料消耗。

(8) 低值易耗品摊销。低值易耗品摊销是指生产车间使用的各种低值易耗品的摊销费。

(9) 取暖费。取暖费是指生产车间为保证生产活动正常进行而发生的取暖耗费,不包括支付给职工的取暖津贴。

(10) 水电费。水电费是指生产车间耗用的水电费。它一般包括照明用电、管理用电等非工艺性用电和耗费不大、不需要单独核算的生产工艺用电。如果生产工艺用电耗费比较大的，可以在生产成本中专门设置"燃料及动力"成本项目核算。

（11）办公费。办公费是指生产车间为管理和组织生产耗用的文具、印刷、邮电、办公用品等耗费。

（12）差旅费。差旅费是指生产车间人员因公出差而发生的交通、住宿、出差补助等耗费。

（13）运输费。运输费是指生产车间耗用厂内、厂外的运输劳务耗费。

（14）保险费。保险费是指生产车间应负担的财产物资保险费。从保险公司取得的赔偿应从本项目扣除。

（15）设计制图费。设计制图费是指生产车间应负担的图纸费、制图用品费和委托设计部门设计图纸而发生的耗费。

（16）试验检验费。试验检验费是指生产车间应负担的对材料、半成品、产品进行试验或进行检查、化验、分析的耗费。

（17）劳动保护费。劳动保护费是指生产车间为保护职工劳动安全所发生的劳动用品费，如劳保眼镜、工作用的鞋、帽、手套和服装等。

（18）其他。其他是指以上各项以外的应计入产品成本的其他制造费。

企业发生的制造费，按其发生地点和用途归集于"制造费用"账户借方及其所属明细账的有关具体项目，一般于月末根据"材料费分配表""工资费分配表""动力费分配表""折旧费分配表""其他费分配表"等有关凭证登记"制造费用"总账及其所属明细账。制造费用明细账见表6-1。

第三节 制造费的分配

制造费按照发生的地点和用途在不同车间的制造费用明细账中归集后，一般应按月将其分配计入本车间生产的产品成本。"制造费用"账户的贷方反映制造费的分配结转。

若生产车间只生产一种产品，则其发生的制造费应直接计入该产品的成本；若车间生产多种产品，则制造费应按一定的方法分配计入各种产品的成本。合理分配制造费的关键是选择恰当、合理的分配标准。即分配标准既要合理又要容易取得，并且要相对稳定，而且分配标准应与制造费的发生密切相关，以保证实际消耗较多制造费的产品分配较多的制造费。

制造费的分配方法有两大类：第一类是实际分配率法；第二类是计划分配率法。具体采用哪种分配方法，由企业自行决定。分配方法一经确定，不得随意变更。

制造费用明细账

表 6 - 1

车间：××生产车间

单位：元

凭证号数	摘要	工资及福利费	折旧费	修理费	机物料消耗	水电费	低值易耗品摊销	劳动保护费	办公费	保险费	其他	合计	转出
（略）	材料费分配				2 600							2 600	
	工资福利费分配	2 000										2 000	
	折旧费分配		5 500									5 500	
	修理费分配			1 500								1 500	
	待摊费分配						500					500	
	辅助生产费分配					6 500						6 500	
	其他费分配	2 000	5 500	1 500	2 600	6 500	500	800	3 000	4 200	2 000	10 000	
	合计								3 000	4 200	2 000	28 600	
	本月转出												28 600

一、实际分配率法

制造费的实际分配率法是按照制造车间归集的本期制造费实际发生额,按一定的分配标准分配计入产品成本的方法。有关计算公式如下:

$$制造费分配率=\frac{车间制造费总额}{车间各产品分配标准总额}$$

$$某种产品应分配的制造费=该种产品耗用的分配标准量\times制造费分配率$$

在实际分配率法下,根据分配标准的不同,制造费的分配方法一般有按生产工人工时、按生产工人工资、按机器工时等。

【例6-1】 某企业基本生产车间生产甲、乙两种产品,制造费按生产工人工时比例分配。202×年8月,该企业"制造费用"账户借方归集的制造费为25 000元,当月共耗用生产工人工时5 000小时(其中,甲产品耗用3 000小时,乙产品耗用2 000小时)。

$$制造费分配率=\frac{25\ 000}{3\ 000+2\ 000}=5$$

甲产品负担的制造费=3 000×5=15 000(元)

乙产品负担的制造费=2 000×5=10 000(元)

在实际工作中,制造费可以通过编制制造费分配表进行分配。根据上述资料编制该车间制造费分配表(表6-2)。

表6-2　　　　　　　　　制造费分配表

基本生产车间　　　　　　　　202×年8月　　　　　　　　金额单位:元

应 借 账 户	生产工人工时(小时)	分 配 率	制 造 费
基本生产成本(甲产品)	3 000	5	15 000
基本生产成本(乙产品)	2 000	5	10 000
合　　计	5 000		25 000

根据表6-2,编制会计分录如下:

借:基本生产成本——甲产品　　　　　　　　　　　　　　　15 000

　　　　　　　——乙产品　　　　　　　　　　　　　　　10 000

　　贷:制造费用　　　　　　　　　　　　　　　　　　　　25 000

劳动生产率高的产品,单位产品耗用工时相对较少,采用生产工人工时比例法所负担的制造费也就相应较少,单位产品制造成本降低,从而正确反映了劳动生产率与产品制造成本之间的关系。同时,多数企业有较完整的工时记录,生产工人工时资料容易取得。需要注意的是,采用这一方法,各种产品生产的机械化程度应该相差不多;否则,机械化程度高的产品,由于耗用生产工人工时较少,分配的制造费也就较少。但是制造费中与机器设备使用相关的耗费所占比重不小,如折旧费、租赁费和保险费等,产品生产的机械化程度高,应该多负担这些耗费,而不应该少负担这些耗费。按生产工人工资分配制造费,其分配标准可以从产品成本明细账或职工薪酬分配表中直接取得,这种方法要求各种产品的机械化程度大致相同。

按机器工时分配制造费,适用于产品生产机械化程度较高的车间。因为在这种车间的制造费中,与机器设备使用有关的耗费比重较大,而这一部分耗费与机器设备的运转时间联系密切。采用这一方法,必须具备各种产品所用机器工时的原始记录。

由于制造费包括各种性质和用途的耗费,为了提高分配结果的合理性,在增加核算工作量不多的情况下,也可以将制造费加以分类。例如,制造费可将其分为与机器设备使用有关的耗费和由于管理、组织生产而发生的耗费两类,分别采用适当的分配方法进行分配:前者可按机器工时分配;后者可按生产工人工时分配。

二、计划分配率法

在计划分配率法下,年度开始前应按制造费全年预算数和全年预计产量的定额标准,确定计划分配率。有关计算公式如下:

$$制造费年度计划分配率 = \frac{年度制造费预算总额}{年度各产品计划产量的定额标准之和}$$

$$\begin{matrix}某月某种产品 \\ 应分配的制造费\end{matrix} = \begin{matrix}该月该种产品实际 \\ 产量的定额标准\end{matrix} \times \begin{matrix}制造费年度 \\ 计划分配率\end{matrix}$$

定额标准可以选择生产工人定额工时、机器定额工时等。采用这种分配方法,无论各月实际发生的制造费为多少,每月各种产品成本中的制造费都按年度计划分配率分配。由于"制造费用"账户借方归集的是实际发生的制造费,而其贷方转出的是按计划分配率分配的制造费,"制造费用"账户月末一般有余额。如果是借方余额,表示制造费的实际发生数大于按计划分配转出数,即表明已实际发生而尚未分配计入相关的产品成本,类似于待摊费;如果是贷方余额,表示制造费的实际发生数小于按计划分配转出数,即尚未发生而提前计入了相关的产品成本,类似于预提费。各月制造费按计划分配率计算分配的耗费与实际发生的耗费差额,年末一次按已分配数的比例进行调整。有关计算公式如下:

$$差异分配率 = \frac{全年实际制造费 - 全年按计划分配率分配的制造费}{全年各产品按计划分配率分配的制造费之和}$$

$$某产品应负担的差异 = 该产品全年按计划分配率分配的制造费 \times 差异分配率$$

如果制造费实际发生数大于计划分配数,则用蓝字补足分配额;如果制造费实际发生数小于计划分配数,用红字冲减分配额。

【例 6 - 2】 202×年 2 月,某企业第一基本生产车间全年制造费预算数为720 000 元。全年各种产品计划产量为:甲产品 6 000 件,乙产品 3 000 件。单位产品工时定额为:甲产品 4 小时,乙产品 2 小时。假设 2 月实际产量为甲产品 500 件、乙产品 200 件;2 月实际发生的制造费为 58 200 元。试计算 2 月甲、乙产品负担的制造费。

$$制造费年度计划分配率=\frac{720\ 000}{6\ 000\times4+3\ 000\times2}=24$$

甲产品 2 月实际产量的定额工时=500×4=2 000(小时)

乙产品 2 月实际产量的定额工时=200×2=400(小时)

甲产品 2 月负担的制造费=2 000×24=48 000(元)

乙产品 2 月负担的制造费=400×24=9 600(元)

根据上述分配结果,编制会计分录如下:

借:基本生产成本——甲产品   48 000

      ——乙产品   9 600

  贷:制造费用   57 600

假定"制造费用"账户 1 月末有贷方余额 500 元,则 2 月"制造费用"账户的记录见图 6 - 1。

1 月末,"制造费用"账户的贷方余额(多分配的)或 2 月的借方余额(少分配的),当月都不作调整。

假定该车间全年实际发生制造费为 765 650 元,至年末累计已分配制造费 754 000 元,

制造费用

		期初余额	500
2 月归集	58 200	2 月分配	57 600
本月发生额	58 200	本月发生额	57 600
2 月末余额	100		

图 6 - 1 "制造费用"T 形账户

其中甲产品已分配 450 000 元,乙产品已分配 304 000 元。

$$年末差异分配率=\frac{765\ 650-754\ 000}{450\ 000+304\ 000}\approx0.015\ 45$$

甲产品应追加分配制造费=450 000×0.015 45=6 953.2[①](元)

乙产品应追加分配制造费=304 000×0.015 45=4 696.8(元)

追加分配制造费的会计分录如下:

———————————

① 这里进行了尾数调整,保证差异全部分配出去。

借：基本生产成本——甲产品　　　　　　　　　　　　　　　6 953.2

　　　　　　　　　　——乙产品　　　　　　　　　　　　　　　4 696.8

　　　贷：制造费用　　　　　　　　　　　　　　　　　　　　　11 650.0

　　年末差额调整后,"制造费用"总账及其所属明细账均无余额。

　　计划分配率法核算工作简便,各月按计划分配制造费,不必每月等到实际制造费资料出来再计算分配率进行分配,便于及时计算产品成本,并能均衡各期产品负担的制造费,而且能及时反映制造费预算数与实际数的差异,有利于分析预算执行情况。在季节性生产的车间,淡季和旺季产量相差悬殊,而各月实际发生的制造费相差不大,使得各月单位产品成本中制造费忽高忽低。采用计划分配率法可以避免这种情况。采用这种分配方法要求计划工作水平较高;否则,年度制造费预算脱离实际太大,会影响产品成本计算的正确性。如果出现年度制造费预算严重脱离实际,应及时调整计划分配率。

本章要点概览

　　1. 制造费是产品成本的重要组成部分,它是指制造企业各生产车间为生产产品所发生的不能直接计入各成本计算对象的间接生产耗费,以及没有专设成本项目的直接生产耗费。

　　2. 制造费的归集和分配通过"制造费用"账户进行。

　　3. 月末,制造费按一定方法在相应的产品中进行分配,分配完成后,"制造费用"账户一般无余额。

　　4. 制造费的分配方法主要有:生产工人工时比例法、生产工人工资比例法、机器工时比例法、计划分配率法等。

主要术语

　　1. 制造费　　　　　　　　　　2. 直接生产耗费

　　3. 间接生产耗费　　　　　　　4. 实际分配率法

　　5. 计划分配率法　　　　　　　6. 年度计划分配率

阅　读　文　献

　　1. 于富生、王俊生、黎文珠主编:《成本会计学》(第三章　费用在各种产品以及期间费用之间的分配和归集),中国人民大学出版社 2006 年版。

　　2. 罗绍德主编:《成本会计学》(第五章　制造费用核算),西南财经大学出版社2005 年版。

　　3. 谢灵主编:《成本会计学》(第 4 章　间接成本的核算),中国人民大学出版社

2004 年版。

4．Charles T．Horngren，George Foster，Srikant M．Datar：Cost Accounting：A Managerial Emphasis（10th Edition）（Chapter 14　Cost Allocation），清华大学出版社 2001 年版。

复习思考题

1．简述制造费的含义及其包含的内容。

2．为什么某些直接生产耗费要列入制造费？

3．制造费分配标准的选择应遵循哪些原则？

4．制造费的实际分配率法有哪些？请解释这些方法的适用特点。

5．制造费的计划分配率法适合什么性质的企业？为什么？

练　习　题

一、单项选择题

1．分配制造费是为了正确划分（　　　　）。

    A．生产经营耗费与非生产经营耗费的界限　　B．生产成本与期间费用的界限

    C．完工产品与在产品的成本界限　　　　　　D．各种产品的成本界限

2．制造费分配以后，"制造费用"账户一般应无余额，如有余额，可能发生在（　　　　）。

    A．机械化程度较高的车间　　　　　　　　　B．各种产品机械化程度相差不多的车间

    C．工时定额比较准确的车间　　　　　　　　D．季节性生产的车间

3．下列选项中，应计入制造费的是（　　　　）。

    A．车间取暖和照明消耗的燃料及动力费　　　B．产品生产人员的工资

    C．产品生产过程中消耗的燃料及动力费　　　D．行政管理人员的工资

4．在生产多种产品的车间内，下列各项中，既属于直接生产耗费又属于间接计入耗费的是（　　　　）。

    A．产品生产人员的计件工资　　　　　　　　B．车间管理人员的工资及福利费

    C．机器设备的折旧费　　　　　　　　　　　D．直接用于某种产品生产的材料费用

5．按机器工时比例分配制造费适用于（　　　　）。

    A．季节性生产的车间

    B．机械化程度较高的车间

    C．工时定额比较准确的车间

    D．各种产品生产的机械化程度相差不多的车间

二、多项选择题

1．下列选项中，属于生产车间制造费的有（　　　　）。

    A．车间的机物料消耗　　　　　　　　　　　B．车间管理人员的工资及福利费

    C．机器设备的折旧费　　　　　　　　　　　D．固定资产修理费

2．生产车间内为生产产品和提供劳务而发生的各项间接耗费有（　　　　）。

A. 辅助人员的工资及福利费

B. 车间照明费、取暖费

C. 季节性生产和固定资产季节性修理期间的停工损失

D. 车间生产用房屋及建筑物的折旧费

3. 制造费分配结转完成后,"制造费用"总账及其明细账月末(　　)。

A. 可能有余额　　　　　　　　　　B. 余额可能在贷方

C. 余额可能在借方　　　　　　　　D. 没有余额

4. 制造费包括(　　)。

A. 间接用于产品生产的耗费

B. 直接用于产品生产但没有专设成本项目的耗费

C. 车间内组织和管理生产的耗费

D. 企业行政管理耗费

5. 没有专设成本项目的直接生产耗费包括(　　)。

A. 机器设备的折旧费和保险费

B. 生产用低值易耗品的摊销和修理费

C. 设计制图费和试验检验费

D. 未专设成本项目的生产动力耗费

三、判断题

1. 不论采用何种分配方法,制造费分配后,"制造费用"账户期末都没有余额。　　　　　　(　　)

2. 生产车间内不论是生产人员、技术人员、检验人员还是管理人员的工资及福利费,均应记入"制造费用"账户。　　　　　　(　　)

3. 在产品生产机械化程度相差悬殊的车间,不宜采用生产工人工时比例法分配制造费用。

(　　)

4. 按生产工人工时比例法分配制造费,适用于机械化程度较高且各种产品机械化水平大致相同的车间。　　　　　　(　　)

5. 制造费包括各种性质和用途的耗费,可以将制造费加以分类,分别采用适当的分配方法进行分配。　　　　　　(　　)

6. 未采用定额管理的企业不宜采用计划分配率法。　　　　　　(　　)

7. 计划分配率法适用于全年各月产量比较平均的生产车间。　　　　　　(　　)

8. 在计划分配率法下,各月都要对制造费用账户的余额进行调整。　　　　　　(　　)

9. 采用生产工人工时比例法分配制造费,可以正确反映劳动生产率与产品制造成本之间的关系。　　　　　　(　　)

10. 在计划分配率法下,制造费用账户的借方余额类似于待摊费。　　　　　　(　　)

四、业务题

【业务题一】

(一) 目的　练习制造费的归集。

(二) 资料　某企业某基本生产车间生产甲、乙、丙三种产品,202×年8月,有关该车间制造费的经济业务如下：

(1) 3日,以银行存款支付办公用品费1 000元。

(2) 8日,本月生产车间领用低值易耗品2 000元(采用一次摊销法)。

(3) 12日,以银行存款支付生产车间劳动保护费2 500元。

(4) 15日,车间技术员报销差旅费1 000元,结清原借备用金800元,补付现金200元。

(5) 20日,以银行存款支付生产车间本月固定资产租赁费25 000元。

(6) 30日,以银行存款缴纳生产车间本月财产保险费4 000元。

(7) 30日,以银行存款12 500元支付本月水电费,其中产品生产直接耗用8 000元,车间一般消耗2 000元,企业管理部门耗用2 500元。

(8) 30日,根据材料费分配表,本月领用材料实际成本120 000元,其中产品生产108 000元、车间一般消耗8 500元、企业管理部门3 500元。

(9) 30日,根据工资结算汇总表,本月应付工资100 000元,其中产品生产工人85 000元,车间管理人员5 000元,企业管理人员10 000元。

(10) 30日,根据固定资产折旧计算表,本月应计提折旧20 000元,其中生产车间15 000元、企业管理部门5 000元。

(三) 要求

(1) 根据上述资料编制有关会计分录。

(2) 登记生产车间制造费用明细账,并结出本月发生额合计。

【业务题二】

(一) 目的　练习制造费的分配。

(二) 资料　某企业某基本生产车间生产甲、乙、丙三种产品,202×年8月,三种产品耗用的生产工人工时分别为1 500小时、3 500小时和3 000小时,耗用的机器工时分别为3 200小时、1 100小时和2 700小时。本月该车间共发生制造费28 000元。

(三) 要求

(1) 根据上述资料分别按生产工人工时比例分配法和机器工时比例法分配制造费,计算分配率。

(2) 编制制造费分配的会计分录。

(3) 分析两种分配方法在该车间的适用性。

【业务题三】

(一) 目的　练习计划分配率法。

(二) 资料　某企业基本生产车间202×年制造费计划发生额为11 700元,全年各种产品的计划产量为甲产品950件,乙产品300件,丙产品400件。单件产品工时定额为:甲产品5小时,乙产品8小时,丙产品6.5小时。该年1月实际发生的制造费为1 025元,实际产量为甲产品90件、乙产品25件、丙产品25件。年末"制造费用"账户有贷方余额600元,全年甲产品、乙产品和丙产品各自分配的制造费分别为7 200元、2 800元和2 000元。

(三) 要求

(1) 计算年度制造费计划分配率。

（2）按年度计划分配率分配1月的制造费,根据计算结果编制会计分录。

（3）1月末制造费用账户的余额在借方还是贷方？分别表示什么含义？

（4）分配制造费用年末的余额,并编制相关的结转分录。

案例分析题

某企业第一基本生产车间生产甲、乙、丙三种产品。该车间分为四个生产班组,其中A生产班组负责三种产品生产前原材料的加工,B、C、D生产班组分别负责甲、乙、丙三种产品的生产。202×年8月,甲、乙、丙三种产品生产分别耗用原材料10 000元、25 000元和15 000元,分别耗用机器工时1 200小时、2 800小时和1 000小时。当月该车间发生如下制造费:

（1）车间管理耗用办公费1 000元。

（2）生产用机器设备折旧费共26 000元。

（3）B班组技术人员的差旅费2 000元。

（4）A、B、C、D四个班组分别消耗机物料8 000元、5 000元、6 000元和3 000元。

（5）车间管理人员工资10 000元,四个班组辅助生产人员的工资分别为12 000元、11 000元、15 000元和8 000元。

要求:根据资料,请设计最恰当的方法分配该车间的制造费。

思政拓展思考

党的二十大报告在"推进文化自信自强,铸就社会主义文化新辉煌"中指出:我们要坚持马克思主义在意识形态领域指导地位的根本制度,坚持为人民服务、为社会主义服务,坚持百花齐放、百家争鸣,坚持创造性转化、创新性发展,以社会主义核心价值观为引领,发展社会主义先进文化,弘扬革命文化,传承中华优秀传统文化,满足人民日益增长的精神文化需求,巩固全党全国各族人民团结奋斗的共同思想基础,不断提升国家文化软实力和中华文化影响。

请思考:制造费用在制造业成本核算中的传统做法,哪些是应该保留的？哪些则是需要根据制造费用在产品成本中的比重高低,分别选用不同的方法处理的？

第七章　生产损失的核算

──学习目的与要求──

本章旨在介绍生产损失的核算。其内容主要包括生产损失的内容、废品损失和停工损失的内容及其核算方法。通过本章学习,学生应理解生产损失的含义及其与非生产损失的区别,掌握废品损失的内容,理解可修复废品与不可修复废品的差异,熟练掌握废品损失的核算方法,了解计划内停工与计划外停工的区别,掌握停工损失的内容,熟练掌握停工损失的核算方法。

 **课前预习题**

1. 损失和生产损失的含义是什么? 为什么要将生产损失计入产品成本?
2. 废品包括哪些类型? 如何区分不同类型的废品?
3. 废品损失包含哪些内容? 应如何处理废品损失?
4. 计划外停工和计划内停工有什么区别? 应如何处理停工损失?

第一节　生产损失的内容

一、生产损失与非生产损失

损失是指制造企业在生产经营过程中发生的无法得到补偿的各种耗费。生产损失是指在产品生产过程中或由于生产原因而发生的各种损失，如由于生产不合格产品而发生的废品损失、由于机器设备发生故障被迫停工而产生的停工损失。这类损失与产品生产直接相关，应计入产品成本。非生产损失是指由于企业管理不善、不可抗力或其他原因造成的损失，如坏账损失、自然灾害造成的材料或产成品的毁损损失等。非生产损失与产品生产无关，不应计入产品成本，而应计入期间费用或营业外支出。根据产生的原因不同，生产损失一般分为废品损失和停工损失。

不同的企业，由于产品性质、工艺技术、生产流程、管理水平存在差异，生产损失发生的频率、金额不同，对产品成本的影响程度不同。如果生产损失偶尔发生，金额较小，对生产成本影响不大，则生产损失没有必要单独核算，列入正常成本项目，增加正常成本项目的单位成本；反之，就需要设置相应的账户和成本项目单独核算生产损失。

二、废品与废品损失

废品是指由于生产原因造成的质量不符合规定，不能按照原定用途使用或者需要加工修理后才能使用的在产品、半成品和产成品。废品是由生产中的问题导致的，与发现的时间地点无关，可能在生产过程中被发现，也可能在完工入库时被发现。质量不符合规定，但经检验部门核定，可以不经过返修直接降价出售或使用的产品，被称为次品。废品按其毁损程度和经济上是否有修复价值分为可修复废品和不可修复废品。可修复废品是指技术上可以修复，且所需修复耗费在经济上合算的废品。不可修复废品是指技术上不可以修复或者技术上可以修复但所花费的修复耗费在经济上不合算的废品。

废品损失是指不可修复废品的报废损失和可修复废品在修复过程中产生的超过合格产品正常成本的耗费。具体来说，不可修复废品的报废损失是指不可修复废品的生产成本扣除回收的废品残料价值和应收过失单位或个人赔款后的净损失。可修复废品损失是指可修复废品在返修过程中发生的修复耗费扣除应收过失单位或个人赔款后的损失。可以降价出售的次品，其降价损失在计算销售损益时体现；产成品入库后，由于保管不善等原因而损坏变质的损失，应作为管理费用处理；实行包退、包修、包换（三包）的企业在产品出售以后发现的废品，其损失也不作为废品损失处理，可根据实际情况计入销售费用或管理费用。这里所说的废品损失只包括废品所造成的直接损失，如延误交货而发生的违约赔款等废品带来的间接损失不包括在内。

三、停工损失

制造企业的停工分为计划内停工和计划外停工。计划内停工是因计划减产、季节性生产和固定资产计划性大修理造成的停工；计划外停工是因原材料供应不足、停电、机器设备故障和自然灾害等造成的停工。停工的时间有长有短，停工的范围从单台机器、整条生产线、一个车间到整个企业不等。为了简化核算，在较小范围或较短时间内发生的停工，相关的耗费不作为停工损失核算。停工损失主要包括停工期间需支付的生产工人的工资、应计提的福利费以及应负担的制造费等，还应扣除过失单位、个人或保险公司负担的赔款。

第二节　废品损失的核算

在产品质检过程中，质检人员一旦发现废品，都应填制"废品通知单"，注明废品名称、数量、废品原因和造成废品的责任方等。单独核算废品损失的企业应设置"废品损失"账户和在"基本生产成本"明细账中设置"废品损失"成本项目，对废品损失进行归集和分配。"废品损失"账户应按车间及产品品种设立明细账，账内按具体项目分设专栏进行明细核算。该账户的借方反映可修复废品的修复耗费以及不可修复废品已经消耗的生产成本；贷方反映不可修复废品回收的残料价值、应收责任方或保险公司的赔款，以及废品净损失的分配结转额。废品损失应分配转由当月同种产品或同类产品负担。废品损失一般全部由当月同种或同类完工产品负担，月末在产品不负担废品损失。分配结转后，"废品损失"账户月末没有余额。

不单独核算生产中废品损失的企业，不需要设置"废品损失"账户和"废品损失"成本项目。由于不可修复废品报废以前发生的生产成本是与合格产品生产成本一起归集核算的，不需要将不可修复废品生产成本从合格产品的生产成本中结转出来。可修复废品发生的修复耗费直接归由当月同种产品负担。回收的残料价值和应收赔款直接冲减当月同种产品成本。

一、不可修复废品损失的核算

对于不可修复废品，应送交仓库，并填写"废品交库单"，注明废品残料的价值。不可修复废品已耗的成本应根据废品成本计算单登记。不可修复废品的已耗成本是指截至报废时已经发生的废品生产成本。由于不可修复废品报废以前发生的生产成本与合格产品生产成本是同时发生并归集在一起的，需要采用适当的分配方法将归集在一起的成本在不可修复废品与合格产品之间进行分配,计算不可修复废品的生产成本。不可修复废品的生产成本可按废品的实际耗费计算,也可按废品定额耗费计算。

（一）按实际耗费计算废品成本

根据合格产品和不可修复废品实际耗费的总成本,按合格产品与不可修复废品的数量或工时比例计算。

【例7-1】 202×年8月,某企业基本生产车间生产甲产品200件,验收入库时发现5件不可修复废品,当即予以报废,回收残料价值50元。本月"基本生产成本"总账的甲产品明细账归集的生产耗费为:直接材料16 000元,直接人工4 000元,制造费6 000元。根据上述资料,编制不可修复废品损失计算表(表7-1)。

表7-1

不可修复废品损失计算表

（按实际成本计算）

202×年8月

基本生产车间　　　　　　　　　　　　　　　　　　　　　　废品数量:5件
产品名称:甲产品　　　　　　　　　　　　　　　　　　　　　金额单位:元

项　　目	数量(件)	直接材料	直接人工	制造费	合　　计
合格品和废品生产耗费	200	16 000	4 000	6 000	26 000
耗费分配率		80	20	30	130
废品生产成本	5	400	100	150	650
减：残料价值		50			50
废品损失		350	100	150	600

以直接材料成本项目为例计算废品损失的过程如下:

$$直接材料分配率=16\,000÷200=80$$
$$废品应该负担的直接材料耗费=80×5=400(元)$$

需要注意的是,本例中,假定在验收入库时发现废品,此时废品与已经完工的合格产品的单位成本相同,可以直接按照数量比例分配各项耗费。如果在生产过程中发现废品,则需要根据废品的投料程度和加工程度分配计算不可修复废品应负担的耗费。

根据表7-1编制会计分录如下:

结转废品成本(实际成本)时:

借：废品损失——甲产品 650
　　贷：基本生产成本——甲产品（直接材料） 400
　　　　　　　　　　——甲产品（直接人工） 100
　　　　　　　　　　——甲产品（制造费） 150

回收残料入库时：

借：原材料 50
　　贷：废品损失——甲产品 50

结转废品损失，由本月同种合格产品负担时：

借：基本生产成本——甲产品（废品损失） 600
　　贷：废品损失——甲产品 600

根据资料登记废品损失明细账（表 7 - 2），以及该月甲产品基本生产成本明细账（表 7 - 3）。

表 7 - 2　　　　　　　　　　　废品损失明细账

产品：甲产品　　　　　　　　　　　　　　　　　　　　　　单位：元

202×年		摘　要	成　本　项　目			成本合计
月	日		直接材料	直接人工	制造费	
8	×	转入不可修复废品的生产成本	400	100	150	650
		结转残料价值	50			
		废品净损失	350	100	150	600
		转出废品净损失	350	100	150	600

表 7 - 3　　　　　　　　　　　基本生产成本明细账

产品：甲产品　　　　　　　　　　　　　　　　　　　　　金额单位：元

202×年		摘　要	产量（件）	成　本　项　目				成本合计
月	日			直接材料	直接人工	制造费	废品损失	
8	×	本月生产耗费		16 000	4 000	6 000		26 000
		转出不可修复废品的生产成本	5	400	100	150		650
		转入废品净损失					600	600
		本月完工产品成本		15 600	3 900	5 850	600	25 950

（二）按定额耗费计算废品成本

按实际耗费计算不可修复废品生产成本，符合实际，但核算工作量较大。按定额耗费计算不可修复废品的生产成本，废品的生产成本按废品的数量和各项耗费定额计算，不需考虑废品实际发生的生产耗费。按定额耗费计算不可修复废品生产成本，不仅计算比较简便，而且计入产品成本的废品损失不受废品实际耗费水平高低的影响，从而有利于对废品损失和产品成本进行分析和考核，但采用这种方法必须具备比较准确的定额成本资料。

【例 7 - 2】　202×年 8 月，某企业基本生产车间在乙产品验收入库时发现 20 件不可修复废品，当即予以报废，回收残料 200 元。单件直接材料耗费定额为 50 元，单件工时定额为 10 小时，每小时耗费定额为：直接人工 10 元，制造费 15 元。根据上述资料，编制不可修复废品损失计算表（表 7 - 4）。

表 7 - 4

不可修复废品损失计算表

（按定额成本计算）

202×年 8 月

基本生产车间　　　　　　　　　　　　　　　　　　　　废品数量：20 件

产品名称：乙产品　　　　　　　　　　　　　　　　　　金额单位：元

项　　　目	直接材料	定额工时（小时）	直接人工	制造费	合　　计
耗费定额	50	10	10	15	
废品定额成本	1 000	200	2 000	3 000	6 000
减：残料价值	200				200
废品损失	800		2 000	3 000	5 800

二、可修复废品损失的核算

可修复废品的废品损失是指产品修复过程中的各种耗费。返修以前发生的生产耗费，在"基本生产成本"账户及有关成本明细账中不必转出。可修复废品在修复过程中需要领用原材料和消耗工时，需要填制领料单和工作通知单，并注明"返修废品用"，以此作为核算废品损失的依据。可修复废品修复耗费可根据各种要素耗费分配表计算确定。

【例 7 - 3】　202×年 8 月，某企业基本生产车间在丙产品验收入库时发现 10 件可修复废品，当即进行修复。修复时耗用：直接材料 100 元，直接人工 50 元，制造费

30元。应向责任人索赔60元。废品损失的计算如下：

$$可修复废品修复耗费＝100+50+30＝180(元)$$
$$可修复废品损失＝180-60＝120(元)$$

该企业编制会计分录如下：

首先,根据各种要素耗费分配表,登记可修复废品修复耗费。

借:废品损失——丙产品   180
　贷:原材料   100
　　　应付职工薪酬——工资   50
　　　制造费用   30

其次,登记应收责任人赔款。

借:其他应收款   60
　贷:废品损失——丙产品   60

最后,结转废品损失,由本月同种产品负担。

借:基本生产成本——丙产品(废品损失)   120
　贷:废品损失——丙产品   120

第三节　停工损失的核算

发生停工时,生产车间应填制停工报告单,注明停工的地点、时间、原因以及相关责任人等,作为停工损失核算的依据。需要单独核算停工损失的企业应设置"停工损失"账户,并在"基本生产成本"明细账中设置"停工损失"成本项目。"停工损失"账户应按车间设立明细账,按具体项目分设专栏进行明细核算。根据各种耗费分配表,"停工损失"账户的借方归集停工期间发生应计入停工损失的各种耗费,贷方登记应收的赔款以及分配结转的停工净损失。根据停工的原因,对停工损失区别处理。自然灾害等不可抗力造成的停工损失,计入营业外支出;计划减产、季节性生产、固定资产季节性修理期间的停工损失,计入制造费用;停电、待料、机器设备发生故障等原因导致的停工损失,作为生产成本的"停工损失"成本项目,计入产品成本。相关的账务处理见图7-1。结转后"停工损失"账户月末没有余额。但在生产车间发生全月停工的情况下,"停工损失"账户月末有借方余额,待停工结束后再结转,由以后生产的产品负担。

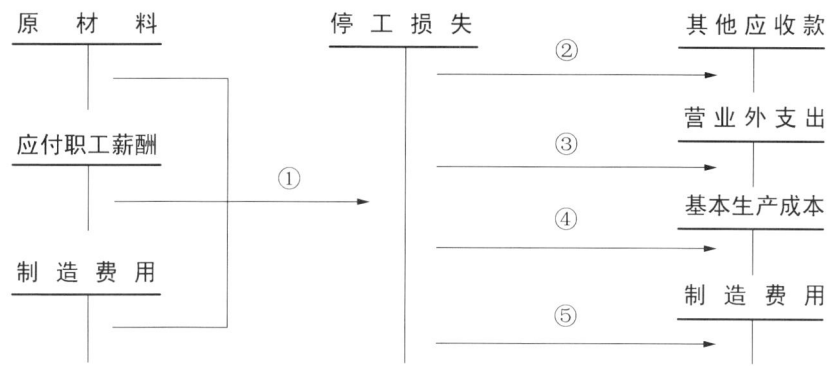

图 7-1 停工损失账务处理图

注：① 根据有关耗费分配表，归集停工期间各项耗费。

② 确认应收赔偿款。

③ 自然灾害造成的停工损失，计入营业外支出。

④ 停电、待料、机器设备发生故障等原因导致的停工损失，计入生产成本。

⑤ 计划减产、季节性生产、固定资产季节性修理期间的停工损失，计入制造费用，还可采用待摊或预提的方法计入开工期间的制造费用。

本章要点概览

1. 制造企业发生的损失分为生产损失和非生产损失，生产损失与生产经营有关，需要计入产品生产成本。生产损失分为废品损失和停工损失。

2. 废品按其毁损程度和经济上是否有修复价值分为可修复废品和不可修复废品。

3. 废品损失包括不可修复废品的报废损失和可修复废品在修复过程中产生的超过合格产品正常成本的耗费。

4. 停工分为计划内停工损失和计划外停工损失。

5. 停工损失是指生产车间在停工期间发生的各项成本。根据发生的原因不同，停工损失可结转至营业外支出、制造费用或基本生产成本。

6. 单独核算生产损失的企业，应设置"废品损失"账户和"停工损失"账户，并在"基本生产成本"账户中设置"废品损失"和"停工损失"成本项目。

 主要术语

1. 生产损失   2. 非生产损失

3. 废品损失   4. 停工损失

5. 可修复废品   6. 不可修复废品

阅 读 文 献

1. 罗绍德主编：《成本会计学》(第六章 生产损失核算)，西南财经大学出版社2005年版。

2. 谢灵主编：《成本会计学》(第六章 生产损失的核算)，中国人民大学出版社2004年版。

3. 于富生、王俊生、黎文珠主编：《成本会计学》(第三章 费用在各种产品以及期间费用之间的分配和归集)，中国人民大学出版社2006年版。

4. Charles T. Horngren，George Foster，Srikant M. Datar：Cost Accounting：A Managerial Emphasis (10th Edition)(Chapter 18 Spoilage，Rework，and Scrap)，清华大学出版社2001年版。

复 习 思 考 题

1. 简述生产损失与非生产损失的区别。

2. 简述废品的含义及废品损失的内容。

3. 简述不可修复废品损失与可修复废品损失在核算过程中的区别。

4. 简述单独核算废品损失与不单独核算废品损失在会计处理上的区别。

5. 企业停工的原因有哪些？为什么要区别核算停工损失？

练 习 题

一、单项选择题

1. 固定资产季节性修理期间发生的停工损失应计入( )。

    A. 管理费用   B. 制造费用

    C. 营业外支出   D. 销售费用

2. 下列选项中，不属于废品损失的是( )。

    A. 可修复废品的修复损失   B. 生产过程中发现的不可修复废品的净损失

    C. 入库时发现的不可修复废品的净损失   D. 可以降价出售的不合格品的降价损失

3. 废品净损失应分配转由( )负担。

    A. 本月制造费用   B. 本月同种完工产品

    C. 下月同种完工产品   D. 本月管理费用

4. 某企业本月完工产品入库时，发现残次品200件，直接降价出售；可修复废品300件，单位废品修复耗费10元；不可修复废品150件，单位废品残值2元。该种完工产品单位生产成本为40元，则该企业废品损失为( )元。

    A. 8 700   B. 9 000   C. 6 000   D. 6 400

5. 某车间本月完工100件产品，其中95件合格品，5件报废，无残料价值。100件产品的直接材料成本为95 000元。如果不单独核算废品损失，则每件合格品的直接材料成本为( )元。

A. 950　　　　　B. 1000　　　　　C. 800　　　　　D. 850

二、多项选择题

1. 废品损失核算应依据的凭证有(　　　)。

　　A. 废品通知单　　　　　　　　　B. 废品交库单

　　C. 返修用料领料单　　　　　　　D. 工作通知单

2. "停工损失"账户的贷方有可能对应的借方账户有(　　　)。

　　A. "其他应收款"　　　　　　　　B. "营业外支出"

　　C. "制造费用"　　　　　　　　　D. "基本生产成本"

3. 单独核算停工损失的企业,记入产品成本"停工损失"成本项目的内容有(　　　)。

　　A. 自然灾害造成的停工损失

　　B. 季节性生产、固定资产季节性修理期间的停工损失

　　C. 停电、待料等原因导致的停工损失

　　D. 机器设备发生故障等原因导致的停工损失

4. 在不单独核算废品损失的企业中,回收废品残料时应(　　　)。

　　A. 借记"原材料"账户　　　　　　B. 借记"银行存款"账户

　　C. 贷记"废品损失"账户　　　　　D. 贷记"基本生产成本"账户

5. 计划内停工损失包括(　　　)损失。

　　A. 因计划减产造成的停工　　　　B. 季节性生产情况下的停工

　　C. 固定资产季节性修理期间的停工　　D. 机器设备发生故障导致的停工

三、判断题

1. 延误交货而发生的违约赔款等废品带来的间接损失也应作为废品损失核算。　　　　　(　　　)

2. 不单独核算废品损失,无法反映废品给企业带来的损失大小,不利于企业进行成本控制。

　　　　　　　　　　　　　　　　　　　　　　　　　　　　　　　　　　　　(　　　)

3. 不单独核算废品损失的企业,产品实际成本中不包括废品损失。　　　　　　　　　(　　　)

4. 可修复废品返修以前发生的耗费不是废品损失。　　　　　　　　　　　　　　　　(　　　)

5. "废品损失"账户月末应有余额,表示尚待结转的废品损失。　　　　　　　　　　　(　　　)

6. "停工损失"账户月末可能有余额,表示尚待结转的停工损失。　　　　　　　　　　(　　　)

7. 自然灾害导致的停工损失也应计入产品成本。　　　　　　　　　　　　　　　　　(　　　)

8. 计划内停工导致的停工损失通常计入制造费。　　　　　　　　　　　　　　　　　(　　　)

9. 应收责任方或保险公司的赔偿款可冲减生产损失。　　　　　　　　　　　　　　　(　　　)

10. 实行包退、包修、包换(三包)的企业,在产品出售以后发现的废品,其损失也应作为废品损失处理。　　　　　　　　　　　　　　　　　　　　　　　　　　　　　　　　(　　　)

四、业务题

【业务题一】

(一) **目的**　练习废品损失。

(二) **资料**　某企业于202×年8月新投产甲产品100件,加工程度达20%时发现不可修复废品5件,当即予以报废,加工程度达50%时发现可修复废品10件,并进行修复。本月投产的甲产

品 95 件完工验收入库。本月生产甲产品耗用直接材料 1 560 元,其中修复废品耗用 360 元;耗用直接人工 2 540 元,其中修复废品耗用 140 元;耗用制造费 3 000 元,其中修复废品耗用 120 元。甲产品耗用材料在生产开始时一次投入,直接人工和制造费随加工过程均匀发生。

（三）要求

（1）计算不可修复废品生产成本和可修复废品的修复耗费。

（2）计算废品损失。

（3）编制有关废品损失的会计分录。

（4）假定该企业不设置"废品损失"账户及成本项目,不单独核算生产中废品损失,编制有关废品损失的会计分录。

【业务题二】

（一）目的 练习废品损失的核算。

（二）资料 某企业设置"废品损失"账户及成本项目,单独核算生产中的废品损失,不可修复废品成本按定额耗费计算。202×年 8 月,基本生产车间投产乙产品 250 件,完工入库时发现不可修复废品 20 件。本月生产耗用直接材料 23 000 元、直接人工 29 000 元、制造费 36 000 元。耗费定额如下:每件直接材料定额为 95 元;每件工时定额为 10 小时;每小时的耗费定额为:直接人工 12 元,制造费 14 元。废品的残料作辅助材料入库,作价 50 元,应向责任人员索赔 200 元。废品净损失由当月同种产品成本负担。

（三）要求

（1）计算废品损失。

（2）编制有关废品损失的会计分录。

【业务题三】

（一）目的 练习停工损失的核算。

（二）资料 某企业第一基本生产车间生产丙产品。202×年 8 月,停工期间发生的耗费有:直接人工 8 500 元,制造费 9 500 元。

（三）要求

（1）假设因季节性生产停工,请计算停工损失,并进行相应的账务处理。

（2）假设因原材料供应不足停工,请进行账务处理。

案 例 分 析 题

202×年 8 月,某企业新投产丙产品 1 000 件,加工程度达 50％时,发现不可修复废品 50 件,当即予以报废,废品的残料作辅助材料入库,作价 50 元;加工程度达 80％时,发现可修复废品 50 件,并进行修复;本月完工验收入库 950 件。该企业当月生产丙产品耗用直接材料 81 000 元,其中修复废品耗用 1 000 元;耗用直接人工 20 000 元,其中修复废品耗用 500 元;耗用制造费 50 000 元,其中修复废品耗用 1 250 元。丙产品耗用材料在生产开始时一次投入,直接人工和制造费随加工过程均匀发生。

要求：

（1）计算废品损失。

（2）若单独核算废品损失，请进行相关的会计处理，并登记基本生产成本明细账。

（3）若不单独核算废品损失，请进行相关的会计处理，并登记基本生产成本明细账。

（4）请分析两种处理方法的优缺点。

思政拓展思考

党的二十大报告在"加快构建新发展格局，着力推动高质量发展"中指出：我们要坚持以推动高质量发展为主题，把实施扩大内需战略同深化供给侧结构性改革有机结合起来，增强国内大循环内生动力和可靠性，提升国际循环质量和水平，加快建设现代化经济体系，着力提高全要素生产率，着力提升产业链供应链韧性和安全水平，着力推进城乡融合和区域协调发展，推动经济实现质的有效提升和量的合理增长。

请思考：生产损失的发生，既带来了生产成本的上升、低质量发展，又造成了资源的无谓浪费。如何通过技术创新、流程再造等措施减少生产损失、推动高质量发展，借以提高全要素生产率，加快我国现代化经济体系的建设？

第八章　完工产品成本的计算与结转

学习目的与要求

　　本章旨在介绍完工产品成本的计算与结转。其内容主要包括在产品数量的核算、生产耗费在完工产品与在产品之间的分配、完工产品成本的结转。通过本章学习，学生应了解在产品的含义、在产品数量与完工产品成本计算的联系、在产品数量核算的方法；明确生产耗费在完工产品和在产品之间分配时应考虑的因素；掌握不计算在产品成本法、在产品成本固定按年初数计算法、在产品成本按完工产品成本计算法、在产品成本按定额成本计算法、在产品成本按所耗原材料费计算法、约当产量比例法和定额比例法这七种具体的生产耗费在完工产品和在产品之间分配的方法以及完工产品成本结转的方法；熟悉各种不同分配方法的适用范围。

 **课前预习题**

1. 什么是在产品？它具体有哪些不同的含义？

2. 在产品数量核算的意义是什么？

3. 应如何正确进行在产品的数量核算？

4. 生产耗费在完工产品和在产品之间分配时应考虑哪些因素？

5. 生产耗费在完工产品和在产品之间的分配方法有哪些？

6. 什么是定额成本？什么是在产品成本按定额成本计算法？此方法适用于什么条件？

7. 什么是约当产量法？在产品的约当产量、投料程度和加工程度分别如何计算？

8. 什么是定额比例法？其中的定额比例具体可以是哪些指标？

第一节 在产品数量的核算

生产耗费经过前面一系列的归集与分配后,应计入本月产品成本的各项耗费,已全部归集在"基本生产成本"账户及其所属明细账中,并按成本项目反映。然而,企业往往存在月末在产品,此时,"基本生产成本"账户及其所属明细账的借方所归集金额并非都是本月完工产品的成本,它包括了月初在产品成本和本月所发生的生产耗费,如果产品全部完工,所归集的生产耗费就是该种完工产品的成本;如果全部未完工,所归集的生产耗费就是该种在产品的成本;如果只有部分产品生产完工,就必须采用适当的方法,将其所归集的生产耗费在完工产品与在产品之间进行分配。正确进行在产品的数量核算,对正确计算完工产品成本意义重大。

一、在产品的含义

在产品是指处于生产过程中尚未完工的产品。在产品有狭义和广义之分。狭义的在产品是指某一车间或某一生产步骤正在加工中的零部件、半成品和正在返修的废品。广义的在产品是指从产品的整个生产流程来看,尚未最后验收入库的所有在产品、半成品和产成品,包括正在某一车间或步骤加工中的零部件和半成品、已经完成一个或几个生产步骤但还需继续加工的半成品、尚未验收入库的产品以及正在返修或等待返修的废品等。

与在产品的含义相对应,完工产品也有狭义和广义之分。狭义的完工产品仅指本车间或本步骤已完工的产品,它可以是某一中间生产步骤的半成品或最后一个生产步骤的产成品;而广义的完工产品仅指已完成最后加工步骤,已经验收入库的产成品。但用于出售的自制半成品也应属于产成品范畴。

狭义的在产品和完工产品的概念,更有利于企业进行成本控制。所以,本章所介绍的核算方法,均以狭义的概念作为核算的出发点和对象。

二、在产品数量与完工产品成本计算的联系

在产品的数量和完工产品数量之间存在如下关系:

月初在产品数量+本月投产数量=本月完工产品数量+月末在产品数量

与数量关系相对应,完工产品成本和在产品成本之间的关系可用如下公式表示:

月初在产品成本+本月生产耗费=本月完工产品成本+月末在产品成本

月末存有在产品的情况下,要计算本月完工产品成本,就必须将生产耗费在完工

产品与在产品之间进行分配。分配思路一般有如下三种：

其一，按计划成本、定额成本等确定本月完工产品成本，然后用本月累计的生产耗费减去本月完工产品成本，计算月末在产品成本。

其二，将前两项耗费之和在完工产品与月末在产品之间按照一定比例进行分配，计算出完工产品成本和月末在产品成本。

其三，先确定月末在产品成本，再用本月累计的生产耗费减去月末在产品成本，计算完工产品成本。其计算公式如下：

$$本月完工产品成本＝月初在产品成本＋本月生产耗费－月末在产品成本$$

在实务中，一般采用后两种方法。但无论采用哪种方法，都必须正确组织在产品收、发、存数量的核算，取得有关在产品动态和结存的数量资料。

三、在产品的数量核算

加强在产品数量的核算和实物管理是日常成本管理的一项重要内容，在产品数量的核算也是成本核算的一项基本工作，对成本计算的正确性有重要影响。

在产品的数量核算主要包括两方面内容：一是在产品收、发、存数量的日常核算。二是定期和不定期地对在产品做好清查盘点，落实在产品数量，查明在产品盘盈和盘亏的原因和责任。

在产品收、发、存数量的日常核算，通常是借助于在产品收、发、存账进行的。在产品收、发、存账又称为在产品台账，是按车间设立的，由车间核算人员进行登记，用来核算在产品数量的一种账簿，应分别车间按产品品种和在产品的名称（如零件、部件的名称）设立。在实际工作中，在产品收、发、存账用来反映各种在产品的收入、发出和结存的数量。根据生产工艺特点和管理的要求，有的还需在在产品收、发、存账中按照加工工序组织在产品的数量核算。各车间应认真做好在产品的计算、验收和交接工作，并在此基础上，根据领料凭证、在产品内部转移凭证、产成品检验凭证和产品交库凭证，及时登记在产品收发结存账。简化的在产品收、发、存账格式见表8－1。

为了正确确定在产品的实物数量，在进行在产品收、发、存数量核算的同时，还应定期或不定期地对在产品进行清查盘点，并根据清点结果填制在产品盘点表，并与账存在产品数量相核对，及时发现在产品的盈亏情况，以确保在产品的安全完整、账面数量与实物数量相符合。如果账实数不符，应查明原因并及时进行处理。

在产品发生盘盈时，借记"基本生产成本"账户，贷记"待处理财产损溢"账户；经报批准核销时，借记"待处理财产损溢"账户，贷记"制造费用"账户。

表 8－1　　　　　　　　　**在产品收、发、存账**

（在产品台账）

在产品名称：××　　　编号：1102　　车间名称：第一车间　　　　　单位：件

日期	摘　　要	收　入		发　　出			结　存	
		凭证号	数　量	凭证号	合格品	废　品	完　工	未完工
合　　　　计								

在产品发生盘亏和毁损时，应借记"待处理财产损溢"账户，贷记"基本生产成本"账户。经报批准核销时，应根据不同原因和责任，分别予以处理，从"待处理财产损溢"账户的贷方转入各有关账户的借方。如果属于意外灾害造成的非常损失，应转入"营业外支出"账户的借方；如果应由过失人或保险公司赔偿的损失，应转入"其他应收款"账户的借方；属于车间正常的生产损耗，转入"制造费用"账户的借方。

第二节　生产耗费在完工产品与在产品之间的分配

应由产品负担的生产耗费，如何科学合理地在完工产品与在产品之间进行分配，是关系到成本计算正确性的一个重要环节。企业应根据月末结存在产品数量的多少、月末在产品数量变化的大小、月末在产品价值的大小、在产品成本中各项耗费比重的大小，以及定额管理基础工作的好坏等具体条件，采用适当的方法进行分配。常用的分配方法主要有两种类型：一是先确定月末在产品成本，然后确定完工产品成本。具体方法有：在产品不计算成本法；在产品成本固定按年初数计算法、在产品成本按所耗原材料费计算法、在产品成本按定额成本计算法等。二是将本月生产耗费之和按一定比例在完工产品与月末在产品之间进行分配。具体方法有：在产品成本按完工产品成本计算法、约当产量比例法、定额比例法。

一、在产品不计算成本法

这种方法的基本要点是：在产品不负担生产耗费，各月"基本生产成本"明细账中归集的生产耗费均为该月所发生的生产耗费，且全部由该月完工产品负担，当月生产耗费之和就是当月完工产品成本。

从公式"月初在产品成本＋本月生产耗费＝本月完工产品成本＋月末在产品成本"可知,如果各月末在产品的数量很少,那么月初和月末在产品成本就很小,月初在产品成本与月末在产品成本的差额更小,算不算各月在产品成本,对于完工产品成本来说,影响很小。因此,为了简化产品成本计算工作,可以不计算在产品成本。

这种方法适用于各月末在产品数量很小且稳定的企业,如采煤业、发电、自来水生产等企业。

二、在产品成本固定按年初数计算法

这种方法的基本要点是:年内各月(1～11月)月末在产品成本都按年初在产品成本计算,固定不变,因此,月初与月末在产品成本相等,当月发生的生产耗费即为当月该种完工产品的成本。

对于一些生产较为均衡的企业,其年初、年末在产品数量相对稳定,月初在产品成本与月末在产品成本的差额很小,计算或是不计算各月在产品成本的差额,对于完工产品成本来说,影响很小。因此,为了简化产品成本计算工作,各月末在产品成本可固定按年初数计算。这样,各月末在产品成本不变,本月发生的生产耗费就全部由本月完工产品负担。

应注意的是,每年的12月,月初在产品成本为当年年初的固定数,而月末在产品成本为下一年年初的固定数,两者并不相等,所以12月的完工产品成本并不等于12月当月发生的生产耗费,这个方法的结论仅适用于年内的1～11月。

采用这种分配方法,每年年终,应根据实际盘点的在产品数量,计算12月末在产品的实际成本,并将算出的年末在产品成本作为下一年度各月固定的在产品成本。就可消化年内1～11月在产品成本确定上的差异,保证全年完工产品成本计算的准确性。

假如确定年初固定数为100万元,那么以后每个月(1～11月)的月末在产品成本都按照100万元计算,由于上月末与下月初为同一个时点,因此,全年12个月月初的在产品成本都是100万元,也就是说,1～11月的月初在产品成本等于其月末在产品成本,所以,1～11月发生的生产耗费就是当月完工产品成本。12月根据实际盘点的在产品数量,重新调整计算在产品成本(假设12月末盘点的结果在产品成本为90万元),这90万元应作为12月末及下年年初的在产品成本,并且下年1～11月均按照此成本计算在产品成本。如果12月发生的生产费为160万元,则12月的完工产品成本即为170万元(100＋160－90)。

这种方法适用于各月末在产品数量较小,或者在产品数量虽大,但各月之间变化不大的产品。例如,冶炼和化工企业的产品,由于高炉和化学反应装置的容积固定,可以采用这种方法计算在产品成本。

三、在产品成本按所耗原材料费计算法

这种方法的基本要点是：月末在产品只负担其所耗用的原材料费，产品的加工费全部由完工产品成本负担。

当企业各月在产品数量多且各月数量较为均衡的条件下，如果产品成本中原材料费又占了很大的比重，则意味着在产品成本中人工费和制造费等加工费比重不大，且月初、月末加工费变动也不大，因此为了简化成本核算工作，在产品可以不计算加工费。

当原材料于生产开始一次投入时，具体有关的计算公式如下：

单位产品原材料成本＝原材料费总额÷（完工产品数量＋月末在产品数量）

月末在产品成本＝月末在产品数量×单位产品原材料成本

本月完工产品成本＝月初在产品成本＋本月生产费－月末在产品成本

或：　　　　　　＝本月完工产品数量×单位产品原材料成本＋本月发生的加工费

如果原材料不是生产开始时一次投入的，则月末应首先确定在产品数量，然后根据在产品的投料程度计算月末在产品应负担的材料成本。

【例8－1】 设某工业企业某种产品的月末在产品只计算原材料费。原材料在生产开始一次投入。该企业有关产品产量及耗费资料见表8－2。

表8－2　　　　　　　产品产量及耗费资料表

金额单位：元

产品名称：甲　　　　　　　202×年8月　　　　　　　数量单位：件

项 目	月 初 在 产 品		本 月 投 入		月末完工产品	月末在产品
	数 量	成 本	投产数量	生产耗费	数 量	数 量
直接材料	—	48 000		152 000		
直接人工	—			3 500		
制造费	—			5 500		
合 计	300	48 000	700	161 000	900	100

根据上述资料，月末在产品及完工产品成本计算如下：

单位产品直接材料成本＝（48 000＋152 000）÷（900＋100）＝200(元)

月末在产品成本＝100×200＝20 000(元)

完工产品成本＝900×200＋3 500＋5 500＝189 000(元)

这种方法适用于各月末在产品数量较大,各月在产品数量变化也较大,但原材料费在成本中所占比重较大的产品。例如,纺织、造纸和酿酒等工业,可以采用这种方法。

四、在产品成本按定额成本计算法

这种方法的基本要点是:首先,根据实际结存的在产品数量和单位产品定额成本,计算出月末在产品的定额成本作为月末在产品成本;其次,月初在产品定额成本加上本月生产耗费,再减去月末在产品成本,即为当月完工产品的总成本;最后,每月生产费脱离定额的差异(节约差异或超支差异)全部计入当月完工产品成本。有关计算公式如下:

月末在产品成本=(月末在产品数量×完工程度)×单位产品定额成本

完工产品成本=月初在产品成本+本月生产耗费-月末在产品成本

在产品按定额成本计价,简化了完工产品与月末在产品之间生产耗费分配的手续,各月生产耗费脱离定额差异全部由完工产品成本负担,使完工产品的成本指标能及时反映当期成本管理的工作质量。该方法适用于定额管理工作较好,各项消耗定额比较准确、稳定,而且各月末在产品结存数量变动不大的产品。

【例8-2】 某企业生产甲产品,已知该甲产品定额管理基础较好,各项消耗定额资料准确、稳定,适合用在产品按定额成本计价法计算完工产品成本。该企业202×年8月有关甲产品产量、耗费及在产品的定额资料见表8-3。

表8-3 产品产量、耗费及在产品的定额资料表

金额单位:元

产品名称:甲　　　　　　　　　202×年8月　　　　　　　　　数量单位:件

项　目	月初在产品		本　月		月末完工产品	月末在产品	月末在产品单位定额成本
	数　量	成　本	投产数量	生产耗费	数　量	数　量	
直接材料	—	12 000		180 500			101
直接人工	—	15 000		200 000			110
制造费	—	8 500		120 500			70
合　计	105	35 500	895	501 000	900	100	281

根据上述资料,月末在产品及完工产品成本的计算见表8-4。

表8-4	甲产品生产成本计算表			单位:元
项　目	直接材料	直接人工	制造费	合　计
月初在产品成本(1)	12 000	15 000	8 500	35 500
本月生产耗费(2)	180 500	200 000	120 500	501 000
本月生产耗费累计(3)	192 500	215 000	129 000	536 500
月末在产品单位定额成本(4)	101	110	70	281
月末在产品成本(5)=月末在产品数量×(4)	10 100	11 000	7 000	28 100
本月完工产品成本(6)=(3)-(5)	182 400	204 000	122 000	508 400

五、在产品成本按完工产品成本计算法

这种方法的基本要点是:在产品视同完工产品分配耗费。当月末在产品已基本加工完毕,只是尚未包装或尚未验收入库时,为了简化产品成本计算工作,在产品可以视同完工产品,按两者的数量比例分配原材料费和各项加工费。

这种方法适用于月末在产品已经接近完工,或已完工而尚未验收入库的产品。

【例8-3】　设某工业企业某种产品的月初在产品耗费为:直接材料12 000元,直接人工6 000元,制造费8 000元;本月生产耗费为:直接材料36 000元,直接人工12 000元,制造费15 000元。本月完工产品600件,月末在产品400件。月末在产品均已完工,尚未验收入库,可以视同完工产品分配各项耗费。产品成本计算表见表8-5。

表8-5　　　　　　　　　产品成本计算表

产品名称：××产品
金额单位：元
数量单位：件

成本项目	月初在产品成本	本月生产耗费	生产耗费累计	耗费分配率	完工产品		月末在产品	
					数量	成本	数量	成本
直接材料	12 000	36 000	48 000	48%		28 800		19 200
直接人工	6 000	12 000	18 000	18%		10 800		7 200
制造费	8 000	15 000	23 000	23%		13 800		9 200
合　计	26 000	63 000	89 000		600	53 400	400	35 600

六、约当产量比例法

约当产量比例法是指按照完工产品数量与月末在产品约当产量的比例分配生产

耗费,计算完工产品成本与月末在产品成本的一种方法。所谓约当产量,是指将月末在产品数量按其完工率折合为相当于完工产品的数量。本月完工产品产量与月末在产品约当产量之和,称为约当总产量,简称约当产量。

约当产量比例法适用范围较为广泛,当企业月末在产品数量较大,而且各月末在产品数量变化也较大,不宜采用其他方法时,采用约当产量比例法就尤为合适。

（一）在产品约当产量的计算

在采用约当产量比例法进行耗费分配时,需要正确计算在产品的约当产量。在产品约当产量的计算公式如下:

$$在产品约当产量 = 在产品数量 \times 在产品完工率$$

其中,在分配直接材料费时,因材料费的发生与原材料的投料程度有关,因此在产品完工率是指在产品的投料程度;在分配直接人工费、制造费、燃料与动力费等加工费时,因为加工费的发生与所发生的生产工时,即产品的加工程度有关,因此此时的在产品完工率是指在产品的加工程度。

1. 在产品投料程度的确定

在产品投料程度的计算与产品生产过程中原材料的投料方式密切相关。一般可分为以下四种情况:

（1）原材料在生产开始一次投入。原材料在生产开始一次投入时,无论在产品加工程度如何,材料费都已足额发生。因此在该种情况下,月末在产品投料程度均为100％。则按投料程度计算的月末在产品约当产量应等于月末在产品实际数量。

（2）原材料分阶段在各道工序开始时一次投入。原材料分阶段在各道工序开始一次投入是指每道工序开始时一次性投入该工序所需要的原材料。在此种情况下,月末在产品投料程度可按下面公式计算:

$$某工序投料程度 = 至本工序为止的累计材料消耗定额 \div 完工产品材料消耗定额$$

【例 8-4】 假定甲产品的生产需要经过三道工序,原材料分三道工序并在每道工序开始时一次投入,有关产品原材料消耗定额、在产品数量资料及每道工序的在产品投料程度、约当产量的计算见表 8-6。

表 8-6　　　　　　　　按投料程度计算约当产量计算表

工序	原材料消耗定额（千克）	各工序月末在产品数量（件）	在产品投料程度	在产品约当产量（件）
一	2	200	$2 \div 10 \times 100\% = 20\%$	$200 \times 20\% = 40$
二	3	300	$(2+3) \div 10 \times 100\% = 50\%$	$300 \times 50\% = 150$

（续表）

工序	原材料消耗定额（千克）	各工序月末在产品数量（件）	在产品投料程度	在产品约当产量（件）
三	5	100	$(2+3+5)\div10\times100\%=100\%$	$100\times100\%=100$
合计	10	600		290

（3）原材料在生产过程中逐步投入，且与生产工时投入程度基本一致。原材料在生产过程中逐步投入，且与生产工时投入程度基本一致情况下，在产品的投料程度可以按照其加工程度计算。

（4）原材料逐步投入，且与生产工时投入程度不一致。原材料逐步投入，且与生产工时投入程度不一致时，在产品的投料程度应按工序分别确定。为简化成本核算，对于在产品而言，前面各道工序已经完工，其材料消耗定额可按 100% 计入，而本道工序的材料消耗定额可按 50% 计算。其计算公式如下：

$$\text{某工序在产品投料程度}=\frac{\text{至上道工序为止的累计材料消耗定额}+\text{本道工序材料消耗定额}\times50\%}{\text{完工产品材料消耗定额}}$$

【例 8-5】 假定甲产品的生产需要经过三道工序制成，原材料分三道工序逐步投入，且与加工程度不一致，有关产品原材料消耗定额、在产品数量资料及每道工序的在产品投料程度、约当产量的计算见表 8-7。

表 8-7　　　　　　　　　　按投料程度计算约当产量计算表

工序	原材料消耗定额（千克）	各工序月末在产品数量（件）	在 产 品 投 料 程 度	在产品约当产量（件）
一	2	200	$2\times50\%\div10\times100\%=10\%$	$200\times10\%=20$
二	3	300	$(2+3\times50\%)\div10\times100\%=35\%$	$300\times35\%=105$
三	5	100	$(2+3+5\times50\%)\div10\times100\%=75\%$	$100\times75\%=75$
合计	10	600	—	200

2. 在产品加工程度的确定

加工程度的确定一般有以下两种情况：

（1）生产进度较均衡，月末在产品数量相差不多。在此情况下，月末所有在产品的加工程度均按 50% 计算，这是因为后面各工序在产品多加工的程度，可以抵补前面各工序少加工的程度。

（2）月末在产品各工序加工数量不均衡。在此情况下，各工序在产品的完工程度应按工序分别测定。但是，为简化成本计算工作，对于在产品而言，前面各道工序已经完工，其工时定额可按100%计入；而本道工序工时定额可按50%计入。其计算公式如下：

$$某工序在产品加工程度 = \frac{前面各道工序累计工时定额 + 本道工序工时定额 \times 50\%}{完工产品工时定额}$$

【例8-6】 承[例8-4]和[例8-5]中的完工产品和在产品的数量资料，有关甲产品在三道工序的工时消耗定额、加工程度及约当产量的计算见表8-8。

表8-8　　　　按产品加工程度折算的在产品约当产量计算表

工序	各工序工时消耗定额（小时）	各工序月末在产品数量（件）	各 工 序 加 工 程 度	在产品约当产量（件）
一	6	200	$6 \times 50\% \div 20 = 15\%$	$200 \times 15\% = 30$
二	10	300	$(6 + 10 \times 50\%) \div 20 = 55\%$	$300 \times 55\% = 165$
三	4	100	$(6 + 10 + 4 \times 50\%) \div 20 = 90\%$	$100 \times 90\% = 90$
合计	20	600	—	285

（二）约当产量比例法的具体计算方法

在约当产量比例法下，完工产品和在产品的成本划分，因具体采用加权平均法和先进先出法而有所不同。

1. 加权平均法

加权平均法是指将期初在产品成本和本期生产耗费之和，按本月完工产品数量和月末在产品约当产量的比例进行分配，计算本月完工产品成本和月末在产品成本的方法。其计算公式如下：

$$耗费分配率（单位成本） = \frac{月初在产品成本 + 本月生产耗费}{完工产品数量 + 月末在产品约当产量}$$

完工产品成本 = 完工产品产量 × 分配率

月末在产品成本 = 月末在产品约当产量 × 分配率

【例8-7】 某企业生产甲产品，202×年8月初，在产品数量为200件，加工程度为60%；本月投产甲产品500件，月末完工产品600件，月末在产品100件，月末在产品加工程度50%。甲产品所耗直接材料在生产开始时投入70%，其余30%在加工程度达到70%时投入。甲产品月初在产品成本为：直接材料47 300元，直接人工38 840元，制造费52 240元。本期发生生产耗费为：直接材料153 700元，直接人工91 160元，制造费207 760元。根据上述资料，按加权平均法计算完工产品成本。

直接材料约当总产量＝600＋100×70％＝670(件)

直接人工约当总产量＝600＋100×50％＝650(件)

制造费约当总产量＝600＋100×50％＝650(件)

$$直接材料费分配率＝\frac{47\ 300＋153\ 700}{670}＝300$$

$$直接人工费分配率＝\frac{38\ 840＋91\ 160}{650}＝200$$

$$制造费分配率＝\frac{52\ 240＋207\ 760}{650}＝400$$

完工产品所耗直接材料费＝600×300＝180 000(元)

月末在产品所耗直接材料费＝70×300＝21 000(元)

完工产品应负担的直接人工费＝600×200＝120 000(元)

月末在产品应负担的直接人工费＝50×200＝10 000(元)

完工产品应负担的制造费＝600×400＝240 000(元)

月末在产品应负担的制造费＝50×400＝20 000(元)

采用加权平均法,不需要考虑生产耗费的发生与产品实物流转之间的对应关系,因此计算过程较为简便;然而,在加权平均法下,单位成本不仅与本期发生耗费水平有关,同时要受上期成本水平影响,是一种"混合"的加权平均成本,当上月与本月成本水平差异较大时,所计算出的单位成本往往不能如实反映本期实际成本水平。

2. 先进先出法

先进先出法假设产品的生产是一个连续的、依次进行的过程,则:月初在产品应先于当月投产产品完工,当月发生的生产耗费,先用于加工月初在产品,然后用于加工本月投产的产品。因而,在生产周期小于1个月的情况下,月初在产品成本应全部计入本月完工产品成本之中,只需要把本月发生的生产耗费在本月完工产品和月末在产品之间进行分配。其计算公式如下:

$$本月完工产品约当产量＝\genfrac{}{}{0pt}{}{月初在产品在本月加工}{(或投料)的约当产量}＋本月投产本月完工产品数量$$

或: ＝完工产品数量－月初在产品在上月加工(或投料)的约当产量

其中:

月初在产品在本月加工(或投料)的约当产量＝月初在产品数量×(1－月初在产品完工率)

月初在产品在上月加工(或投料)的约当产量＝月初在产品数量×月初在产品完工率

则:

$$耗费分配率(单位成本)＝\frac{本月发生的生产耗费}{本月完工产品约当产量＋月末在产品约当产量}$$

本月完工产品成本 ＝ 月初在产品成本＋本月完工产品约当产量×分配率

月末在产品成本 ＝ 月末在产品约当产量×分配率

【例 8-8】 承[例 8-7],按先进先出法计算产品成本如下:

直接材料约当总产量=[200×(1−70%)+(500−100)]+100×70%=460+70=530(件)

或:　　　　　　　=(600−200×70%)+100×70%=530(件)

直接人工约当总产量=[200×(1−60%)+(500−100)]+100×50%=480+50=530(件)

或:　　　　　　　=(600−200×60%)+100×50%=530(件)

制造费约当总产量=530(件)

直接材料费分配率=$\frac{153\ 700}{530}$=290

直接人工费分配率=$\frac{91\ 160}{530}$=172

制造费分配率=$\frac{207\ 760}{530}$=392

完工产品所耗直接材料费=47 300+460×290=180 700(元)

月末在产品所耗直接材料费=70×290=20 300(元)

完工产品应负担的直接人工费=38 840+480×172=121 400(元)

月末在产品应负担的直接人工费=50×172=8 600(元)

完工产品应负担的制造费=52 240+480×392=240 400(元)

月末在产品应负担的直接材料费=50×392=19 600(元)

【例 8-9】 某企业生产甲产品需要经过三道工序加工完成。原材料在各道工序开始时一次投入,各工序在产品的平均加工程度为50%,本月甲产品投产900件,月末完工1 000件。月初及本月甲产品生产耗费资料见表8-9。

表 8-9　　　　　　　　甲产品生产耗费资料　　　　　　　　单位:元

成 本 项 目	直接材料	直接人工	制造费	合 计
月初在产品成本	7 360	4 450	1 190	13 000
本月生产耗费	58 520	29 190	20 850	108 560

甲产品的材料消耗定额、工时定额和月初、月末在产品数量见表8-10。

表 8-10　　　　　　　　　甲产品相关资料

工 序	材料消耗定额 (千克)	工时定额 (小时)	月初在产品数量 (件)	月末在产品数量 (件)
一	10	4	200	50
二	15	6	150	100
三	25	10	60	160
合计	50	20	410	310

假定各月产品的投料方式和工时投入程度一致。

要求：采用约当产量比例法按加权平均法和先进先出法分别计算完工产品和月末在产品的成本。

（1）月末在产品约当产量计算见表8-11和表8-12。

表8-11 按投料程度计算月末在产品约当产量计算表

工 序	材料消耗定额（千克）	月末在产品（件）	在产品投料程度	在产品约当产量（件）
一	10	50	10÷50×100%＝20%	50×20%＝10
二	15	100	（10＋15）÷50×100%＝50%	100×50%＝50
三	25	160	（10＋15＋25）÷50×100%＝100%	160×100%＝160
合计	50	310	—	220

表8-12 按加工程度计算月末在产品约当产量计算表

工 序	工时定额（小时）	月末在产品（件）	各工序加工程度	在产品约当产量（件）
一	4	50	4×50%÷20＝10%	50×10%＝5
二	6	100	（4＋6×50%）÷20＝35%	100×35%＝35
三	10	160	（4＋6＋10×50%）÷20＝75%	160×75%＝120
合计	20	310	—	160

（2）加权平均法下的计算：

直接材料费分配率＝（7 360＋58 520）÷（1 000＋220）＝54

完工产品所耗直接材料费＝1 000×54＝54 000（元）

月末在产品所耗直接材料费＝220×54＝11 880（元）

直接人工费分配率＝（4 450＋29 190）÷（1 000＋160）＝29

完工产品应负担的直接费成本＝1 000×29＝29 000（元）

月末在产品应负担的直接费成本＝160×29＝4 640（元）

制造费分配率＝（1 190＋20 850）÷（1 000＋160）＝19

完工产品应负担的制造费＝1 000×19＝19 000（元）

月末在产品应负担的制造费＝160×19＝3 040（元）

根据计算结果,编制甲产品成本计算单(表 8 - 13)。

表 8 - 13　　　　　甲产品成本计算单(加权平均法)　　　　　单位:元

项　　目	直接材料	直接人工	制造费	合　计
月初在产品成本	7 360	4 450	1 190	13 280
本月生产耗费	58 520	29 190	20 850	108 280
生产耗费累计	65 880	33 640	22 040	121 560
单位成本	54	29	19	
完工产品成本	54 000	29 000	19 000	102 000
月末在产品成本	11 880	4 640	3 040	19 560

(3) 先进先出法下的计算:

月初在产品在本月投料、加工的约当产量计算见表 8 - 14 和表 8 - 15。

表 8 - 14　　　　月初在产品在本月投料的约当产量计算表

工　序	月初在产品数量(件)	在产品投料程度	月初在产品在本月投料的约当产量(件)
一	200	$10 \div 50 \times 100\% = 20\%$	$200 \times (1 - 20\%) = 160$
二	150	$(10 + 15) \div 50 \times 100\% = 50\%$	$150 \times (1 - 50\%) = 75$
三	60	$(10 + 15 + 25) \div 50 \times 100\% = 100\%$	$60 \times (1 - 100\%) = 0$
合计	410	—	235

则:　　完工产品按投料程度计算的约当产量 = 235 + (900 - 310) = 825(件)

表 8 - 15　　　　月初在产品在本月加工的约当产量计算表

工　序	月初在产品数量(件)	在产品加工程度	月初在产品在本月加工的约当产量(件)
一	200	$4 \times 50\% \div 20 \times 100\% = 10\%$	$200 \times (1 - 10\%) = 180.0$
二	150	$(4 + 6 \times 50\%) \div 20 \times 100\% = 35\%$	$150 \times (1 - 35\%) = 97.5$
三	60	$(4 + 6 + 10 \times 50\%) \div 20 \times 100\% = 75\%$	$60 \times (1 - 75\%) = 15.0$
合计	410	—	292.5

则:　　完工产品按加工程度计算的约当产量 = 292.5 + (900 - 310) = 882.5(件)

　　　　直接材料费分配率 = 58 520 ÷ (825 + 220) = 56

完工产品所耗直接材料费＝7 360＋825×56＝53 560(元)

月末在产品所耗直接材料费＝220×56＝12 320(元)

直接人工费分配率＝29 190÷(882.5＋160)＝28

完工产品应负担的直接人工费＝4 450＋882.5×28＝29 160(元)

月末在产品应负担的直接人工费＝160×28＝4 480(元)

制造费分配率＝20 850÷(882.5＋160)＝20

完工产品应负担的制造费＝1 190＋882.5×20＝18 840(元)

月末在产品应负担的制造费＝160×20＝3 200(元)

根据计算结果,编制甲产品成本计算单(表8－16)。

表8－16　　　　　　甲产品成本计算单(先进先出法)　　　　　　金额单位：元

项　　目	直接材料	直接人工	制造费	合　计
月初在产品成本	7 360	4 450	1 190	13 280
本月生产耗费	58 520	29 190	20 850	108 280
生产耗费累计	65 880	33 640	22 040	121 560
约当总产量	1 045.0	1 042.5	1 042.5	—
分配率	56	28	20	—
完工产品成本	53 560	29 160	18 840	101 560
完工产品单位成本	53.56	29.16	18.84	101.56
月末在产品成本	12 320	4 480	3 200	20 000

七、定额比例法

定额比例法就是按完工产品与月末在产品的定额耗用量或定额成本的比例分配生产耗费,从而计算出完工产品成本和月末在产品成本的一种方法。其中,对于直接材料费通常按材料的定额耗用量或定额成本比例分配;对于直接人工、制造费等加工费项目,既可以按各项定额成本的比例分配,又可以按定额工时比例分配。由于加工费的定额成本一般是根据定额工时乘以单位耗费定额计算的,这些耗费一般按定额工时比例分配,以节省各该定额费的计算工作。

这种方法适用于定额管理基础工作较好,即各项消耗定额或耗费定额比较准确、稳定,但各月之间在产品数量变动较大的产品。因为在这种情况下,月初在产品费脱离定额的差异总额与月末在产品成本脱离定额的差异总额的差异会较大,如果将其全部计入完工产品成本,对完工产品成本的正确性发生较大的影响,甚至出现完工产品成本为负值的不合理现象。因此,在这种条件下,应采用定额比例法,而不能采用在产品按定额成本计价法。

采用定额比例法时,直接材料费按材料定额耗用量或定额耗费比例进行分配;直接人工和制造费可按定额工时比例分配,也可按定额耗费比例分配。有关计算公式如下:

$$耗费分配率 = \frac{月初在产品成本 + 本月发生的耗费}{\genfrac{}{}{0pt}{}{完工产品定额耗用量}{（工时）或定额成本} + \genfrac{}{}{0pt}{}{月末在产品定额耗用量}{（工时）或定额成本}}$$

完工产品成本 = 完工产品定额耗用量或定额成本 × 耗费分配率

月末在产品成本 = 月末在产品定额耗用量或定额成本 × 耗费分配率

或:　　　　　　　　 = 耗费总额 − 完工产品成本

【例 8 - 10】 某企业甲产品由三道工序连续加工制成。本月完工产品 500 件,原材料在生产开始时一次投入,原材料定额 30 元,每道工序工时定额和在产品数量资料见表 8 - 17。

表 8 - 17　　　　　　　　　　　　甲产品相关资料

工　　序	工时定额(小时)	在产品数量(件)
一	6	100
二	10	80
三	4	50
合　　计	20	230

月初在产品成本为 9 750 元,其中直接材料为 6 350 元,直接人工为 1 260 元,制造费为 2 140 元;本月生产耗费 23 248 元,其中直接材料为 13 360 元,直接人工为 4 780 元,制造费为 5 108 元。假定各工序月末在产品在本工序的加工程度为 50%,完工产品和月末在产品之间,直接材料成本按定额耗费的比例进行分配,直接人工和制造费按定额工时的比例进行分配,计算结果见表 8 - 18。

表 8 - 18　　　　　　　　　　　计 算 结 果　　　　　　　　金额单位:元

成本项目	月初在产品成本	本月生产耗费	生产耗费合计	耗费分配率	完工产品成本		月末在产品成本	
					定　额	实际成本	定　额	实　际
直接材料	6 350	13 360	19 710	0.9	15 000	13 500	6 900	6 210
直接人工	1 260	4 780	6 040	0.5	10 000	5 000	2 080	1 040
制造费	2 140	5 108	7 248	0.6	10 000	6 000	2 080	1 248
合　计	9 750	23 248	32 998			24 500		8 498

完工产品材料费的定额成本＝500×30＝15 000(元)

月末在产品材料费的定额成本＝230×30＝6 900(元)

完工产品定额工时＝500×20＝10 000(工时)

月末在产品定额工时＝100×6×50％＋80×(6＋10×50％)＋50×(6＋10＋4×50％)

＝2 080(工时)

直接材料费分配率＝19 710÷(15 000＋6 900)＝0.9

直接人工费分配率＝6 040÷(10 000＋2 080)＝0.5

制造费分配率＝7 248÷(10 000＋2 080)＝0.6

第三节 完工产品成本结转的核算

一、完工产品成本结转的核算方法

制造企业生产耗费在完工产品与在产品之间的分配,为完工产品的成本结转提供了可靠依据。完工产品的成本结转,一般根据"产品入库单"进行。制造企业的完工产品,具体包括产成品、自制半成品、自制工具和模具等。产品成本明细账上所列示的完工产成品和自制半成品的实际成本,应根据产品入库单,从"基本生产成本"账户的贷方分别转入"库存商品"账户和"自制半成品"账户的借方;而完工入库的自制工具、模具的成本,应根据入库单,从"辅助生产成本"账户贷方转入"低值易耗品"账户。"基本生产成本"账户的期末余额就是基本生产车间尚未加工完成的各项在产品的成本,也就是占用在基本生产过程中的生产资金,应与所属各种产品成本明细账中月末在产品成本之和核对相符。

二、完工产品成本结转的核算举例

【例8-11】 根据产品入库单(表8-19),结转完工产品成本。202×年8月,某企业所生产的A、B两种产品成本明细账所记录完工产品的成本和产量资料见表8-20和表8-21。

表8-19　　　　　　　　产 品 入 库 单

编号:××　　　　　　　　202×年8月31日

品　名	型　号	包装规格	数　量	生产日期	批　号	检验单号
A	××	××	800	202×年8月	101	005
B	××	××	500	202×年8月	102	006

入库人:　　　　　　　复核人:　　　　　　　库管员:

表 8 - 20　　　　　　　　**产品成本明细账**

产品名称：A 产品　　　　　　　　　　　　　　　　　　金额单位：元

| 202×年 | | 号数 | 摘　要 | 直接材料 | 直接人工 | 制造费 | 合　计 |
月	日						
8			生产耗费合计	660 000	86 600	102 000	848 600
			完工产品成本(800 件)	496 000	72 000	88 000	656 000
			月末在产品成本	164 000	14 600	14 000	192 600
			单位成本	620	90	110	820

表 8 - 21　　　　　　　　**产品成本明细账**

产品名称：B 产品　　　　　　　　　　　　　　　　　　金额单位：元

| 202×年 | | 号数 | 摘　要 | 直接材料 | 直接人工 | 制造费 | 合　计 |
月	日						
8			生产耗费总计 完工产品成本(500 件)	250 000 250 000	45 600 45 600	48 000 48 000	343 600 343 600
			单位成本	500.0	91.2	96.0	687.2

　　从该企业 202×年 8 月产品成本明细账中可知：A 产品完工成本为 656 000 元，B 产品完工成本为 343 600 元。

　　根据计算结果，编制会计分录如下：

　　　　借：库存商品——A 产品　　　　　　　　　　　　　　　656 000
　　　　　　　　　　——B 产品　　　　　　　　　　　　　　　343 600
　　　　　　贷：基本生产成本——A 产品　　　　　　　　　　　656 000
　　　　　　　　　　　　　　——B 产品　　　　　　　　　　　343 600

本章要点概览

　　1. 加强在产品数量的核算和实物的管理是日常成本管理一项重要内容。正确进行在产品数量核算，对正确计算完工产品总成本和单位成本具有重要意义。

　　2. 在产品数量的核算，主要包括两方面工作：一是在产品收发结存的日常记录工作。二是在产品的定期清查工作。在产品收发结存的核算必须根据企业、车间、工艺过程的特点建立和健全在产品的原始记录，同时还应定期或不定期地对在产品进行实地盘点，保证在产品的安全完整，达到加强成本管理，提高成本信息质量的目的。

　　3. 完工产品成本的计算与结转，是产品成本核算过程中必不可少的环节。将已归集在基本生产成本明细账上的生产耗费在完工产品与在产品之间分配,一般可以有三种思路:① 先按计划成本、定额成本等确定本月完工产品成本,然后计算月末在产品成本。② 先确定月末在产品成本,然后计算本月完工产品成本。③ 按照一定的分配标准,将本月所归集的生产耗费在完工产品和月末在产品之间平均分配。在实务中,一般采用后两种思路。常见方法有七种:① 不计算在产品成本法。② 在产品成本固定按年初数计算法。③ 在产品成本按完工产品成本计算法。④ 在产品成本按定额成本计算法。⑤ 在产品成本按所耗原材料费计算法。⑥ 约当产量比例法。⑦ 定额比例法。

4. 完工产品成本计算的各种方法都有其各自不同的特点,适用于不同条件下的成本计算。企业应根据月末结存在产品数量的多少、月末在产品数量变化的大小、月末在产品价值的大小、在产品成本中各项耗费比重的大小,以及企业定额管理基础工作的好坏等具体条件,选择适当的方法进行计算。

5. 月末,已完工产品的成本应从"基本生产成本"账户结转至"库存商品"或"自制半成品"账户。

 主要术语

1. 在产品　　　　　　　　　　　2. 完工产品

3. 约当产量　　　　　　　　　　4. 在产品不计算成本法

5. 在产品成本固定按年初数计算法　6. 在产品成本按所耗原材料费计算法

7. 在产品成本按定额成本计算法　8. 在产品成本按完工产品成本计算法

9. 约当产量比例法　　　　　　　10. 定额比例法

阅　读　文　献

1. 张维宾主编:《成本会计》(第七章　生产费用在完工产品和在产品之间的分配),立信会计出版社 2008 年版。

2. 葛家澍、余绪缨主编:《成本会计》(第三章　辅助生产费用的分配),辽宁人民出版社 2004 年版。

3. 乐艳芬主编:《成本会计》(第四章　生产费用在完工产品和在产品之间的分配),上海财经大学出版社 2008 年版。

4. 罗飞主编:《成本会计》(第四章　生产费用汇集与分配的程序和方法),高等教育出版社 2009 年版。

5. 李定安、孟祥霞主编:《成本会计研究》[第四章　成本核算理论(一)],经济科学出版社 2002 年版。

6. 徐政旦、石人瑾主编:《成本会计》(第八章　完工产品与在产品成本的划分),

上海三联书店 1994 年版。

复习思考题

1. 什么是在产品？广义在产品与狭义在产品有什么联系和区别？

2. 生产耗费在完工产品和在产品之间分配的意义何在？

3. 在确定完工产品与月末在产品之间耗费的分配方法时，应考虑哪些具体条件？

4. 按照在产品成本固定按年初数计算法，每月的完工产品成本是否都等于该月发生的生产耗费？为什么？

5. 企业生产中的投料方式有几种？不同方式下分别如何确定在产品的投料程度？

6. 如何确定在产品的加工程度？

7. 生产耗费在完工产品和在产品之间分配的方法有哪些？每种方法各自的特点是什么？适用范围是什么？

8. 应该怎样进行完工产品成本结转的账务处理？

9. 简述在产品清查的账务处理。

练 习 题

一、单项选择题

1. 炼铁和化工企业适合采用的在产品计价方式是（　　）。

　　A. 在产品不计算成本法

　　B. 在产品成本按年初固定数计算法

　　C. 在产品按所耗原材料成本计算法

　　D. 按在产品和完工产品重量比例分配计算在产品成本法

2. 发现在产品盘盈时，应贷记"待处理财产损溢"账户，借记（　　）账户。

　　A. "在产品"　　　　　　　　　　B. "自制半成品"

　　C. "周转材料"　　　　　　　　　D. "基本生产成本"

3. 某产品经过三道工序连续加工制成，材料在各道工序开始时一次投入，各工序的材料消耗定额依次分别为：50 千克、30 千克和 20 千克，则第二道工序在产品的投料程度为（　　）。

　　A. 30%　　　　　B. 65%　　　　　C. 80%　　　　　D. 100%

4. 某产品经过三道工序连续加工制成，各工序的工时定额依次分别为：5 小时、3 小时和 2 小时，则第二道工序在产品的加工程度为（　　）。

　　A. 30%　　　　　B. 65%　　　　　C. 80%　　　　　D. 100%

5. 在完工产品和月末在产品之间分配生产费用时，导致完工产品成本出现负数的计价方法可能是（　　）。

　　A. 定额比例法　　　　　　　　　B. 在产品按定额成本计价法

　　C. 在产品按年初固定数计算法　　D. 按年度计划分配率计算法

二、多项选择题

1. 下列选项中，属于生产耗费在完工产品和在产品之间分配方法的有（　　）。

A. 在产品不计算成本法　　　　　　B. 在产品成本固定按年初数计算法

    C. 在产品成本按所耗原材料费计算法　　D. 在产品成本按定额成本计算法

2. 下列选项中,适合采用在产品成本固定按年初数计算法的有(　　)。

    A. 各月末在产品数量很少的企业

    B. 各月末在产品数量较多但各月之间变化不大的企业

    C. 采用化学反应装置的化工企业

    D. 各月在产品数量不多但各月之间变化较大的企业

3. 确定生产耗费完工产品与在产品之间的分配方法时应考虑的因素有(　　)。

    A. 月末在产品数量的多少　　　　　B. 各月末在产品数量变化大小

    B. 产品成本中各项耗费所占比重多少　D. 产品各项消耗定额资料是否准确、齐全

4. 采用定额比例法分配完工产品与在产品的总耗费时,确定分配率的分配标准通常有(　　)。

    A. 定额消耗量比例　　　　　　　　B. 定额成本比例

    C. 约当产量比例　　　　　　　　　D. 实际消耗量比例

5. 在产品发生盘亏毁损,经报批准核销时,应借记的账户可能有(　　)。

    A. "待处理财产损溢"　　　　　　　B. "基本生产成本"

    C. "制造费用"　　　　　　　　　　D. "其他应收款"

三、判断题

1. 在产品是指企业正在加工中的在制品。　　　　　　　　　　　　　　　(　　)

2. 完工产品的成本高低与在产品数量多少无关。　　　　　　　　　　　(　　)

3. 因为在产品是在"基本生产成本"账户核算,所以,企业在产品越多,企业生产成本就越高。　　　　　　　　　　　　　　　　　　　　　　　　　　　　　(　　)

4. 当原材料在生产成本中占较大比重,且企业定额资料较为准确稳定时,可以采用在产品成本按定额材料成本计算法来确定在产品和完工产品成本。　　　　　　(　　)

5. 采用在产品成本按定额成本计算法时,实际耗费与定额耗费之间产生的差异是由在产品承担的。　　　　　　　　　　　　　　　　　　　　　　　　　　　(　　)

四、业务题

【业务题一】

(一) **目的**　练习在产品按所耗原材料成本计价法。

(二) **资料**　某企业只生产一种甲产品,所耗原材料在生产开始时一次投入。该企业每月对月初在产品和本月投产产品进行随机加工。产品成本中原材料费占比重较大,月末在产品按所耗原材料成本计价。某月初在产品成本为 23 600 元。该月发生生产耗费如下:原材料 57 400 元、直接人工 8 000 元、制造费 10 200 元。本月完工产品 700 件,月末在产品 200 件。

(三) **要求**　分配计算该产品完工产品成本和月末在产品成本。

【业务题二】

(一) **目的**　练习约当产量法。

(二) **资料**　某企业生产甲产品,需要经过三道工序,材料在各道工序开始时一次投入。每月

对月初在产品和本月投产产品进行随机加工,所以采用加权平均法计算产品成本。本月完工产品数量为1 000件,月初在产品成本与本月发生材料费累计数为30 400元。材料消耗定额及各工序在产品数量见表8-22。

表8-22　　　　　　　　材料消耗定额及各工序在产品数量

项　　　目	第一道工序	第二道工序	第三道工序	合　　计
材料消耗定额(千克)	10	7	3	20
在产品数量(件)	100	200	300	600

(三)要求　按约当产量比例法计算本月完工产品和在产品材料成本。

【业务题三】

(一)目的　练习约当产量法。

(二)资料　同[业务题二],但投料方式为随生产过程陆续投入,并与工时的发生程度不一致。

(三)要求　按约当产量比例法计算本月完工产品和在产品材料费。

【业务题四】

(一)目的　练习约当产量法。

(二)资料　某企业生产甲产品,需要经过三道工序,材料在生产开始一次投入。采用加权平均法计算产品成本。各工序在产品在本工序的完工程度按50%计算。本月完工产品数量为1 000件,月初在产品成本与本月生产耗费累计数为:直接材料32 000元、直接人工35 625元、制造费42 750元。各工序工时定额、在产品数量、不可修复废品数量见表8-23。

表8-23　　　各工序工时定额、在产品数量、不可修复废品数量

项　　　目	第一道工序	第二道工序	第三道工序	合　　计
工时定额(小时)	5	3	2	10
在产品数量(件)	98	198	300	596
不可修复废品数量(件)	2	2		4

(三)要求　按约当产量比例法计算本月完工产品和在产品成本。

【业务题五】

(一)目的　练习约当产量比例法。

(二)资料　某企业生产甲产品,月初结存在产品80件,加工程度50%,本月投产380件。本月完工产量为310件,月末在产品150件,加工程度为60%。甲产品所耗直接材料在生产开始时投入全部材料的80%,当加工程度达90%时,再投入其余20%的直接材料。甲产品月初在产品成本为:直接材料57 400元、直接人工37 500元、制造费51 600元,本月发生生产耗费为:直接材料114 558元、直接人工97 920元、制造费107 280元。假定月初在产品在本月全部加工完成。

(三)要求　根据以上资料,采用约当产量比例法计算本月完工产品与月末在产品成本。

【业务题六】

（一）目的　练习在产品按定额成本计价法和定额比例法。

（二）资料　某企业生产甲产品，材料在生产开始时一次投入，在产品完工程度均为 50%，产成品的消耗定额为材料定额 40 千克，单价 3 元/千克，工时定额为 30 小时，直接人工为 4 元/小时，制造费用为 2 元/小时，本期完工产品产量 500 件，月末在产品 200 件，月初在产品成本与本期生产耗费之和为直接材料 84 000 元、直接人工 60 000 元、制造费 36 600 元。

（三）要求

（1）采用在产品成本按定额成本计算法计算本月完工产品和在产品成本。

（2）采用定额比例法计算本月完工产品和在产品成本（其中，材料费按定额耗用量比例分配，加工费按定额工时比例分配）。

【业务题七】

（一）目的　练习约当产量比例法。

（二）资料　某企业生产甲产品经三道工序连续加工制成。其原材料在各道工序开始时一次投入。甲产品的材料消耗定额、工时定额、在产品数量见表 8 - 24。

表 8 - 24　　　　材料消耗定额、工时定额、在产品数量

工　序	材料消耗定额（千克）	工时定额（小时）	月初在产品数量（件）	月末在产品数量（件）
一	250	6	20	40
二	150	9	30	70
三	100	15	50	70
合计	500	30	100	180

本月完工甲产品 400 件，各工序月末在产品加工程度均为本工序的 50%，甲产品月初在产品成本为：直接材料 2 058 元，直接人工 1 431 元，制造费 1 331 元；本月发生的生产耗费为：直接材料 14 322 元，直接人工 8 189 元，制造费 7 327 元。

（三）要求　采用约当产量比例法分别按加权平均法和先进先出法计算完工产品与月末在产品成本。

案 例 分 析 题

某企业生产甲产品，需要经过三道工序，材料在生产开始一次投入。各工序在产品在本工序的完工程度按 50% 计算。产成品的材料消耗定额为 5 千克，材料计划单价为 4 元/千克；加工费的每工时费用率为：职工薪酬 3.5 元/小时，制造费 3 元/小时。本月完工产品数量为 1 000 件，月初在产品成本与本月生产耗费累计数为：直接材料 32 000 元，直接人工 39 900 元、制造费 38 475 元，各工序工时定额及在产品数量见表 8 - 25。

表 8 - 25　　　　　　　　各工序工时定额及在产品数量

项　　目	第一道工序	第二道工序	第三道工序	合　　计
工时定额(小时)	5	3	2	10
在产品数量(件)	100	200	300	600

要求：

(1) 采用在产品成本按定额成本计算法计算本月完工产品和在产品成本。

(2) 采用定额比例法计算本月完工产品和在产品成本(其中,材料费、加工费均按定额成本比例分配)。

(3) 分析上述(1)(2)两种方法产生差异的原因。

思政拓展思考

党的二十大报告在"开辟马克思主义中国化时代化新境界"中指出：必须坚持问题导向。问题是时代的声音,回答并指导解决问题是理论的根本任务。今天我们所面临问题的复杂程度、解决问题的艰巨程度明显加大,给理论创新提出了全新要求。我们要增强问题意识,聚焦实践遇到的新问题、改革发展稳定存在的深层次问题、人民群众急难愁盼问题、国际变局中的重大问题、党的建设面临的突出问题,不断提出真正解决问题的新理念新思路新办法。

请思考：生产总耗费在完工产品与在产品之间分配计算的方法有多达七种,但分别有其不同的适用性。在新兴产业不断涌现的条件下,完工产品成本计算的方法选择呈现出较大的模糊性,如何通过准确界定及理论创新,正确解决此类问题？

第九章 产品成本计算的品种法

学习目的与要求

　　本章旨在介绍如何选择产品成本计算方法以及如何运用一种基本的成本计算方法——品种法来进行工业企业产品成本的计算。其内容主要包括成本计算方法的选择和品种法。通过本章学习,学生应了解工业企业的生产类型、工业企业的生产类型和管理要求对成本计算方法的影响、工业企业的几种基本成本计算方法,熟悉不同成本计算方法的应用范围,明确产品成本计算品种法的特点,掌握产品成本计算品种法的具体核算程序和方法。

 **课前预习题**

　　1. 工业企业的生产类型应如何划分?

　　2. 什么是成本计算对象? 什么是成本计算期?

　　3. 工业企业的生产类型和管理要求如何影响企业的成本计算对象、成本计算期和在产品计价?

　　4. 工业企业有哪些基本的成本计算方法?

　　5. 品种法成本计算具有哪些特点?

　　6. 品种法有哪两种具体的成本计算程序? 其中简单法的特点是什么?

第一节　成本计算方法的选择

产品成本计算方法是将一定时期的生产耗费按各种产品品种、生产步骤或生产批别进行归集，并且在完工产品与在产品之间进行分配，以求得各种产品的总成本和单位成本的过程。企业成本计算方法的选择主要与企业的生产类型有关，同时受企业管理要求的影响。

一、企业的生产类型

（一）按照生产工艺过程的特点分类

工业企业的生产按工艺过程分类，可以分为简单生产（即单步骤生产）和复杂生产（即多步骤生产）。

简单生产是指工艺过程比较简单或不能间断，或是由于工作地点的限制，不能由几个不同地点进行的生产。这类企业生产周期较短，通常只能一家企业、一个车间独立进行，而不能几家企业、几个车间共同合作进行生产，如发电、采掘、供水、供电等工业企业。

复杂生产一般是指工艺过程可以间断地划分为若干生产步骤，生产活动可以在不同时间、不同地点进行，也可以由几个企业共同合作进行。复杂生产按其加工方式不同，又分为连续式复杂生产和装配式复杂生产。连续式复杂生产是指投入材料要经过若干连续加工步骤制作，中间可能有自制半成品，如冶金、纺织等工业；也有可能没有或很少有自制半成品，如铸造、化工等工业。装配式生产则是先分别加工各零配件，然后再将零配件组装成产品，如眼镜生产、机械制造、汽车制造、造船等工业。

（二）按照生产组织特点分类

企业生产按组织特点分类，可以划分为大量生产、成批生产和单件生产的企业。

大量生产的企业是指不断地重复制造一种或几种相同产品的生产，品种变化不多且较稳定，产量大，生产重复性强的企业，如冶金、纺织、采掘、酿酒、造纸、发电等企业。

成批生产的企业是指按照预先规定的产品批别和数量，轮番进行若干种产品的生产，生产品种多，各种产品生产会成批重复进行，具有一定的周期性的企业。按照批量的大小，成批生产可以分为大批生产和小批生产。大批生产接近于大量生产，如汽车、钟表、家电等的生产，产品生产经由一定的时期重复一次。小批生产接近于单件生产，如服装、机床制造等的生产，一般是按照客户的订单来进行生产。

单件生产的企业是指根据需用单位的要求，生产个别的、某种特定规格的产品，产品品种较多，产量少，而且很少重复生产、产品品种稳定性较差的企业，如机器制造、造船、精密仪器等企业。

二、企业生产类型和管理要求对成本计算方法的影响

不同类型的生产企业应选择不同的成本计算方法计算产品成本。生产类型对产品成本计算方法的影响主要体现在三个方面，即：成本计算对象、成本计算期、生产耗费在完工产品和在产品之间的分配。同时，因受生产水平和管理水平的影响，企业的成本管理要求也对企业成本计算方法的选择有一定制约。

（一）成本计算对象

成本计算对象是指归集和分配生产耗费的具体目标，也是承担成本的客体，是产品成本明细账设置的方向。所以，生产耗费的归集与分配、产品成本明细账的设置前提是确定成本计算对象。而成本计算对象是决定成本计算方法最重要的因素。根据企业产品生产的特点以及管理的要求，工业企业通常以产品的品种、产品投产的批号、产品生产的步骤等作为成本计算对象。在大量、大批、单步骤生产的企业和大量、大批、多步骤生产但管理上不要求分步骤计算产品成本的企业，一般以产品的品种作为成本计算对象；在大量、大批、多步骤生产并且管理上要求按步骤计算产品成本的企业，一般以各加工步骤的产品作为成本计算对象；在单件、小批生产的企业中，一般以客户的订单为依据，结合管理要求按调整后的生产批号作为成本计算对象。

（二）成本计算期

成本计算期是指生产耗费计入产品成本的起讫期。成本计算期可以是定期的，也可以是不定期的。根据企业的生产特点和管理要求，一般以会计报告期或产品的生产周期作为产品成本计算期。在大量、大批生产的企业，因同一成本计算对象每月不间断地投产，所以每个月既有产品投产，又有产品完工，适合以会计报告期（即日历月份）作为产品成本计算期；而单件、小批生产的企业，若产品生产周期较长，则不能保证同一成本计算对象当月既有投产又有完工，所以只能以产品的生产周期作为成本计算期。但不论成本计算期如何，会计结算都应按月定期进行。

（三）生产耗费在完工产品和在产品之间的分配

生产耗费在完工产品和在产品之间的分配则主要与该企业生产的特点密切相关，有些企业月末一般没有在产品或在产品数量很少，则可以不计算在产品成本。而有些企业月末既有大量的完工产品又有在产品，则必须将生产耗费按一定的分配方法在完工产品和在产品之间分配。在一般情况下，生产周期很短的单步骤生产不存在在产品计价问题，当月发生的生产耗费即为当月完工产品成本；大量、大批、多步骤生产则需要采用适当的方法，将产品成本总耗费在完工产品与在产品之间进行划分；单件、小批、多步骤生产完工时所归集的生产耗费全部为完工产品成本，尚未完工时，

全部为在产品成本。

三、产品成本计算方法

一般来说,在构成成本计算方法的各要素中,成本计算对象是决定性因素,是区分不同成本计算方法的主要标志。因此,适应各种类型企业生产的特点和管理的要求,以三种不同的成本计算对象(即品种、步骤、批别)为根据,有三种基本的成本计算方法。

(1) 按照产品的品种(不分步、不分批)计算产品成本,这种以产品品种为成本计算对象的成本计算方法,称为品种法。

(2) 按照产品的生产步骤(分步、不分批)计算产品成本,这种以产品生产步骤为成本计算对象的成本计算方法,称为分步法。

(3) 按照产品的批别(分批、不分步)计算产品成本,这种以产品批别为成本计算对象的产品成本计算方法,称为分批法。

此外,产品成本计算还有一些辅助方法,在产品品种、规格繁多但可以归类的企业,为了简化成本计算工作,可采用一种简便的成本计算方法——分类法;在定额管理工作良好的企业还可以采用按产品的定额成本加减脱离定额差异、定额变动差异等来核算产品实际成本的计算方法——定额法。

各种产品成本计算方法的适用范围见表9-1。

表9-1　　　　　　　　各种产品成本计算方法的适用范围

产品成本计算方法(对象)	生产组织	工艺过程和管理要求
品种法(品种)	大量、大批生产	单步骤生产或管理上不要求分步骤计算成本的多步骤生产企业
分步法(步骤)	大量、大批生产	管理上要求分步骤计算成本的多步骤生产企业
分批法(批别)	小批、单件生产	单步骤生产或管理上不要求分步骤计算成本的多步骤生产企业

第二节　品　种　法

一、品种法的含义和适用范围

产品成本计算的品种法是以产品品种作为成本计算对象,按月分期计算产品成本的一种成本计算基本方法,它适合大量、大批、单步骤生产企业以及管理上不要求分步骤的大量、大批、多步骤生产企业和多品种、单步骤生产企业。

在大量、大批、单步骤生产企业,如发电、采掘、供气、铸造等企业,生产过程不能从技术上划分生产步骤、生产批别,所以也就不可能按生产步骤、生产批别计算产品成本,只能采用品种法计算成本。此外,对于某些管理上不要求按生产步骤计算成本,只要求提供最终产品成本的大量、大批、多步骤生产企业也可采用品种法,如生产糖果的企业、小水泥厂、小砖瓦厂、造纸企业等。

对于大量、大批、单步骤生产企业,因为该种企业产品品种单一,生产耗费不需在不同品种间分配,且生产周期短,月末基本没有在产品或在产品数量很少,是否计算在产品成本对完工产品成本计算影响不大,因此,该类企业本月归集的生产耗费,即是完工产品的总成本,总成本除以产量,即是单位成本。可将其归为品种法的特例——简单法。

对于不要求按步骤计算成本的大量、大批、多步骤生产企业,或是多品种、单步骤生产企业,期末存在在产品,且数量较大,不仅需按产品品种来归集生产耗费,直接耗费直接计入各产品成本,间接耗费需按一定方法分配计入各产品成本,还需将生产耗费在完工产品和在产品之间分配,可将其归为典型品种法。

此外,企业内部供水、供气、供电等辅助生产车间计算提供产品、劳务的成本也可采用品种法。

二、品种法的特点

(一)成本计算对象

品种法的成本计算对象是企业的最终完工产品。如果企业只生产一种产品,则成本计算对象就是该种产品,生产过程中发生的各项生产耗费都是直接费,可以直接计入该种产品生产成本明细账;如果企业生产多种产品,则成本计算对象就是每种产品,生产过程中发生的各项生产耗费,凡直接费根据凭证直接计入该产品成本明细账相关成本项目,间接费采用一定的分配方法在各个品种之间分配后计入各产品成本明细账相关成本项目。

(二)成本计算期

品种法适合大量、大批生产企业。在大量、大批生产方式下,产品不间断地投产,不间断地完工,因此,一方面,产品实际生产周期无法确定;另一方面,按月计算产品成本可使成本计算更为便捷。在品种法下按月定期计算产品成本,成本计算期与会计报告期一致,与生产周期不一致。

(三)生产耗费在完工产品和在产品间的分配

在品种法下,如果期末没有在产品或在产品数量很少,则不需要计算月末在产品成本。各种产品成本明细账所归集的生产耗费,全部为各该产品完工产品总成本,除以产量就是该种产品完工产品的单位成本;但月末如果有在产品,且在产品数量较多,则需要将产品成本明细账中归集的生产总耗费,采用适当的分配方法,在完工产品和月末在产品之间进行分配,计算完工产品成本和月末在产品成本。

三、成本计算程序

品种法是成本计算方法中最基本的方法,所以,品种法的成本计算程序则是前述章节所述的成本计算的一般程序。其程序如下:

(1)按产品品种设置成本计算单,归集审核生产耗费。

(2)编制各种耗费分配表,对于为生产某种产品耗用的直接材料、直接人工等直接费,直接计入有关成本计算单对应的成本项目;对于为生产几种产品共同耗用的间接费,按一定的分配方法在各种产品之间进行分配,分别计入有关成本计算单对应的成本项目;其他间接费(如辅助生产费、制造费用等)应先按其发生地点进行归集,再按一定的分配方法分配计入有关成本计算单对应的成本项目。

(3)根据产品成本明细账上所登记的期初在产品成本和归集的本期生产耗费,采用一定的分配方法计算本月完工产品成本和月末在产品成本。

四、品种法举例

(一)典型品种法

【例9-1】 某厂设有一个基本生产车间和一个辅助生产车间,大量生产甲、乙两种产品。甲、乙虽为多步骤生产,但因规模小,管理上不要求按步骤计算成本,因此,该厂采用品种法计算产品的成本。202×年8月,该厂有关成本资料如下。

1. 产量及定额资料

甲产品材料定额消耗量2 000千克,乙产品材料定额消耗量800千克;甲产品定额工时4 000小时,乙产品定额工时6 000小时。甲产品耗用材料随加工过程陆续投入,乙产品耗用材料于生产开始一次投入,产量及期初在产品成本资料见产品成本明细账,在产品完工程度均为50%。

2. 本月生产耗费

(1)耗用材料:

甲产品耗用材料	38 000元
乙产品耗用材料	26 000元
甲、乙产品共同耗用材料	28 000元
辅助生产车间耗用材料	6 800元
基本生产车间一般耗用材料	3 600元
行政管理部门耗用材料	1 000元

（2）发生职工薪酬：

基本生产车间工人薪酬	79 800 元
基本生产车间管理人员薪酬	4 560 元
辅助生产车间人员薪酬	2 280 元
行政管理人员薪酬	20 520 元

（3）折旧费：

基本生产车间折旧费	5 600 元
辅助生产车间折旧费	2 200 元
行政管理部门折旧费	2 000 元

（4）本月发生其他耗费（均以银行存款支付）：

基本生产车间办公费	200 元	水电费	462 元
辅助生产车间办公费	100 元	水电费	140 元
厂部行政部门办公费	300 元	水电费	100 元

3. 有关耗费分配方法

（1）甲、乙产品共同耗用的材料费，按定额消耗量比例分配。

（2）基本生产车间工人工资按定额工时比例在甲、乙产品之间分配。

（3）辅助生产车间耗费按直接分配法进行分配，各部门耗用劳务数量见辅助生产费分配表。

（4）制造费按定额工时比例在甲、乙两种产品之间分配。

（5）生产费在完工产品和在产品之间按约当产量法下的加权平均法进行分配。

具体计算见表 9-2～表 9-11。

表 9-2 　　　　　　　　　　**材料耗费分配表**　　　　　　　　单位：元

应 借 账 户		成本费用项目	直接计入	分配计入（分配率为 10）	合 计
基本生产成本	甲产品	直接材料	38 000	20 000	58 000
	乙产品	直接材料	26 000	8 000	34 000
	小计		64 000	28 000	92 000
辅助生产成本——机修车间		材料费	6 800		6 800
制造费用		材料费	3 600		3 600
管理费用		材料费	1 000		1 000
合 计			75 400	28 000	103 400

表 9 - 3　　　　　　　　　　　**职工薪酬费分配表**　　　　　　　　单位：元

应 借 账 户		成本费用项目	直接计入	分配计入（分配率为7.98）	合 计
基本生产成本	甲产品	直接人工		31 920	31 920
	乙产品	直接人工		47 880	47 880
	小 计			79 800	79 800
辅助生产成本——机修车间		工资费	2 280		2 280
制造费用		工资费	4 560		4 560
管理费用		工资费	20 520		20 520
合 计			27 360	79 800	107 160

表 9 - 4　　　　　　　　　　　**折旧费分配表**　　　　　　　　　单位：元

应 借 账 户	耗 费 项 目	分 配 金 额
辅助生产成本——机修车间	折旧费	2 200
制造费用	折旧费	5 600
管理费用	折旧费	2 000
合 计		9 800

表 9 - 5　　　　　　　　　　　**其他费分配表**　　　　　　　　　单位：元

应 借 账 户	耗 费 项 目	分 配 金 额
辅助生产成本——机修车间	办公费	100
	水电费	140
	小 计	240
制造费用	办公费	200
	水电费	462
	小 计	662
管理费用	办公费	300
	水电费	100
	小 计	400
合 计		1 302

表 9 - 6　　　　　　　　　　　　辅助生产费明细账　　　　　　　　　单位：元

年		摘　要	材料	工资	折旧	办公	水电	合计
月	日							
		材料分配表	6 800					6 800
		工资分配表		2 280				2 280
		折旧分配表			2 200			2 200
		其他费分配表				100	140	240
		合　计	6 800	2 280	2 200	100	140	11 520
		分配转出	6 800	2 280	2 200	100	140	11 520

表 9 - 7　　　　　　　　　　辅助生产费分配表　　　　　　　金额单位：元

应借账户	耗费项目	修理工时（小时）	分配额（分配率为 1.152）
制造费用	机修费	8 800	10 137.6
管理费用	机修费	1 200	1 382.4
合　计		10 000	11 520.0

表 9 - 8　　　　　　　　　　制造费用明细账　　　　　　　　单位：元

年		摘　要	材料	人工	折旧	机修	办公	水电	合计
月	日								
		材料分配表	3 600						3 600.0
		工资分配表		4 560					4 560.0
		折旧分配表			5 600				5 600.0
		辅助生产分配表				10 137.6			10 137.6
		其他费分配表					200	462	662.0
		合　计	3 600	4 560	5 600	10 137.6	200	462	24 559.6
		分配转出	3 600	4 560	5 600	10 137.6	200	462	24 559.6

表 9 - 9　　　　　　　　　　制造费用分配表　　　　　　　金额单位：元

应借账户		成本项目	定额工时（小时）	分配率	分配金额
基本生产成本	甲产品	制造费	4 000	2.45596	9 823.84
	乙产品	制造费	6 000	2.45596	14 735.76
合　计			10 000		24 559.60

表 9 - 10　　　　　　　　　　产品成本明细账

完工 1 200 件　完工率 50%

产品名称：甲产品　　　　　　　　　　在产品 200 件　金额单位：元

年		摘　　要	直接材料	直接人工	制造费	合　　计
月	日					
		月初在产品成本	6 860.00	5 460.00	4 300.00	16 620.00
		本月生产费	58 000.00	31 920.00	9 823.84	99 743.84
		累计	64 860.00	37 380.00	14 123.84	116 363.84
		约当总产量（件）	1 300	1 300	1 300	
		分配率	49.89	28.75	10.86	89.51
		完工产品成本	59 868.00	34 500.00	13 032.00	107 400.00
		月末在产品成本	4 992.00	2 880.00	1 091.84	8 963.84

表 9 - 11　　　　　　　　　　产品成本明细账

完工 850 件　　完工率 50%

产品名称：乙产品　　　　　　　　　　在产品 400 件　金额单位：元

年		摘　　要	直接材料	直接人工	制造费	合　　计
月	日					
		月初在产品成本	4 200.00	2 079.00	1 801.74	8 080.00
		本月生产费	34 000.00	47 880.00	14 735.76	96 615.76
		累计	38 200.00	49 959.00	16 537.50	104 696.50
		约当总产量（件）	1 250	1 050	1 050	
		分配率	30.56	47.58	15.75	93.89
		完工产品成本	25 976.00	40 443.00	13 387.50	79 806.50
		月末在产品成本	12 224.00	9 516.00	3 150.00	24 890.00

（二）品种法的特例——简单法

【例 9 - 2】　某发电厂属于单步骤、大批量生产企业，生产电力一种产品，所生产的电力除了对外供应，还有部分本厂自用。产品品种计算采用品种法——简单法。

该厂除了基本生产车间，还设有运输和修理两个辅助生产车间，以及行政管理部门。成本明细账按要素别设置下列项目：燃料动力、修理用备件、工资福利费、折旧费及其他。

由于该厂只生产电力一种产品,生产过程中发生的所有耗费都是直接耗费,直接计入电力产品的生产成本,此外,生产过程中不存在在产品,也就无需将生产耗费在完工产品和在产品之间分配,当期发生的所有生产耗费,即是电力产品的总成本,总成本除以产量即为该产品的单位成本。

202×年8月,该厂生产电力 1 186 000 度,自用 10 000 度,两个辅助生产车间直接向基本生产车间提供劳务,没有向管理部门提供劳务。成本计算表见表 9 - 12。

表 9 - 12　　　　　　　　　　成 本 计 算 表　　　　　　　　单位:元

项　　目	燃料费	材料费	水费	职工薪酬	折旧费	其他费	总成本
基本生产车间	250 000	9 800	100 000	9 020	37 040	13 720	419 580
运输车间	4 720	——	840	2 000	3 500	2 000	13 060
修理车间	3 000	1 960	2 000	2 500	2 000	2 000	13 460
管理部门	1 000	——	3 000	10 000	4 500	5 800	24 300
费用合计	258 720	11 760	105 840	23 520	47 040	23 520	470 400
总成本	258 720	11 760	105 840	23 520	47 040	23 520	470 400
单位成本	0.22	0.01	0.09	0.02	0.04	0.02	0.40

在计算单位成本时,该厂自用的应扣除,按对外供应的数量计算单位成本。

本章要点概览

1. 工业企业按照其生产的工艺特点和生产的组织方式不同可分为各种不同生产类型的企业。不同生产类型的企业,根据其生产特点及管理要求,应选择不同的成本计算方法计算产品成本。生产类型对成本计算方法的影响主要体现在对成本计算对象、成本计算期、产品成本计算的程序和期末在产品计价四个方面。产品成本计算的基本方法有三种,即品种法、分批法和分步法。

2. 在大量、大批、单步骤生产的企业,成本计算常用品种法;在单件、小批量生产企业,成本计算大多采用分批法;在大量、大批、多步骤生产且管理上要求分步骤计算成本的企业,大多采用分步法计算产品成本。

3. 品种法是以产品品种作为成本计算对象的一种成本计算的基本方法,常用于大量、大批、单步骤生产企业以及大量、大批、多步骤但管理上不要求按步骤计算成本的企业。品种法的成本计算期一般与会计报告期一致,与企业生产周期不一致。对于大量、大批、多步骤而管理上不要求按步骤计算产品成本的企业或大量、大批、单步骤生产多个产品品种的企业,一般采用典型品种法进行计算;而对于大量、大批、单步骤且产品品种单一的生产企业,一般可采用简单法(即品种法的特例)进行计算。

主要术语

1. 成本计算方法　　　　　　2. 企业生产类型

3. 管理要求　　　　　　　　4. 大量生产

5. 成批生产　　　　　　　　6. 单件生产

7. 单步骤生产(简单生产)　　8. 多步骤生产(复杂生产)

9. 成本计算对象　　　　　　10. 成本计算期

11. 品种法　　　　　　　　　12. 简单法

阅 读 文 献

1. 徐政旦、石人瑾主编:《成本会计》(第九章　生产类型和产品成本计算方法的关系、第十章　成本计算品种法),上海三联书店 2000 年版。

2. 欧阳清、杨胜雄等主编:《成本会计学》(第九章　产品成本计算方法概述、第十章　成本计算的品种法),首都经济贸易大学出版社 2004 年版。

3. 陈云主编:《成本会计》(第九章　产品成本计算的品种法),立信会计出版社 2009 年版。

4. 谢培苏主编:《成本会计》(第七章　产品成本计算的品种法),科学出版社 2006 年版。

5. 陈良华主编:《成本管理》(第九章　制造成本法——其他方法),中信出版社 2006 年版。

复 习 思 考 题

1. 决定产品成本计算方法的因素主要有哪些?

2. 简述不同生产类型对企业成本计算方法的影响。

3. 产品成本计算的基本方法有哪些? 它们分别适合什么类型的企业?

4. 什么是品种法? 品种法的特点和适用范围是什么?

5. 简单法具有什么特点? 它适用于哪些类型的企业?

6. 在简单法和典型品种法下,完工产品成本计算的具体程序有何不同?

练 习 题

一、单项选择题

1. 大量、大批、单步骤生产企业的成本计算对象是(　　)。

　　A. 产品的品种　　　　　　　　B. 产品的批别

　　C. 产品生产的步骤　　　　　　D. 产品的类别

2. 大量、大批、多步骤生产企业的成本计算对象是(　　　　)。

    A. 产品的品种   B. 产品的批别

    C. 产品生产的各步骤   D. 产品的类别

3. 单件、小批生产类型企业的产品成本计算期是(　　　　)。

    A. 按月定期进行   B. 定期但不按月进行

    C. 按生产周期不定期进行   D. 按生产周期定期进行

4. 对于大量、大批、多步骤生产企业,其管理上要求按步骤计算成本时,应采用的成本计算方法是(　　　　)。

    A. 品种法   B. 分批法   C. 分步法   D. 分类法

5. 对于大量、大批、多步骤生产企业,其管理上不要求按步骤计算成本时应采用的成本计算方法是(　　　　)。

    A. 品种法   B. 分批法   C. 分步法   D. 分类法

二、多项选择题

1. 下列选项中,属于产品成本计算基本方法的有(　　　　)。

    A. 品种法   B. 分批法   C. 分步法   D. 分类法

2. 下列选项中,适合用品种法计算产品成本的有(　　　　)。

    A. 发电厂   B. 饼干厂   C. 造纸厂   D. 小水泥厂

3. 可按月定期计算产品成本的企业生产类型有(　　　　)。

    A. 大量、大批、单步骤生产

    B. 大量、大批、多步骤生产且管理上要求按步骤计算成本

    C. 大量、大批、多步骤生产但管理上不要求按步骤计算成本

    D. 单件、小批的多步骤生产

4. 下列关于品种法的表述中,正确的有(　　　　)。

    A. 适用于大量、大批、单步骤生产和大量、大批、多步骤生产但管理上不要求按步骤计算成本的企业

    B. 成本计算对象为企业生产的最终产品

    C. 需要按月定期计算产品成本

    D. 月末不需要计算在产品成本

5. 下列选项中,属于简单法特点的有(　　　　)。

    A. 适用于大量、大批、单步骤生产

    B. 生产品种单一

    C. 月末一般有在产品,需要将生产费用在完工产品和月末在产品间进行分配

    D. 月末一般无在产品,生产成本明细账所归集的本月生产费用就是本月完工产品总成本

三、判断题

1. 企业成本计算方法的选择,主要由企业生产类型决定,同时也受管理要求的影响。　(　　　)

2. 成本计算对象是决定成本计算方法的主要因素。　(　　　)

3. 单件、小批生产企业要以产品生产周期作为成本计算期,这意味着不需要按会计期间进行

成本核算。　　　　　　　　　　　　　　　　　　　　　　　　　（　　）

4. 品种法是指典型的品种法,简单法严格地说不是品种法。　　　　　（　　）

5. 在品种法下,月末一般不需要计算在产品成本。　　　　　　　　　（　　）

四、业务题

【业务题一】

（一）目的　练习产品成本计算的品种法——简单法。

（二）资料　某发电厂于202×年×月发电336万度,其中1.6万度为本厂耗用,其余均对外供应。本月有关成本资料如下:

（1）耗用的材料(计划成本)包括:发电车间耗用为80 000元;管理部门耗用为8 000元;本月材料成本差异率为+1.6%。

（2）耗用的燃料(实际成本)包括:发电车间耗用为1 536 000元;管理部门耗用为6 400元。

（3）耗用水费包括:发电车间耗用为12 800元;管理部门耗用为1 120元。

（4）职工薪酬包括:基本生产车间为118 560元;厂部管理为36 480元。

（5）折旧:本月折旧计提336 000元,其中管理部门折旧48 000元。

（6）其他费用:管理部门办公费用4 800元,差旅费用2 400元,发电车间机器设备维修费9 760元。

（三）要求　根据以上资料计算该厂发电总成本和单位成本,并编制成本计算表。

【业务题二】

（一）目的　练习产品成本计算的典型品种法。

（二）资料　某企业为大量、大批、多步骤生产,但管理上不要求分步骤计算成本的企业,采用品种法计算产品成本。该企业设有一个基本生产车间,生产甲、乙、丙三种产品;设有运输车间和机修车间两个辅助生产车间。对废品损失进行单独核算。该企业202×年×月的有关成本核算资料如下。

1. 各种产品月初在产品成本

各种产品月初在产品成本见表9-13。

表9-13　　　　　　　　　　　月初在产品成本　　　　　　　　　　单位:元

产品名称	直接材料	直接人工	制造费用
甲	4 220	2 160	2 280
乙	2 476	896	1 120
丙	800	400	500

2. 本月发生的生产费用

（1）生产甲、乙、丙三种产品领用材料,计划成本分别为8 600元、10 200元和2 000元。生产甲、乙两种产品共同领用材料,计划成本为6 000元;车间耗用的消耗性材料,计划成本为3 000元;返修乙产品领用材料,计划成本为300元;运输车间耗用材料,计划成本为500元;机修车间耗用材料,计划成本为 700 元;本月材料成本差异率为—2%。材料费用按定额消耗量比例分配,甲、乙两种产品定额消耗量分别为 2 000 千克和 3 000 千克。

(2) 基本生产车间本月报废低值易耗品一批,计划成本为 2 600 元,本月低值易耗品成本差异率为 5%,采用一次摊销法摊销。

(3) 基本生产车间生产工人薪酬为 9 600 元,车间管理人员薪酬为 1 500 元,生产工人薪酬按生产工时比例分配,甲、乙、丙产品及返修乙产品的生产工时分别为 6 500 小时、2 400 小时、1 000 小时和 100 小时,运输车间、机修车间人员工资分别为 800 元和 700 元。

(4) 运输车间折旧费 200 元、水电费 48 元、办公费 50 元;机修车间折旧费 300 元、水电费 76 元、办公费 40 元;基本生产车间折旧费 2 800 元、水电费 300 元、办公费 170 元。

(5) 运输车间、机修车间提供劳务分别为 9 000 千米、7 800 小时。其中基本生产车间耗用 7 000 千米、5 000 小时;企业管理部门耗用 1 500 千米、2 600 小时;运输车间耗用 200 小时;机修车间耗用 500 千米。采用直接分配法分配辅助生产费用。

(6) 按生产工时比例分配结转制造费用。

(7) 按实际成本结转废品损失。

(8) 甲产品原材料在生产开始时一次投入,本月完工产成品 300 件,月末在产品 200 件,加工程度为 60%,该产品材料消耗定额为 15 千克,工时定额为 4 小时,按定额比例法分配完工产品和在产品成本;

(9) 乙产品原材料随加工程度逐步投入,本月完工产成品 500 件,月末在产品 600 件,完工率为 50%,按约当量比例法分配完工产品和在产品成本。

(10) 丙产品原材料随加工程度逐步投入,本月完工产成品 100 件,月末在产品 100 件,完工率为 40%,该产品费用定额为 41 元,其中:原材料 18 元、工资及福利费 12 元、制造费用 11 元,采用在产品按定额成本计价法分配计算完工产品和在产品成本。

(三) **要求**　根据以上业务编制会计分录,计算完工产品成本,并登记产品成本明细账。

思政拓展思考

党的二十大报告在"开辟马克思主义中国化时代化新境界"中指出:必须坚持系统观念。万事万物是相互联系、相互依存的。只有用普遍联系的、全面系统的、发展变化的观点观察事物,才能把握事物发展规律。我们要善于通过历史看现实、透过现象看本质,把握好全局和局部、当前和长远、宏观和微观、主要矛盾和次要矛盾、特殊和一般的关系,不断提高战略思维、历史思维、辩证思维、系统思维、创新思维、法治思维、底线思维能力,为前瞻性思考、全局性谋划、整体性推进党和国家各项事业提供科学思想方法。

请思考:产品成本计算的品种法与分类法,是较为相关的两种方法,采用分类法计算的产品成本,也可以采用品种法计算,而且品种法计算结果准确性要精准些。在纷繁复杂的不同生产组织、生产工艺以及企业管理的要求下,通过用系统思维、发展变化的观点、特殊与一般的关系等科学地选择产品成本的计算方法,已成为新兴企业不断涌起条件下的新的课题,你对此是怎么理解的呢?

第十章 产品成本计算的分批法

———学习目的与要求———

　　本章旨在介绍产品成本计算的基本方法——分批法。其内容主要包括分批法和简化分批法。通过本章学习，学生应理解分批法的特点和适用范围，掌握分批法的计算程序，熟练掌握分批法各种耗费分配和归集的方法，理解简化分批法的特点、优缺点和适用范围，熟练掌握简化分批法各种耗费的分配和归集方法。

 **课前预习题**

　　1. 品种法是否适用于单件、小批生产的企业？为什么？

　　2. 采用分批法时，如何确定产品批别？

　　3. 分批法与品种法有何相同之处？

　　4. 简化分批法设置"基本生产成本"二级账的作用是什么？"基本生产成本"二级账与各批产品成本明细账有何关系？

　　5. 在简化分批法下，如何计算直接人工和制造费的累计分配率？

第一节　分批法概述

一、分批法的概念及适用范围

分批法是以产品批别作为成本计算对象,归集各项生产耗费,计算产品成本的一种基本的成本计算方法。它通常适用于小批、单件,管理上不要求分步骤计算成本的多步骤生产,具备下列情况的企业或车间的成本核算可以采用分批法:

(1)根据客户订单按单件或批次组织生产的企业。有些企业根据客户的要求生产特殊规格、规定数量的产品,可能是单件大型设备,也可能是几件同样规格的产品,如精密仪器、船舶、重型机械和专用设备等,这样的企业按订单安排生产,适宜以批别为成本计算对象。

(2)品种和数量经常变动的小规模企业。有些企业规模小,需要根据市场变化不断调整生产品种和数量,一般不可能组织大批量生产,如服装、印刷、小五金厂等企业,只能按批别计算成本。

(3)承揽修理、安装业务的企业。修理、安装业务种类繁多,各种不同修理、安装业务的成本不尽相同,需要根据承接的各项修理、安装业务分别计算成本。

(4)从事咨询、鉴证、建筑服务的企业。例如,会计师事务所审计项目的定价,可根据以往可比项目的实际成本进行计算。

(5)企业开发、试制的新产品项目。企业一般是按单件或小批量组织研发新产品的,经过试销和改进,得到消费者认可后,才转入正式投产。新产品在开发、试制阶段,适宜采用分批法计算成本。

以上采用分批法核算成本的企业的共同特点是:产品通常不重复生产,即使有重复,也是不定期的。由于这些企业多是根据购货单位的订单组织生产,分批法也称为订单法。

二、分批法的特点

分批法的特点主要表现在以下四个方面。

(一)以产品的批别(或订单)作为成本计算对象

在分批法下,以客户订单或企业规定的产品批别为成本计算对象,设置产品成本明细账或产品成本计算单,归集各批别生产耗费,计算各批别产品成本。

在小批、单件生产中,产品的种类和每批产品的数量,大多是根据购买单位的订单确定,因而按批、按件计算产品成本,往往也就是按照订单计算产品成本。然而,批别的划分并非完全按照订单,还需要考虑订单的具体情况,并结合企业的生产负荷程度,合理确定产品批别。

(1) 如果一张订单中要求提供多种产品,应按照产品的品种划分批别组织生产,设置产品成本明细账,计算产品成本。即一张订单可以分成几个产品批别。

(2) 如果一张订单中只规定了一种产品,但这种产品数量较大,不便于集中一次投产或客户要求分批交货,也可以分成数批组织生产,计算产品成本。

(3) 如果一张订单中只规定了一件产品,但这种产品属于复杂的大型产品,价值较大,生产周期较长,如船舶、重型机械等产品,也可以按产品的组成部分,分别开设产品批号、分批组织生产,计算产品成本。

(4) 如果多张订单中规定有相同的产品,且交货日期也相近,则可以将不同订单中相同的产品合为一批,开设一个产品批号,组织生产,计算产品成本。

企业产品批别的组织是由生产管理部门负责。生产管理部门依据用户订单签发一式多份的"生产任务通知单"(在单内对该批生产任务进行编号,这种编号称为产品批号或生产令号),作为供应部门备料、生产部门安排生产、财会部门设置成本明细账的依据。

(二) 成本计算期与产品生产周期一致,与会计报告期不一致

在分批法下,虽然仍按月归集费用,但各批次或各订单产品的总成本,往往是在完工以后计算确定。尚未完工的产品批次,不计算成本。各批次产品的成本计算期是从投产到完工这段时间,即生产周期。由于不同批次产品的生产周期不同,分批法的产品成本计算也是不定期的,与会计报告期不一致。

(三) 通常不需要在完工产品和月末在产品之间分配生产费用

分批法是按批别或订单归集产品耗费,在完工时计算产品成本。当生产周期结束时,某批完工产品成本明细账上归集的耗费,即为"完工产品"的成本,应全部转出。而在未完工批次的产品成本明细账上归集的耗费,全部为"在产品"成本,仍需保留在该批产品成本明细账中。因此,在通常情况下,生产耗费不必在完工产品和在产品之间进行分配。

如果产品批量较大,出现产品跨月陆续完工和分次交货的情况时,月末部分产品已经完工,部分产品尚未完工,就应该采用适当的方法将所归集的生产耗费在完工产品与在产品之间进行分配。

(四) 间接耗费可以按月在不同产品批次之间进行分配,也可以简化处理

在分批法下,间接计入耗费在各批产品之间的分配可以选择采用当月分配法或累计分配法。当月分配法是不论各批次或各订单的产品是否完工,都要按当月分配率把当月发生的间接计入耗费分配给当月生产的各批产品或各订单产品的方法。当月分配法一般适用于生产周期比较短的单件、小批生产的企业。如果企业投产批次比较多,且月末多数批次未完工,按月结转未完工批次的间接计入耗费手续繁琐,且意义不大,可以考虑采用"累计分配法"简化核算。累计分配法是将发生的各项间接计入耗费先分别累计起来,在有产品完工的月份,才对完工产品按照一定标准,分配

间接计入耗费，计算完工产品成本的方法。采用此法，对尚未完工的各批产品应负担的间接计入耗费，先行归集但不分配。完工批次或订单一次性负担间接计入耗费，可以简化成本核算，所以，分批法采用累计分配法分配间接计入耗费时，又被称为简化分批法。累计分配法的进一步说明，见本章第二节。

三、分批法的计算程序

（一）按批别开设产品成本明细账

财会部门根据生产管理部门签发的生产任务通知单上的生产令号或产品批号，为每一批产品开设产品成本明细账（即产品成本计算单），并根据耗费发生的用途确定成本项目，按产品成本项目分设专栏。

（二）按批别归集和分配产品的生产耗费

根据各项生产耗费发生的原始凭证等资料，编制要素费用分配表。对于直接计入耗费，直接计入各批产品成本明细账；对于发生的间接计入耗费，应先按其用途和发生地点予以归集，然后按一定的标准，分配计入有关各批产品的成本明细账。间接计入耗费既可以在当月分配计入各批产品成本明细账，又可以待该批产品完工时按累计分配率分配计入各批产品成本明细账。

（三）计算完工产品成本

如果批内产品能同时完工，月末按成本项目加计完工批别产品成本明细账中所归集的生产耗费，计算完工产品的实际总成本和单位成本；月末各批未完工产品成本明细账内归集的生产耗费即为月末在产品成本。

如果批内产品跨月陆续完工，则应计算批内完工产品成本和月末在产品成本，可视具体情况，选择采用以下两种方法：

（1）如果批内产品跨月陆续完工的情况不多，月末完工产品数量在全部批量中所占的比重较小，则可采用简化的做法，即月末计算产品成本时，可以按计划单位成本、定额单位成本或最近一期相同产品的实际单位成本计算完工产品成本，从产品成本明细账中转出，余额即为在产品成本。

（2）如果批内产品跨月陆续完工的情况较多，月末完工产品数量在全部批量中所占比重较大时，为正确计算产品成本，需要将产品成本明细账中所归集的生产耗费采用约当产量法、定额比例法等方法，在完工产品和月末在产品之间进行分配，分别计算完工产品成本和在产品成本。

以上两种计算部分完工产品成本的方法，均是在一定的假设前提下估算的，因此当该批产品全部完工时，还应重新计算全部产品的实际成本和单位成本。为了使同一批产品尽可能同时完工，避免出现跨月陆续完工的情况，减少完工产品与月末在产品成本分配的工作量，在合理组织产品生产的前提下，可以适当缩小产品的批量。

四、分批法应用举例

【例 10-1】 某公司按照购货单位的要求,小批生产某些产品,采用分批法计算产品成本。该公司 9 月投产甲产品 10 件,批号为 901,10 月全部完工;10 月投产乙产品 60 件,批号为 1001,当月完工 40 件,并已交货,还有 20 件尚未完工。

901 批产品于 10 月全部完工,所以发生的产品生产费用合计即为完工产品总成本。901 批产品成本计算单见表 10-1。各种耗费和分配过程省略。

表 10-1   **产品成本计算单**

批号:901   产品名称:甲产品   开工日期:9 月 15 日
委托单位:东海公司   批量:10 件   完工日期:10 月 20 日

项　　目	直接材料	直接人工	制造费	合　　计
9 月末余额	15 000	1 000	3 600	19 600
10 月发生耗费:				
据材料费分配表	4 400			4 400
据工资费分配表		1 700		1 700
据制造费分配表			7 500	7 500
合　　计	19 400	2 700	11 100	33 200
结转产成品(10 件)成本	19 400	2 700	11 100	33 200
单位成本	1 940	270	1 110	3 320

1001 批产品于月末部分完工,而且完工产品数量占该批产品总量的比重较大,应采用适当的方法将产品生产耗费在完工产品与在产品之间进行分配。假设原材料在生产开始时一次投入,则原材料费可按完工产品和在产品的实际数量比例分配,而其他耗费则按约当产量法进行分配。乙产品在产品的完工程度见表 10-2,产品成本计算单见表 10-3。

表 10-2   **乙产品在产品的完工程度**

工序	完工程度	在产品(件)	约当产量(件)
一	20%	4	0.8
二	50%	12	6.0
三	80%	4	3.2
合计	—	20	10.0

表 10 - 3　　　　　　　　　**产品成本计算单**

批号:1001　　　　　　　　　　产品名称:乙产品

委托单位:江南公司　　　　　　批量:60 件　　　　　　　　开工日期:10 月 5 日

项　　目	直接材料	直接人工	制造费	合计
10 月发生费用:				
据材料费分配表	21 000			21 000
据工资费分配表		1 500		1 500
据制造费分配表			4 800	4 800
合　　计	21 000	1 500	4 800	27 300
结转产成品(40 件)成本	14 000	1 200	3 840	19 040
单位成本	350	30	96	476
月末在产品成本	7 000	300	960	8 260

$$产成品应负担的材料费 = \frac{21\ 000}{40 + 20} \times 40 = 14\ 000(元)$$

$$在产品应负担的材料费 = \frac{21\ 000}{40 + 20} \times 20 = 7\ 000(元)$$

$$产成品应负担的直接人工费 = \frac{1\ 500}{40 + 10} \times 40 = 1\ 200(元)$$

$$在产品应负担的直接人工费 = \frac{1\ 500}{40 + 10} \times 10 = 300(元)$$

$$产成品应负担的制造费 = \frac{4\ 800}{40 + 10} \times 40 = 3\ 840(元)$$

$$在产品应负担的制造费 = \frac{4\ 800}{40 + 10} \times 10 = 960(元)$$

第二节　简化分批法

　　简化分批法又称累计分配法,是对间接计入耗费进行简化处理的分批法。在一些单件、小批生产的企业中,各月投产的产品批数很多,且月末未完工的批数也较多。如果将当月发生的间接计入耗费全部分配给各批产品,而不管各批产品是否已经完工,耗费分配的核算工作将非常繁重,而且意义不大。采用简化分批法,不需要按月分配、登记间接计入耗费,而是将其累计起来,到产品完工时,再按累计分配标准的比例,在各完工批次产品之间进行分配。这样可以大大减少间接计入耗费分配的工作量。

一、简化分批法的特点和适用范围

在简化分批法下,必须设置"基本生产成本"二级账,并按产品成本项目和分配标准设专栏,以登记各月发生的间接计入耗费总额和分配标准的总数。各项间接计入耗费通常按工时比例进行分配。

产品成本明细账仍应按照产品批别设置,在产品完工前,该产品成本明细账只登记各月发生的直接计入耗费和间接计入耗费的分配标准。每月发生的间接计入耗费,不是按月在各批产品之间进行分配,而是先在"基本生产成本"二级账中累计起来,当某批产品全部完工时,才按累计分配标准的比例计算该批完工产品应负担的部分,从"基本生产成本"二级账转入该批产品成本明细账。未完工的在产品应负担的间接计入耗费仍保留在"基本生产成本"二级账中,不进行分配,不分批计算在产品成本。因此,该方法也被称为不分批计算在产品成本的分批法。如果出现批内产品跨月陆续完工的情况,批内完工产品应在分配计入间接计入耗费的基础上计算其成本,未完工的在产品不参与间接计入耗费的分配,不计算其成本。

各批完工产品应负担的间接计入耗费,一般是按照全部产品累计间接计入耗费分配率和各批完工产品累计生产工时的比例进行分配的。其计算公式如下:

$$累计间接计入耗费分配率 = \frac{全部产品累计间接计入耗费}{全部产品累计生产工时}$$

$$= \frac{期初结存的全部产品累计间接计入耗费 + 本月发生的全部间接计入耗费}{期初结存全部在产品生产工时 + 本月发生的全部生产工时}$$

$$某批完工产品应负担的某项间接计入耗费 = 该批完工产品累计生产工时 \times 累计间接计入耗费分配率$$

与一般的分批法相比,简化分批法可以减少间接计入耗费分配和登记的工作量。月末未完工产品的批数越多,减少的工作量就越多,所以该种方法适用于月末未完工批次较多的企业。如果绝大多数批次的产品已完工,则减少的工作量有限。由于这种方法使用的"累计分配率"实际上是一种加权平均分配率,如果各月间接计入耗费水平相差悬殊,则必然会影响各月产品成本的准确性,所以该方法适用于那些间接计入耗费水平大致均衡的企业。

二、简化分批法的应用举例

【例10-2】 某工业企业小批生产多种产品,由于产品批数多,为了简化成本计算工作,采用简化的分批法计算产品成本。该企业202×年8月的各批产品生产记录见表10-4。

表 10 - 4 各批产品生产记录

批号	产品名称	批量(件)	投产日期	完工情况
706	A	6	7 月 20 日	全部完工
801	B	10	8 月 8 日	完工 6 件
802	C	12	8 月 19 日	尚未完工
901	D	4	9 月 15 日	尚未完工

该企业设立的"基本生产成本"二级账见表 10 - 5。8 月 31 日在产品的生产工时和各项费用系上月月末根据上月的生产工时和生产费用资料计算登记;本月发生的原材料费用和生产工时,应根据本月原材料费分配表、生产工时记录,与各批产品成本明细账平行登记;本月发生的各项间接计入耗费,应根据各该耗费分配表汇总登记。全部产品累计间接计入耗费分配率计算如下:

$$直接人工的累计间接记入耗费分配率 = \frac{275\,000}{27\,500} = 10.0$$

$$制造费的累计间接记入耗费分配率 = \frac{343\,750}{27\,500} = 12.5$$

表 10 - 5 "基本生产成本"二级账

(各批产品总成本)　　　　　　　金额单位:元

202×年 月	日	摘　　要	生产工时	直接材料	直接人工	制造费	合计
8	31	在产品	11 290	138 200	199 375	227 560	565 135
9	30	本月发生	16 210	70 400	75 625	116 190	262 215
9	30	累计	27 500	208 600	275 000	343 750	827 350
9	30	累计间接计入耗费分配率			10.0	12.5	
9	30	结转完工产品总成本	10 500	64 800	105 000	131 250	301 050
9	30	在产品	17 000	143 800	170 000	212 500	526 300

该企业按产品批次设立产品成本明细账见表 10 - 6~表 10 - 9。月末,第 706 批产品全部完工,其产品成本明细账中累计的直接材料费和生产工时,就是完工产品的直接材料费和生产工时,以其生产工时分别乘以各项累计间接计入耗费分配率,即为完工产品应分配的各项间接计入耗费。第 801 批产品部分完工,因而需将生产耗费在完工产品和在产品之间进行分配。假设该种产品所耗原材料在生产开始时一次投

入,因而直接材料费按完工产品与在产品的数量比例分配;完工产品工时 4 800 小时系按工时定额计算 。第 802 批和第 901 批产品未完工,则仅需要在产品成本明细账中登记直接材料和生产工时,不需要对直接人工和制造费进行分配和登记。

表 10 - 6 　　　　　　　　　　　产品成本明细账

投产日期:7 月 20 日

批号:706

完工日期:9 月 26 日全部完工

产品名称:A 产品　　　　　　　　　批量:6 件　　　　　　金额单位:元

202×年		摘　　要	生产工时 (小时)	直接材料	直接人工	制造费	合计
月	日						
7	31	本月发生	1 250	39 000			
8	31	本月发生	2 980	5 200			
9	30	本月发生	1 470	1 400			
9	30	生产耗费累计数	5 700	45 600			
9	30	累计间接计入耗费分配率			10.0	12.5	
9	30	完工产品总成本	5 700	45 600	57 000	71 250	173 850
9	30	完工产品单位成本		7 600	9 500	11 875	28 975

表 10 - 7 　　　　　　　　　　　产品成本明细账

投产日期:8 月 8 日

批号:801

完工日期:9 月 30 日完工 6 件

产品名称:B 产品　　　　　　　　　批量:10 件　　　　　金额单位:元

202×年		摘　　要	生产工时 (小时)	直接材料	直接人工	制造费	合计
月	日						
8	31	本月发生	3 960	32 000			
9	30	本月发生	4 240				
9	30	生产耗费累计数	8 200	32 000			
9	30	累计间接计入耗费分配率			10.0	12.5	
9	30	完工(6 件)产品总成本	4 800	19 200	48 000	60 000	127 200
9	30	完工产品单位成本	——	3 200	8 000	10 000	21 200
9	30	月末余额	3 400	12 800			

表 10-8　　　　　　　　　**产品成本明细账**

投产日期:8 月 19 日
完工日期:

批号:802
产品名称:C 产品　　　　　　　　批量:12 件
　　　　　　　　　　　　　　　　金额单位:元

202×年		摘　　要	生产工时（小时）	直接材料	直接人工	制造费	合计
月	日						
8	31	本月发生	3 100	62 000			
9	30	本月发生	4 600	13 000			

表 10-9　　　　　　　　　**产品成本明细账**

投产日期:9 月 15 日
完工日期:

批号:901
产品名称:D 产品　　　　　　　　批量:4 件
　　　　　　　　　　　　　　　　金额单位:元

202×年		摘　　要	生产工时（小时）	直接材料	直接人工	制造费	合计
月	日						
9	30	本月发生	5 900	56 000			

本章要点概览

　　分批法也称为订单法,它是按照产品的生产批别来归集生产耗费,计算产品成本的一种基本方法。它主要适用于单件、小批生产的制造型企业,也适用于咨询公司、会计师事务所等服务型企业。分批法的成本计算期与产品生产周期一致而与会计报告期不一致。分批法通常不需要定期将生产耗费在完工产品和月末在产品之间进行分配。

　　在采用分批法计算产品成本时,如果同一月份投产的产品批数很多,月末完工的批数较少,为简化各项间接计入耗费在各批产品之间分配的工作量,可以采用简化分批法计算产品成本,即不按月分配、登记间接计入耗费,而是先将其累计起来,到有产品完工时,再按累计分配标准的比例,在各批完工产品之间进行分配,计算完工产品成本。对未完工的在产品则不分配间接计入耗费,不分批计算在产品成本。采用简化分批法时,企业各个月份的间接计入耗费的水平必须相差不多,否则会影响成本计算的准确性。

 主要术语

1. 分批法　　　　　　　　　　2. 简化分批法

3. 当月分配法　　　　　　4. 累计分配法

阅 读 文 献

1. 陈云主编:《成本会计学》(第十章　产品成本计算的分批法),立信会计出版社 2011 年版。

2. 乐艳芬主编:《成本会计》(第七章　产品成本计算方法),上海财经大学出版社 2012 年版。

3. 万寿义、任月君主编:《成本会计》(第十一章　成本计算的分批法),东北财经大学出版社 2013 年版。

4. 于富生、黎来芳、张敏主编:《成本会计学》(第六章　产品成本计算的基本方法),中国人民大学出版社 2015 年版。

5. 中国注册会计师协会编:《财务成本管理》(第十四章　产品成本计算),中国财政经济出版社 2015 年版。

复 习 思 考 题

1. 什么是成本计算的分批法? 分批法适用于什么类型的企业?
2. 在应用分批法时,如何确定成本计算对象?
3. 分批法与品种法相比有哪些特点?
4. 简化分批法在成本分配时有何特点?
5. 间接计入耗费的当月分配法与累计分配法有何区别?

练 习 题

一、单项选择题

1. 采用分批法计算产品成本,若是单件生产,月末计算产品成本时( )。

A. 需要将生产费用在完工产品和在产品之间进行分配

B. 不需要将生产费用在完工产品和在产品之间进行分配

C. 区别不同情况确定是否分配生产费用

D. 应采用同小批生产一样的核算方法

2. 采用累计分配法分配间接计入耗费,是一种简化的分批法,月末未完工产品的间接计入耗费应( )。

A. 全部分配　　　　　　　　　　B. 部分分配

C. 全部保留　　　　　　　　　　D. 部分保留

3. 如果一张订单中规定了几种产品,产品批别应按( )划分。

A. 订单　　　　　　　　　　　　B. 产品品种

C. 订单或产品品种　　　　　　　D. 各种产品数量多少

4. 下列选项中,不宜采用简化分批法的是( )。

A. 月末未完工产品批数较多

  B. 同一月份投产的批数很多

  C. 各月间接计入耗费水平相差较多

  D. 各月间接计入耗费水平相差不多

5. 分批法的特点是( )。

  A. 必须按产品订单计算成本

  B. 计算产品的生产步骤成本

  C. 间接计入耗费月末必须全部进行分配

  D. 成本计算期与会计报告期不同

二、多项选择题

1. 在分批法中,间接计入耗费的分配方法有( )。

  A. 计划成本分配法　　　　　　　　B. 当月分配法

  C. 定额比例分配法　　　　　　　　D. 累计分配法

2. 采用分批法计算产品成本,作为某一成本计算对象的批别,可按( )确定。

  A. 一张订单下的不同产品

  B. 一张订单中同种产品的不同组成部分

  C. 不同订单中的同种产品

  D. 不同订单中的不同产品

3. 采用简化的分批法,在产品完工以前,产品成本明细账应( )。

  A. 登记直接计入耗费

  B. 只登记间接计入耗费,不登记直接计入耗费

  C. 登记生产工时

  D. 不登记任何耗费

4. 采用简化的分批法,( )。

  A. 必须设立"基本生产成本"二级账

  B. 在产品完工前,产品成本明细账只登记直接计入耗费和生产工时

  C. 在"基本生产成本"二级账中累计登记间接计入耗费

  D. 不分批计算在产品成本

5. 下列选项中,可采用分批法计算产品成本的有( )。

  A. 精密仪器　　　　　　　　　　　B. 专用设备

  C. 重型机械　　　　　　　　　　　D. 船舶制造

三、判断题

1. 采用当月分配法,各月末间接计入耗费明细账一般留有余额。　　　　　　　　( )

2. 在小批、单件生产的企业或车间中,如果同一月份投产的产品批数很多,就可以采用简化分批法计算产品成本。　　　　　　　　　　　　　　　　　　　　　　　　　　( )

3. 如果各月的间接计入耗费相差悬殊,采用累计分配法会影响到各月成本计算的准确性。

                           ( )

4. 分批法一般是根据用户的订单组织生产的,在一份订单中即便存在多种产品也应合为一批组织生产。　　　　　　　　　　　　　　　　　　　　　　　　　　　　　　（　　）

5. 采用简化的分批法,必须设立"基本生产成本"二级账。　　　　　　　　　　（　　）

四、业务题

【业务题一】

（一）目的　练习产品成本计算的分批法。

（二）资料　某企业小批量生产甲、乙、丙三种产品,成本计算采用分批法。具体资料如下:

（1）202×年5月,投产甲产品6件,批号为051,5月7日投产,6月30日全部完工。

（2）202×年5月,投产乙产品10件,批号为052,5月12日投产,6月30日产品完工6件。

（3）202×年6月,投产丙产品8件,批号为061,6月5日投产,6月30日均未完工。

5月末,发生的生产耗费情况见表10-10。

表 10-10　　　　　　　　**发生的生产耗费情况**　　　　　　　　单位:元

产品批号	直接材料	直接人工	制造费	合计
051	33 600	23 500	28 000	85 100
052	46 000	30 500	19 800	96 300

6月,发生的生产费见表10-11。

表 10-11　　　　　　　　　**发生的生产费**　　　　　　　　单位:元

项目	直接材料	直接人工	制造费	合计
本月生产费	126 440	60 800	76 000	263 240

6月,各批产品耗用的材料和工时记录见表10-12。

表 10-12　　　　　　**各批产品耗用的材料和工时记录**

产品批号	直接材料(元)	生产工时(小时)
051	4 400	2 500
052	63 080	2 460
061	58 960	1 120

对于跨月陆续完工的产品,可按定额成本转出,052号产品单位定额成本为7 960元,其中直接材料3 440元,直接人工2 510元,制造费2 010元。

（三）要求

（1）编制耗费分配表,按生产工时比例分配直接人工和制造费。

（2）登记产品成本明细账,计算完工产品总成本和单位成本。

（3）编制完工产品入库的会计分录。

【业务题二】

（一）目的　练习产品成本计算的简化分批法。

（二）**资料** 某工业企业属小批生产企业,产品批数多,月末未完工批数也较多,采用简化的分批法计算产品成本。

（1）4月,该企业的产品的批号有:401批:甲产品10台;402批:乙产品5台;403批:丙产品12台;404批:丁产品3台;405批:甲产品6台;501批:丁产品4台;502批:丙产品6台;503批:乙产品5台。本月只有401批和402批产品完工,其他6批产品均未完工。

（2）5月的工时记录和生产费见表10-13。

表 10-13　　　　　5月的工时记录和生产费　　　　　　金额单位:元

项目	生产工时（小时）	直接材料	直接人工	制造费	合计
月初在产品成本	25 300	370 800	341 500	362 000	1 074 300
本月发生	17 700	173 000	196 000	283 000	652 000
合计	43 000	543 800	537 500	645 000	1 726 300

（3）各批号产品直接耗费与生产工时见表10-14。

表 10-14　　　　各批号产品直接耗费与生产工时　　　　金额单位:元

4月			5月		
批号	生产工时（小时）	直接材料	批号	生产工时（小时）	直接材料
401	6 970	65 800	401	2 850	19 500
402	3 800	56 900	402	2 510	16 900
403	7 850	67 800	403	3 020	25 600
404	1 560	47 300	404	1 640	28 300
405	1 750	39 500	405	1 150	23 200
501	1 320	35 600	501	2 130	28 700
502	1 100	29 400	502	2 300	16 200
503	950	28 500	503	2 100	14 600

（三）**要求**

（1）根据上述资料登记"基本生产成本"二级账及各批产品成本明细账。

（2）计算累计间接计入耗费分配率。

（3）采用简化分批法计算各批完工产品的总成本和单位成本。

案例分析题

某服装公司设有裁剪、缝纫、整理包装三个基本生产车间,按生产任务通知单分批组织生产,202×年4月,基本生产车间同时生产三批产品:

A款T恤衫200件,3月5日投产,批号为301,在4月全部完工。

B款T恤衫100件,4月3日投产,批号为401,当月完工20件。

C款T恤衫200件,4月6日投产,批号为402,尚未完工。

301批号的A款T恤衫月初在产品成本为8 000元,其中:直接材料费5 000元,直接人工2 000元,制造费1 000元。

本月发生的耗费如下:

(1)301批号T恤衫耗用原材料200 000元,401批号T恤衫耗用原材料120 000元,402批号T恤衫耗用原材料300 000元,生产车间一般耗用原材料10 000元。

(2)生产工人工资为225 000元,车间管理人员工资为5 000元。

(3)车间耗用外购水电费6 000元。

(4)车间负担其他耗费1 500元。

其他有关资料如下:

(1)职工福利费按工资总额的14%计提。

(2)原材料采用计划成本计价,成本差异率为1%。

(3)生产工人工资按产品生产工时比例分配,其中:301批产品耗用工时10 000小时,401批产品耗用工时20 000小时,402批产品耗用工时15 000小时。

(4)基本生产车间的制造费按产品生产工时比例分配。

(5)301批完工的20件产品按定额成本转出,定额成本为:直接材料1 000元,直接人工120元,制造费80元。

要求:

(1)计算4月完工产品的总成本和单位成本。

(2)思考该企业可否采用累计分配法计算产品成本? 采用当月分配法和采用累计分配法计算产品成本有何区别?

思政拓展思考

党的二十大报告在"加快构建新发展格局,着力推动高质量发展"中指出:构建高水平社会主义市场经济体制。坚持和完善社会主义基本经济制度,毫不动摇巩固和发展公有制经济,毫不动摇鼓励、支持、引导非公有制经济发展,充分发挥市场在资源配置中的决定性作用,更好发挥政府作用。优化民营企业发展环境,依法保护民营企业产权和企业家权益,促进民营经济发展壮大。

请思考:产品成本计算的分批法,尤其适用于单件、小批生产类型的企业,而单件、小批生产类型的企业,大多为非公有制的民营企业,加强中小企业产品成本准确性的计算,对促进中小企业经济发展壮大、构建高水平社会主义市场经济体制具有重大的意义。中小企业、小批、单件生产类型的企业是否适合采用分批法计算产品成本,需要在理论与实践的研究方面引起高度的重视,以此不断创新。你对此是怎么认为的呢?

第十一章 产品成本计算的分步法

───── 学习目的与要求 ─────

　　本章旨在介绍企业产品成本综合计算的基本方法之一──分步法。其内容主要包括产品成本综合计算的基本方法──分步法的适用条件、计算方法类型以及具体的计算过程。通过本章学习,学生应了解分步法的适用条件以及计算的意义,理解采用不同计算方法的必要性,掌握逐步结转分步法与平行结转分步法的计算要领,领会各种分步计算产品成本的差异特征。

 **课前预习题**

1. 企业分步骤计算产品成本的意义何在?
2. 采用分步法计算产品成本有哪两类方法?
3. 计算半成品成本的必要条件有哪些?
4. 逐步综合结转分步法要求增设的会计账户是什么?
5. 为什么要进行成本还原?
6. 装配式多步骤生产的企业所采用的产品成本计算方法是分步法吗?
7. 采用分步骤计算企业产品成本的基本前提是什么?
8. 多步骤生产产品的企业有哪两种类型?

第一节 分步法概述

随着现代技术的发展和生产工艺的日趋复杂化,成本控制工作便越来越细密,不仅要求分成本项目核算和控制,还要求对不同的生产工艺各环节分别进行核算和控制,无论装配式还是连续式地大量、大批生产产品的企业,分步骤计算产品成本已成为成本管理和考核之必需。

一、分步法的含义

产品成本计算的分步法是既按生产步骤,又按产品品种规格计算产品成本的一种成本计算方法。它适用于那些连续式或装配式大量、大批生产产品的企业,如钢铁厂可分为炼铁、炼钢、轧钢等步骤;纺织厂可分为纺纱、织布、印染、成型等步骤;造纸厂可分为纸浆、制纸、包装等步骤;机械厂可分为毛坯、铸制、机加工、装配等步骤,应用分步法以便于对各责任单位不同生产工艺的成本耗费进行控制与核算。

二、分步法的特点

分步法的一般特征表现如下。

1. 成本计算的实体

分步法是以最终完工产品(或半成品)及生产步骤为成本计算的实体。产品成本明细账是按每个加工步骤的产品品种来设置。这里成本计算的步骤与实际的生产步骤或生产车间、工艺不一定完全一致,实务中是以企业成本管理和控制的要求作为划分成本计算实体的依据,根据管理和考核的需要,必要时可将几个实际加工步骤(或车间)合并设置为一个计算步骤,也可将一个加工步骤(或车间)按生产小组分设几个成本计算步骤。

2. 成本计算期

由于大量、大批生产的企业原材料在分批连续投入,半成品和产成品也在相应地不断产出。大多数月份都有生产完工并对外销售的完工产品,为计算产品销售利润就需要求得其制造成本,因而,一般大量、大批生产的企业以日历月份作为成本计算期,成本计算期与会计结算期相一致。

3. 要求分步骤确定在产品成本

分步法实际上是品种法在各生产步骤的连续运用,它追踪生产过程各阶段生产耗费和成本积累的过程可以形象地比喻为"滚雪球",越滚越大的雪球犹如在由前向后发生的物质流转中,由小到大不断积累的半成品和产成品成本。经过生产耗费的多次汇总和分配,最后计算出完工产品成本的过程,在这里体现得最为明显。每"滚"过一个生产阶段,就要在本阶段内进行生产耗费的汇总和分配,汇总转入的前一阶段的半成品成本和本阶段发生的各项生产耗费,加上月初在产品成本,然后将汇总的生产总耗费在本阶段月末在产品和完工半成品或产成品之间分配,直到最后一个阶段计算出产成品成本。

三、分步法的一般核算程序

采用分步法,首先应按生产产品的品名、规格和生产步骤开设基本生产成本明细账。平时对企业发生的生产性耗费的处理原则为:直接耗费直接计入各步骤的各产品成本;间接耗费可先行归集,至期末按一定分配方法分配给各步骤的各产品成本。其次再将各步骤各产品的耗费,在完工产成品(或半成品)与月末在产品之间加以分配,计算确定完工产成品(或半成品)与月末在产品成本。

四、分步法的方法和类型

在采用分步法时,由于成本控制及管理要求不同,按照是否计算完工半成品成本来分类,分步法可分为逐步结转分步法和平行结转分步法两类。按照半成品成本在下一步骤成本计算单中反映方式的不同,逐步结转分步法又可分为逐步综合结转分步法和逐步分项结转分步法两种方法。在大量、大批、多步骤生产的企业,月末往往有在产品或半成品存在,基于期末结账和编制资产负债表的需要,就必须将每个计算步骤的耗费采用适当的方法在完工产品和在产品之间进行分配,以确定其完工产品和月末在产品成本,为资产负债表的"存货"项目提供数据来源。

第二节　逐步结转分步法

逐步结转分步法是要求逐步计算前各步骤半成品成本的计算方法。在连续式大量、大批、多步骤生产并采用逐步结转分步法的条件下,从第二计算步骤开始的各步骤成本明细中,均包含了以前步骤半成品实物转入的半成品耗费。因此,按照半成品成本在下一步骤成本明细账中的反映方式不同,又可分为逐步综合结转分步法和逐步分项结转分步法两种方法。基于成本管理和成本比较、分析的需要,在采用逐步综合结转分步法时,还需要对完工产品成本中所消耗的以前步骤的综合成本项目进行成本还原。这种方法的成本计算程序如图 11-1 所示。

一、逐步结转分步法的特点

逐步结转分步法的特点归纳如下:

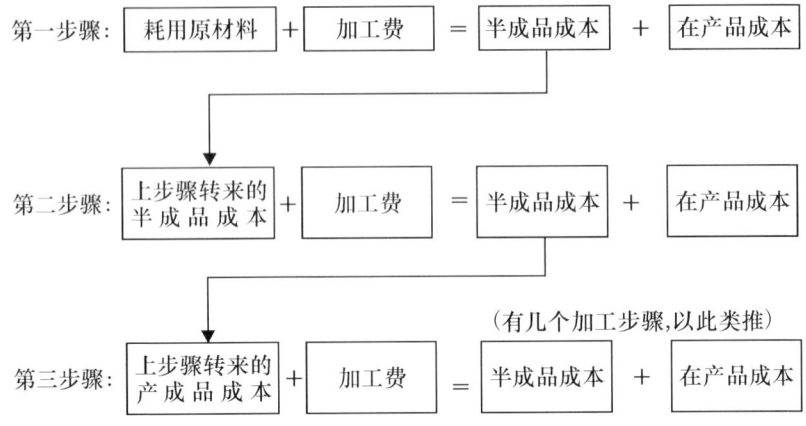

图 11-1　逐步结转分步法的成本计算程序

（1）追踪着生产制造工艺，按照产品品种和生产步骤归集耗费并有序地逐步计算前面步骤的完工半成品成本，继而最后计算出完工产品的总成本。

（2）在此方法下，半成品的成本随着半成品实物的转移而转移，即由前步骤的成本明细账户转入后步骤的成本明细账户或"自制半成品"明细账户，价值转移与实物转移相一致。

（3）在此方法下，若半成品完工入半成品仓库，然后再为下一个步骤所领用，即通过半成品仓库收发，则应专设"自制半成品"账户，反映半成品收、发、结存的情况。当半成品完工入库时，应借记"自制半成品"账户，贷记"基本生产成本"账户；下步骤生产领用时，应借记"基本生产成本"账户，贷记"自制半成品"账户；若半成品直接在各生产步骤之间转移，则不需设置"自制半成品"账户，即前步骤"基本生产成本"账户记贷方，后步骤"基本生产成本"账户记借方。

（4）在每期期末，必须有序地将每个步骤各个成本项目的总耗费在本步骤完工半成品（产成品）和狭义在产品之间进行分配，分配时，一般可根据企业生产工艺的特点和组织管理要求，选择采用在产品按定额成本计价法、定额比例法和约当产量比例法等方法进行分配。

计算半成品成本的必要性，表现在以下方面：

（1）半成品可对外销售或半成品虽不对外销售但需进行比较考核的企业。例如，纺织企业的棉纱、化肥企业的合成氨和冶金企业的生铁等均属于这种情况。

（2）一种半成品可同时转作几种产成品原料的企业。例如，生产铜铸件、钢铸件的机械企业等。

（3）实行承包经营责任制的企业。承包经营必然在内部责任单位进行承包或逐级考核，也就需要计算半成品成本。

二、逐步综合结转分步法

逐步综合结转分步法的特点,是在第二步骤及以后步骤的成本明细账中必须设置"自制半成品"综合项目,用来专门登记各该步骤耗用上一步骤半成品的累计耗费。综合结转时,可以按照半成品的实际成本结转,也可以按照半成品的计划成本(或定额成本)结转。

1. 半成品按实际成本综合结转

采用这种方法结转时,"自制半成品"综合项目,在半成品全部从上步骤直接转入下步骤的条件下,就按本月上步骤完工半成品总成本登记,在半成品从上步骤部分直接转入下步骤或通过半成品仓库收发的条件下,就要根据所耗半成品的数量乘以半成品的单位成本计算。库存半成品单位成本可以采用先进先出法、后进先出法以及加权平均法等方法确定。

【例 11－1】某企业乙产品生产分三个步骤,分别由三个车间连续加工而成,原材料在第一车间投产时一次投入,半成品直接从上车间全部转入下车间,各车间产量、成本资料见表 11－1 和表 11－2。

表 11－1　　　　　　产 量 资 料　　　　　　数量单位:件

项　　　　目	第一车间	第二车间	第三车间
月初在产品	20	20	50
本月投产或上车间转入	200	180	200
本月完工	180	200	150
月末在产品	40	0	100
在产品完工程度	50%		50%

表 11－2　　　　　　成 本 资 料　　　　　　单位:万元

成 本 项 目	月初在产品成本			本月生产耗费		
	第一车间	第二车间	第三车间	第一车间	第二车间	第三车间
直接材料(或半成品)	320	400	1 300	3 464		
直接人工	16	20	20	344	416	180
制造费	24	40	30	416	308	250
合　　　　计	360	460	1 350	4 224	724	430

依据以上资料,采用逐步综合结转法所计算的各步骤结果见表 11－3～表 11－5。

表 11-3 第一车间乙半成品成本计算单 金额单位：万元

摘　　要	直接材料	直接人工	制　造　费	合　　计
月初在产品成本	320	16	24	360
本月发生耗费	3 464	344	416	4 224
合　　计	3 784	360	440	4 584
完工半成品数量（件）	180	180	180	
月末在产品约当产量（件）	40	20	20	
产量总计（件）	220	200	200	
单位成本	17.2	1.8	2.2	21.2
转出半成品成本	3 096	324	396	3 816
月末在产品成本	688	36	44	768

表 11-4 第二车间乙半成品成本计算单 金额单位：万元

摘　　要	自制半成品	直接人工	制　造　费	合　　计
月初在产品成本	400	20	40	460
本月发生耗费	3 816	416	308	4 540
合　　计	4 216	436	348	5 000
完工半成品数量（件）	200	200	200	
月末在产品约当产量（件）	0	0	0	
产量总计（件）	200	200	200	
单位成本	21.08	2.18	1.74	25.00
转出半成品成本	4 216	436	348	5 000
月末在产品成本	—	—	—	—

表 11-5 第三车间乙产成品成本计算单 金额单位：万元

摘　　要	自制半成品	直接人工	制　造　费	合　　计
月初在产品成本	1 300	20	30	1 350
本月发生耗费	5 000	180	250	5 430
合　　计	6 300	200	280	6 780
完工产成品数量（件）	150	150	150	

（续表）

摘　　　要	自制半成品	直接人工	制造费	合　　计
月末在产品约当产量（件）	100	50	50	
产量总计（件）	250	200	200	
单位成本	25.2	1.0	1.4	27.6
转出产成品成本	3 780	150	210	4 140
月末在产品成本	2 520	50	70	2 640

【例 11 - 2】 某厂在两个车间连续大量地生产甲产品,第一车间生产的甲半成品通过半成品仓库收发,发出半成品成本采用加权平均法计价,两个车间的月末在产品均按定额成本计价,原材料在第一车间生产开始时一次投入,该厂采用逐步综合结转分步法计算甲产品成本。实际成本资料见表 11 - 6。

表 11 - 6　　　　　　　　　　　实际成本资料　　　　　　　　　单位:万元

车　　间	直接材料	直接人工	制造费	合　　计
第一车间	9 200	11 600	8 400	29 200
第二车间		12 900	11 700	24 600

各车间的月初月末在产品按定额成本计价见表 11 - 7 和表 11 - 8。

表 11 - 7　　　　　　　　　月初在产品定额成本　　　　　　　　单位:万元

车　　间	直接材料（或半成品）	直接人工	制造费	合　　计
第一车间	3 200	4 400	3 600	11 200
第二车间	4 280	3 640	4 080	12 000

表 11 - 8　　　　　　　　　月末在产品定额成本　　　　　　　　单位:万元

车　　间	直接材料（或半成品）	直接人工	制造费	合　　计
第一车间	3 600	4 000	3 200	10 800
第二车间	10 240	5 680	5 080	21 000

自制半成品仓库中,甲半成品期初余额 440 件,实际成本 16 480 元;本月第一车间生产完工甲半成品 1 000 件,送交半成品仓库。第二车间本月从半成品仓库领用

甲半成品 1 200 件,生产完工甲产成品 800 件。

采用逐步综合结转分步法计算,各步骤(车间)成本计算结果及相关资料见表 11-9~表 11-11。

表 11-9　　　　　　　　第一车间甲半成品成本计算单　　　　　单位:万元

摘　　要	直接材料	直接人工	制 造 费	合　　计
月初在产品成本	3 200	4 400	3 600	11 200
本月发生耗费	9 200	11 600	8 400	29 200
合　　计	12 400	16 000	12 000	40 400
完工半成品成本	8 800	12 000	8 800	29 600
单位成本	8.8	12.0	8.8	29.6
月末在产品成本	3 600	4 000	3 200	10 800

第一车间甲半成品完工入库时:

借:自制半成品——甲半成品　　　　　　　　　　　　　　296 000 000

　贷:基本生产成本——第一车间　　　　　　　　　　　　　　296 000 000

表 11-10　　　　　　　　甲自制半成品明细账　　　　　金额单位:万元

年		摘　　要	收　　入			发　　出			结　　存		
月	日		数量(件)	单价	金　额	数量(件)	单价	金　额	数量(件)	单价	金　额
		期初余额							440	37.45	16 480
		本月入库	1 000	29.60	29 600						
		第二车间领用				1 200	32	38 400	240	32.00	7 680

第二车间领用半成品时:

借:基本生产成本——第二车间　　　　　　　　　　　　　　384 000 000

　贷:自制半成品——甲半成品　　　　　　　　　　　　　　384 000 000

表 11-11　　　　　　　　第二车间甲产成品成本计算单　　　　　单位:万元

摘　　要	自制半成品	直接人工	制 造 费	合　　计
月初在产品成本	4 280	3 640	4 080	12 000
本月发生耗费	38 400	12 900	11 700	63 000

（续表）

摘　　要	自制半成品	直接人工	制 造 费	合 　 计
合 　 计	42 680	16 540	15 780	75 000
完工产成品成本	32 440	10 860	10 700	54 000
单位成本	40.550	13.575	13.375	67.500
月末在产品成本	10 240	5 680	5 080	21 000

甲产成品入库时：

借：库存商品——甲产品　　　　　　　　　　　　　　　　　540 000 00

贷：基本生产成本——第二车间　　　　　　　　　　　　　　540 000 00

2. 半成品按计划成本综合结转

采用这种结转方法，自制半成品日常收发的明细核算均按计划成本计价，在半成品实际成本计算出来后，再以实际成本与计划成本对比，计算半成品成本差异额和差异率，调整领用半成品的计划成本。采用这种方法，自制半成品明细账的"收入""发出"和"结存"栏以及从第二步骤开始的产品成本计算单中的"自制半成品"项目都设置了"计划成本""实际成本"和"成本差异"专栏，这里的半成品成本差异率、差异额的计算与原材料按计划成本核算条件下的材料成本差异额、差异率的计算完全相同，就不再列举。

按计划成本综合结转半成品成本与按实际成本综合结转半成品成本相比较，可以简化和加速半成品成本核算与产品成本的计算工作；在各步骤的产品成本明细账中，可分别反映半成品的成本差异，在分析各步骤制造成本时，还可剔除以前步骤半成品成本变动对本步骤产品成本的影响，有利于分清经济责任，也便于对各工艺环节的成本实施控制和考核。

3. 逐步综合结转法下的成本还原

采用逐步综合结转分步法计算产品成本时，最后步骤计算出的完工产品成本中的"自制半成品"项目，吸收了前几个步骤为产成品发生的全部耗费，而其他成本项目仅仅反映最后一个步骤为产成品所发生的耗费，而且，计算步骤越多，综合项目占的比重则越大。为了便于各生产步骤、各生产工艺的定额考核和成本分析，就需要将"自制半成品"这个综合项目进行分解和成本还原。成本还原就是将完工产品成本中的"自制半成品"综合项目还原为"直接材料""直接人工""制造费"等原始的成本项目，以恢复成本形成过程的本来面目。

成本还原的基本方法是从最后一个计算步骤起，将完工产品成本中的"自制半成品"综合项目，按照本月上一步骤完工半成品的结构比例，依次向前逐步分解，直至成本项目中没有了"自制半成品"综合项目。然后将相同的成本项目相加，就可求得成本还原后的完工产品总成本及单位成本。还原后的总成本一定等于还原前的总成本,所不同的仅仅是改变了成本结构。

按照成本还原的分配标准不同来划分,具体还原计算方法有完工比例法、结构比重法和标准成本还原法三种。

(1)完工比例法。由于各步骤"自制半成品"综合项目,都是前一个计算步骤完工半成品实物转入的成本,两者在本月的成本结构是相同的,那么上步骤完工后转入本步骤继续加工的半成品在本步骤已完工的部分,就属于完工产品成本中"自制半成品"的部分,可用其完工的比例分别乘以本月上一步骤完工半成品成本中的各成本项目,就可求得"自制半成品"综合项目的原始成本项目,其计算公式如下:

$$成本还原率=\frac{本月完工产品成本中某步骤"自制半成品"综合项目的成本}{本月某步骤上一步骤完工半成品总成本}$$

若成本还原率>1,说明本月本步骤完工产品数量中不仅包括本月上步骤的部分或全部完工半成品,还包括上月上步骤完工的部分半成品;若成本还原率=1,说明本月本步骤正好将相当于本月上步骤完工的半成品实物全部加工为产成品;若成本还原率<1,则说明本月本步骤未能将上一步骤交付的完工半成品实物全部加工为产成品。

【例 11-3】 现结合[例 11-1]和[例 11-2]的计算结果,说明完工比例法的还原方法(表 11-12 和表 11-13)。

表 11-12　　　　　　　　完工产品成本还原计算表

金额单位:万元
产量:150 件

项　　　目	还　原分配率	自制半成品(二)	自制半成品(一)	直接材料	直接人工	制造费	合　计
还原前产成品成本		3 780			150	210	4 140
本月第二车间所产半成品成本		5 000	4 216		436	348	
第一次还原	0.756000	-3 780.000	3 187.296		329.616	263.088	0
本月第一车间所产半成品成本			3 816	3 096	324	396	
第二次还原	0.835245		-3 187.296	2 585.920	270.620	330.76	0
还原后产成品成本				2 585.920	750.236	803.848	4 140.000
还原后单位成本				17.239500	5.001573	5.358987	27.600000

注:第一次还原分配率$=\frac{3\ 780}{5\ 000}=0.756000$

第二次还原分配率$=\frac{3\ 187.296}{3\ 816}=0.835245$

270.62 吸收了小数点尾差。

表 11 - 13　　　　　　　　　　**完工产品成本还原计算表**

金额单位：万元

产量：800 件

项　　　目	还原分配率	自制半成品	直接材料	直接人工	制 造 费	合　　计
还原前产成品成本		32 440		10 860	10 700	54 000
本月完工半成品成本		29 600	8 800	12 000	8 800	
成本还原	1.095945946	−32 440.000000	9 644.324324	13 151.351350	9 644.324324	0
还原后产成品成本			9 644.3248	24 011.3500	20 344.3200	54 000.0000
还原后单位成本			12.0554	30.0142	25.4304	67.5000

注：还原分配率 $=\dfrac{32\,440}{29\,600}=1.095945946$

（2）成本结构比重法。由于"自制半成品"综合项目成本，是随着半成品实物的转移而转移，不断从前步骤转入后步骤的，所以，完工产品成本中的"自制半成品"综合成本，就可从后往前，依次按照上一个计算步骤的完工半成品成本的结构比例分解为原始的项目成本。

【例 11 - 4】　现仍结合［例 11 - 1］，采用成本比重结构法进行成本还原如下：

第一，将"自制半成品"3 780 万元，按照第二车间本月完工半成品成本的结构比重还原第二车间完工半成品的结构比重。

$$自制半成品项目 = \frac{4\,216}{5\,000} = 0.8432$$

$$直接人工项目 = \frac{436}{5\,000} = 0.0872$$

$$制造费项目 = \frac{348}{5\,000} = 0.0696$$

按此结构比重还原：

自制半成品项目＝0.8432×3 780＝3 187.296(万元)

直接人工项目＝0.0872×3 780＝329.616(万元)

制造费项目＝0.0696×3 780＝263.088(万元)

第二，对第一次还原后处在第二步骤"自制半成品"3 187.296 万元，按第一车间本月完工半成品成本的结构比重还原。

第一车间完工半成品成本结构比重为：

$$原材料项目 = \frac{3\,096}{3\,816} = 0.811321$$

$$直接人工项目 = \frac{324}{3\ 816} = 0.084906$$

$$制造费项目 = \frac{396}{3\ 816} = 0.103773$$

按此结构比重还原：

原材料项目＝0.811321×3 187.296＝2 585.92(万元)

直接人工项目＝0.084906×3 187.296＝270.62(万元)

制造费项目＝0.103773×3 187.296＝330.76(万元)

第三,将相同成本项目的数额相加,得出还原后的总成本。

直接材料项目＝2 585.92(万元)

直接人工项目＝270.62＋329.616＋150＝750.236(万元)

制造费项目＝330.76＋263.088＋210＝803.848(万元)

还原后的总成本＝2 585.92＋750.236＋803.848＝4 140.004(万元)

（3）标准成本还原法。以上两种成本还原方法,由于未考虑以前月份所产半成品成本结构的影响,在各月所产半成品成本结构变动较大的情况下,其计算结果的准确性就较差。如果半成品的定额成本或计划成本比较准确,就可以按半成品的定额成本或计划成本的成本结构比重进行还原。

三、逐步分项结转分步法

逐步分项结转分步法是指随着自制半成品实物的转移,自制半成品成本无论转入下一个计算步骤,还是转入"自制半成品"账户,均以原始的成本项目给予结转。

1. 逐步分项结转分步法的特点

与逐步综合结转分步法的不同之处在于：从第二个计算步骤开始,每个成本项目均要分设两栏,用来分别专门登记"上步骤转入"和"本步骤发生"两个部分。因为对于月末在产品来说,对同一步骤中同一项目的耗费上步骤转入和本步骤发生的耗费应当负担耗费的程度是不相同的。即上步骤半成品转入的耗费,对本步骤已完工产品(或半成品)与月末在产品来说,受益的程度均为100%,应负担同比例的耗费；而本步骤发生的耗费,对本步骤完工产品(或半成品)来说,受益程度为100%,但对本步骤月末在产品而言,尚未全部投入,就要打一定的折扣。

由于自制半成品成本的结转始终按原始的成本项目再分配和结转,采用此方法就无须进行成本还原。

2. 逐步分项结转分步法举例

【例 11－5】 假定某企业属大量、大批连续式多步骤生产,本月新投产丙产品,顺序的经过三道生产工艺制作,原材料在生产开始时一次投入,完工半成品直接在各生产步骤之间转移,各道工序月末在产品的完工程度均为 50%(为简化计算,本例将"直接人工""制造费"等加工费项目合并为一个"加工费"综合项目,同时,为了便于方法的比较,一套资料分别采用逐步综合结转分步法、成本还原、逐步分项结转分步法、平行结转分步法进行计算)。

实际耗费情况见表 11-14。

表 11-14　　　　　　　　　　实际耗费情况　　　　　　　　　　单位:元

项　　　目	一　步　骤	二　步　骤	三　步　骤	合　　　计
直接材料	300 000			300 000
加工费	95 000	64 000	33 000	192 000
合　　　计	395 000	64 000	33 000	492 000

投入产出情况见表 11-15。

表 11-15　　　　　　　　　　投入产出情况　　　　　　　　　　单位:件

摘　　　　　要	一　步　骤	二　步　骤	三　步　骤
本步骤投产(或上步转入)	1 000	900	700
本步骤完工数量	900	700	400
月末在产品数量	100	200	300

第一,采用逐步综合结转分步法,计算过程如下:

第一步骤:

$$直接材料分配率 = \frac{300\ 000}{900+100} = 300$$

完工半成品应负担 $= 900 \times 300 = 270\ 000(元)$

月末在产品应负担 $= 100 \times 300 = 30\ 000(元)$

$$加工费分配率 = \frac{95\ 000}{900+100 \times 50\%} = 100$$

完工半成品应负担 $= 900 \times 100 = 90\ 000(元)$

月末在产品应负担 $= 100 \times 50\% \times 100 = 5\ 000(元)$

完工半成品总成本 $= 270\ 000 + 90\ 000 = 360\ 000(元)$

月末在产品总成本 $= 30\ 000 + 5\ 000 = 35\ 000(元)$

第二步骤:

$$自制半成品分配率=\frac{360\,000}{700+200}=400$$

完工半成品应负担=700×400=280 000(元)

月末在产品应负担=200×400=80 000(元)

$$加工费分配率=\frac{64\,000}{700+200×50\%}=80$$

完工半成品应负担=700×80=56 000(元)

月末在产品应负担=200×50%×80=8 000(元)

完工半成品总成本=280 000+56 000=336 000(元)

月末在产品总成本=80 000+8 000=88 000(元)

第三步骤：

$$自制半成品分配率=\frac{336\,000}{400+300}=480$$

完工半成品应负担=400×480=192 000(元)

月末在产品应负担=300×480=144 000(元)

$$加工费分配率=\frac{33\,000}{400+300×50\%}=60$$

完工产成品应负担=400×60=24 000(元)

月末在产品应负担=300×50%×60=9 000(元)

完工产成品总成本=192 000+24 000=216 000(元)

月末在产品总成本=144 000+9 000=153 000(元)

第二,对上述计算结果进行成本还原：

第一次还原：

$$成本还原率=\frac{192\,000}{336\,000}=0.571428571$$

自制半成品项目=0.571428571×280 000=160 000(元)

加工费项目=0.571428571×56 000=32 000(元)

第二次还原：

$$成本还原率=\frac{160\,000}{360\,000}=0.444444444$$

直接材料费项目=0.444444444×270 000=120 000(元)

加工费项目=0.444444444×90 000=40 000(元)

还原后完工产品总成本=120 000+40 000+32 000+24 000

=216 000(元)

第三,采用逐步分项结转分步法计算如下：

第一步骤:

与逐步综合结转分步法完全相同(计算过程略)。

第二步骤:

$$直接材料分配率=\frac{270\ 000}{700+200}=300$$

完工半成品应负担=700×300=210 000(元)

月末在产品应负担=200×300=60 000(元)

$$加工费分配率(上步骤)=\frac{90\ 000}{700+200}=100$$

完工半成品应负担=700×100=70 000(元)

月末在产品应负担=200×100=20 000(元)

$$加工费(本步骤)分配率=\frac{64\ 000}{700+200×50\%}=80$$

完工半成品应负担=700×80=56 000(元)

月末在产品应负担=200×50%×80=80 000(元)

完工半成品总成本=210 000+(70 000+56 000)=336 000(元)

第三步骤:

$$直接材料分配率=\frac{210\ 000}{400+300}=300$$

完工产成品应负担=400×300=120 000(元)

月末在产品应负担=300×300=90 000(元)

$$加工费(上步骤)分配率=\frac{126\ 000}{400+300}=180$$

完工产成品应负担=400×180=72 000(元)

月末在产品应负担=300×180=54 000(元)

$$加工费(本步骤)分配率=\frac{33\ 000}{400+300×50\%}=60$$

完工产成品应负担=400×60=24 000(元)

月末在产品应负担=300×50%×60=9 000(元)

完工产成品总成本=120 000+(72 000+24 000)=216 000(元)

第三节 平行结转分步法

在一些大量、大批、多步骤装配式生产企业的生产中,往往是对各种原材料平行地进行连续加工,加工成各种零部件的半成品,然后再装配成各种产成品,如机械行业往往如此。这类企业的半成品种类很多，且很少对外销售。还有的企业在成本管理上无计算半成品成本的必要。在这种情形下，为了简化和加速成本计算工作，就采用一种不计算半成品成本的平行结转分步法。

一、平行结转分步法的特点

平行结转分步法也称不计算半成品成本的分步法。采用这种方法计算成本时，各个计算步骤只归集和分配本步骤发生的耗费，而不计算和登记上步骤半成品转入的耗费，至期末，将各步骤各项目的总耗费在企业最终的完工产成品和广义在产品之间加以分配。平行加总各步骤应计入完工产品的耗费份额，就是本期完工产品的总成本。

平行结转分步法的计算程序见图 11 - 2。

甲产品第一步骤成本计算单

项　　目	直接材料	直接人工	制造费	合计
月初在产品成本	1 440	128	192	1 760
本月发生耗费	3 464	364	416	4 224
计入产品成本份额	2 536	262	338	3 136
月末在产品成本	2 368	210	270	2 848

甲产品第二步骤成本计算单

项　　目	直接材料	直接人工	制造费	合计
月初在产品成本		120	240	360
本月发生耗费		416	308	724
计入产品成本份额		320	328	648
月末在产品成本		216	220	436

甲产品第三步骤成本计算单

项　　目	直接材料	直接人工	制造费	合计
月初在产品成本		20	30	50
本月发生耗费		180	250	430
计入产品成本份额		150	210	360
月末在产品成本		50	70	120

项　　目	直接材料	直接人工	制造费	合计
第一步骤	2 536	262	338	3 136
第二步骤		320	328	648
第三步骤		150	210	360
合　　计	2 536	732	876	4 144

图 11 - 2　平行结转分步法的计算程序

平行结转分步法的特点主要表现在：

(1) 以生产步骤和产品品种设置成本明细账，各步骤明细账中只登记、归集本步骤发生的耗费，而不归集上步骤完工半成品实物转入的耗费。

(2) 不计算各步骤的完工半成品成本，无论半成品在各生产步骤之间直接转移，还是通过半成品仓库收发，都不通过"自制半成品"账户进行核算。

(3) 期末，将各步骤所归集的本步骤总耗费，分项目分别在企业的最终完工产成品和广义在产品之间加以分配，之后将各步骤完工产成品的份额平行加总即为完工产品总成本。

(4) 期末广义在产品包括三部分：其一，尚在本步骤加工的产品（即狭义在产品）；其二，本步骤已完工，暂时滞留在半成品库的半成品；其三，本步骤已完工，但期末正在以后步骤加工、或正在返修，尚未最后完工或未经验收合格的半成品、在产品。

二、各步骤总耗费应计入完工产成品成本"份额"的计算

企业制造性的耗费发生后，平时按受益的主体和范围，直接记入了各步骤各产品的成本明细账，或者先行归集至期末，采用适当的分配标准分配记入了各步骤各产品的成本明细账；然后将各步骤、各产品及各项目的总成本在企业最终完工产品和广义在产品之间加以划分。下面分别以定额比例法、约当产量比例法分别说明完工产成品成本的形成过程。

在企业定额管理、计划管理基础较好，定额成本、计划成本的制定较为准确的条件下，可以采用按定额比例法分配耗费，就可简化间接耗费的分配工作。具体计算可分述如下。

(一) 按定额比例法分配耗费

有关计算公式如下：

$$\text{本月完工产成品定额消耗量（工时）或定额耗费} = \text{本月完工产成品数量} \times \text{单位产成品消耗定额（工时）或耗费定额}$$

$$\text{月末广义在产品定额消耗量（工时）或定额耗费} = \text{月初广义在产品定额消耗量（工时）或定额耗费} + \text{本月投入的定额消耗量（工时）或定额耗费} - \text{本月产成品定额消耗量（工时）或定额耗费}$$

$$\text{某步骤某项目耗费分配率} = \frac{\text{该步骤该项目月初广义在产品成本} + \text{该步骤该项目本月发生耗费}}{\text{产成品定额消耗量（工时）或定额费用} + \text{月末广义在产品定额消耗量（工时）或定额费用}}$$

$$\text{某步骤某项目耗费应计入完工产成品成本份额} = \text{产成品定额消耗量（工时）或定额耗费} \times \text{分配率}$$

$$\text{某步骤某项目耗费应计入广义在产品成本份额} = \text{月末广义在产品定额消耗量（工时）或定额耗费} \times \text{分配率}$$

【例11-6】 某企业在连续的两道工艺上通过两个生产车间制造丁产品,分两步采用平行结转分步法归集和计算产品成本。原材料项目按定额耗费比例分配。其他项目均按定额工时比例分配,原材料在生产开始时一次投入。202×年8月,有关定额、在产品成本和耗费资料见表11-16～表11-19。

表11-16　　　　　　8月有关定额资料

车　间	月初广义在产品定额		本月投入定额	
	定额原材料费(元)	定额工时(小时)	定额原材料费(元)	定额工时(小时)
第一车间	208 800	8 500	150 800	6 500
第二车间		3 300		3 900

表11-17　　　　　　丁完工产成品单位定额

车　　　间	原材料费(元)	生产工时(小时)
第一车间	116	5
第二车间		4
合　　　计	116	9

表11-18　　　　　　月初广义的在产品成本　　　　　单位:元

车　　　间	直接材料	直接人工	制　造　费	合　　　计
第一车间	222 980	17 200	136 300	376 480
第二车间		13 316	51 980	65 296

表11-19　　　　　　8月发生耗费　　　　　单位:元

车　　　间	直接材料	直接人工	制　造　费	合　　　计
第一车间	154 600	13 100	104 000	271 700
第二车间		15 700	76 900	92 600

本月生产完工丁产品1 400件采用定额比例法分配耗费计算过程如下:

1. 第一车间成本分配过程

(1)直接材料项目:

完工产成品定额耗费＝1 400×116＝162 400(元)

$$月末广义在\atop 产品定额耗费}=208\,800+150\,800-162\,400=197\,200(元)$$

$$直接材料分配率=\frac{222\,980+154\,600}{162\,400+197\,200}=1.05$$

完工产成品成本＝162 400×1.05＝170 520(元)

月末广义在产品成本＝197 200×1.05＝207 060(元)

（2）定额工时项目：

完工产品定额工时＝1 400×5＝7 000(小时)

月末广义在产品定额工时＝8 500+6 500-7 000＝8 000(小时)

（3）直接人工项目：

$$直接人工分配率=\frac{17\,200+13\,100}{7\,000+8\,000}=2.02$$

完工产成品成本＝7 000×2.02＝14 140(元)

月末广义在产品成本＝8 000×2.02＝16 160(元)

（4）制造费项目：

$$制造费分配率=\frac{136\,300+104\,000}{7\,000+8\,000}=16.02$$

完工产成品成本＝7 000×16.02＝112 140(元)

月末广义在产品成本＝8 000×16.02＝128 160(元)

根据以上计算结果,登记第一车间产品成本计算单(表 11-20)。

表 11-20　　　　　　　　**产品成本计算单**

车间：第一车间　　　　　　　　产品名称：丁产品　　　　　　　　金额单位：元

摘　　　要	直　接　材　料		定额工时	直接人工	制造费	合　　计
	定额	实际				
月初广义在产品成本	208 800	222 980	8 500	17 200	136 300	376 480
本月发生耗费	150 800	154 600	6 500	13 100	104 000	271 700
合　　计	359 600	377 580	15 000	30 300	240 300	648 180
耗费分配率		1.05		2.02	16.02	
完工产品成本	162 400	170 520	7 000	14 140	112 140	296 800
月末广义在产品成本	197 200	207 060	8 000	16 160	128 160	351 380

2. 第二车间成本分配过程

（1）定额工时项目：

完工产品定额工时＝1 400×4＝5 600(小时)

月末广义在产品定额工时＝3 300＋3 900－5 600＝1 600(小时)

(2) 直接人工项目：

$$直接人工分配率＝\frac{13\ 316＋15\ 700}{5\ 600＋1\ 600}＝4.03$$

完工产成品成本＝5 600×4.03＝22 568(元)

月末广义在产品成本＝1 600×4.03＝6 448(元)

(3) 制造费项目：

$$制造费分配率＝\frac{51\ 980＋76\ 900}{5\ 600＋1\ 600}＝17.90$$

完工产成品成本＝5 600×17.9＝100 240(元)

月末广义在产品成本＝1 600×17.9＝28 640(元)

根据上述计算结果,登记第二车间产品成本计算单(表11-21)。

表 11-21　　　　　　　　产品成本计算单

车间：第二车间　　　　　　　产品名称：丁产品　　　　　　　金额单位：元

摘　　　要	定额工时	直接人工	制　造　费	合　　计
月初广义在产品成本	3 300	13 316	51 980	65 296
本月发生耗费	3 900	15 700	76 900	92 600
合　　计	7 200	29 016	128 880	157 896
耗费分配率		4.03	17.90	
完工产品成本	5 600	22 568	100 240	122 808
月末广义在产品成本	1 600	6 448	28 640	35 088

根据第一、第二车间(步骤)产品成本计算单,编制产成品成本汇总表(表11-22)。

表 11-22　　　　　　　　产成品成本汇总表

产品名称：丁产品　　　　　　　202×年8月　　　　　　　单位：元

摘　　　要	产量(件)	直接材料	直接人工	制　造　费	合　　计
第一车间		170 520	14 140	112 140	296 800
第二车间			22 568	100 240	122 808
合　　计	1 400	170 520	36 708	212 380	419 608
单位成本		121.80	26.22	151.70	299.72

（二）按约当产量比例法分配耗费

采用约当产量比例法分配每个计算步骤各成本项目的耗费时,平行结转分步法与逐步结转分步法的区别就更显而易见了。平行结转分步法的在产品是站在整个企业角度,相对于最终完工产成品而言的广义在产品。

广义的在产品是指曾经过本步骤加工制作,应负担本步骤各项目耗费的在产品和半成品,具体包括本步骤月末在产品（狭义在产品）和本步骤已生产完工但尚未最终完工并验收入库的产品。

对大量、大批、连续式、多步骤生产企业来说,分配各步骤各项耗费的计算公式可表述如下:

$$耗费分配率 = \frac{月初广义在产品成本 + 本月发生耗费}{完工产品数量 + 广义在产品数量}$$

$$完工产品成本 = 完工产品数量 \times 耗费分配率$$

$$月末在产品成本 = 广义在产品数量 \times 耗费分配率$$

对于大量、大批、装配式、多步骤生产企业来说,分配各步骤各项耗费的计算公式可表述如下:

$$耗费分配率 = \frac{月初广义在产品成本 + 本月发生耗费}{完工产品耗用该步骤半成品数量 + 广义在产品数量}$$

（注：完工产品耗用该步骤半成品数量是指产成品数量与单位产成品耗用该步骤半成品数量的乘积。）

$$完工产品成本 = 完工产品耗用该步骤半成品数量 \times 耗费分配率$$

$$月末在产品成本 = 广义在产品数量 \times 耗费分配率$$

需要指出的是,对不同计算步骤来说,广义在产品数量是不同的。现举例说明如下。

【例11-7】 某企业本月新投产甲产品连续经过三个工艺制作而成,第一步骤投产 1 000 件,本月完工入半成品库 800 件,月末在产品 200 件;第二步骤从半成品库共领用 750 件,完工入半成品库 730 件,月末在产品 20 件;第三步骤从半成品库共领用 700 件,完工产成品 610 件,月末在产品 90 件。

依上述资料在采用平行结转分步法分配三个步骤各项耗费时,各步骤的广义在产品实物数量计算如下:

第一步骤广义在产品数量 = 200 + 50 + 20 + 30 + 90 = 390（件）

第二步骤广义在产品数量 = 20 + 30 + 90 = 140（件）

第三步骤广义在产品数量90(件)

【例11-8】 现以[例11-5]资料,用平行结转分步法计算完工产品成本如下:

第一步骤:

$$直接材料分配率=\frac{300\ 000}{400+(300+200+100)}=300$$

$$完工产成品成本=400\times300=120\ 000(元)$$

$$月末在产品成本=(300+200+100)\times300=180\ 000(元)$$

$$加工费分配率=\frac{95\ 000}{400+(300+200+100\times50\%)}=100$$

$$完工产成品成本=400\times100=40\ 000(元)$$

$$月末在产品成本=(300+200+100\times50\%)\times100=55\ 000(元)$$

第二步骤:

$$加工费分配率=\frac{64\ 000}{400+(300+200\times50\%)}=80$$

$$完工产成品成本=400\times80=32\ 000(元)$$

$$月末在产品成本=(300+200\times50\%)\times80=32\ 000(元)$$

第三步骤:

$$加工费分配率=\frac{33\ 000}{400+300\times50\%}=60$$

$$完工产成品成本=400\times60=24\ 000(元)$$

$$月末在产品成本=(300\times50\%)\times60=9\ 000(元)$$

根据上述计算结果,编制产成品成本汇总表(表11-23)。

表 11-23　　　　　　　　**产成品成本汇总表**

产品名称:丙　　　　　　202×年8月　　　　　　金额单位:元

生产步骤(份额)	产量(件)	直接材料	加 工 费	合 计
第一步骤		120 000	40 000	160 000
第二步骤			32 000	32 000
第三步骤			24 000	24 000
合 计	400	120 000	96 000	216 000

第四节　成本计算方法的比较

分步法在工业企业的产品成本计算中得到了十分广泛的应用。逐步结转分步法和平行结转分步法正是适应了企业不同的成本管理要求。

一、逐步结转分步法的评价

逐步结转分步法的优点主要表现在:

(1) 成本计算对象是企业的产成品及其各步骤的半成品,其成本计算的步骤符合产品价值形成和资金耗费的客观过程,便于考核企业产品成本和半成品成本计划的执行情况。

(2) 无论综合还是分项结转,半成品成本都是随着半成品实物的转移而结转,月末在产品成本反映着本企业真实的资金占用水平,价值与实物相一致,因而也能为在产品的实物管理和生产资金管理提供资料。

(3) 能够提供各个生产步骤的半成品成本资料,有利于加强各步骤半成品成本的管理。尤其在半成品成本按综合成本项目结转的方法下,能全面反映各步骤完工产品成本中所耗上一步骤半成品耗费水平和本步骤的加工费水平。

逐步结转分步法的缺点在于:采用这一方法,下一步骤的成本计算必须等待上一步骤的成本计算结果,常常影响成本计算的及时性;同时,逐步综合结转分步法下需要进行成本还原,逐步分项结转分步法下,从第二计算步骤起,各个成本项目都要分设"上步骤转入"和"本步骤发生"两栏,这就使得成本分配和结转工作复杂化。因而,逐步结转分步法一般适宜于成本管理上要求提供半成品成本、生产步骤较少、半成品种类也不多的大量、大批、多步骤生产类型的企业。

为了克服逐步结转分步法的弊端,可创造条件采用定额成本对各步骤结转的半成品计价,将成本控制与成本核算有机地结合起来。

二、平行结转分步法的评价

平行结转分步法是分步法中的一种较为简化的方法,其优点主要表现在:

(1) 下一步骤的成本计算工作不必等待上一步骤的成本计算结果,这样就加速了成本计算的进度。

(2) 各步骤按原始的成本项目将各项耗费平行地计入完工产品成本中,能够较为正确地反映产品成本结构,也便于考核分析各生产步骤的成本控制效果。

但是在此方法下,产品的生产工艺过程和产品成本形成的过程相分离,不便于掌握产品成本形成的动态;在成品成本的登记同实物相脱节,是按发生地反映的,不便于在产品和半成品实物的管理,同时也不能提供半成品成本资料。所以,平行结转分步法一般只适宜在半成品种类较多、逐步结转半成品成本的工作量较大、管理上又不要求提供各步骤半成品成本资料的情况下采用。针对平行结转分步法的缺陷,在采用该方法时,应加强企业各步骤在产品收、发、存的数量核算的基础工作,加强各步骤废品损失的核算和在产品的清查工作,借以弥补采用该方法所产生的价值与实物相分离的缺陷。

三、逐步结转分步法与平行结转分步法的比较

根据对逐步结转分步法与平行结转分步法的具体评价,可得出它们之间的主要区别在于:

(1)成本管理的要求不同。尽管逐步结转和平行结转均适用于大量、大批、多步骤生产的企业,但平行结转分步法只要求分步骤控制费用,而逐步结转分步法还要求逐步计算和结转半成品成本,也就是说,逐步结转分步法比平行结转分步法在实物管理和成本资料的提供上有更高的要求。

(2)完工产品及在产品的含义不同。逐步结转分步法下的在产品是狭义的在产品,即就某个步骤来说,月末正在本步骤制作的在产品;平行结转分步法下的在产品是广义的在产品,即曾在本步骤加工制作过、应负担本步骤费用的在产品,除狭义在产品外,还包括本步骤已完工、滞留在半成品库或以后步骤正在加工的在产品。逐步结转分步法下的完工产品包括分步骤的完工半成品(前面步骤)和最后步骤的完工产品;而平行结转分步法下的完工产品仅指最后步骤的完工产品。

(3)资金与实物的关系。在逐步结转分步法下,半成品成本随着半成品实物的转移而结转,各步骤月末在产品成本按其所在地点登记,反映了真实的资金占用水平,资金占用与实物相一致。而在平行结转分步法下,在产品的耗费在最后产成以前,不按其所在地点登记,而按其发生地点登记,资金与实物相分离。

(4)各计算步骤反映的耗费范围不同。逐步结转分步法下,由于成本随实物同时结转,除了第一计算步骤,其他步骤各个项目的耗费都是累计发生额(包含了以前步骤该项目的耗费数)。而平行结转分步法下,每个计算步骤各个项目的耗费都只是本步骤发生的,而没有以前步骤该项目的转入数。

(5)账户设置和应用不同。逐步结转分步法,无论逐步综合结转,还是逐步分项结转,在半成品通过半成品仓库收发时,就必须设置和运用"自制半成品"账户,以反映半成品实物的收、发、存情况。而平行结转分步法,无论半成品在各生产步骤之间直接转移,还是通过半成品仓库收发,由于不计算半成品成本,也就都不需要设置和

运用"自制半成品"账户。

本章要点概览

1. 产品成本计算的分步法是既按生产步骤,又按产品品种规格计算产品成本的一种成本计算方法。它适用于那些连续式或装配式大量、大批生产产品的企业。按照是否计算半成品成本,分步法可分为逐步结转分步法和平行结转分步法两类。

2. 按照半成品成本反映的方式不同,逐步结转分步法可分为逐步综合结转分步法和逐步分项结转分步法两种。采用逐步综合结转分步法计算时,要逐步计算并结转完工半成品成本,在最后步骤的完工产品成本中,逐步结转的综合项目"自制半成品"汇集了完工产品在前几个步骤的总耗费,要提供完工产品在各步骤、各成本项目的实际耗费,就必须进行成本还原。

3. 所谓成本还原,就是从最后步骤起,将"自制半成品"综合项目按本月前一步骤完工半成品成本的结构比例进行分解,逐步向前推算至无综合项目,然后将相同项目相加,就可求得按原始成本项目反映的完工产品成本。

4. 平行结转分步法也称不计列半成品成本的分步法。采用该方法,各步骤只核算和分配本步骤的耗费,不登记半成品在前步骤发生的耗费。期末,要将每个步骤各个项目的总耗费在企业完工产成品和广义在产品之间加以分配,将各步骤完工产成品的份额平行加总,即为完工产品总成本。

主要术语

1. 逐步结转分步法　　　　　2. 平行结转分步法
3. 逐步综合结转分步法　　　4. 逐步分项结转分步法
5. 自制半成品　　　　　　　6. 成本还原
7. 广义在产品　　　　　　　8. 狭义在产品

阅　读　文　献

1. 胡元木、杨公遂、曹庆华主编:《成本会计学》(第十章　产品成本计算的分步法),南开大学出版社 2003 年版。

2. 于富生、王俊生、黎文珠主编:《成本会计学》(第六章　产品成本计算的基本方法),中国人民大学出版社 2002 年版。

3. 谢灵主编:《成本会计学》(第十章　成本计算分步法与混合法),中国人民大学出版社 2004 年版。

4. 陈云主编:《成本会计学》(第九章　分步法),中国物价出版社 2001 年版。

复习思考题

1. 简述分步法的特点和适用范围。

2. 什么是成本还原？如何进行成本还原？

3. 什么是半成品成本的"综合结转分步法"和"分项结转分步法"？它们各有什么优缺点？

4. 采用平行结转分步法时，产成品和在产品之间的生产成本是怎样分配的？

5. 简述逐步结转分步法的优缺点和应用条件。

6. 简述平行结转分步法的计算程序。

7. 广义在产品和狭义在产品的区别何在？

8. 比较说明逐步结转分步法和平行结转分步法的异同。

练 习 题

一、单项选择题

1. 分步法适用于（　　）类型的企业。

    A. 大量、大批、单步骤生产　　　　　　B. 大量、大批、多步骤生产

    C. 单件、小批生产　　　　　　　　　　D. 产品品种规格繁多的单步骤生产

2. 分步法按照是否计列完工半成品成本来分类，可分为（　　）。

    A. 逐步综合结转与逐步分项结转分步法

    B. 半成品按实际成本与计划成本核算法

    C. 逐步结转与平行结转分步法

    D. 当月分配法与累计分配法

3. 分步法中的某步骤"狭义在产品"是指期末（　　）。

    A. 本步骤完工正在后步骤加工的产品

    B. 本步骤完工正滞留在半成品库的半成品

    C. 正在本步骤加工的产品

    D. 最后步骤也完工的产品

4. 采用逐步结转分步法，若半成品通过仓库收发，则应增设的账户是（　　）账户。

    A. "库存商品"　　　　　　　　　　　　B. "原材料"

    C. "自制半成品"　　　　　　　　　　　D. "外购商品"

5. 采用（　　），需要进行成本还原。

    A. 逐步分项结转分步法

    B. 平行结转分步法

    C. 逐步综合结转分步法

    D. 简化的分批法

二、多项选择题

1. 采用平行结转分步法时，某步骤的广义在产品包括（　　）。

A. 本步骤正在加工的产品

　　　B. 本步骤已完工尚在后续步骤加工的产品

　　　C. 本步骤已完工,现滞留在半成品库的半成品

　　　D. 本步骤已完工准备对外销售的半成品

　2. 基于(　　　)需要,要求计算半成品成本。

　　　A. 半成品可能对外销售的企业

　　　B. 半成品可能转作其他产品原料的企业

　　　C. 半成品不对外销售的企业

　　　D. 管理上要求严格考核各步骤耗费的企业

　3. 逐步综合结转分步法中的成本还原方法有(　　　)。

　　　A. 完工比例法　　　　　　　　　B. 双倍余额递减法

　　　C. 成本结构比重法　　　　　　　D. 标准成本还原法

　4. 下列选项中,适于采用分步法计算产品成本的有(　　　)企业。

　　　A. 钢铁制造

　　　B. 纺织类

　　　C. 造纸类

　　　D. 煤炭发电

　5. 采用逐步结转分步法,所计算的完工产品成本包括(　　　)。

　　　A. 最后步骤完工产品成本

　　　B. 前面步骤的完工半成品成本

　　　C. 各步骤的月末在产品成本

　　　D. 正在返修的可修复废品

三、判断题

1. 采用分步法计算产品成本,基于成本分析与考核的需要,均须进行成本还原。　　　(　　　)

2. 采用平行结转分步法计算产品成本的条件下,期末在产品成本是按耗费发生地反映的。

　　　　　　　　　　　　　　　　　　　　　　　　　　　　　　　　　　　(　　　)

　3. 采用逐步分项结转分步法计算产品成本时,后续步骤各成本项目在完工产品与在产品之间分配时,上步骤转入与本步骤发生的同一耗费项目,在产品的约当产量是不同的。　　(　　　)

　4. 采用分步法计算产品成本时,明细账的计算步骤与实际的加工工艺步骤不一定完全一致。

　　　　　　　　　　　　　　　　　　　　　　　　　　　　　　　　　　　(　　　)

　5. 采用逐步结转分步法计算产品成本时,在产品的实物与其资金占用所在地是相分离的。

　　　　　　　　　　　　　　　　　　　　　　　　　　　　　　　　　　　(　　　)

四、业务题

【业务题一】

(一) **目的**　练习逐步分项结转分步法的计算与应用。

(二) **资料**　某企业生产乙产品,连续地经过两个车间加工制作,原材料在生产开始时一次投入,在产品按定额成本计价,采用逐步分项结转分步法计算产品成本。有关资料见表 11 - 24~

表 11-26。

表 11-24　　　　　　　　　**第一步骤产品成本计算单**　　　　金额单位：元

月	日	摘　　　　要	产量(件)	直接材料	直接人工	制造费	合　计
7	31	在产品成本(定额成本)		80 000	60 000	56 000	196 000
8	31	本月生产耗费		320 000	168 000	140 000	628 000
	31	生产耗费累计					
	31	半成品成本	800				
	31	半成品单位成本					
	31	在产品成本(定额成本)		128 000	88 000	72 000	288 000

表 11-25　　　　　　　　　**自制半成品明细账**　　　　金额单位：元

月 份	项　目	数量(件)	实　际　成　本			
			直接材料	直接人工	制造费	合　计
7	月初余额	2 000	660 400	361 200	279 200	1 300 800
	本月增加					
	累计					
	单位成本					
	本月减少	1 800				
8	月初余额					

表 11-26　　　　　　　　　**第二步骤产品成本计算单**　　　　金额单位：元

月	日	摘　　　　要	产量(件)	直接材料	直接人工	制造费	合　计
7	31	在产品成本(定额成本)		248 000	21 600	128 000	397 600
8	31	本月本步骤耗费			38 000	27 200	65 200
	31	本月上步骤转入					
	31	生产耗费累计					
	31	本月转出产成品成本	1 200				
	31	在产品成本(定额成本)		352 000	102 800	80 000	534 800

注：在产品定额成本计算过程省略。

（三）**要求**　根据上述资料，采用逐步分项结转分步法计算产品成本，并将计算结果填入各步骤产品成本计算单中,并登记自制半成品明细账。

【业务题二】

(一) 目的 练习逐步综合结转分步法及成本还原。

(二) 资料 某企业生产丙产品,连续经过三个生产步骤制作,原材料在开始生产时一次投入,半成品在各步骤之间直接转移,月末在产品按约当产量法计算。有关产量及生产耗费资料见表 11 - 27 和表 11 - 28。

表 11 - 27　　　　　　　　　　**产 量 资 料**　　　　　　　　　　单位:件

项　　　　目	第 一 步 骤	第 二 步 骤	第 三 步 骤
月初在产品数量	40	60	80
本月投产数量	80	100	130
本月完工产品数量	100	130	160
月末在产品数量	20	30	50
在产品完工程度	50%	50%	60%

表 11 - 28　　　　　　　　　　**生产耗费资料**　　　　　　　　　　单位:元

成 本 项 目	月初在产品成本			本月发生耗费		
	第一步骤	第二步骤	第三步骤	第一步骤	第二步骤	第三步骤
自制半成品		5 000	15 166			
直接材料	3 600			48 000		
燃料及动力	1 200	1 830	2 500	18 600	6 000	10 800
直接人工	2 000	2 250	2 720	15 820	5 000	6 400
制造费	1 400	1 750	2 260	8 500	2 950	4 200
合　　　计	8 200	10 830	22 646	90 920	13 950	21 400

(三) 要求 根据上述资料,采用逐步综合结转分步法计算产品成本,并对计算结果进行成本还原。计算各项分配率时,保留小数点 4 位(成本还原率第一次保留小数点 5 位,第二次保留小数点 10 位。还原后成本均保留 2 位小数点)。

【业务题三】

(一) 目的 练习平行结转分步法的计算与应用。

(二) 资料 某企业生产乙产品,连续地经过三个车间加工制作,原材料在生产开始时一次投入,半成品直接在各生产步骤之间转移。月末在产品按约当产量法计价,各步骤在产品本步骤加工费完工程度均为 50%,采用平行结转分步法计算产品成本。有关产量及生产耗费资料见表 11 - 29 和表 11 - 30。

表 11 - 29 　　　　　　　　　　产 量 资 料 　　　　　　　　　单位：件

项　　目	第 一 步 骤	第 二 步 骤	第 三 步 骤
月初在产品	80	60	30
本月投产	120	160	120
本月完工	160	120	100
月末在产品	40	100	50

表 11 - 30 　　　　　　　　　　生产耗费资料 　　　　　　　　　　单位：元

成 本 项 目	月初在产品成本			本月发生耗费		
	第一步骤	第二步骤	第三步骤	第一步骤	第二步骤	第三步骤
直接材料	24 000			63 000		
燃料及动力	4 800	4 400	1 300	12 480	11 600	4 700
直接人工	7 000	6 240	1 780	17 300	14 560	6 470
制造费	4 400	4 000	1 200	11 800	11 600	4 800
合　　计	40 200	14 640	4 280	104 580	37 760	15 970

（三）要求 　根据上述资料，采用平行结转分步法计算产品成本。

案 例 分 析 题

某企业本月新投产丙产品，连续经过三个生产步骤制作，原材料在开始生产时一次投入，半成品在各步骤之间直接转移，月末在产品按约当产量法计算，各步骤在产品完工程度均为 50%。有关产量及生产耗费资料见表 11 - 31 和表 11 - 32。

表 11 - 31 　　　　　　　　　　产 量 资 料 　　　　　　　　　单位：件

项　　目	第 一 步 骤	第 二 步 骤	第 三 步 骤
月初在产品			
本月投产（或上步转入）	2 000	1 600	1 400
本月完工	1 600	1 400	1 300
月末在产品	400	200	100

表 11 - 32	生产耗费资料		单位：元
成 本 项 目	本 月 发 生 耗 费		
	第 一 步 骤	第 二 步 骤	第 三 步 骤
原材料	400 000		
加工费	270 000	150 000	108 000
合 计	670 000	150 000	108 000

要求：

（1）根据上述资料，分别采用平行结转分步法、逐步综合结转分步法、逐步分项结转分步法计算丙产品成本，并对逐步综合结转分步法的计算结果进行成本还原。

（2）将各种方法的计算过程及结果进行比较，分析其相同点与不同点。

（注：第一次成本还原率保留小数点后11位。）

思政拓展思考

党的二十大报告在"新时代新征程中国共产党的使命任务"中指出：到二〇三五年，我国发展的总体目标是：经济实力、科技实力、综合国力大幅跃升，人均国内生产总值迈上新的大台阶，达到中等发达国家水平；实现高水平科技自立自强，进入创新型国家前列；建成现代化经济体系，形成新发展格局，基本实现新型工业化、信息化、城镇化、农业现代化……广泛形成绿色生产生活方式，碳排放达峰后稳中有降，生态环境根本好转，美丽中国目标基本实现；国家安全体系和能力全面加强，基本实现国防和军队现代化。

请思考：人均国内生产总值迈上新的大台阶；基本实现新型工业化、信息化、城镇、农业现代化；广泛形成绿色生产生活方式，碳排放达峰后稳中有降，生态环境根本好转的目标的完成，依赖于钢铁、煤炭化工类的主体产业的大发展，而这些主体产业属于大量、大批、多工艺生产类型的企业，并且适合采用分步法计算产品成本。从理论创新与方法再造的层面，不断改进此类企业的成本计算方法，提高成本计算的效率及准确度，就显得尤为重要及迫切。你对此是怎么认为的呢？

第十二章 产品成本计算的分类法

━━━━ 学习目的与要求 ━━━━

　　本章旨在介绍产品成本计算的分类法及其在联产品、副产品、等级品成本计算中的应用。其内容主要包括分类法的概念及计算程序,联产品、副产品和等级产品的成本分配方法。通过本章的学习,学生应理解分类法的含义、特点及其应用范围;掌握分类法的计算程序;正确区分联产品、副产品和等级产品,并掌握各自的成本计算方法。

 **课前预习题**

1. 分类法是基本的成本计算方法吗? 为什么?

2. 分类法的核算有哪些程序?

3. 联产品、副产品和等级产品有何区别? 成本计算各有何特点?

4. 常用的联产品成本分配方法有哪些?

5. 常用的副产品计价方法有哪些? 各适用于什么情况?

第一节 分类法的基本原理

在一些工业企业中,生产的产品品种、规格繁多,如果以产品品种或规格作为成本计算对象归集生产耗费,计算产品成本,则成本计算工作极为繁重。为了简化成本核算工作,可以考虑采用分类法。

一、分类法的概念及适用范围

分类法是以产品的类别作为成本计算对象,归集生产耗费,在计算出该类产品总成本的基础上,再按一定标准分配计算该类内各种产品成本的一种成本计算方法。分类法不是一种独立的成本计算方法,必须与成本计算的各种基本方法(如品种法、分步法、分批法等)结合使用。例如,当品种法和分类法相结合时,总体上仍然按品种法核算,只是成本计算对象不再是某种产品,而是多种产品组成的类别。计算出总成本后,还要在类别内对其进行分配,计算各种产品的成本。

分类法一般适用于使用同样的原材料,生产、加工的工艺过程基本相同,所生产产品的品种、规格、型号繁多,可以按一定标准予以分类的生产企业。此外,分类法还可以用于联产品、副产品和等级品的成本计算。

二、分类法的成本计算程序

分类法计算成本的程序一般为:

(1)恰当地划分产品类别,按产品类别开设产品成本明细账,归集产品的生产耗费,计算各类产品的成本。简单地说,就是将具有相似特征的产品归为一类,作为一个整体进行成本计算。产品的分类是否恰当,类距是否合适,将直接影响到成本计算结果的准确性。在进行产品分类时,应当以类内产品的性质、结构、所用原材料和工艺过程的特点相同或相近为标准。类内产品的类距既不能定得过小,使成本计算工作复杂化,又不能定得过大,造成品种、规格相差很大的产品成本相同,影响成本计算的准确性。产品类别的划分应本着既简化成本计算,又能使成本计算结果比较准确的原则进行。

(2)选择合理的分配标准,将每类产品的总成本在产成品、在产品和类别内各种产品之间进行分配,计算类别内各种产品的成本。在计算类别内各种产品成本时,分配标准的选择是关键,应选择与产品成本高低有着直接联系的项目作为标准,如定额消耗量、定额成本、计划成本、产品售价、产品的重量和体积等,都可以作为成本分配的标准。各成本项目可以采用同一个分配标准,也可以根据各成本项目的性质,分别采用不同的分配标准。例如,直接材料耗费可以按照直接材料定额消耗量或直接材料定额耗费比例进行分配,直接工人等其他耗费可以按照定额工时比例进行分配。在分类法下,各类产品的在产品成本与完工产品成本的划分,可选择定额比例法、定额成本计价法和产量比例法等方法。为简化成本核算,也可以把生产耗费在完工产品和在产品之间的分配与总成本在类内各种产品之间的分配结合起来同时进行。

图 12-1 列示了分类法成本计算的具体程序。假定某企业生产甲、乙两类产品,甲类包括 A、B、C 三种产品;乙类包括 D、E、F 三种产品。

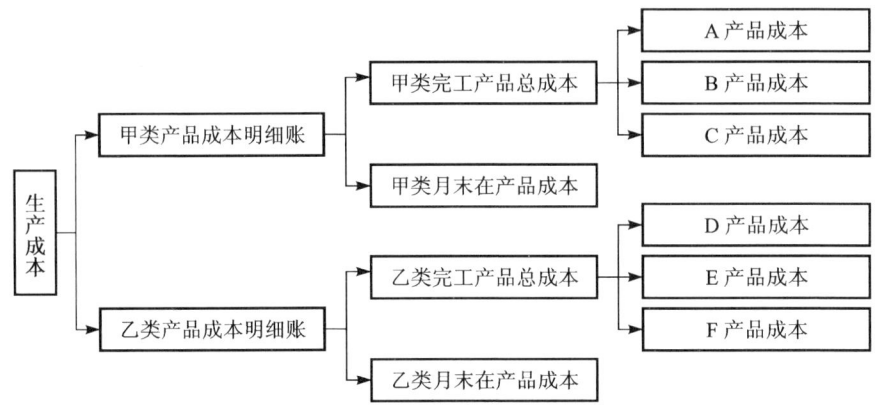

图 12-1　分类法成本计算的具体程序

三、类内产品成本的计算

每类产品的总成本在类内各种产品之间的分配是分类法应用的关键点,也是分类法与基本成本计算方法相比的特点所在。下面简要介绍两种常用的类内产品成本计算方法:定额比例法和系数法。

(一)定额比例法

在分类法下,某类产品的完工产品成本按类内各种产品的定额比例进行分配的方法,称为定额比例法。该种方法一般适用于定额制定比较健全、稳定的企业。具体操作时,直接材料成本项目可按各种产品材料定额耗用量或材料定额成本比例进行分配,直接人工和制造费可采用定额工时比例进行分配。有关计算公式如下:

$$某类产品直接材料分配率=\frac{该类产品直接材料实际总成本}{该类产品中各产品直接材料定额成本(定额耗用量)之和}$$

$$某类产品直接人工(制造费)分配率=\frac{该类产品直接人工实际总成本}{该类产品中各产品定额工时之和}$$

某种产品直接材料成本=该种产品的直接材料定额成本×该类产品直接材料分配率

某种产品直接人工成本=该种产品定额工时×该类产品直接人工成本分配率

某种产品制造费成本=该种产品定额工时×该类产品制造费分配率

生产成本在完工产品与在产品之间的分配，一般也采用定额比例法。完工产品必须按产品的品种、规格计算其总成本和单位成本，而对于月末在产品，通常只需按类计算在产品成本，不需要计算各品种、规格的在产品成本。

（二）系数法

在分类法下，为了简化类内产品成本分配的计算工作，通常将类内产品的分配标准折合为系数，按系数分配计算类内各种产品的成本，这种分配方法被称为系数法。系数是指同一类别内各种产品成本耗费之间的比例关系。确定系数时，一般是在类内选择一种产量较大、生产比较稳定或规格适中的产品作为标准产品，将标准产品的系数定为1；再用其他各种产品的分配标准额与标准产品的分配标准额相比较，计算出其他各种产品的分配标准额与标准产品的分配标准额的比率，此即为其他各种产品的"系数"。分配标准可采用产品的定额成本、计划成本、售价等经济价值指标，也可采用产品的重量、体积、长度等技术性指标。对于不同的成本项目可采用不同的分配标准计算出不同的系数（即单项系数），也可以将各种产品的产量按照系数折算成标准产品产量，再按照标准产品产量的比例（即综合系数）分配类内各种产品成本。系数一经确定，应保持相对稳定。有关计算公式如下：

（1）按综合系数进行耗费分配：

$$某产品系数 = \frac{该产品分配标准额}{标准产品分配标准额}$$

$$某产品标准产量 = 该产品实际产量 \times 该产品系数$$

$$某成本项目分配率 = \frac{某类产品某成本项目实际总成本}{该类产品标准产品总产量}$$

$$某种产品的某成本项目耗费 = 该种产品的标准产量 \times 该类产品某成本项目分配率$$

（2）按单项系数进行耗费分配：

$$某产品某种成本项目系数 = \frac{该种产品某成本项目的分配标准（如定额工时）}{标准产品某成本项目分配标准（如定额工时）}$$

$$某产品标准产量某成本项目耗用量 = 该种产品实际产量 \times 该产品该成本项目系数$$

$$某产品某成本项目分配率 = \frac{某类产品某成本项目实际成本总额}{类内各种产品某成本项目标准产量用量之和}$$

$$某种产品某成本项目耗费 = 该种产品该成本项目标准产量用量 \times 某成本项目分配率$$

【例12-1】　某工业企业大量生产A、B、C三种产品，这三种产品结构相似，使用原材料相同，生产工艺过程相同，只是规格不同。为简化成本计算，将三种产品归为一类——甲类，采用分类法计算产品成本。甲类产品的月末在产品成本按定额成本计算，202×年8月，该类产品月初在产品成本、本月生产耗费及月末在产品成本资料见表12-1。甲类各种产品产量、原材料消耗定额和工时定额资料见表12-2。

表12-1 月初在产品成本、本月生产耗费及月末在产品成本 单位:元

项 目	直接材料	直接人工	制造费	合计
月初在产品成本	4 500	2 000	1 500	8 000
本月生产耗费	23 700	21 600	11 700	57 000
月末在产品成本	3 800	1 600	1 200	6 600
本月产成品成本	24 400	22 000	12 000	58 400

表12-2 甲类各种产品产量、原材料消耗定额和工时定额资料

产品名称	产量(件)	材料定额成本		定额工时(小时)	
		单位定额(千克)	总成本	工时定额	合计
A产品	48	80	3 840	18	864
B产品	80	100	8 000	20	1 600
C产品	64	120	7 680	24	1 536
合 计			19 520		4 000

（1）如果该企业在分配类内三种产品成本时,采用定额比例法,直接材料按材料定额成本分配,其他各项耗费按定额工时比例分配,则分配计算甲类产品中 A、B、C 三种产品的产成品总成本和单位成本的结果见表 12-3。

表12-3 类内各种产成品成本计算表

产品类别:甲类　　　　　　　　　　202×年 8 月　　　　　　　　金额单位:元

项 目		产量	直接材料		定额工时(小时)	直接人工	制造费	合计	单位成本
			定额成本	实际成本					
完工产品成本	总成本		19 520	24 400	4 000	22 000	12 000	58 400	
	分配率			1.25		5.50	3.00		
	A产品成本	48	3 840	4 800	864	4 752	2 592	12 144	253
	B产品成本	80	8 000	10 000	1 600	8 800	4 800	23 600	295
	C产品成本	64	7 680	9 600	1 536	8 448	4 608	22 656	354

（2）如果该企业在分配类内三种产品成本时,采用系数法,原材料系数按直接材料定额成本确定,直接工资等其他耗费按各种产品定额工时系数分配。该类产品中 B 产品为标准产品。分配系数计算表见表 12-4,则分配计算甲类产品中 A、B、C 三种产品的产成品总成本和单位成本的结果见表 12-5。

表 12 - 4 　　　　　　　　　　**分配系数计算表**

产品品种	材料定额成本	直接材料费系数	定额工时	定额工时系数
A 产品	80	0.8	18	0.9
B 产品	100	1.0	20	1.0
C 产品	120	1.2	24	1.2

表 12 - 5 　　　　　　　　　**类内各种产成品成本计算表**

产品类别:甲类　　　　　　　　　　202×年 8 月　　　　　　　　金额单位:元

项目	产量	材料系数	直接材料总系数	定额工时系数	定额工时总系数	应分配的耗费			
						直接材料	直接人工	制造费	合计
总成本						24 400	22 000	12 000	58 400
分配率						125	110	60	
A 产品成本	48	0.8	38.4	0.9	43.2	4 800	4 752	2 592	12 144
B 产品成本	80	1.0	80.0	1.0	80.0	10 000	8 800	4 800	23 600
C 产品成本	64	1.2	76.8	1.2	76.8	9 600	8 448	4 608	22 656

$$直接材料分配率 = \frac{24\ 400}{38.4 + 80 + 76.8} = 125$$

$$直接人工分配率 = \frac{22\ 000}{43.2 + 80 + 76.8} = 110$$

$$制造费分配率 = \frac{12\ 000}{43.2 + 80 + 76.8} = 60$$

各成本项目分别采用不同的系数,即为单项系数法。从以上结果可知,如果分配标准相同,采用单项系数法和定额比例法的分配结果相同。

(3) 如果该企业在分配类内三种产品成本时,采用系数法,且按综合系数进行分配,以 B 产品为标准产品,分配系数计算表见 12 - 6,则分配计算甲类产品中 A、B、C 三种产品的产成品成本和单位成本的结果见表 12 - 7。

表 12 - 6 　　　　　　　　　　**分配系数计算表**

产品品种	定额成本(元)	系数
A 产品	270	0.9
B 产品	300	1.0
C 产品	360	1.2

表 12 - 7　　　　　　　　　**类内各种产成品成本计算表**

产品类别:甲类　　　　　　　　　　202×年8月　　　　　　　　　　单位:元

项目	系数	实际产量	标准产量	直接材料	直接人工	制造费	合计	单位成本
总成本				24 400	22 000	12 000	58 400.0	
分配率				122	110	60		
A 产品成本	0.9	48.0	43.2	5 270.4	4 752.0	2 592.0	12 614.4	262.8
B 产品成本	1.0	80.0	80.0	9 760.0	8 800.0	4 800.0	23 360.0	292.0
C 产品成本	1.2	64.0	76.8	9 369.6	8 448.0	4 608.0	22 425.6	350.4

$$直接材料成本分配率 = \frac{24\ 400}{43.2 + 80 + 76.8} = 122$$

$$直接人工成本分配率 = \frac{22\ 000}{43.2 + 80 + 76.8} = 110$$

$$制造费用成本分配率 = \frac{12\ 000}{43.2 + 80 + 76.8} = 60$$

第二节　联产品、副产品和等级产品的成本计算

在工业企业的生产中,往往会出现使用相同的原材料在同一生产过程中生产出几种产品或具有不同质量的同一种产品。各种产品是用相同的原材料在同一生产过程中加工出来的,生产耗费无法按照产品的品种归集,直接计算各种产品成本。因此,可以采用分类法,先将同一生产过程产出的各种产品作为一类进行成本核算,然后再选用某个标准把该类总成本分配至类内的各个产品中。

一、联产品成本的计算

(一)联产品成本计算的特点

联产品是指企业使用相同的原材料,经过同一生产过程,同时生产出两种或两种以上具有同等地位的主要产品。例如,炼油厂从原油中可同时提炼出汽油、煤油、柴油等产品,这些产品都是炼油厂的主要产品,可称为联产品。

各种联产品可能是在生产过程终了时进行分离,也可能是在生产过程的某个步骤中进行分离,进行分离的生产步骤称为分离点。在联产品分离之前,无法分别按照产品品种归集和分配生产耗费,只能将其归为一类,采用分类法计算各种联产品的成本。人们通常将分离前发生的总成本称为联合成本,分离后有的产品需要进一步加

工,此时发生的成本称为可归属成本或可分成本。联产品的成本包括其应负担的联合成本和分离后继续加工所发生的可归属成本。联产品的成本关系见图12-2。

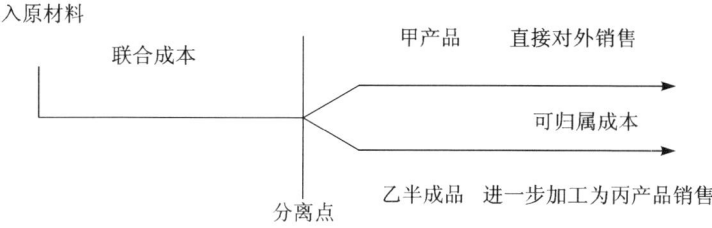

图12-2　联产品成本关系图

（二）联产品联合成本的分配方法

将各联产品作为一类计算出该类产品的联合成本后,还需将其在各种联产品之间进行分配。常用的分配方法有实物量分配法、系数分配法、销售价值分配法和可实现净值分配法等,企业可以根据实际情况选用。

1. 实物量分配法

实物量分配法是假设各种联产品的单位成本相同,将联合成本按各种联产品的实物量(如重量、长度或容积)比例进行分配的一种方法。有关计算公式如下:

$$联合成本分配率 = \frac{联合成本}{各种联产品实物量之和}$$

某种产品应分配的联合成本＝该种联产品的实物数量×联合成本分配率

2. 系数分配法

系数分配法也称为标准产量比例法,它是先将各种联产品的实际产量按规定的系数折算为标准产量,再将联合成本在各联产品之间按其标准产量比例进行分配的方法。有关计算公式如下:

$$联合成本分配率 = \frac{联合成本}{各种联产品标准产量之和}$$

某种联产品应分配的联合成本＝该种联产品的标准产量×联合成本分配率

3. 销售价值分配法

销售价值分配法是假设各种联产品具有相同的毛利率,售价高的产品其成本也高,从而将联合成本按各联产品销售价值的比例进行分配的方法。有关计算公式如下:

$$联合成本分配率 = \frac{联合成本}{各种联产品销售价值之和}$$

某种联产品应分配的联合成本＝该种联产品销售价值×联合成本分配率

4. 可实现净值分配法

可实现净值分配法是按各种联产品的可实现净值比例分配联合成本的方法。可实现净值是指各种联产品的销售价值减去可分成本后的金额。有关计算公式如下：

$$联合成本分配率=\frac{联合成本}{\sum(每种联产品销售价值-可分成本)}$$

$$某种联产品应分配的联合成本=该种联产品销售价值\times联合成本分配率$$

以上各种方法各有其特点和适用范围，企业应该根据联产品生产的特点选择适当的方法。实物量分配法适用于各联产品的销售价格较为接近的企业，如果各联产品价格有差异，则可能出现售价低的产品发生亏损的现象。销售价值法适用于联产品分离后不再加工，成本高低与售价关系紧密的联合产品的成本分配。如果联产品分离后仍需进一步加工，则采用销售价值分配法可能会出现分离后进一步加工成本较多的联产品毛利率偏低，甚至亏损的情况，此时采用可实现净值分配法更加适宜。对于以上各种方法的应用，现举例说明如下。

【例12-2】 某企业生产甲和乙两种联产品，于202×年8月投入1 110 000元生产了1 500千克的甲产品和2 500千克的乙产品。每千克甲产品售价为300元，每千克乙产品售价为375元。假定乙产品为企业生产的标准产品，系数确定为1，甲产品的系数为0.8。采用不同的联产品成本分配方法的分配结果如下：

（1）采用实物量分配法的分配结果见表12-8。

表12-8　　　　　　　联产品成本分配表（实物量分配法）

202×年8月　　　　　　　　　　金额单位：元

产品名称	产量（千克）	分配率	应负担成本	单位成本
甲	1 500	277.5	416 250	277.5
乙	2 500	277.5	693 750	277.5
合　计	4 000	—	1 110 000	—

注：联产品分配率=$\frac{1\,110\,000}{4\,000}$=277.5

（2）采用系数分配法的分配结果见表12-9。

表12-9　　　　　　　联产品成本分配表（系数分配法）

产品名称	产量（千克）	系数	标准产量（千克）	分配率	应负担成本	单位成本
甲	1 500	0.8	1 200	300	360 000	240
乙	2 500	1.0	2 500	300	750 000	300
合计	4 000	—	3 700	—	1 110 000	—

注：联产品分配率=$\frac{1\,110\,000}{3\,700}$=300

（3）采用销售价值分配法的分配结果见表 12－10。

表 12－10　　　　　　联产品成本分配表（销售价值分配法）

产品名称	产量（千克）	单价	销售价值（元）	分配率	应负担成本	单位成本	毛利	毛利率
甲	1 500	300	450 000	0.8	360 000	240	90 000	20%
乙	2 500	375	937 500	0.8	750 000	300	187 500	20%
合计	4 000	—	1 387 500	—	1 110 000	—	277 500	

注:联产品分配率 $= \dfrac{1\,110\,000}{1\,387\,500} = 0.8$

（4）采用可实现净值分配法的分配结果见表 12－11。

假定甲产品和乙产品分离后,乙产品尚需进一步加工,发生可分成本 137 500 元。

表 12－11　　　　　　联产品成本分配表（可变现净值分配法）

产品名称	产量（千克）	单价	销售价值（元）	可分成本	可实现净值	分配率	应负担成本	单位成本	毛利	毛利率
甲	1 500	300	450 000	—	450 000	0.888	399 600	266.40	50 400	11.2%
乙	2 500	375	937 500	137 500	800 000	0.888	710 400	284.16	227 100	24.2%
合计	4 000	—	1 387 500	—	1 250 000	—	1 110 000	—	277 500	—

注:联产品分配率 $= \dfrac{1\,110\,000}{125\,000} = 0.888$

二、副产品成本的计算

（一）副产品成本计算的特点

副产品是指在主要产品生产过程中,附带生产出来的非主要产品,如炼油厂在提炼原油的过程中产生的渣油和石油焦,高炉炼铁过程中回收的煤气等。

副产品和主要产品是使用同样的原材料、在同一生产过程中生产出来的,两者发生的耗费很难分开。因此,一般将其归为一类,采用分类法进行成本核算。副产品的价值相对较低,在企业全部产品中所占比重较小,因此分离前的总成本在主、副产品之间的分配通常采用简化办法——将副产品按一定标准作价,从分离点前的总成本中扣除即为主要产品的成本。

（二）副产品的计价方法

在将主、副产品作为一类进行成本核算时,副产品成本的确定将影响到主产品成本的准确性。常见的副产品计价方法包括如下几种。

1. 副产品不负担分离前的总成本

如果副产品的价值较低,副产品可以不负担分离前的总成本,总成本全部由主产品负担。如果副产品分离后直接出售,则将副产品的销售收入直接作为收益处理;如果副产品分离后需进一步加工,则副产品的成本只包括分离后进一步加工的成本。这种方法的优点是手续简便,但它少计了副产品的成本,多计了主产品的成本,从而会影响产品成本计算的准确性。

2. 副产品作价从分离前的总成本中扣除

如果副产品的价值较高,则需要作价从总成本中扣除。副产品可以按固定成本计价(如计划单位成本),也可以按照销售价格扣除税金和按正常利润率计算的销售利润后的余额计价。如果副产品在分离后还需进一步加工才能出售,那么按销售价格扣除税金和销售利润对副产品计价时,还应从售价中扣除分离后的加工成本。

副产品成本从总成本中扣除的方式有两种:一是将副产品的成本从分离前总成本中的"直接材料"成本项目中扣除。该方法适用于副产品成本中直接材料耗费所占比重较大或副产品成本占分离前总成本的比重很小的情况。二是按副产品的成本与总成本的比例,分别从分离前总成本的各成本项目中扣除。该方法适用于副产品各成本项目的比重相差不大或副产品成本在分离前总成本中占有一定比重的情况。

【例 12-3】 某工业企业在生产 A 主产品的同时,附带生产出了 B、C、D 三种副产品。B 副产品按售价扣除销售税金等有关项目后的余额计价,并按比例从联合成本各成本项目中扣除;C 副产品按计划成本计价,从联合成本的直接材料项目中扣除;D 副产品由于数量较少、价值较低,采用简化的方法,不予计价。202×年 8 月,产量、单价、计划成本资料,成本耗费资料,产品成本明细账见表 12-12～表 12-14。

表 12-12　　　　　　　　产量、单价、计划成本资料　　　　　　金额单位:元

产品名称	产量(吨)	单位售价	单位税金	单位销售费用	计划单位成本
A	1 500				
B	270	40	5	6	
C	80				20
D	1				

表 12-13　　　　　　　　　　成本耗费资料　　　　　　　　单位:元

项　　目	直接材料	直接人工	制造费	合　　计
月初在产品成本(定额成本)	6 400			
本月生产耗费	29 600	17 200	11 600	58 400
B产品分离后加工费用		440	610	1 050

表 12 – 14　　　　　　　　　　**产品成本明细账**

产品名称:A产品　　　　　　　　　　　　　　　　　　　　　单位:元

摘　　要	直接材料	直接人工	制造费	合　　计
月初在产品成本(定额成本)	6 400			6 400
本月生产耗费	29 600	17 200	11 600	58 400
生产耗费合计	36 000	17 200	11 600	64 800
减:B副产品成本	3 525.6	1 943.6	1 310.8	6 780.0
减:C副产品成本	1 600			
产成品成本	26 074.4	15 256.4	10 289.2	51 620.0
产成品单位成本				34.41
月末在产品成本(定额成本)	4 800			4 800

注:当月各种产品的联合成本＝64 800－4 800＝60 000(元)
　　B副产品成本＝(40－5－6)×270－440－610＝6 780(元)
　　B副产品成本占总成本的比重＝6 780÷60 000＝11.3%

三、等级产品的成本计算

等级产品是指使用相同的原材料,经过同一生产工艺过程生产出来的品种相同而质量有差别的产品。例如,针织厂、搪瓷厂生产的产品有一级品、二级品和三级品等不同的等级。产生不同等级产品的原因是多方面的,常见的原因有两个:一是由于材料质量、工艺技术要求不同或由于自然原因造成的等级产品。二是由于经营管理或技术操作原因形成的等级产品。等级低的产品质量差、售价低,但等级低的产品不同于非合格品。等级产品均为合格品,质量虽有差异,但一般是在允许的范围之内,不影响产品的正常使用。非合格品即次品,是质量没有达到设计要求的产品。

不同等级的产品属于同一品种的产品,只需要按产品品种设置成本明细账,归集生产耗费,计算各等级产品的总成本。总成本如何在各等级产品之间进行分配,则要根据产生等级产品的原因确定:

(1) 如果不同等级的产品是由于生产管理不当、操作失误造成的,则各等级产品应负担相同的成本,将总成本按实物数量的比例分配到每一等级产品中。等级产品售价不同从而导致的利润不同,这正说明企业在生产、管理方面存在问题,需要加以改进。

(2) 如果不同等级的产品是由于材料质量、工艺过程本身的特点或自然原因造成的,则应采用适当的方法计算各种等级品的产品成本。一般是按单位售价制定系数,将各等级产品产量折合为标准产量,采用标准产量比例法分配总成本,计算各等级产品的成本。

本章要点概览

成本计算的分类法是按类别归集生产耗费,先计算各类完工产品的总成本,再分配计算类内各种产品成本的一种方法。分类法一般适用于使用相同的原材料,经过相同或相近的生产过程,所生产产品品种、规格繁多,且能按照一定标准予以分类的企业或车间。分类法不是一种独立的成本计算方法,企业可根据产品生产的特点和管理的需要,将分类法与品种法、分批法、分步法等结合起来应用。

联产品是指使用相同的原材料、经过同一生产过程,同时生产出两种或两种以上具有同等地位的主要产品。联产品成本包括应负担的分离点前的联合成本和分离后发生的进一步加工的可分成本。常用的联合成本的分配方法有实物量分配法、系数分配法、销售价值分配法和净实现价值分配法。

副产品是指使用相同的原材料,在生产主要产品的同一生产过程中,自然地附带生产出的非主要产品。副产品成本的计算可采用实际成本、固定成本或售价减去税金和正常销售利润后的余额计价,也可以仅按分离后的加工成本计价。副产品的计价会影响主产品成本的计算。

等级产品是指使用相同的原材料,经过同一生产工艺过程生产出来的品种相同,而品级、质量有差别的不同产品。对于因经营管理或技术操作等主观原因产生的等级产品,应负担相同的成本,可采用实物数量比例分配法计算其成本;而对于因原材料质量或工艺技术条件限制等客观原因造成的等级产品,应负担不同的成本,可按系数法分配各等级产品的成本。

 主要术语

1. 分类法
2. 系数法
3. 标准产品
4. 联产品
5. 副产品
6. 等级产品
7. 联合成本
8. 可分成本

阅 读 文 献

1. 陈云主编:《成本会计学》(第十二章　产品成本计算的分类法),立信会计出版社 2011 年版。

2. 乐艳芬主编:《成本会计》(第十章　分类成本法和联合成本的分配),上海财经大学出版社 2012 年版。

3. 于富生、黎来芳主编:《成本会计学》(第七章　产品成本计算的辅助方法),中国人民大学出版社 2012 年版。

4. 万寿义、任月君主编:《成本会计》(第十三章 成本计算的分类法),东北财经大学出版社 2013 年版。

复习思考题

1. 简述分类法的成本计算程序。

2. 如何运用系数法分配类内产品成本?

3. 联产品联合成本的分配方法有哪几种?

4. 什么是副产品? 它与联产品有何联系与区别? 它的成本计算有何特点?

5. 什么是等级产品? 它与联产品、副产品之间有何联系与区别?

练 习 题

一、单项选择题

1. 产品成本计算的分类法适用于( )的产品。

    A. 品种、规格繁多

    B. 可按一定标准分类

    C. 大量、大批生产

    D. 品种、规格繁多并可按一定标准分类

2. 分类法是按照( )归集生产耗费,计算产品成本。

    A. 产品品种   B. 产品批别

    C. 产品生产步骤   D. 产品类别

3. 下列关于联产品的表述中,正确的是( )。

    A. 联产品中各种产品的成本应该相等

    B. 可以按联产品中的每种产品归集和分配生产耗费

    C. 联产品的成本应该包括其所应负担的联合成本

    D. 联产品的成本应该包括其所应负担的联合成本和分离后的继续加工成本

4. 企业在生产主要产品的过程中,附带生产出的一些非主要产品,称为( )。

    A. 联产品   B. 废品   C. 副产品   D. 次品

5. 采用分类法按系数分配计算类内各种产品成本时,对于系数的确定方法是( )。

    A. 选择产量大的产品作为标准产品,将其分配标准数确定为 1

    B. 选择产量大、生产稳定的产品作为标准产品,将其分配标准数确定为 1

    C. 选择不需要进一步加工的产品作为标准产品,将其分配标准数确定为 1

    D. 自行选择一种产品作为标准产品,将其分配标准数定为 1

二、多项选择题

1. 分类法主要适用于产品品种较多的企业或车间,下列企业中,可以采用分类法计算产品成本的有( )。

    A. 电子元件厂   B. 针织厂

    C. 造船厂　　　　　　　　　　　D. 机床厂

  2. 在分类法下,对于类内产品成本的计算,一般可以采用的方法有(　　　)。

    A. 系数法　　　　　　　　　　　B. 按定额成本计价法

    C. 按定额比例法计算　　　　　　D. 约当产量法

  3. 分类法的适用范围包括(　　　)。

    A. 可将产品划分为一定类别的企业　　B. 企业联产品成本的计算

    C. 废品成本的计算　　　　　　　　　D. 企业等级品成本的计算

  4. 采用分类法,可将产品的(　　　)等方面相同或相似的产品归为一类。

    A. 售价　　　　　　　　　　　　B. 生产工艺技术过程

    C. 性质和用途　　　　　　　　　D. 结构和耗用原材料

  5. 采用分类法计算成本的优点有(　　　)。

    A. 可以简化成本计算工作

    B. 可以分类掌握产品成本情况

    C. 可以使类内的各种产品成本的计算结果更为准确

    D. 便于成本日常控制

三、判断题

  1. 分类法是一种独立的成本计算方法,因而无须与品种法、分步法等成本计算的基本方法结合起来使用。　　　　　　　　　　　　　　　　　　　　　　　　　　(　　　)

  2. 采用分类法计算产品成本,每类产品中的各种产品的生产耗费,无论是直接计入耗费还是间接计入耗费,均采用分配方法分配计算。　　　　　　　　　　　　　　　　(　　　)

  3. 采用分类法计算出的类内各种产品的成本具有一定的假定性。　　　　(　　　)

  4. 副产品的计价方法与联产品相同。　　　　　　　　　　　　　　　　(　　　)

  5. 销售价值分配法是完工产品和在产品之间生产耗费分配的一种方法。　(　　　)

四、业务题

【业务题一】

  (一) **目的**　练习成本计算的分类法——定额比例法。

  (二) **资料**　长虹公司生产甲、乙、丙三种产品,由于这三种产品的结构、所用原材料和生产工艺过程相近,将其归为一类(A类),采用分类法进行成本核算。月末在产品按定额成本计价,类内产品成本均采用定额比例法分配,直接材料费按材料定额成本分配,其他各项耗费按定额工时比例分配。202×年8月,甲类产品成本资料见表 12 - 15。

表 12 - 15　　　　　　　　　　甲类产品成本资料　　　　　　　　　单位:元

项　　目	直接材料	直接人工	制造费	合　　计
月初在产品成本(定额成本)	8 900	3 200	5 200	17 300
本月发生	93 925	44 850	49 100	187 875
月末在产品成本(定额成本)	14 550	16 850	7 500	38 900

  该月甲、乙、丙三种产品资料见表 12 - 16。

表 12-16　　　　　　　　　　**甲、乙、丙三种产品资料**

产品名称	产量(件)	材料耗费定额(元)	工时消耗定额(小时)
甲	200	150	12
乙	200	120	15
丙	150	175	16

（三）要求

（1）计算 A 类完工产品成本。

（2）计算甲、乙、丙三种产品完工产品总成本和单位成本。

（3）编制结转完工产品入库的会计分录。

【业务题二】

（一）目的　　练习成本计算的分类法——系数法。

（二）资料　　长虹公司生产甲、乙、丙三种产品，由于这三种产品的结构、所用原材料和生产工艺过程相近，将其归为一类（A 类），采用分类法进行成本核算。原材料在生产开始时一次投入。A类产品按产品单位定额成本制定综合系数，选定甲产品作为标准产品，采用系数计算各种产品成本。

A 类产品成本资料见表 12-17。

表 12-17　　　　　　　　**A 类产品成本资料**　　　　　　　　单位：元

项　　目	直接材料	直接人工	制造费	合　　计
月初在产品成本	8 900	3 200	5 200	17 300
本月发生	89 500	45 920	50 060	185 480

甲、乙、丙三种产品资料见表 12-18。

表 12-18　　　　　　　　**甲、乙、丙三种产品资料**

产品名称	单位定额成本(元)	完工数量(件)	月末在产品	
			数量(件)	完工率(%)
甲	300	200	40	50
乙	315	170	40	75
丙	345	150	20	50

（三）要求

（1）编制标准产量计算表，计算甲、乙、丙三种产品完工产品和在产品的标准产量。

（2）分别计算甲、乙、丙三种产品完工产品总成本和在产品成本。

案例分析题

某服装厂在一个联合生产过程产出三种产品（按规格裁切的帽子、衬衫和裤子），以分离点的销售价值法为基础分配联合成本。该厂可以不在分离点出售产品而选择进一步加工完成每件产品。三种产品的有关信息见表 12 - 19。

表 12 - 19　　　　　　　　　三种产品的有关信息

项　目	帽子	衬衫	裤子	合　计
产量(件)	5 000	8 000	3 000	16 000
分配的联合成本(元)	87 000			180 000
分离点的销售价值(元)			40 000	300 000
进一步加工的额外成本(元)	13 000	10 000	39 000	62 000
加工后的销售价值(元)	150 000	134 000	105 000	389 000

要求：

(1) 分配给衬衫和裤子的联合成本是多少？

(2) 在分离点处帽子和衬衫的销售价值是多少？

(3) 哪种产品需要进一步加工？请用计算过程回答。

(4) 如果 4 000 件衬衫进一步加工并以 67 000 元价格出售，销售的毛利是多少？

思政拓展思考

党的二十大报告在"新时代新征程中国共产党的使命任务"中指出：中国式现代化是人口规模巨大的现代化。我国十四亿多人口整体迈进现代化社会，规模超过现有发达国家人口的总和，艰巨性和复杂性前所未有，发展途径和推进方式也必然具有自己的特点。我们始终从国情出发想问题、作决策、办事情，既不好高骛远，也不因循守旧，保持历史耐心，坚持稳中求进、循序渐进、持续推进。

请思考：我国的现代化面临的是人口规模巨大、消费数量及品种剧增、新兴产业不断涌现的局面，成本计算中，主副产品、联产品、副产品，以及等级产品的划分，要求越来越精细；产品分类的标准及方法的界定，也会越来越复杂。解决此类新的议题，对完成党的二十大确定的目标来说尤为重要。你对此是怎么认为的呢？

第十三章 产品成本计算的定额法

———学习目的与要求———

　　本章旨在介绍成本计算基本方法基础上派生出的一种辅助方法——定额法。其主要内容包括定额法的特点、定额成本的制定、脱离定额差异的计算和定额法的举例及其评价。通过本章学习,学生应了解定额法的特点和适用范围,理解定额法的成本计算程序,掌握产品定额成本的确定以及各项差异的揭示,熟悉产品实际成本的计算。

 **课前预习题**

1. 什么是产品成本计算的定额法?
2. 定额法的适用范围和应用条件如何?
3. 定额法有何特点?
4. 定额成本与计划成本有何异同?
5. 什么是材料成本差异? 如何确定材料成本差异?

第一节　定额法的特点

前述的各种成本计算方法，如品种法、分批法、分步法、分类法，其生产耗费的日常核算和产品成本计算都是按照实际发生额进行的，各项生产耗费和产品实际成本脱离计划或定额的差异，必须等到报告期末才被揭示，而不能在生产过程中及时地反映出来，更不能及时分析差异产生的原因。因此，实际成本的计算不能充分发挥生产成本核算的控制和监督作用。为了改变事后提供成本信息的被动局面，加强成本控制，降低产品成本，可以采用定额法计算产品成本。

一、定额法的含义

定额法是为了及时地反映、控制生产费用和产品成本脱离定额的差异，加强定额管理和成本控制而采取的一种方法；是以事先制定的产品定额成本为基础，加上（或减去）脱离定额的差异、材料成本差异和定额变动差异计算产品实际成本的一种方法。即：实际成本＝定额成本＋脱离定额差异＋材料成本差异＋定额变动差异。

定额法通过制定定额成本、计算定额差异和分析差异责任，将产品成本的计划、控制、核算和分析结合在一起，从而促使企业节约生产耗费，降低产品成本。因此，定额法不仅是一种成本计算方法，更是一种成本控制方法。

二、定额法的特点

定额法的特点表现在以下几个方面：

（1）事前需要制定产品的消耗定额、耗费定额和产品的定额成本作为成本控制的依据。

（2）生产耗费发生的当时，将符合定额的耗费和发生的差异分别核算，包括脱离定额的差异、材料成本差异和定额变动差异的核算。

（3）产品实际成本是以定额成本为基础，加减各种成本差异求得。

三、定额法的成本计算程序

定额法的成本计算程序如下：

（1）制定定额成本。以产品的各项现行消耗定额和耗费额为依据，分成本项目计算定额成本。

（2）按照产品成本对象设置产品成本明细账，按成本项目设置"月初在产品成本""本月生产耗费""生产耗费累计""本月产成品成本"和"月末在产品成本"等专栏，各专栏又分为"定额成本""脱离定额差异""材料成本差异"和"定额变动差异"等小栏;若月初定额有变动,还应加设"月初在产品定额变动"专栏,并将其分为"定额成本调整"和"定额变动差异"两小栏。

（3）调整月初在产品的定额成本。定额成本修订后,应调整月初在产品的定额成本,计算月初在产品定额变动差异。

（4）分别成本项目,核算定额成本和各项差异。

（5）在产品成本明细账中计算生产耗费累计数。将"月初在产品成本""月初在产品定额变动"和"本月生产耗费"各栏的数字分别定额成本、脱离定额差异、材料成本差异和定额变动差异加计,计算出总额并将其计入"生产耗费累计"栏内。

（6）在完工产品和月末在产品之间分配各种差异。月末,企业应当将脱离定额差异、材料成本差异和定额变动差异累计数,在完工产品和月末在产品之间进行分配。

（7）计算完工产品的实际总成本和单位成本。以本月完工产品的定额成本为基础,加上或减去各项成本差异,计算出完工产品的实际总成本;完工总成本除以总产量,即为完工产品的单位成本。

综上所述,定额法的主要工作程序是：首先,以产品的各项现行消耗定额为依据计算产品的定额成本;其次,根据实际产量,核算产品的定额生产耗费与实际生产耗费之间的差异;最后,在完工产品的定额成本的基础上,加减定额变动差异、脱离定额差异、材料成本差异三个差异,计算出产品实际成本。由于产品定额成本事先已经制定,其成本核算的日常工作主要是核算三个差异。

第二节　定额成本的制定

定额成本是指根据企业现行材料消耗定额、工时定额、耗费定额以及其他有关资料计算的一种成本控制目标。产品定额成本的制定过程,也是对产品成本事前控制的过程。定额成本是计算产品实际成本的基础,也是企业对生产耗费进行事中控制和事后分析的依据。

一、定额成本与计划成本的区别

企业制定的产品定额成本和计划成本均是以产品生产耗费的消耗定额和计划价格为依据确定的目标成本,两项成本的制定过程都是对产品成本进行事前控制的过程,但定额成本和计划成本有不同之处,其区别主要表现在以下方面：

（1）计划成本的消耗定额是计划期内（一般为 1 年）平均消耗定额；定额成本的消耗定额则是月内现行定额，是企业现有生产技术条件下可以达到的消耗水平。

（2）计划成本在年度内不变，属于年度计划内容之一；定额成本在计划年度内随各项消耗定额水平的变动而变动，因而会产生定额变动差异。

（3）计划成本一般是企业投资人对企业经营管理者经营业绩的考核指标；定额成本一般是企业内部管理的内容，其目的是要保证计划成本的完成，是企业控制成本、降低成本的重要手段。

二、定额成本的制定

产品定额成本的计算工作一般由计划、技术、会计等部门共同完成。不同的企业由于产品的生产工艺流程不同，产品定额成本的计算程序也不尽相同。现以机械制造企业为例，来说明定额成本的制定过程和方法。

机械类产品的共同特征是产品由零件和部件组装而成，因此在零件和部件不多的情况下，产品单位定额成本的制定，一般是首先制定零件的定额成本，其次汇总计算部件的定额成本，最后汇总制定产品的定额成本。零件定额成本要分成本项目制定，直接材料项目根据耗用材料数量制定消耗定额，由定额消耗量乘以计划单价得出直接材料的定额成本。直接人工项目如实行计件工资制，可直接根据该产品计件工资统计表的金额确定；如实行计时工资制，应制定工时消耗定额，再乘以计划小时人工费。制造费项目应根据工时消耗定额乘以计划小时制造费确定。如果产品的零、部件较多，为了简化成本计算工作，可以不计算零件的定额成本，而直接根据零件定额卡所列零件的原材料消耗定额、工序计划和工时消耗定额，以及原材料的计划单价、计划小时人工费和计划小时制造费等，计算部件定额成本，然后汇总计算产成品定额成本；或者根据零、部件定额卡和原材料计划单价、计划小时人工费和计划小时制造费等，直接计算产成品定额成本。

编制产品定额成本表时，所采用的成本项目和成本计算方法，应该与编制计划成本、计算实际成本时所采用的成本项目和成本计算方法一致，便于成本考核和成本分析。但是定额成本和计划成本应该不包括废品损失和停工损失。因此，实际发生的废品损失和停工损失都是脱离定额成本的差异。

【例 13－1】 某厂大量生产甲产品，该产品由两个 X 部件和一个 Y 部件装配而成，而一个 X 部件则由两个 A 零件和一个 B 零件装配而成，一个 Y 部件则由一个 C 零件和两个 D 零件装配而成。其定额成本的计算结果见表 13－1～表 13－3，为简化起见，零件定额卡、部件定额成本计算表只列一项，其余略。

表 13 - 1 <u>零件定额卡</u>

零件编号：L101　　零件名称：A　202×年8月

材料编号、名称	计 量 单 位	材料消耗定额
C1001	千克	6
工序编号	工时定额(小时)	累计工时定额(小时)
1	3	3
2	5	8

表 13 - 2 <u>部件定额成本计算卡</u>

金额单位：元

数量单位：千克

部件编号：B201　　部件名称：X　202×年8月

需零件编号、名称	零件数量	材 料 定 额						金额合计	工时定额(小时)
		C1001			C1002				
		数量	计划单价	金额	数量	计划单价	金额		
A	2	12	6	72				72	16
B	1				16	8	128	128	18
装配									6
合　计				72			128	200	40

定 额 成 本 项 目					定额成本合计
直接材料	直 接 人 工		制 造 费		
	计划人工费额	金额	计划制造费额	金额	
200	12	480	8	320	1 000

表 13 - 3 <u>产品定额成本计算表</u>

产品编号：W301　　产品名称：甲　202×年6月　　　　　　金额单位：元

耗用部件编号或名称	所用部件数	材料费定额		工时定额(小时)	
		部　件	产　品	部　件	产　品
X	2	200	400	40	80
Y	1	120	120	56	56

（续表）

耗用部件编号或名称	所用部件数	材料费定额		工时定额（小时）	
		部 件	产 品	部 件	产 品
装配					14
合计			520		150

产品定额成本项目					

直接材料	直 接 人 工		制 造 费		产品定额成本合计
	计划人工费额	金额	计划制造费额	金额	
520	12	1 800	8	1 200	3 520

第三节　脱离定额差异的计算

脱离定额差异是指各项生产耗费的实际支出脱离现行定额或预算的数额，它反映了企业各项生产耗费支出的合理程度和执行现行定额的工作质量。在定额法下，发生生产耗费时，对于符合定额的耗费和脱离定额的差异，应分别车间和产品品种，按成本项目编制定额凭证和差异凭证，并在有关耗费分配表和明细分类账中分别予以登记。为了防止生产耗费超支，避免浪费和损失，差异凭证填制后，还必须按照规定办理审批手续。并且尽可能将脱离定额差异的日常核算同车间或班组的经济责任考核相结合，使广大工人共同参与生产耗费的控制，不断降低产品成本。因此，脱离定额差异的计算是定额法进行成本日常控制的重要手段。

从含义来看，脱离定额的差异应当包括材料成本差异，但在实际工作中，为了便于产品成本的分析和考核，一般单独计算产品成本年应负担的材料成本差异。由此，按照成本项目划分，脱离定额差异具体包括直接材料脱离定额差异、直接人工脱离定额差异和制造费脱离定额差异，不同脱离定额差异的核算也有所不同。

一、直接材料脱离定额差异的计算

直接材料脱离定额差异是以计划单价为基础计算的由于产品的原材料实际消耗量脱离定额消耗量而形成的差异，它属于材料消耗量的差异，不包括原材料的价格差异（或称材料成本差异）。其计算公式如下：

$$直接材料脱离定额差异＝（实际耗用量－定额耗用量）×材料计划单价$$

根据产品生产所用材料的不同种类、投料方式及脱离定额差异形成的原因，直接材料脱离定额差异的计算方法,一般有以下三种。

1. 限额法

限额法是通过实行限额领料(或定额发料)制度,来反映原材料在生产过程中的使用情况。生产管理部门根据生产任务签发限额领料单,一般一单一料。在定额范围内的领料根据限额领料单领发,由于其他原因发生的超额领料,应根据专门的超额领料单等差异凭证经过一定的审批手续后领发。

在限额法下,全部限额领料单的金额合计应与本月直接材料的定额成本相符。然而限额领料单上规定的领料限额不一定就是原材料的定额耗用量,因为实际投产的数量不一定就是限额领料单列示的生产量;限额领料单上记载的实际领用数量也不一定就是原材料的实际耗用量,因为车间内可能有已领未用的材料。所以,在限额法下应及时根据车间实际投产量调整领料限额,期末应及时办理退料或假退料手续。限额领料单全部领完,且无退料,则本月定额差异为零,限额领料单未领余额和退料单的合计金额为节约数,定额差异为负;反之,超限额领料减退料合计数为超支数,定额差异为正。

2. 切割法

切割法是通过材料切割核算单,对于需要经过切割才能使用的材料核算用料差异,以控制用料的方法。采用材料切割核算单进行材料切割的核算,可以及时反映材料的耗用情况和发生差异的具体原因,加强对材料耗用的监督。但是应将材料切割差异和生产耗料差异区别开来,根据材料切割单计算材料切割差异,根据切割后的材料计算实际耗用量,再与定额耗用量相比,计算耗料差异,分别登录生产费用明细账,以便分清责任。材料切割核算单见表 13 - 4。

表 13 - 4 材料切割核算单

材料编号、名称:C1003　　　　　　　　　　　　　切割人:王斌
产品名称:W401　　　　　　　　　　　　　　　　切割日期:202×年 8 月 5 日
图纸号:4103　　　　　　　　数量单位:千克　　　完工日期:202×年 8 月 8 日
机床编号:420　　　　　　　　零件编号名称:L401　金额单位:元

发料数量	退回余料数量		材料实际消耗量			废料实际回收量
185	10		175			10
单位产品消耗定额	单位回收废料定额	应切割成①毛坯数量(件)	实际切割成毛坯数量(件)	材料定额②消耗量	废料定额③回收量	
5	0.25	35	32	160	8	

（续表）

材料脱离定额差异④			废料脱离定额差异⑤			脱离差异原因	责任者
数量	单价	金额	数量	单价	金额	未按设计图纸切割，增加了边料，减少了毛坯	王斌
15	8	120	－2	0.8	－1.6		

注：相关计算如下：①应切割成毛坯数量＝175÷5＝35（件）。②材料定额消耗量＝32×5＝160（千克）。③废料定额回收量＝32×0.25＝8（千克）。④材料脱离定额差异＝（175－160）×8＝120（元）。⑤废料脱离定额差异＝（8－10）×0.8＝－1.6（元）。

3. 盘存法

在大量、连续生产的企业，不能分批核算材料定额差异或者实行限额领料有难度时，可以通过定期盘存法来核算差异。首先，根据完工产品数量和在产品盘存（实地盘存或账面结存）数量算出投产产品的数量，再乘以材料消耗定额，计算出材料定额消耗量。其次，根据限额领料单、超额领料单、退料单等材料凭证以及车间余料的盘存数量，计算原材料实际消耗量。最后，将原材料实际消耗量和定额消耗量的差额乘以材料计划单价，确定材料脱离定额差异。

【例 13 - 2】 某企业生产 A 产品，期初在产品 100 件，本月完工 475 件，月末在产品 75 件。A 产品耗用的甲材料在生产开始时一次投入，原材料消耗定额为 8 千克，甲材料计划单价为 4 元，本期领料凭证记载的实际领用数量为 4 250 千克，期末车间甲材料实际盘点数为 250 千克，期初无结存材料。本期材料定额差异计算如下：

$$本期投产产品数量＝475＋75－100＝450（件）$$

$$本期材料定额消耗量＝450×8＝3\ 600（千克）$$

$$本期材料实际消耗量＝4\ 250－250＝4\ 000（千克）$$

$$材料定额差异＝（4\ 000－3\ 600）×4＝1\ 600（元）$$

按上述方法计算的材料脱离定额差异，应分批或定期地按照成本计算对象进行汇总，编制原材料定额耗费和脱离定额差异汇总表。该表用来登记产品成本明细账的直接材料项目，同时利用该表反映材料消耗定额的执行情况，分析差异的原因，寻找降低产品成本的途径。现以某工业企业 B 产品 202×年 8 月原材料定额耗费和脱离定额差异内容列示于表 13 - 5 中。

表 13 - 5　　　　　　　原材料定额耗费和脱离定额差异汇总表

产品名称：B　　　　　　　　　　　　202×年 8 月　　　　　　　　　　　　金额单位：元

原材料品种	计量单位	计划单价	计划价格耗费		定额耗费		脱离定额差异		差异原因
			实际耗用量	金额	定额耗用量	金额	耗用量	金额	
甲材料	千克	16	1 275	20 400	1 250	20 000	25	400	（略）
乙材料	千克	8	640	5 120	650	5 200	−10	−80	（略）
合　计				25 520		25 200		320	

二、直接人工脱离定额差异的计算

直接人工脱离定额差异的核算,因企业采用的工资制度不同而有所区别。

1. 计件工资制度下直接人工脱离定额差异的计算

在计件工资制度下,直接人工费为直接计入耗费,按计件工资单价支付的工资属于工资定额成本,而在计件工资之外所付的奖金、津贴、补贴等都属于工资的定额差异,应用专设的差异凭证反映。其定额差异的计算与直接材料项目类似。

2. 计时工资制度下直接人工脱离定额差异的计算

在计时工资制度下,直接人工一般为间接计入耗费,其脱离定额的差异不能在平时分产品计算,只有在月末才能计算。

（1）直接人工费属于直接计入耗费。如果企业仅只生产一种产品,则某种产品的直接人工脱离定额的差异可按下列公式计算：

$$\begin{matrix}直接人工\\脱离定额差异\end{matrix}=\begin{matrix}该产品\\实际工资\end{matrix}-\left(\begin{matrix}该产品\\实际产量\end{matrix}\times\begin{matrix}单位产品\\工资定额\end{matrix}\right)$$

（2）直接人工费属于间接计入耗费。直接人工脱离定额差异由工时差异与小时人工费差异两部分构成。其中工时差异根据实际工时与定额工时之差乘以计划小时人工费确定,即反映工时定额的执行情况;小时人工费差异根据实际小时人工费与计划小时人工费之差乘以实际工时确定。在日常成本核算中,班组主要核算工时差异,月终实际工资总额计算出来后,再计算小时人工费差异。两者的计算公式如下：

计划小时人工费＝计划产量的定额直接人工总额÷计划产量的定额生产总工时

实际小时人工费＝实际直接人工总额÷实际生产总工时

工时差异＝（实际单耗工时−定额单耗工时）×实际投入产量×计划小时人工费

小时人工费差异＝（实际小时人工费−计划小时人工费）×实际投入产量×实际单耗工时

$$\begin{matrix}\text{直接人工} \\ \text{脱离定额差异}\end{matrix} = \begin{matrix}\text{直接人工} \\ \text{实际费总额}\end{matrix} - \begin{matrix}\text{直接人工} \\ \text{定额成本}\end{matrix}$$

$$= \text{工时差异} + \text{小时人工费差异}$$

$$= \left(\begin{matrix}\text{实际} \\ \text{单耗工时}\end{matrix} \times \begin{matrix}\text{实际小时} \\ \text{人工费}\end{matrix} - \begin{matrix}\text{计划} \\ \text{单耗工时}\end{matrix} \times \begin{matrix}\text{计划小时} \\ \text{人工费}\end{matrix} \right) \times \begin{matrix}\text{实际投} \\ \text{入产量}\end{matrix}$$

从上述计算公式中可以看出,产品计时工资费的日常控制,应通过计算生产工时脱离定额差异的办法,监督生产工时的利用情况和工时消耗定额的执行情况,以促使企业降低单位产品的工资费。需要说明的是,企业不论采用哪种工资形式,月末都要按照产品成本计算对象汇总反映定额工资、定额工时、实际工资、实际工时和脱离定额差异,以及产生差异的原因,用以考核和分析各种产品生产工时和工资定额的执行情况。

【例 13－3】 某企业于 202×年 8 月生产甲、乙两种产品,计划工资总额为 1 592 000 元。计划产量为:甲产品 5 000 件,单位工时定额为 34 小时;乙产品 4 000 件,单位工时定额为 57 小时。本月实际工资总额为 1 617 000 元。本月实际产量为:甲产品 5 000 件,实际生产工时 165 000 小时;乙产品 4 000 件,实际生产工时为 220 000 小时。甲、乙两种产品直接人工脱离定额差异计算如下:

计划小时人工费＝1 592 000÷(5 000×34＋4 000×57)＝4(元)

实际小时人工费＝1 617 000÷(165 000＋220 000)＝4.2(元)

甲产品直接人工脱离定额差异＝(165 000÷5 000×4.2－34×4)×5 000＝13 000(元)

其中:工时差异＝(165 000÷5 000－34)×5 000×4＝－20 000(元)

小时人工费差异＝(4.2－4)×5 000×165 000÷5 000＝33 000(元)

乙产品直接人工脱离定额差异＝(220 000÷4 000×4.2－57×4)×4 000＝12 000(元)

其中:工时差异＝(220 000÷4 000－57)×4 000×4＝－32 000(元)

小时人工费差异＝(4.2－4)×4 000×220 000÷4 000＝44 000(元)

三、制造费脱离定额差异的核算

制造费一般属于间接计入费,发生时按车间和具体项目进行归集,月末按照一定标准分配计入有关产品的成本。因此,在制造费的日常核算中,不能在耗费发生时直接按产品计算脱离定额的差异,只能根据制定的制造费计划,按照耗费项目和发生耗费的车间、部门,核算脱离计划的差异,据以对耗费的发生进行控制和监督。月末实际发生的耗费分配给各种产品后,经比较才能确定各种产品制造费脱离定额的差异。其计算公式如下:

计划小时制造费＝计划制造费总额÷计划产量定额工时总数

实际小时制造费＝实际制造费总额÷实际工时总数

实际制造费＝实际总工时×实际小时制造费

定额制造费＝实际产量×单位产品定额工时×计划小时制造费

制造费脱离定额差异＝产品实际制造费－产品定额制造费

【例13－4】 某企业生产丙、丁两种产品，6月计划制造费796 000元，计划产量的定额工时总额为398 000小时；实际发生制造费为808 500元，实际生产工时为385 000小时。本月丙产品的定额工时为170 000小时，实际生产工时为165 000小时；本月丁产品的定额工时为228 000小时，实际生产工时为220 000小时。丙、丁产品定额制造费和制造费脱离定额差异计算如下：

计划小时制造费＝796 000÷398 000＝2(元)

实际小时制造费＝808 500÷385 000＝2.1(元)

丙产品实际制造费＝165 000×2.1＝346 500(元)

丙产品定额制造费＝170 000×2＝340 000(元)

丙产品制造费脱离定额差异＝346 500－340 000＝6 500(元)

丁产品实际制造费＝220 000×2.1＝462 000(元)

丁产品定额制造费＝228 000×2＝456 000(元)

丁产品制造费脱离定额差异＝462 000－456 000＝6 000(元)

四、材料成本差异的核算

在采用定额法计算产品成本的企业里，为了便于产品成本的分析和考核，原材料的日常核算都是按计划成本计价的。因此，直接材料定额成本及其脱离定额差异也是按原材料计划成本计算的。其中定额成本是原材料的定额消耗量乘以原材料计划单价，脱离定额差异是原材料消耗数量差异乘以原材料计划单价。因此，在月末计算产品成本的实际原材料费时，还应计算应分配负担的材料成本差异，即产品生产所耗原材料的"价差"。其计算公式如下：

$$某产品应分摊的\atop 材料成本差异 ＝ \left(该产品材料\atop 的定额成本 ＋ 直接材料脱\atop 离定额差异\right) × 材料成本\atop 差异率$$

【例13－5】 某企业生产戊产品耗用A材料定额成本为40 000元，A材料脱离定额差异为超支800元，本月材料成本差异率为2%。则甲产品应分配的材料成本差异和实际成本的计算如下：

甲产品应分配的材料成本差异＝(40 000＋800)×2%＝816(元)

甲产品实际成本＝40 000＋800＋816＝41 616(元)

第四节　定额变动差异的计算

随着经济的发展,生产技术条件的改进和劳动生产率的提高,为确保各项定额能够准确有效地对生产经营活动进行控制和监督,企业的各项消耗定额、生产耗费的计划价格应该相应地加以修订,从而定额成本也应及时进行修订。

一、定额变动差异的概念

定额变动差异是指由于企业修订消耗定额或生产耗费的计划价格而产生的新、旧定额之间的差额。定额变动差异是定额成本控制固有的一种差异,它与生产过程中耗费的节约与浪费无关,与企业成本管理水平无关。它主要源于技术和市场的变化使得旧的消耗定额已经不能满足有效实施成本的控制而修订产生的差异。

修订定额成本一般在年初、季初或月初进行,但由于在定额发生变动的月份,月初在产品的定额成本是依据旧的定额计算的,需要对月初定额成本按新定额进行调整。调整后的定额成本与原定额成本之差即为定额变动,在定额成本降低时用正数表示,在定额成本提高时用负数表示。需要说明的是,调整定额修订当月月初在产品的定额成本,计算定额变动,只是统一了计算定额成本的计量基础,并不改变产品成本总额。在定额变动时,一方面调整月初定额成本;另一方面以相同的金额、相反的方向计算定额变动,以相反的方向调整本月生产费合计数,在定额提高时,以相同的金额增加定额成本和减少定额变动。也就是说,不论消耗定额变动是降低还是提高,本月累计产品成本总额是不变的,即月初在产品成本与本月生产成本之和或者本月完工产品与月末在产品成本之和都不变,只是内部的表现形式有所改变。

二、定额变动差异的计算方法

定额变动差异的计算应分别成本项目进行,其计算方法有直接计算法和系数折算法两种:

1. 直接计算法

直接计算法就是根据定额发生变动的在产品盘存数量或在产品账面结存数量以及修订前后的消耗定额,计算月初在产品的新旧定额消耗量,从而确定定额消耗量的差异和差异金额的方法。这种方法计算结果准确,但要按照零部件和工序进行,工作量较大。因此,直接计算法仅适用于产品零部件种类较少的情况。其计算公式如下:

$$\text{月初在产品}\atop\text{定额变动差异} = {\text{月初在产品中定额}\atop\text{变动的零部件数量}} \times (\text{旧定额} - \text{新定额})$$

【例 13－6】　某企业 202×年 8 月初有在产品 160 台,完工程度为 80％,由 C 零件和 D 零件各一件组成。本月修订 C 零件定额,原材料(原材料在生产开始时一次投入)由原来每件 300 千克降为 297 千克,计划单位成本不变,每千克 25 元,工时定额由每件 5 小时降为 4.8 小时,计划小时人工费由原来 8 元提高到 8.5 元,计划小时制造费不变仍为 12 元。

直接材料定额变动差异＝(300－297)×25×160＝12 000(元)

直接人工定额变动差异＝5×80％×8×160×(1－1.02)＝－102.4(元)

制造费定额变动差异＝5×80％×12×160×(1－0.96)＝307.2(元)

2. 系数折算法

系数折算法就是按照单位产品新旧定额耗费的比例计算定额变动系数(产品新的耗费定额与旧的耗费定额之间的比例关系),并根据定额变动系数来推算月初在产品定额变动差异的方法。这种方法较为简便,但只宜于在零部件成套性较大的情况下采用;否则,就会影响计算结果的正确性。其计算公式如下:

定额变动系数＝按新定额计算的单位产品成本÷按旧定额计算的单位产品成本

$$\text{月初在产品}\atop\text{定额变动差异} = \text{月初在产品成本}^{\text{按旧定额计算的}} × (1－\text{定额变动系数})$$

【例 13－7】　承[例 13－6],按系数折算法计算各成本项目的定额变动差异。

直接材料定额变动系数＝297÷300＝0.99

直接材料定额变动差异＝300×25×160×(1－0.99)＝12 000(元)

直接人工定额变动系数＝4.8×8.5÷(5×8)＝1.02

直接人工定额变动差异＝(5×80％×8－4.8×80％×8.5)×160＝102.4(元)

制造费定额变动系数＝4.8÷5＝0.96

制造费定额变动差异＝(5×80％－4.8×80％)×12×160＝－307.2(元)

第五节　定额法举例及其评价

前面已分别阐述了产品定额成本的计算和各种差异的揭示。当某种产品既有完工产品,又有期末在产品,各种成本差异还应当按当月完工产品定额成本和月末在产品定额成本的比例进行分配。但是为了简化,一般只需分配脱离定额差异,而定额变动差异和材料成本差异则全部由完工产品负担。因此,在修订定额成本的月份,产品的实际成本应按下列公式计算:

产成品实际成本＝产成品定额成本＋脱离定额差异＋材料成本差异＋定额变动差异

一、定额法举例

【例 13 - 8】 202×年 11 月,某企业大量、大批生产甲产品,采用定额法计算产品成本。月初在产品 500 件,本月投产 2 500 件,本月完工 2 000 件,月末在产品 1 000 件。原材料系生产开始时一次投入,材料消耗定额由上月的 2.5 千克降为 2.4 千克,计划单位成本为 10 元,材料成本差异率为 2%。单位产品工时定额为 10 小时,计划小时人工费和小时制造费分别为 4 元和 2.5 元。假设定额变动差异和材料成本差异全部由完工产品成本负担,脱离定额差异按完工产品定额成本和在产品定额成本比例分配。根据上述资料,登记甲产品成本明细账(表 13 - 6)。

表 13 - 6 甲产品成本明细账

完工产量:2 000 件
在产品:1 000 件　　　　　　　　202×年 11 月　　　　　　　　单位:元

成　本　项　目		直接材料	直接人工	制造费	合　计
月初在产品成本	定额成本	12 500	17 000	10 750	40 250
	脱离定额差异	417	468	315	1 200
月初在产品 定额变动	定额成本调整	−500			−500
	定额变动差异	500			500
本月生产耗费	定额成本	60 000	101 000	63 000	224 000
	脱离定额差异	−1 875	3 220	1 575	2 920
	材料成本差异	1 162.5			1 162.5
生产耗费累计	定额成本	72 000	118 000	73 750	263 750
	脱离定额差异	−1 458	3 688	1 890	4 120
	材料成本差异	1 162.5			1 162.5
	定额变动差异	500			500
分配率	脱离定额差异	−0.020	0.031	0.026	
本月产成品成本	定额成本	48 000	80 000	50 000	178 000
	脱离定额差异	−960	2 480	1 300	2 820
	材料成本差异	1 162.5			1 162.5
	定额变动差异	500			500
	实际成本	48 702.5	82 480.0	51 300.0	182 482.5

（续表）

成　本　项　目		直接材料	直接人工	制造费	合　计
月末在产品成本	定额成本	24 000	38 000	23 750	85 750
	脱离定额差异	−480.0	1 178.0	617.5	1 315.5

有关项目计算如下：

（1）月初在产品各项目的填列：① 月初在产品成本中的"定额成本"和"脱离定额差异"根据上月末在产品成本资料填列。② 月初在产品直接材料定额变动差异为500 元[12 500×（1−2.4÷2.5）]。③ 月初"定额成本调整"项目按月初"定额变动差异"反方向填列。

（2）本月生产耗费各项目的填列：① 本月生产费中的"定额成本"和"脱离定额差异"根据各成本项目"定额成本和脱离定额差异汇总表"进行登记。② 材料成本差异为 1 162.5 元[（60 000−1 875）×2%]。

（3）生产费累计，按"月初在产品成本""月初在产品定额变动"和"本月生产费"中各相同项目合计而成。例如，直接定额成本为 72 000 元（12 500−500+60 000）。

（4）各脱离定额差异分配率计算如下：

直接材料脱离定额差异分配率＝−1 458÷72 000＝−0.02
直接人工脱离定额差异分配率＝3 688÷118 000＝0.031
制造费脱离定额差异分配率＝1 890÷73 750＝0.026

（5）本月产成品成本各项目填列：① 产成品脱离定额差异金额分别用各项目产成品定额成本乘以相应的差异分配率得到。例如，直接材料脱离定额差异为−960 元[48 000×（−0.02）]。② 定额变动差异和材料成本差异全部由产成品负担。③ 实际成本＝定额成本＋脱离定额差异＋材料成本差异＋定额变动差异。

（6）月末在产品成本各项目填列：① 月末在产品定额成本＝累计定额成本−产成品定额成本。② 月末在产品脱离定额差异＝月末在产品定额成本×差异分配率。

二、定额法的主要优缺点

（一）定额法的主要优点

首先，定额法有利于加强成本的日常控制。企业能在各项耗费发生时，反映出各项耗费偏离定额的差异，便于企业及时发现问题，及时采取措施，有效地控制超定额现象的发生。其次，定额法有利于企业进行成本分析。定额法不仅可以提供定额成本资料，而且提供各种成本差异资料，为企业进行成本分析提供了重要依据，有利于企业分析差异产生的具体原因，挖掘企业降低成本的潜力。再次，定额法有利于企业提高定额管理水平。企业可以通过核算各种成本差异，检验定额成本的制定是否科学、合理。如果定额成本与实际偏差较大，企业应及时修订各项定额，提高定额管理水平。

（二）定额法的主要缺点

定额法的主要缺点是成本计算工作量大。在定额法下，既要制定定额成本，又要核算实际成本，通过定额成本与实际成本确定各成本项目的脱离定额差异，最后又通过定额成本和各种差异，再计算出完工产品的实际成本，在定额变动时还必须修订定额成本，计算定额变动差异。

三、定额法的适用范围

定额法是为了加强成本管理，进行成本控制而采用的一种成本计算与成本管理相结合的方法，与企业生产类型没有直接联系。它适用于产品的生产基本定型，企业具备比较健全的定额管理制度，有较好的定额管理工作的基础，产品的各项消耗定额都比较准确和稳定的企业。由于定额法必须事先制定定额成本，及时核算定额差异和定额变动，还要求成本核算人员具备较高的专业素质。

本章要点概览

1. 定额法是以产品的定额成本为基础，加减脱离定额差异、定额变动差异、材料成本差异，计算完工产品实际成本的一种成本计算方法。定额法不仅是一种产品成本的计算方法，而且还是一种对产品成本进行控制的方法。

2. 定额成本是根据各项消耗定额和计划单价（或计划费分配率）计算出来的产品成本。

3. 脱离定额差异是各项生产耗费的实际支出脱离现行定额的数额，包括直接材料脱离定额差异、直接人工脱离定额差异和制造费脱离定额差异。其中，直接材料脱离定额差异可按限额法、切割法或盘存法计算。而实际成本与计划成本之间的差额即材料成本差异一般单独计算。

4. 定额变动差异是指由修订消耗定额而产生的新、旧定额之间的差额。

5. 产成品实际成本＝产成品定额成本＋脱离定额差异＋材料成本差异＋定额变动差异。

6. 定额成本法主要适用于定额管理制度比较健全，定额管理基础工作比较好，产品生产已经定型，各项消耗定额比较准确、稳定的企业。

 主要术语

1. 定额法   2. 产品定额成本

3. 限额法   4. 切割法

5. 盘存法   6. 脱离定额差异

7. 材料成本差异   8. 定额变动差异

阅 读 文 献

1. 陈良华主编:《成本会计》(第八章 制造成本法——其他方法),北京大学出版社 2009 年版。

2. 葛家澍、常勋主编:《成本会计》(第五章 成本核算的辅助方法),辽宁人民出版社 2009 年版。

3. 陈轲主编:《成本会计学》(第十章 定额成本与标准成本核算),经济科学出版社 2007 年版。

复 习 思 考 题

1. 定额法下的成本计算程序有哪些?

2. 什么是脱离定额差异? 如何确定此项差异?

3. 直接材料脱离定额差异和材料成本差异的联系和区别是什么?

4. 什么是定额变动差异? 如何确定此项差异?

5. 定额法的优缺点分别有哪些?

练 习 题

一、单项选择题

1. 产品成本计算采用定额法,在适用范围上( )。

     A. 只适用于大量、大批机械制造企业   B. 与生产类型有着直接关系

     C. 与生产类型没有直接关系   D. 只适用于小批、单件生产企业

2. 直接材料脱离定额差异是( )。

     A. 价格差异   B. 数量差异

     C. 材料成本差异   D. 定额变动差异

3. 在定额法下,成本定额变动当月的月初在产品( )应当调整。

     A. 定额变动   B. 定额成本

     C. 定额差异   D. 成本总额

4. 在完工产品成本中,如果月初在产品定额变动差异是负数,说明( )。

     A. 本月定额降低了   B. 本月定额提高了

     C. 本月定额调整不变   D. 本月定额调整是负数

5. 采用定额法计算产品成本,本月完工产品实际成本应以( )为基础。

     A. 月初在产品定额成本   B. 本月完工产品定额成本

     C. 月末在产品定额成本   D. 本月投入产品定额成本

二、多项选择题

1. 定额法计算成本的特点有（　　　）。

　　A. 事先制定定额成本

　　B. 分别核算符合定额的费用和脱离定额差异

　　C. 根据月初在产品成本和本月发生生产耗费,计算产品实际成本

　　D. 以定额成本为基础,加减各种差异求得产品实际成本

2. 定额法中脱离定额差异包括（　　　）。

　　A. 制造费脱离定额差异　　　　　　　　B. 直接人工脱离定额差异

　　C. 材料数量差异　　　　　　　　　　　D. 材料价格差异

3. 原材料脱离定额差异的计算方法有（　　　）。

　　A. 限额法　　　　　　　　　　　　　　B. 切割法

　　C. 系数法　　　　　　　　　　　　　　D. 盘存法

4. 定额法核算成本,必须分项目分别核算产品的（　　　）。

　　A. 定额成本　　　　　　　　　　　　　B. 实际成本

　　C. 脱离定额差异　　　　　　　　　　　D. 定额变动差异

5. 为了简化成本计算工作,（　　　）一般可以全部由本月完工产品成本负担。

　　A. 定额成本　　　　　　　　　　　　　B. 脱离定额差异

　　C. 材料成本差异　　　　　　　　　　　D. 定额变动差异

三、判断题

1. 定额法是成本计算与成本管理相结合的一种成本计算方法。　　　　　　　　（　　　）

2. 在定额法下,退料单是一种差异凭证。　　　　　　　　　　　　　　　　　（　　　）

3. 定额成本的成本项目和计算方法可以与计划成本、实际成本的成本项目和计算方法不
一致。　　　　　　　　　　　　　　　　　　　　　　　　　　　　　　　（　　　）

4. 直接材料脱离定额差异包括材料耗用量的差异和材料价格差异。　　　　　（　　　）

5. 废料的超定额回收是材料脱离定额的不利差异。　　　　　　　　　　　　（　　　）

6. 材料成本差异是指修订定额以后,月初在产品账面定额成本与新的定额成本之间的差异。

　　　　　　　　　　　　　　　　　　　　　　　　　　　　　　　　　　（　　　）

7. 定额变动差异是产品生产过程中实际生产费用脱离现行定额的差异。　　　（　　　）

8. 月初在产品定额成本调整数额与计入产品成本定额变动差异之和应等于零。（　　　）

9. 在计件工资制下,如果计件单价不变,按计件单价支付的工资就是定额工资。（　　　）

10. 定额法既适用单步骤生产类型,又适用多步骤生产类型的产品成本计算。（　　　）

四、业务题

【业务题一】

（一）目的　　练习定额法下脱离定额差异和材料成本差异的计算。

（二）资料　　某企业生产甲产品采用定额法计算产品成本。本月生产甲产品的有关资料如下:

（1）耗用原材料情况见表 13-7。

表 13 - 7　　　　　　　　　　　耗用原材料情况

材料类别	实际耗用量 （千克）	定额耗用量 （千克）	计划单价 （元）	材料成本差异率
A 材料	41 000	43 000	3	2%
B 材料	7 200	6 800	8	2%

（2）人工费和制造费情况见表 13 - 8。

表 13 - 8　　　　　　　　　　　人工费和制造费情况

成 本 项 目	实际耗费（元）	定额工时（小时）	计划小时费（元）
直接人工	8 250	600	15
制造费	4 510	600	7

（三）**要求**　计算本月投产甲产品各成本项目的脱离定额差异和材料成本差异。

【业务题二】

（一）**目的**　练习定额法下定额变动差异的计算。

（二）**资料**　202×年 8 月，某企业大量、大批生产乙产品，采用定额法计算产品成本。有关资料如下：

（1）本月初修订材料定额成本，由每件 90 元提高到 92 元。月初乙在产品 500 件。

（2）月初直接人工和制造费项目中，单位工时定额为 16 小时，直接人工和制造费计划小时费率分别为 16 元和 7 元。本月修订工时定额，由每件 16 小时改为 14.5 小时。

（3）原材料在生产开始时一次投入，月初在产品完工程度为 80%。

（三）**要求**　计算月初在产品定额变动差异。

【业务题三】

（一）**目的**　练习产品成本计算的定额法。

（二）**资料**　202×年 8 月，某企业大量、大批生产丙产品，采用定额法计算产品成本。

（1）产品定额成本资料：原材料在生产开始时一次投入。由于工艺技术的改进，该企业于 8 月初对年初消耗定额进行修订。丙产品定额成本计算表见表 13 - 9。

表 13 - 9　　　　　　　　　　　丙产品定额成本计算表

材料名称	计量单位	消耗定额（千克）		计划单价（元）
		修订前	修订后	
A 材料	千克	8.6	8.0	10

工时定额（小时）		计划小时费（元）				单位产品定额成本（元）	
		直 接 人 工		制 造 费			
修订前	修订后	修订前	修订后	修订前	修订后	修订前	修订后
10	10	4	4	6.4	6.4	190	184

(2) 月初在产品和本月生产耗费脱离定额差异资料见表 13-10。

(3) 本月生产量资料：丙产品月初在产品 40 件，本月投产 80 件，本月完工 100 件，月末在产品 20 件。月初、月末在产品完工程度均为 50%。

(4) 其他：脱离定额成本差异按完工产品和月末在产品定额成本比例分配，定额变动差异由完工产品成本负担。

(5) 本月投入的定额成本：直接材料 6 400 元，直接人工 3 600 元，制造费 5 760 元。

表 13-10   月初在产品和本月生产耗费脱离定额差异资料

成本项目	脱离定额差异(元)	
	月初在产品	本月生产耗费
直接材料	—40	100
直接人工	16	28
制造费	20	68
合　　计	—4	196

(三) 要求   计算丙产品的实际成本。

案 例 分 析 题

齐鲁公司大批量生产毛条，该产品各项消耗定额比较准确、稳定，采用定额法计算产品成本。公司规定，该产品的定额变动差异和材料成本差异由完工产品成本负担，脱离定额差异按定额成本比例在完工产品与月末在产品之间进行分配。本月产品材料费用的资料如下：

(1) 月初在产品材料定额成本为 1 000 元，月初在产品材料脱离定额差异为 —50 元，月初在产品材料定额成本调整为降低 20 元。

(2) 本月材料定额成本为 24 000 元，本月材料脱离定额差异为 —500 元。

(3) 本月材料成本差异率为 —2%。

(4) 本月完工产品的材料定额成本为 22 000 元。

要求：

(1) 计算月末在产品的材料定额成本。

(2) 计算完工产品和月末在产品的材料实际耗费。

思 政 拓 展 思 考

党的二十大报告在"开辟马克思主义中国化时代化新境界"中指出：必须坚持胸怀天下。我们要拓展世界眼光，深刻洞察人类发展进步潮流，积极回应各国人民普遍关切，为解决人类面临的共同问题作出贡献，以海纳百川的宽阔胸襟借鉴吸收人类一切优秀文明成果,推动建设更加美好的世界。

　　请思考:我国从西方国家借鉴的产品成本计算的定额法,体现了我国以海纳百川的宽阔胸襟借鉴吸收人类一切优秀文明成果的精神,在新的形势下,即使不全盘整体采用之,也可在相关耗费汇集与分配上适当吸纳,借以加强成本费用的事先与市中的管控。你对此是怎么认为的呢?

第十四章　标准成本法

───────── 学习目的与要求 ─────────

　　本章旨在介绍成本控制的方法之———标准成本法。其内容主要包括标准成本的意义及内容、标准成本的制定、标准成本差异的计算与分析、标准成本法的账务处理、标准成本法与定额成本法的比较。通过本章学习,学生应了解标准成本的意义和种类,掌握标准成本系统中标准成本的制定方法,熟悉直接材料、直接人工、制造费的差异计算和分析方法,理解成本差异的账务处理,明确标准成本法与定额法的区别。

 **课前预习题**

1. 什么是标准成本?
2. 标准成本有哪些种类? 成本控制应采用哪种标准成本? 为什么?
3. 制定标准成本的程序是什么?
4. 在制定标准成本中,各成本项目的数量标准和价格标准分别是什么?
5. 什么是成本差异? 标准成本法核算的差异有哪些?

第一节 标准成本的意义及内容

20世纪20年代以来,西方发达国家在成本会计职能向成本控制发展方面取得了不小的成就,标准成本法的产生和发展就是其中之一。作为一种行之有效的成本控制方法,标准成本法对于加强成本管理工作、提高经济效益起到了一定的积极作用。标准成本法亦称标准成本系统,是指事前制定标准成本,将标准成本与实际成本相比以揭示成本差异,对成本差异进行因素分析,并据以加强成本控制的一种会计信息系统和成本控制系统。标准成本法并不单纯是一种成本计算方法,而是一个包括制定标准成本、计算和分析成本差异以及处理成本差异三个环节的完整系统。它把成本的事前计划、日常控制和最终产品成本的确定有机地结合起来,成为加强成本管理、全面提高生产经济效果的重要工具。

一、标准成本的概念

标准成本又称应该成本,是根据企业现有的技术能力和经营管理水平等多种因素,经过仔细调查、分析和技术测定后制定的,在正常生产经营下的成本,因而可以作为控制成本开支、评价实际成本、衡量工作效率的一种目标成本。

标准成本在实际工作中有两种含义:一种是指单位产品的标准成本,它是根据单位产品的标准消耗量和标准单价计算出来的,单位产品标准成本＝单位产品标准消耗量×标准单价;另一种是指实际产量的标准成本,它是按产品实际产量和单位产品标准成本计算出来的,标准成本＝实际产量×单位产品标准成本。

二、标准成本的种类

标准成本按其制定所根据的生产技术和经营管理水平分为基本标准成本、理想标准成本和正常标准成本。

1. 基本标准成本

基本标准成本通常选择上年度或过去某一年的实际成本作为标准,用于衡量以后各年度产品生产成本的高低,观察其成本变动的趋势。

这种标准确定后,除非产品的生产或制造方法发生重大变化,已确定的直接材料、直接人工和制造费的数量标准和价格标准一般长期不变。基本标准成本相对固定,可以使各期的成本在同一基础上进行比较,充当稳定成本变动趋势的尺度。通过考察各期发生的实际成本与基本标准成本的指数变动,进而可以了解各期实际成本发生的变化。其缺点在于随着企业工作效率和经营状况的不断变化,这种标准日益显得过时,用基本标准成本分析成本控制的结果也越来越无法提供恰当的决策信息,以致很难发挥成本控制的作用。因此,在实际工作中,基本标准成本很少被采用。

2. 理想标准成本

理想标准成本是指企业在最有效的生产经营条件下所能达到的最低成本。

这种标准排除了任何可能的失误、浪费和低效率,企业的生产设备得到最佳利用,工艺技术达到了最佳水平,工人的劳动生产率达到最大限度,没有开工不足、停工待料和废品损失,企业生产经营实现最佳运转,产品生产过程处于最完善、最理想的状态。这种标准是"工厂的极乐世界",很难成为现实,它的主要用途是提供一个完美无缺的目标,揭示实际成本下降的潜力。因其提出的要求太高,不能作为考核的依据。

3. 正常标准成本

正常标准成本是根据企业现有的技术条件、管理水平等因素,综合考虑某些不可避免的异常变动,通过努力控制所能达到的成本水平。

由于它对现实条件下暂时还难以消除的损耗、废品以及对设备、劳动力利用不充分的状况等都进行了适当的考虑,这种标准成本既不像理想标准成本那样高不可攀,又不像基本标准成本那样可以轻易达到。在正常标准成本的推动下,企业和各项工作将会得到加强和改善,不断地提高生产效率,克服损失和浪费,并向理想的标准靠近。因此,这种正常的标准成本是进行成本管理的有效方法,比基本标准成本和理想标准成本更受到实际工作者的重视和得到更多的应用。

第二节 标准成本的制定

产品标准成本的制定是标准成本制度的起点和成本控制的基础,是由产品的直接材料、直接人工和制造费组成的。为了便于分析差异,有时又将制造费分为变动制造费与固定制造费。

一、标准成本的制定方法

建立标准成本法的第一步是制定标准成本,这需要将标准产品的成本按成本要素进行分解,进而为各项成本要素建立标准。企业通常首先确定直接材料和直接人工的标准成本,其次确定制造费的标准成本,最后确定单位产品的标准成本。

在制定时,无论哪一个成本项目都需要分别确定其数量标准和价格标准,而数量标准和价格标准对于不同的成本项目具有不同的含义,具体见表 14-1,两者相乘后得出其标准成本,即:每一成本项目标准成本=数量标准×价格标准。

表 14 - 1	各成本项目的数量标准和价格标准		
项 目	直 接 材 料	直 接 人 工	制 造 费
数量标准	单位产品的标准材料消耗量	单位产品直接人工的标准工时	单位产品直接人工的标准工时
价格标准	材料的标准价格	小时标准工资额	小时制造费标准分配额

二、直接材料的标准成本

在制定直接材料的标准成本时,应先确定构成产品的直接材料项目,再分别制定各种直接材料的数量标准和价格标准以确定每项材料的标准成本,最后汇总计算出某一产品的直接材料标准成本,即:

$$单位产品耗用某种材料标准成本 = 材料的标准价格 \times 单位产品的标准材料消耗量$$

$$单位产品的直接材料标准成本 = \sum 该种产品所耗用的各种材料标准成本$$

其中,直接材料的价格标准是事先确定的购买材料需要支付的完全成本,包括发票价格、运费、保险费、包装费、检验费和正常损耗等成本。直接材料的标准消耗量是在现有生产技术条件下生产单位产品需要的材料数量,是根据企业产品的设计、生产和工艺的现状,结合企业的经营管理水平和成本降低任务的要求,考虑在使用过程中必要的耗损,用统计方法、工业工程法或其他技术分析法确定的。

【例 14 - 1】 某企业生产 A 产品,需要甲、乙两种直接材料,其标准成本见表 14 - 2。

表 14 - 2　　　　　甲、乙两种直接材料的标准成本

产品:A

项 目	甲直接材料	乙直接材料
价格标准:		
预计买价(元)	8.00	11.00
预计采购费用(元)	0.50	0.70
每千克价格(元)	8.50	11.70
数量标准:		
预计数量(千克)	15.00	13.00
允许损耗量(千克)	0.80	0.40
单产标准用量(千克)	15.80	13.40

（续表）

项　　　目	甲直接材料	乙直接材料
成本标准： 甲直接材料（元） 乙直接材料（元）	8.50×15.80＝134.30	 11.70×13.40＝156.78
单位产品直接材料标准成本（元）	134.30＋156.78＝291.08	

三、直接人工的标准成本

单位产品的直接人工标准成本可以通过如下公式确定：

直接人工标准成本＝单位产品直接人工的标准工时×小时标准工资额

其中，工资额标准，采用计件工资制，就是单位产品应支付的计件单价；采用计时工资制，是指每一标准工时应分配的工资，按现行工资制度所定的工资水平计算确定。单位产品的标准工时是在现有生产技术条件下生产单位产品所需工作小时，既包括产品的直接加工时间、必要的间歇和停工时间，又包括耗用在不可避免的废品上的加工时间。确定单位产品的直接人工工时需要先按照产品加工所经过的程序分别计算，然后按产品汇总。

【例14-2】　［例14-1］中的 A 产品需经过两道工序，即第一、第二车间加工完成。根据企业人事部门和生产部门进行技术测定所提供的有关资料，确定的直接人工标准成本见表14-3。

表14-3　　　　　　　　　　直接人工标准成本

产品：A

项　　　目	第一车间	第二车间
小时标准工资额： 基本生产工人人数（人） 每人每月标准工时数（小时） 每月标准总工时（小时） 每月工资总额（元） 每小时工资额（元/小时）	30 22×8＝176 176×30＝5 280 6 864 1.30	40 176 176×40＝7 040 10 560 1.50
工时标准： 单位产品加工操作时间（小时） 准备时间（小时） 单位产品工时（小时）	1.20 0.30 1.50	1.80 0.20 2.00

（续表）

项　　目	第一车间	第二车间
成本标准： 第一车间（元） 第二车间（元）	$1.50 \times 1.30 = 1.95$	$2.00 \times 1.50 = 3.00$
单位产品直接人工标准成本（元）	$1.95 + 3.00 = 4.95$	

四、制造费的标准成本

制造费的标准成本必须先按部门分别编制，然后再将同一产品涉及的各部门单位制造费标准加以汇总，得出整个产品制造费的标准成本。各部门的制造费标准分为变动制造费标准和固定制造费标准两个部分。

1. 变动制造费标准成本的制定

变动制造费的标准成本可按如下公式确定：

$$\frac{\text{小时变动制造}}{\text{费标准分配额}} = \frac{\text{变动制造费}}{\text{预算总额}} \div \frac{\text{直接人工}}{\text{标准总工时}}$$

$$\frac{\text{单位产品的变动}}{\text{制造费标准成本}} = \frac{\text{小时变动制造}}{\text{费标准分配额}} \times \frac{\text{单位产品直接人工}}{\text{（或机器）的标准工时}}$$

【例 14 - 3】 根据[例 14 - 2]中各部门编制的耗费预算，确定的变动制造费标准成本见表 14 - 4。

表 14 - 4　　　　　　　变动制造费标准成本

产品：A

项　　目	第一车间	第二车间
变动制造费预算：		
运输（元）	600	900
电力（元）	750	1 050
消耗材料（元）	3 500	3 000
间接人工（元）	2 800	2 950
燃料（元）	798	900
合　　计	8 448	8 800

（续表）

项　　　　目	第一车间	第二车间
直接人工标准总工时（小时）	5 280	7 040
变动制造费标准分配额（元/小时）	1.60	1.25
直接人工数量标准（小时）	1.50	2.00
成本标准：		
第一车间（元）	1.50×1.60＝2.40	
第二车间（元）		2.00×1.25＝2.50
单位产品变动制造费标准成本（元）	2.40＋2.50＝4.90	

2. 固定制造费标准成本的制定

如果企业采用变动成本计算，固定制造费不计入产品成本，因此单位产品的标准成本中不包括固定制造费的标准成本。在这种情况下，不需要制定固定制造费的标准成本，至于固定制造费的控制则通过预算管理来进行。如果采用制造成本计算，固定制造费要计入产品成本，则需确定其标准成本。

固定制造费的标准成本可按如下计算公式确定：

$$\text{小时固定制造费标准分配额} = \text{固定制造费预算总额} \div \text{直接人工标准总工时}$$

$$\text{单位产品的固定制造费标准成本} = \text{小时固定制造费标准分配额} \times \text{单位产品直接人工（或机器）的标准工时}$$

【例 14－4】 ［例 14－3］中，企业采用制造成本计算，根据各部门编制的耗费预算，确定的固定制造费标准成本见表 14－5。

表 14－5　　　　　　　　固定制造费标准成本

产品：A

项　　　　目	第一车间	第二车间
固定制造费预算：		
折旧费（元）	175	230
管理人员工资（元）	600	1 250
间接人工（元）	400	850
保险费（元）	284	250
维护费（元）	125	236
合　　　计	1 584	2 816

(续表)

项　　　　目	第一车间	第二车间
直接人工标准总工时(小时)	5 280	7 040
固定制造费标准分配额(元/小时)	0.30	0.40
直接人工数量标准(小时)	1.50	2.00
成本标准:		
第一车间(元)	1.50×0.30=0.45	
第二车间(元)		2.00×0.40=0.80
单位产品固定制造费标准成本(元)	0.45+0.80=1.25	

五、产品标准成本

将以上确定的直接材料、直接人工和制造费的标准成本按产品加以汇总,编成"标准成本卡",就可确定有关产品的变动标准成本和制造标准成本。

【例 14-5】 [例 14-1]至[例 14-4]中,A 产品变动标准成本和制造标准成本分别见表 14-6 和表 14-7。

表 14-6　　　　　　　　　　变动标准成本

产品:A

成　本　项　目	数量标准(千克)	价格标准(元/千克)	标准成本(元)
直接材料:			
甲直接材料	15.80	8.50	134.30
乙直接材料	13.40	11.70	156.78
合计			291.08
直接人工:			
第一车间	1.50	1.30	1.95
第二车间	2.00	1.50	3.00
合计			4.95
制造费:			
变动制造费(第一车间)	1.50	1.60	2.40
变动制造费(第二车间)	2.00	1.25	2.50
合计			4.90
单位产品变动标准成本总计	291.08+4.95+4.90=300.93(元)		

表 14－7 　　　　　　　　　　　制造标准成本

产品：A

成 本 项 目	数量标准（小时）	价格标准（元/千克）	标准成本（元）
直接材料：			
甲直接材料	15.80	8.50	134.30
乙直接材料	13.40	11.70	156.78
合计			291.08
直接人工：			
第一车间	1.50	1.30	1.95
第二车间	2.00	1.50	3.00
合计			4.95
制造费：			
变动制造费(第一车间)	1.50	1.60	2.40
变动制造费(第二车间)	2.00	1.25	2.50
合计			4.90
固定制造费(第一车间)	1.50	0.30	0.45
固定制造费(第二车间)	2.00	0.40	0.80
合计			1.25
单位产品制造标准成本总计	291.08＋4.95＋4.90＋1.25＝302.18(元)		

第三节　标准成本差异的计算与分析

标准成本制度的主要特征在于组织成本差异的核算。企业应对生产经营中所产生的成本差异进行深入的分析研究，在此基础上制定相应措施，实施成本控制，从而真正强化标准成本制度的推行。

一、标准成本差异的概念

标准成本差异是实际成本与标准成本之间的差额。按数量特征，标准成本差异可分为有利差异与不利差异。有利差异是指因实际成本低于标准成本而形成的节约差；不利差异则指因实际成本高于标准成本而形成的超支差。按性质特征，标准成本差异可分为数量差异和价格差异。数量差异反映由直接材料、直接人工和变动制造费等要素实际用量消耗与标准用量消耗不一致而产生的成本差异。价格差异反映由直接材料、直接人工和变动制造费等要素实际价格水平与标准价格不一致而产生的成本差异。

二、标准成本差异分析

（一）标准成本差异分析的步骤

标准成本差异分析包括以下三个步骤：

（1）计算差异的数额并分析其种类。

（2）在步骤(1)的基础上进行差异调整，找到产生差异的具体原因。

（3）判明责任，采取措施，改进成本控制。

（二）直接材料成本差异

直接材料成本差异是直接材料的实际成本与标准成本之间的差异，标准成本是标准数量与标准价格的乘积，因而直接材料成本差异分解为直接材料价格差异和直接材料用量差异，其计算公式如下：

$$材料价格差异＝实际数量×（实际价格－标准价格）$$

$$材料用量差异＝（实际数量－标准数量）×标准价格$$

$$直接材料成本差异＝材料价格差异＋材料用量差异$$

式中，标准数量根据实际产量和单位标准消耗量相乘求得；实际数量是根据领、退料凭证以及原材料盘存资料计算得出。

【例 14-6】 某企业本月生产 A 产品 200 件，实际耗用直接材料甲 810 千克，该材料实际价格为 2.5 元/千克，根据 A 产品标准成本卡得知，甲材料标准价格为 2.3 元/千克，标准用量为 4.2 千克，则直接材料成本差异可分析如下：

$$材料用量差异＝（810－200×4.2）×2.3＝－69（元）$$

$$材料价格差异＝810×（2.5－2.3）＝162（元）$$

$$直接材料成本差异＝实际成本－标准成本$$
$$＝810×2.5－200×4.2×2.3＝93（元）$$

或：
$$＝材料用量差异＋材料价格差异$$
$$＝－69＋162＝93（元）$$

如果生产产品所耗的直接材料多于一种，应就每种材料进行成本差异计算，然后加总。

（三）直接人工成本差异

直接人工成本差异是指实际产量的直接人工实际成本与标准成本的差额，区分为工资额差异（价差）和效率差异（量差）两部分，可按下面公式计算：

直接人工工资额差异＝实际工时×(小时实际工资额－小时标准工资额)

直接人工效率差异＝(实际工时－标准工时)×小时标准工资额

直接人工成本差异＝直接人工工资额差异＋直接人工效率差异

【例 14－7】 某企业本期生产 A 产品,有关资料见表 14－8 和表 14－9。

表 14－8　　　　　　　　A 产品直接人工标准成本

产量(件)	单位产品标准工时(小时)		标准工时合计(小时)	
	一级工	二级工	一级工	二级工
1 000	0.5	0.6	500	600
每小时标准工资额(元)			16	12
直接人工标准成本(元)			8 000	7 200

表 14－9　　　　　　　　A 产品直接人工实际成本

工　资　等　级	实际工时(小时)	支付工资(元)
一	550	9 075
二	500	5 500
合　　计	1 050	14 575

直接人工工资额差异＝(9 075÷550－16)×550＋(5 500÷500－12)×500＝－225(元)

直接人工效率差异＝(550－500)×16＋(500－600)×12＝－400(元)

直接人工成本差异＝实际成本－标准成本＝14 575－(8 000＋7 200)＝－625(元)

或:　　　　　　　　＝工资额差异＋效率差异＝－225－400＝－625(元)

不同工种不同级别的小时工资额不一定相同,如果生产一种产品需经过几道工序、几个不同工种的加工,那么应对每道工序、每个工种进行这样的成本差异分析,然后加总。

(四) 变动制造费差异

变动制造费差异是指实际产量的变动制造费实际数与标准数之间的差额。变动制造费差异分解为耗费差异(价差)和效率差异(量差)两部分,其计算公式如下:

$$变动制造费耗费差异＝实际工时×(小时变动制造费实际分配额－小时变动制造费标准分配额)$$

$$变动制造费效率差异＝(实际工时－标准工时)×小时变动制造费标准分配额$$

$$\begin{matrix}\text{变动制造费} \\ \text{成 本 差 异}\end{matrix} = \begin{matrix}\text{变动制造费} \\ \text{耗 费 差 异}\end{matrix} + \begin{matrix}\text{变动制造费} \\ \text{效 率 差 异}\end{matrix}$$

【**例 14 - 8**】 某企业生产某种产品,单位产品机时标准为 2 机时/件。本期的变动制造费预算及实际执行情况见表 14 - 10。

表 14 - 10　　　　　　　　变动制造费预算及实际执行情况

	变动制造费	每小时耗费
预　算	间接材料(元)	1.0
	间接人工(元)	0.6
	合　计	1.6
实　际	实际机时(小时)	4 200
	实际完成产量(件)	2 000
	实际耗费	
	间接材料(元)	4 000
	间接人工(元)	2 500
	合　计	6 500

变动制造费耗费差异＝(6 500÷4 200－1.6)×4 200＝－220(元)

变动制造费效率差异＝1.6×(4 200－2×2 000)＝320(元)

变动制造费成本差异＝实际发生额－标准发生额

＝6 500－1.6×2 000×2＝100(元)

或：　　　　　　　　　　＝耗费差异＋效率差异

＝－220＋320＝100(元)

如果生产一种产品需经过几个车间、部门,应对每个车间、部门进行成本差异计算,然后加总。

（五）固定制造费差异

固定制造费差异是指在实际产量下固定制造费实际发生总额与其标准发生总额之间的差额。固定制造费的差异分析方法与各项变动成本的差异分析方法不同,有二因素分析法和三因素分析法两种。

1. 二因素分析法

二因素分析法是将固定制造费差异分为耗费差异和能量差异的分析方法。耗费差异也称预算差异,是指固定制造费的实际金额与固定制造费预算金额之间的差额;能量差异是指固定制造费预算与固定制造费标准成本的差异,其计算公式如下:

固定制造费耗费差异＝固定制造费实际数－固定制造费预算数

固定制造费能量差异＝小时固定制造费标准分配额×(预算工时－标准工时)

固定制造费成本差异＝固定制造费耗费差异＋固定制造费能量差异

【例 14－9】　某企业本期产品实际产量为 2 800 件,共发生固定制造费 10 480 元,实际工时 5 800 小时,每件产品标准工时 2 小时,标准分配额为 1.80 元/小时,标准总产量为 3 000 件。有关固定制造费差异分析如下:

固定制造费耗费差异＝实际数－预算数

＝10 480－3 000×2×1.80＝－320(元)

固定制造费能量差异＝标准分配额×(预算工时－标准工时)

＝1.80×(3 000×2－2 800×2)＝720(元)

固定制造费成本差异＝实际总成本－标准总成本

＝10 480－2 800×2×1.80＝400(元)

或:　　　　　　　　　＝固定制造费耗费差异＋固定制造费能量差异

＝－320＋720＝400(元)

2. 三因素分析法

三因素分析法是将固定制造费的成本差异分为耗费差异、效率差异和能力差异三部分的分析方法。即将二因素分析法中的"能量差异"进一步分为两部分:一部分是实际工时未达到预算工时而形成的闲置能量差异,也称能力差异;另一部分是实际工时脱离标准工时而形成的效率差异。有关计算公式如下:

固定制造费能力差异＝小时固定制造费标准分配额×(预算工时－实际工时)

固定制造费效率差异＝小时固定制造费标准分配额×(实际工时－标准工时)

固定制造费能量差异＝固定制造费能力差异＋固定制造费效率差异

【例 14－10】　将[例 14－9]中的能量差异进一步分解为:

固定制造费能力差异＝1.80×(3 000×2－5 800)＝360(元)

固定制造费效率差异＝1.80×(5 800－2 800×2)＝360(元)

以上三种差异也可用图 14－1 加以说明。

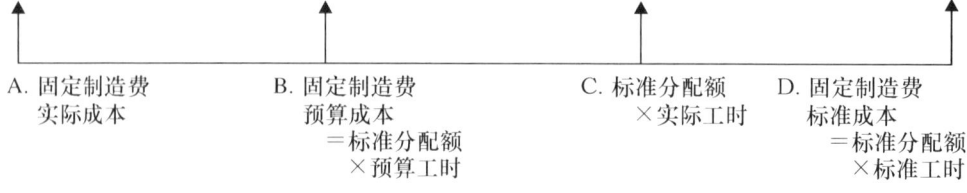

A. 固定制造费　　　B. 固定制造费　　　C. 标准分配额　　　D. 固定制造费
　实际成本　　　　　　预算成本　　　　　　×实际工时　　　　　标准成本
　　　　　　　　　　＝标准分配额　　　　　　　　　　　　　　＝标准分配额
　　　　　　　　　　×预算工时　　　　　　　　　　　　　　　×标准工时

图 14－1　固定制造费三因素分析

结论：

A−B＝固定制造费耗费差异＝实际数−预算数

B−C＝固定制造费能力差异＝标准分配额×（预算工时−实际工时）

C−D＝固定制造费效率差异＝标准分配额×（实际工时−标准工时）

第四节　标准成本法的账务处理

为了能够有效地对企业进行成本控制，达到降低成本的目的，标准成本系统要求以标准成本为核算基础，并将其纳入财务会计的主要账簿体系。实施标准成本系统的企业，要对产品的标准成本、实际成本和成本差异分别进行核算，并在期末对成本差异进行相应的处理，同时将执行标准成本过程中出现的差异以全面系统的信息形式提供给管理者和决策者，使其据以判断成本控制的功效和提出下一步工作的改进措施；并应采取技术更新、科学管理等方式发展有利差异，消除不利差异。

一、成本差异核算设置的账户及成本差异的归集

（1）设置"原材料""基本生产成本"和"库存商品"等账户，这些账户的借方和贷方均登记实际数量的标准成本，其余额亦反映这些资产的标准成本。

（2）设置"直接材料用量差异""直接材料价格差异""直接人工效率差异""直接人工工资额差异""变动制造费用耗费差异""变动制造费用效率差异""固定制造费用耗费差异""固定制造费用能量差异"（或"固定制造费用耗费差异""固定制造费用能力差异""固定制造费用效率差异"）等账户，这些账户借方登记不利差异及期末结转的有利差异，贷方登记有利差异及期末结转的不利差异。

归集差异的会计分录通常在实际成本发生且计算出差异的同时予以编制。即在需要登记"原材料""基本生产成本""库存商品"账户时，应将实际成本分离为标准成本和有关的成本差异，标准成本数据记入"原材料""基本生产成本"和"库存商品"等账户，超支差异应借记有关差异账户，节约差异应贷记有关差异账户。

二、期末成本差异的账务处理

会计期末对本期发生的各类成本差异可按以下三种方法进行会计处理：

（1）将差异转入损益或销售成本账户。按照这种方法，在会计期末将所有差异转入"本年利润"账户，或者先将差异转入"主营业务成本"账户，再随同已销产品的标准成本一起转至"本年利润"账户。

（2）将差异在存货及销售成本之间按比例分摊，从而将存货成本和销售成本调

整为实际成本。

(3) 将差异结转至下期。

企业可视其自身生产经营特点,选择恰当的处理方法。其中第(3)种方法,只能在年度中间选用,但在编制年终报表时,成本差异通常不结转下年度,只能采用第(1)种或第(2)种方法。

第五节　标准成本法与定额法的比较

定额法是20世纪50年代从苏联引进的,它是从标准成本制度中派生出来的。标准成本法与定额成本法,作为两种成本控制的重要方法,既有密切联系,又有诸多区别。

一、标准成本法与定额法的相同点

1. 两种方法的实质相同

无论是标准成本法还是定额法,都是将成本计划、成本计算和成本控制融为一体,其中,定额法以定额成本作为计算和控制成本的依据。

2. 两种方法的目的相同

标准成本法和定额法都是通过事前制定标准或定额、事中控制成本、事后确定和分析差异的过程,最终达到控制成本的目的。两种方法都要求企业有较好的定额或标准的管理水平,产品工艺基本稳定,原始记录比较完整,成本管理制度比较健全,只有具备这些条件,才能比较准确地计算成本差异,分清成本差异的责任。

二、标准成本法与定额法的不同点

1. 成本差异的分类不同

在定额法下,"基本生产成本"账户是按实际成本记录,产品成本差异的核算比较简单,只核算各成本项目的成本差异,如脱离定额差异、定额变动差异、材料差异,各项差异并没有按原因进一步划分,而且这些差异只是反映在成本计算单上。

在标准成本法下,"基本生产成本"账户是按标准成本记录,产品成本差异不仅反映各成本项目的差异,而且还按原因进一步划分为材料用量差异和价格差异、人工效率差异和工资额差异、制造费能量差异和效率差异等。但是,标准成本没有标准本身变动的差异。

2. 侧重点不同

定额法的重点是在各种产品的定额成本基础上计算其实际成本,即要计算和分配各种产品的成本差异。这就要求直接费的定额差异分产品别计算,间接费差异要按产品分配,计算工作量比较大。

标准成本法的重点不是为了计算各种产品的实际成本,而是为了加强成本管理,更好地进行成本控制,把成本核算同成本分析结合起来。它对于实行成本预防性管理,推行责任会计,及时提供成本计算资料,从而促使企业降低成本具有重要作用。标准成本法强调按管理区域计算和控制成本差异,其成本差异是利用各种产品实际产量的标准成本之和同实际成本总额相比较求得,因而成本差异不必按产品分别进行计算和分配。这样,就有可能把成本差异核算的重点转移为按各个责任中心进行核算,并分别按差异发生的原因反映出来。

3. 账务处理不同

在定额法下,定额成本和成本差异只在成本计算表上反映,会计账户和资产负债表中都表现为实际成本。具体而言,各种产品成本差异一般要在完工产品和在产品之间分配。在一些在产品数量波动较小的企业,也可以全部计入产成品成本。"库存商品"账户是按实际成本记入,借方所反映的入库产成品按当月完工产成品实际成本记入,贷方所反映的发出销售产成品按先进先出法或加权平均法计算其实际成本。"主营业务成本"账户的借方反映销售出去的产成品实际成本,不单独反映产成品成本差异。这样,在利润表上就不能专门计算成本差异对利润的影响额。

在标准成本法下,"库存商品"账户按标准成本记入,借方所反映的完工产品、贷方所反映的发出和销售的产品都是按标准成本计算。本期生产所发生的各种成本差异一般不在在产品、产成品和销售产品之间进行分配,多数企业是将差异全部转到"销售成本"账户,把销售产品的标准成本调整为实际成本,这样,主营业务成本就分为标准成本和成本差异两部分;利润表上的产品销售利润分为主营业务成本调整前利润和调整后利润两部分。调整前利润即销售产品按标准成本计算的利润,调整后利润即销售产品按实际成本计算的利润。

本章要点概览

1. 标准成本法亦称标准成本系统,是指事前制定标准成本,将标准成本与实际成本相比以揭示成本差异,对成本差异进行因素分析,并据以加强成本控制的一种会计信息系统和成本控制系统。标准成本法并不单纯是一种成本计算方法,而是一个包括制定标准成本、计算和分析成本差异以及处理成本差异三个环节的完整系统。

2. 产品标准成本的制定是标准成本法的起点和成本控制的基础。制定标准成本需要将标准产品的成本按成本要素进行分解:直接材料、直接人工和制造费的标准成本都可以采用要素的数量标准乘以价格标准的方法制定。

3. 成本差异是指实际成本与标准成本之间的差额,按其结果可以分为有利差异和不利差异。对直接材料、直接人工、变动制造费和固定制造费四个方面分别进行差异分析,可以得出直接材料价格差异和数量差异,直接人工工资率差异和效率差异,变动制造费耗费差异和效率差异,固定制造费能力差异、效率差异和能量差异。针对每一种差异,都应该具体分析其形成原因,以便采取有效措施对成本加以控制。

4. 实施标准成本法的企业,要对产品的标准成本、实际成本和成本差异分别进行核算,设置相应的成本差异账户,并在期末对成本差异进行相应处理。

 主要术语

1. 标准成本   2. 价格差异

3. 数量差异   4. 成本差异

5. 材料价格差异   6. 材料用量差异

7. 直接人工效率差异   8. 直接人工工资额差异

9. 变动制造费耗费差异   10. 变动制造费效率差异

11. 固定制造费能力差异   12. 固定制造费效率差异

13. 固定制造费耗费差异   14. 固定制造费能量差异

阅 读 文 献

1. 陈良华主编:《成本会计》(第九章 标准成本会计与变动成本会计),北京大学出版社 2009 年版。

2. 葛家澍、常勋主编:《成本会计》(第五章 成本核算的辅助方法),辽宁人民出版社 2009 年版。

3. 王雄元主编:《成本会计》(第八章 成本控制),上海财经大学出版社 2007 年版。

4. 陈轲主编:《成本会计学》(第七章 定额成本法与标准成本核算),经济科学出版社 2007 年版。

复 习 思 考 题

1. 材料用量差异、材料价格差异如何计算?

2. 什么是人工的效率差异和工资率差异? 它们分别如何计算?

3. 什么是变动制造费耗费差异和效率差异? 它们分别如何计算?

4. 固定制造费差异分析方法中的二因素分析法和三因素分析法有何区别?

5. 标准成本法与定额法的主要区别有哪些?

练 习 题

一、单项选择题

1. 标准成本控制系统的重点是( )。

A. 标准成本的制定   B. 成本差异的计算分析

C. 成本差异的账务处理   D. 成本控制

2. 在标准成本法下,分析计算各成本项目价格差异的数量基础是( )。

A. 标准产量下的标准用量   B. 实际产量下的标准用量

C. 标准产量下的实际用量   D. 实际产量下的实际用量

3. 在成本差异计算中,如果已知直接人工成本总额为 −2 000 元,工资率差异为 +500 元,则人工效率差异为( )元。

A. −2 000   B. −1 500

C. −2 500   D. +1 500

4. 某企业生产甲产品的实耗工时为 45 000 小时,实际产量标准工时为 47 000 小时,预算产量的标准工时为 50 000 小时,小时固定制造费标准分配额为 0. 64 元,则固定制造费效率差异为( )元。

A. −2 000   B. −1 280

C. +2 000   D. +1 280

5. 若材料的实际耗用量超过标准耗用量,但实际成本却小于标准成本,则材料数量差异与价格差异的性质分别为( )。

A. 不利、有利   B. 有利、有利

C. 有利、不利   D. 不利、不利

二、多项选择题

1. 标准成本按其制定基础可分为( )。

A. 理想标准成本   B. 正常标准成本

C. 基本标准成本   D. 现实标准成本

2. 计算变动制造费效率差异需要的数据有( )。

A. 实际工时   B. 标准工时

C. 小时变动制造费实际分配额   D. 小时变动制造费标准分配额

3. 成本差异账户设置的特点有( )。

A. 所有数量差异登记在借方,价格差异登记在贷方

B. 其账户名称与各项成本差异名称一致

C. 该账户借方登记不利差异

D. 该账户贷方登记实际成本超过标准成本的部分

4. 标准成本差异期末的处理方式一般包括( )。

A. 将差异转入损益类账户

B. 将差异转入销售成本账户

C. 将差异结转至下期

D. 将差异在存货及销售成本之间按比例分摊

5. 标准成本法与定额法的不同之处有( )。

A. 在标准成本法下,"生产成本"账户按标准成本登记

B. 在定额法下,"生产成本"账户按实际成本登记

    C. 在定额法下,不单独设置各种成本差异账户反映成本差异

    D. 在标准成本法下,不要求计算产品实际成本,而定额法要求计算产品实际成本

三、判断题

1. 从本质上讲,标准成本法是一种成本管理方法。   ( )

2. 正常标准成本是在正常条件下,考虑到难以避免的生产要素价格波动、生产要素的超量消耗和生产经营能力的低效利用情况而制定的成本。   ( )

3. 在标准成本法下,材料数量差异和材料价格差异都属于材料成本差异,可记入"材料成本差异"账户进行核算。   ( )

4. 从总体上看,标准成本法与定额法的实质和目的基本相同。   ( )

5. 直接人工价格标准就是计件工资单价。   ( )

6. 直接人工效率差异是指直接人工实际成本与直接人工标准成本之间的差额。   ( )

7. 产品的标准成本应该等于直接材料标准成本加上直接人工标准成本,再加上变动制造费标准成本。   ( )

8. 固定制造费差异等于固定制造费耗费差异加上固定制造费闲置能量差异,再加上固定制造费效率差异。   ( )

9. 制造费标准成本的制定,应以各责任部门为单位,但不需要区分固定费和变动费来编制费用预算。   ( )

10. 变动制造费效率差异实际上反映的是产品制造过程中的工时利用问题。   ( )

四、业务题

【业务题一】

(一) 目的   掌握直接材料成本差异的计算与分析。

(二) 资料   某企业本月共生产甲种产品 5 000 件,耗用材料 13 000 千克,实际成本 14 560 元。而该企业甲种产品的标准成本每件需耗用材料 2.4 千克,每千克 1.1 元。

(三) 要求

(1) 若甲种产品生产 5 000 件,直接材料标准成本、实际成本和差异各为多少?

(2) 将以上计算出来的差异额,分解为价格差异与数量差异,并进行价格差异和数量差异分析。

【业务题二】

(一) 目的   掌握直接人工成本差异的计算和分析。

(二) 资料   某机械厂加工甲产品需机加工,其加工的标准工资额为 5 元/工时,实际工资额为 5.5 元/工时,标准工时为 1 000 工时,实际工时为 1 050 工时。

(三) 要求

(1) 计算加工甲产品的直接人工总差异。

(2) 计算加工甲产品的直接人工的工资额差异。

(3) 计算加工甲产品的直接人工的效率差异。

【业务题三】

(一) 目的   掌握变动制造费成本差异的计算和分析。

（二）**资料**　某企业生产某产品，在某期内的变动制造费预算及实际执行结果见表 14-11。

表 14-11　　　　　　　　**变动制造费预算及实际执行结果**

	变动制造费	每机时标准耗费（元）	机器工作小时数（小时）		
			10 000	12 000	14 000
预算数	间接材料	0.80	8 000	9 600	11 200
	间接人工	0.50	5 000	6 000	7 000
实际数	实际产量（件）		6 000		
	实际机时（小时）		12 600		
	实耗间接材料（元）		10 458		
	实耗间接人工（元）		6 930		

此外，某产品单位机时标准为 2 机时/件。

（三）**要求**　根据以上有关资料，计算该企业在某期内变动制造费差异。

案 例 分 析 题

　　诺亚公司（以下简称公司）生产甲、乙两种产品，为了能够有效地对公司进行成本控制，达到降低成本的目的，公司采用标准成本法：对于实际成本脱离标准成本的各种差异分别设立专门的差异账户进行归集，从会计账户及相关资料中可以获得各项费用的数量差异及价格差异。设定的标准成本全年不改变，每月的差异都结算至当月利润表中。假设不考虑发生的各项期间费用且月初无存货，产销平衡，公司202×年 8 月和 9 月的利润表见表 14-12。

表 14-12　　　　　　　　**利　润　表**

202×年度　　　　　　　　　　　　　　　　　　　　　　　单位：元

项　　　　目	8 月	9 月
销售收入	738 000	553 500
标准销售成本：		
直接材料	196 800	147 600
直接人工	184 500	123 000
制造费	147 600	98 400
标准税前利润	209 100	184 500
生产差异：		
直接材料价格差异	−2 460	−7 380
直接材料用量差异	−1 230	−3 690
直接人工差异	−1 230	−4 920
制造费差异	−55 360	−18 460
实际税前利润	148 820	150 050

公司产品甲的原材料转入"在产品"账户的金额：8月及9月分别为 35 055 元及 31 365 元；产品乙的原材料转入"在产品"账户的金额，8月及9月分别为 1 845 元及 79 335 元。

要求：

(1) 分别计算8月及9月发出材料的标准成本。

(2) 分别计算8月及9月销售成本的标准成本和实际成本。

(3) 假设小时工资额与标准工资额相当，8月生产量较标准产量（每月都为 123 000 元的直接工资成本）是高还是低？

(4) 若8月及9月的小时实际工资额相等，9月产量与8月相比是高还是低？

(5) 9月原材料耗用绩效是否较8月有所改善？

思政拓展思考

党的二十大报告在"加快构建新发展格局，着力推动高质量发展"中指出：依托我国超大规模市场优势，以国内大循环吸引全球资源要素，增强国内国际两个市场两种资源联动效应，提升贸易投资合作质量和水平。推动货物贸易优化升级，创新服务贸易发展机制，发展数字贸易，加快建设贸易强国。合理缩减外资准入负面清单，依法保护外商投资权益，营造市场化、法治化、国际化一流营商环境。推动共建"一带一路"高质量发展。优化区域开放布局，巩固东部沿海地区开放先导地位，提高中西部和东北地区开放水平。加快建设西部陆海新通道。加快建设海南自由贸易港，实施自由贸易试验区提升战略，扩大面向全球的高标准自由贸易区网络。有序推进人民币国际化。深度参与全球产业分工和合作，维护多元稳定的国际经济格局和经贸关系。

请思考：增强国内国际两个市场两种资源联动效应；推动共建"一带一路"高质量发展；扩大面向全球的高标准自由贸易区网络；有序推进人民币国际化；深度参与全球产业分工和合作，就需要在成本核算与控制的规范上，在全球范围趋于一致化，因而产品成本计算的标准成本法，作为国际公认，并在西方国家广泛推行的情形下，我国企业也应适时跟进，从而为实现国家经济发展的具体目标创造条件。你对此是怎么认为的呢？

第十五章 产品成本计算的 作业成本法

———————学习目的与要求———————

　　本章旨在介绍产品成本作业成本法的基本原理。其内容主要包括作业成本计算法的产生、基本理论、程序、意义与实施。通过本章学习,学生应了解作业成本法的产生背景、理论前提,领会作业成本法对间接耗费归集与分配的本质特征,理解作业动因、成本动因等在间接耗费分配过程中的核心作用。

 **课前预习题**

　　1. 传统的企业制造费分配方法,在现代化生产条件下的成本计算的弊端何在?

　　2. 成本驱动论的核心观点是什么?

　　3. 作业成本法与传统的企业产品成本计算方法相比较,在计算产品成本方面优势何在?

　　4. 采用作业成本法计算产品成本,会引起现行规定哪些方面的变化?

第一节　作业成本法产生概论

作业成本法是在一定的技术背景和社会背景的条件下产生的。

一、作业成本法产生的背景

随着人类社会的进步,生产技术日趋复杂,技术变革日新月异,管理层普遍要求产品设计与制造工程师们通过采用电脑辅助设计、电脑辅助制造等先进技术来达到提高劳动效率、降低成本的目标,适时生产系统等管理观念和管理技术便应运而生。随着技术进步,导致了产品市场寿命的缩短并加剧了生产者的竞争,许多企业不得不改变其生产模式,将传统的少品种、大批量生产模式转变为更适应顾客需求的弹性制造系统。同时,电子计算机的发展和应用以及通信信息技术的产生和成长,为实现多元化间接耗费分配标准的作业成本法提供了坚实的技术支持。

作业成本会计(activity-based cost accounting,简称 ABC 法)最早由美国著名教授科勒·斯托布斯于 20 世纪 30 年代提出,并在西方会计学家长期研究中发展和实施。他们认为:产品成本就是制造和运送产品所需全部作业的成本总和,成本计算的最基本的对象是作业。作业耗用资源,产品耗用作业。随着高新技术革命的不断推进,传统成本会计下的间接耗费分配的合理性受到质疑,如以生产工时、直接材料、生产工资比例等分配制造费用的准确度大打折扣。在成本中间接耗费比重大幅增加的条件下,原适用于劳动密集型生产的间接耗费分配方法,就可能使产量大、但科技含量低的产品成本被高估,而使产量低、科技含量高的产品成本被低估。传统成本计算系统过分强调直接人工工时的作用,只重视变动成本而忽略了随着自动化程度的上升而提高的固定成本,不利于间接耗费的计算和控制。作业成本法便是为克服这些缺陷而形成的。

二、作业成本会计的理论基础

作业成本会计的理论基础是"成本驱动论",在成本驱动论中,将决定成本发生的作业作为分配间接耗费的标准。生产产品过程中消耗作业,作业消耗资源。每完成一项作业就要消耗一定量的资源,并使一定价值量和产出转移到下一个作业,以此类推,直至产成品产出。

第二节　作业成本法的基本理论

作业成本法下的成本计算对象和产品成本的经济内容与传统的成本计算对象及

经济内容是不同的。

一、作业成本法的目标

作业成本法对成本的看法是"不同目的下有不同的成本"。产品成本是特定目的下分配给一项产品的成本总和。通过从作业消耗资源、产品消耗作业较为精确的成本分解,消除低增值成本或使之达到最小,引入效率与效果的概念,从而使经营过程中展开的增值活动衔接流畅,以改善产出,发现造成问题的根源并加以纠正,根除由不合理的假设和错误的成本分配造成的扭曲。

二、产品成本的经济内容

在传统成本计算法下,产品成本指制造成本,即只包括制造过程发生的耗费,按耗费的经济用途设置成本项目。而在作业成本法下,产品成本则是完全成本。作业成本法强调费用支出的合理有效性,而不论其是否与产出直接有关。作业成本法下的期间费用,登记的是无效资源耗费和非增值作业耗费,是希望通过作业管理而消除这些耗费。另外,作业成本法下的成本项目是按作业类别设置的。

三、成本计算的对象

在作业成本法下,成本计算的对象是多层次的,如资源、作业、作业中心和制造中心这几个层次。

作业成本法所涉及的概念如下:作业是成本分配的第一对象,是基于一定的目的、以人为主体、消耗一定资源的特定范围内的工作。常见的作业可分为以下四类:

(1)单位作业。它是指使单位产品受益的作业,每生产一单位产品,即需要作业一次,所耗成本与产品产量呈正比例变动,如直接材料。

(2)批别作业。它是指使一批产品受益的作业,如对每批产品的检验、机器准备、原材料处理等,这些作业的成本与产品的批数呈正比例变动。

(3)产品作业。它是指使某种产品的每个单位都受益的作业,如对每一种产品编制数控规划、材料清单。这种作业的成本与产品产量及批数无关,但与产品项目呈比例变动。

(4)维持性作业。它是指使某个机构或某个部门受益的作业。它与产品的种类和某种产品的多少无关。

另外,从不同的角度上看,作业还存在不同的分类。例如,产品层次作业是指能使每个单位产品都能受益,从而使产品产量增加的作业;批量层次作业是指与产品的生产批量相关并能使一批产品受益的作业;产品支持作业是指为生产特定产品而进行,并能使该种产品受益的作业;增值性作业是指会增加产品价值的作业;非增值作业是指不会增加产品价值的作业;生产作业是指生产产品提供劳务的作业;必需性作业是一个组织中必不可少的作业。

作业作为成本计算对象,不仅有利于相对准确地计算产品成本,还有利于成本考核和分析工作。

作业中心是基于管理的目的,负责完成某一项特定产品制造功能的一系列作业的集合,它既是成本汇集中心,又是责任考核中心,是相对制造中心划定设立的,而且几个作业中心构成一个制造中心。

将作业中心作为成本计算对象,是基于作业考核的目的。在计算成本时,首先,应在作业中心汇集所耗资源价值;然后,按照资源动因分解到各种作业。

制造中心作为成本计算对象,实质上是指计算制造中心产出产品的成本。制造中心所生产的产品只是相对于该制造中心而言,未必是企业的最终产品。作业成本法在间接耗费的分配上见长于传统成本计算方法,因而,该方法更适合于生产多种产品的制造中心。

作业链是指一系列先后有序、相互联系的作业的集合,如常见的由产品设计作业、材料运送作业、产品生产作业、质量检验作业、产品库存和销售作业等构成的作业链。

价值链是为生产产品或提供劳务而发生的从原材料采购开始至销售给客户为止的一系列价值生产作业所构成的包括为顾客提供产品或服务所发生的所有作业,作业沿着作业链之间转移,就构成一条价值链。作业链的形成过程其实也就是价值链的形成过程。

成本动因就是决定成本发生的那些重要的活动或事项。成本动因可以是一个事件,一项活动或作业,它支配成本行为并决定着成本的发生。根据成本动因在资源流动中所处的位置,通常可将其分为资源动因和作业动因两类。

资源动因就是资源被各种作业消耗的方式和原因。它反映作业中心对资源消耗的情况,是资源成本分配到作业中心的标准。作业动因就是各项作业被最终产品或劳务消耗的方式和原因。它反映产品消耗作业的情况,是作业中心的成本分配到产品的标准。

第三节　作业成本法举例

一、资料

【例 15 - 1】　某企业生产甲、乙两种产品,有关年产销量及直接成本等资料见

表 15 - 1。

表 15 - 1 　　　　　　　　　　**产销量及直接成本等资料**

项　　　　目	甲　产　品	乙　产　品
产销量（件）	100 000	20 000
生产次数（次）	4	10
订购次数（次）	4	10
每次订购量（件）	12 500	1 000
直接材料成本（元）	12 000 000	1 000 000
直接人工成本（元）	1 500 000	300 000
机器制造工时（小时）	200 000	80 000

该企业制造费明细表见表 15 - 2。

表 15 - 2 　　　　　　　　　　**制造费明细表** 　　　　　　　单位：元

项　　　　目	金　　　　额
材料验收成本	200 000
产品检验成本	420 000
燃料与水电成本	402 000
开工成本	200 000
职工福利支出	160 000
设备折旧	200 000
厂房折旧	250 000
材料储存成本	84 000
经营者薪金	100 000
合　　　　计	2 016 000

二、计算

1. 传统成本计算法的成本计算

按传统成本计算法，制造费可直接按机器工时比例进行分配。

$$制造费分配率 = \frac{2\,016\,000}{200\,000 + 80\,000} = 7.2$$

甲产品应负担的制造费 = 200 000 × 7.2 = 1 440 000（元）

乙产品应负担的制造费 = 80 000 × 7.2 = 576 000（元）

以上资料可编制传统成本计算法下的产品成本计算表(表 15-3)。

表 15-3　　　　　　传统成本计算法下的产品成本计算表

项　　　目	甲　产　品	乙　产　品
直接材料成本(元)	12 000 000	1 000 000
直接人工成本(元)	1 500 000	300 000
制造费(元)	1 440 000	576 000
总成本(元)	14 940 000	1 876 000
产销量(件)	100 000	20 000
单位成本(元)	149.4	93.8

2. 作业成本法的成本计算

作业成本法下计算的关键在于对制造费的处理不是完全按机器制造工时进行分配,而是根据作业中心与成本动因,确定各类制造费的分配标准。下面分别确定表 15-2 中各项制造费的分配标准和分配率。

(1) 对于材料验收成本、产品检验成本和开工成本,其成本动因一般是生产与订购次数,可以此作为这三项制造费的分配标准。其分配率如下:

$$材料验收成本分配率 = \frac{200\,000}{4+10} = 14\,285.71$$

$$产品检验成本分配率 = \frac{420\,000}{4+10} = 30\,000$$

$$开工成本分配率 = \frac{200\,000}{4+10} = 14\,285.71$$

(2) 对于设备折旧费、燃料与水电费,其成本动因一般是机器制造工时,可以机器制造工时作为这两项耗费的分配标准。其分配率如下:

$$设备折旧费分配率 = \frac{200\,000}{200\,000+80\,000} = 0.714286$$

$$燃料与水电费分配率 = \frac{402\,000}{200\,000+80\,000} = 1.435714$$

(3) 对于职工福利支出,其成本动因一般是直接人工成本,可以直接人工成本作为职工福利支出的分配标准。其分配率如下:

$$职工福利支出分配率 = \frac{160\,000}{1\,500\,000+300\,000} = 0.088889$$

（4）对于厂房折旧和经营者薪酬,其成本动因一般是产品产销量、厂房折旧和经营者薪酬可以此作为分配标准。其分配率如下：

$$厂房折旧费分配率 = \frac{250\,000}{100\,000 + 20\,000} = 2.083333$$

$$经营者薪酬分配率 = \frac{100\,000}{100\,000 + 20\,000} = 0.833333$$

（5）对于材料储存成本,其成本动因一般是材料的数量或成本,可以此为材料储存成本分配标准。其分配率如下：

$$材料储存成本分配率 = \frac{84\,000}{12\,000\,000 + 1\,000\,000} = 0.00646154$$

根据上述耗费分配率,将各项制造费在甲、乙产品之间分配,其分配结果见表 15－4。

表 15－4　　　　　　　　制造费分配明细表　　　　　　　　单位：元

项　　　目	合　　　计	甲　产　品	乙　产　品
材料验收成本	200 000	57 142.84	142 857.16
产品检验成本	420 000	120 000.00	300 000.00
燃料与水电成本	402 000	287 142.80	114 857.20
开工成本	200 000	57 142.84	142 857.16
职工福利支出	160 000	133 333.50	26 666.50
设备折旧	200 000	142 857.20	57 142.80
厂房折旧	250 000	208 333.30	41 666.70
材料储存成本	84 000	77 538.48	6 461.52
经营者薪酬	100 000	83 333.30	16 666.70
合　　　计	2 016 000	1 166 824.26	849 175.74

编制作业成本法下的产品成本计算表（表 15－5）。

表 15－5　　　　　作业成本法下的产品成本计算表

项　　　目	甲　产　品	乙　产　品
直接材料成本（元）	12 000 000	1 000 000
直接人工成本（元）	1 500 000	300 000
制造费（元）	1 166 824.26	849 175.74
总成本（元）	14 666 824.26	2 149 175.74
产销量（件）	100 000	20 000
单位成本（元）	146.67	107.46

从上可知,作业成本法与传统成本计算法相比较,甲产品单位成本由 149.4 元下降为 146.67 元,乙产品单位成本由 93.8 元提高到 107.46 元。差异产生的原因主要是传统成本计算对制造费分配采用的是单一的分配标准,而作业成本法根据不同的成本动因,对不同项目的制造费采用了不同的分配标准所致。

第四节　作业成本法的程序

作业成本法的基本程序就是要把资源耗费价值予以分解并分配给作业,再将各作业汇集的价值分配给最终产品或服务。具体步骤如下。

一、在作业分析的基础上,确认作业、主要作业,划分作业中心

这一步骤只是价值归集过程。价值汇集的方向受到资源种类和作业中心种类两方面的限制。应首先对企业的生产经营全过程进行作业分析,确认作业、主要作业,并以主要作业为主体,将同质作业合并建立作业中心,以便按作业中心建立作业成本库。

二、以作业中心为成本库归集耗费

根据作业分析所确定的作业中心建立作业成本库时,应保证库内所归集的成本的同质性。所谓同质性,是指可用共同的成本动因来解释库内所归集成本的变动。

在作业成本库建立之后,如何将各类资源的价值耗费向各该作业成本库进行分配,就成为本步骤的重要内容。资源动因反映了作业对资源的消耗状况,因而是把资源价值分解到各作业户的依据。

确立资源动因的原则有以下几条:

(1)如果某一项资源耗费能直观地确定为某一特定产品所消耗,则直接计入该特定产品成本中。此时资源动因也是作业动因,可以认为是"终结耗费"。材料费往往如此。

(2)如果某项资源耗费可以从发生领域上划分为各作业所消耗,则可以直接计入各作业成本库,此时资源动因可以认为是"作业专属耗费",各作业各自发生的办公费适用这种原则;各作业按实付工资额核定应负担工资费时,也适用这一原则。

(3)如果某项资源耗费从最初消耗上呈混合耗费状态,则需要选择合适的量化依据将资源分解并分配到各作业,这个量化依据就是资源动因。例如,动力费一般按各作业实用电力度数分配等。

三、将各作业成本库归集的成本价值分配计入最终产品或劳务上,计算出产品或劳务的成本

在将各步骤、各作业成本库的价值结转到各产品成本计算单的过程应遵循的规则是产出量的多少决定着作业量的耗用量。可见作业动因是将作业库成本分配到产品或服务中去的标准,也是将作业耗费与最终产出相沟通的中介。例如,订单作业是一种批别动因作业,只需将该作业成本除以当期订单份数即可得到分配率,将此分配率乘以某批产品所用订单份数即可得到应计入该批产品成本计算单"订单"项目中的价值。

第五节 作业成本法的优势与实施

一、作业成本法的优势

作业成本法与传统成本计算方法相比较,其优势主要表现如下:

(1)作业成本法的成本核算对象比传统成本计算方法的成本核算对象要广阔,在空间上传统成本计算方法局限于生产制造过程,而作业成本法从产品设计、材料采购、运输、产品生产、质量检验至产品储存、产品销售至售后服务整个作业链延伸开来,这就有利于企业进行全过程的成本控制与管理,不断降低成本。

(2)作业成本法比传统成本计算方法在成本核算与成本控制结合上更紧密。传统的成本计算方法侧重于事中计算和写实性描述。而作业成本法却是从作业动因、资源动因的耗费切入,从产品设计入手,始终从耗费资源多少、作业是否增值、能否为顾客提供较大价值等方面分析核算,切实将成本核算与成本控制融为一体,有利于社会资源的最人限度利用。

(3)作业成本法比传统成本计算法提供的成本信息准确度高。传统成本计算方法将所耗费的资源按单一标准进行分配,忽略了资源、作业与产品成本之间多重因果关系,往往使分配计算结果很不准确,会导致间接耗费分配结果的不真实。尤其是对产量悬殊、制造工艺复杂程度差异较大的各种产品,往往会人为虚增虚减成本。但作业成本法对症下药地解决了此问题,从资源耗费、作业动因到产品成本,始终以因果关系有机地联系起来。作业成本计算基础的广泛性,使间接耗费分配更具精确性和合理性。

二、作业成本法的实施

作业成本法的实施,一般应具备的条件有:首先,间接耗费较高。随着现代企业

的飞速发展,高新技术特别是计算机系统的广泛采用,使得间接耗费水平大幅度上升,作业成本法的实施才有了用武之地。其次,产品种类较多。因为只有产品种类较多时,间接耗费在各产品之间分配的工作量加大,为保证成本信息的准确性,就应采用作业成本法。再次,产品工艺过程复杂,作业环节多且容易辨认;还有生产调整准备成本较高,各次投产数量相差较大。最后,拥有现代化的计算机技术和较高素质的成本会计人员。因为采用作业成本法计算时,需要进行作业资源的划分,计算分配工作较为复杂,这就需要成本计算手段的计算机化,另外,应加强对会计人员的培训,使他们了解作业成本计算的基本内容、计算方法、操作程序等,才可能在我国将作业成本法在企业真正付诸实施。

本章要点概览

1. 作业成本法是在一定的技术背景和社会背景条件下产生的,其理论基础在于间接耗费的分配标准以"成本驱动论"为前提,作业耗用资源,产品耗用作业。

2. 作业成本法核算的产品成本是完全成本,强调费用支出的合理有效性,而不论其是否与产出直接有关;作业成本法下的成本计算对象是多层次的,如资源、作业、作业中心和制造中心等。

3. 作业链是指一系列先后有序、相互联系的作业的集合;成本动因就是决定成本发生的那些重要的活动或事项;资源动因就是各项资源被各种作业消耗的方式和原因,是资源成本分配到作业中心的标准;作业动因就是各项作业被最终产品或劳务消化的方式和原因,是作业中心的成本分配到产品中的标准。

4. 作业成本法与传统的成本计算方法相比较,其优势主要表现在:其一,成本核算对象不局限于制造过程,而是整个作业链的全过程;其二,在成本核算与成本控制上更为紧密,使之融为一体;其三,正视资源、作业与产品成本之间的多重因果关系,使间接耗费的分配结果更具精确性和合理性。

5. 一般来说,在企业的间接耗费较高、产品种类较多、产品工艺过程复杂、作业环节多且容易辨认、生产调整准备成本较高、各次投产数量相差较大的情况下,适宜采用作业成本法。当然,要有效地实施作业成本计算法,还必须拥有现代化的计算机技术和较高素质的成本会计人员才行。

 主要术语

1. 作业成本法　　　　　　　　2. 间接耗费

3. 成本驱动论　　　　　　　　4. 资源

5. 作业　　　　　　　　　　　6. 作业中心

7. 制造中心　　　　　　　　　8. 单位作业

9. 批别作业　　　　　　　　　10. 产品作业

11. 维持性作业　　　　　　　　12. 作业链

13. 成本动因　　　　　　　　　14. 资源动因

15. 作业动因　　　　　　　　　16. 同质作业

阅 读 文 献

1. 万寿义著:《现代企业成本管理研究》(第八章　作业成本管理),东北财经大学出版社 2004 年版。

2. 于富生主编:《成本会计学》(第九章　变动成本法、标准成本法和作业成本法),中国人民大学出版社 2004 年版。

3. 乐艳芬主编:《成本会计》(第八章　作业基础成本法),清华大学出版社2005 年版。

复习思考题

1. 作业成本法的理论基础是什么?

2. 作业成本法的成本计算对象与传统的成本计算对象有何不同?

3. 作业成本法中的作业一般分为哪四类?

4. 什么是成本动因? 什么是资源动因? 什么是作业动因? 它们之间的关系如何?

5. 什么是价值链? 什么是作业链? 它们之间关系如何?

练 习 题

一、单项选择题

1. 作业成本会计最早产生于(　　　)。

　　A. 20 世纪 30 年代　　　　　　B. 19 世纪 30 年代

　　C. 18 世纪 30 年代　　　　　　D. 17 世纪 30 年代

2. 作业成本会计的理论基础是(　　　)。

　　A. 会计对象论　　　　　　　　B. 资金运动论

　　C. 成本驱动论　　　　　　　　D. 资源驱动论

3. 作业成本法与传统的成本计算方法相比较,在(　　　)项目分配上显得更为精确。

　　A. 直接材料　　B. 直接人工　　C. 制造费　　　D. 燃料及动力

4. 成本动因是指(　　　)。

　　A. 资源被各种作业消耗的方式和原因

　　B. 决定成本发生的那些重要的活动和事项

　　C. 一系列先后有序、相互连接的作业的集合

　　D. 为生产产品或提供劳务而发生的一系列价值生产作业

5. 资源动因是指(　　　)。

A. 资源被各种作业消耗的方式和原因

    B. 决定成本发生的那些重要的活动和事项

    C. 一系列先后有序、相互连接的作业的集合

    D. 为生产产品或提供劳务而发生的一系列价值生产作业

二、多项选择题

1. 作业成本计算法中所涉及的作业类型有(　　　　)。

    A. 单位作业　　　　　　　　　B. 维持性作业

    C. 批别作业　　　　　　　　　D. 产品作业

2. 下列选项中,构成作业链的包括(　　　　)。

    A. 产品设计作业　　　　　　　B. 产品生产作业

    C. 批别作业　　　　　　　　　D. 质量检验作业

3. 作业成本法与传统成本计算方法相比较,其优势表现在(　　　　)。

    A. 成本核算对象涉及整个作业链的全过程

    B. 成本计算更简便

    C. 能将成本核算与成本控制融为一体

    D. 能更正视资源、作业与成本之间的多重因果关系

4. 作业成本法更适用于(　　　　)类型的企业。

    A. 间接耗费较高且产品工艺过程复杂

    B. 生产调整准备成本较高

    C. 分批投产产品数量相差较大

    D. 生产产品种类较少

5. 下列选项中,正确的有(　　　　)。

    A. 作业成本法核算的产品成本是完全成本

    B. 作业成本法重点在于强调耗费支出的合理有效性

    C. 作业成本法下的成本项目是按作业类别设置的

    D. 作业成本法只核算制造过程发生的耗费

三、判断题

1. 维持性作业是使单位产品受益的作业。　　　　　　　　　　　　　　　　(　　)

2. 产品作业是使某种产品的每个单位都受益的作业。　　　　　　　　　　　(　　)

3. 资源动因是指各项作业被最终产品或劳务消化的方式和原因。　　　　　　(　　)

4. 作业成本法在分配制造费项目时比传统成本计算法的准确度更高。　　　　(　　)

5. 传统成本计算法在间接耗费的分配上见长于作业成本法。　　　　　　　　(　　)

思政拓展思考

    党的二十大报告在"开辟马克思主义中国化时代化新境界"中指出:实践没有止境,理论创新也没有止境。不断谱写马克思主义中国化时代化新篇章,是当代中国共产党人的庄严历史责任。继续推进实践基础上的理论创新,首先要把握好新时代中

国特色社会主义思想的世界观和方法论,坚持好、运用好贯穿其中的立场观点方法。

　　请思考:作业成本法的核心是以成本动因作为成本计算对象,通过划分增值作业与非增值作业,方便加强成本管控的成本控制的有效方法。根据党的二十大报告,在我国现行成本核算制度的基础上,本着"实践没有止境,理论创新也没有止境"的宗旨,我们是否可以尝试将作业成本法在有条件的企业广泛推行与实施,以便大大提高企业成本分析与管控水平?

第十六章　各种成本计算方法的实际应用

────── 学习目的与要求 ──────

　　本章旨在介绍各种企业产品成本计算方法的实际应用。其内容主要包括几种产品计算方法的同时应用和结合应用。通过本章学习,学生应了解在实务中各种产品成本计算方法的交叉及结合运用的特征,领会产品成本计算方法的结合与综合运用都是基于企业管理的不同要求。

课前预习题

1. 在一家企业里,能否采用几种产品成本计算方法?

2. 在一家企业里,对一种产品能否同时采用几种产品成本计算方法?

3. 在一家企业的不同生产车间里,能否采用不同的产品成本计算方法?

第一节 几种产品成本计算方法的同时应用

前面几章介绍了三种产品成本计算的基本方法——品种法、分批法和分步法；五种产品成本计算的辅助方法——分类法、定额法、标准成本法、变动成本法、作业成本法。在实际工作中，一家企业可能有若干个生产车间，一个生产车间也可能生产若干种产品。由于生产类型和管理要求不同，就可能出现一个生产车间或一种产品在不同生产车间采用不同的成本计算方法或不同计算方法的结合应用。

一家企业或一个车间，在下列不同情形下，往往会同时采用几种成本计算方法。

一、一个基本生产车间采用几种成本计算的基本方法

如果一个基本生产车间生产多种主要产品，但各产品要求的生产类型和管理要求不同，那么，在一个生产车间也会采用不同的成本计算方法。例如，一个基本生产车间制作甲、乙、丙三种产品，其中，甲、乙产品已经定型，大批量进行生产，而丙产品正处于小批量试验阶段，鉴于此，甲、乙产品就可采用品种法，丙产品则应采用分批法计算产品成本。

二、一家企业的不同基本生产车间采用不同的成本计算方法

在一家企业内部不同的基本生产车间，即使其生产设备配置、生产工艺类型相近，但由于管理上的要求不同，也会采用不同的成本计算方法。例如，一车间、二车间、三车间三个基本生产车间分别各自大批量、多步骤生产着 A、B、C 三种产品，管理上要求对 A、B 产品分工序提供制造成本，C 产品不要求提供其分工序的成本。鉴于此，A、B 产品就应采用分步法计算其成本，而 C 产品可采用品种法计算其成本。

三、一家企业的各生产车间采用不同的成本计算方法

首先，基本生产车间和辅助生产车间的生产类型、设备配置、工艺配置等差异较大，管理要求就会各异。例如，基本生产车间大批量生产着较多品种的产品，而辅助生产车间大批量、单步骤提供水、电、气等，在这种情况下，对基本生产车间可采用分类法计算产品成本，而对辅助生产车间则可采用品种法计算辅助产品成本。

其次，不同的基本生产车间，若生产类型不同，也应采用不同的成本计算方法。例如，第一、第二车间为两个封闭式的基本车间，第一车间在独立连续的两道工序上制造甲产品，管理上要求提供各工艺的成本，第二车间小批、单件生产乙产品，在这种

情况下,可采用分步法计算甲产品成本,采用分批法计算乙产品成本。

第二节　几种产品成本计算方法的结合应用

在下列情况下,对同一种产品成本的计算,基于生产组织和管理要求的不同,往往可结合采用几种成本计算方法。

一、分步与分类结合——分步分类法[1]

在某些多步骤生产的企业产品品种规格繁多,管理上若要求提供半成品成本,这就需要采用一种分类与分步相结合的方法。例如,在机械行业,一种产品,往往由上百件零部件组成,有的零部件还外销,如果按零件、按车间分步计算成本,计算量会不胜其烦,一般应按月份、按车间、按组成某一产品的有关零部件作为成本计算对象。汽车制造厂,一般来说,发动机车间就以组成各类车辆发动机的诸零部件作为成本计算实体,总装车间也会分别以各类车辆分别作为成本计算实体,先计算各月零部件总成本,再按零部件的定额比例计算各种零部件的实际成本,并逐步结转其成本。

这种方法的基本程序是:首先,按各步骤半成品类别设立成本计算单,汇集各步骤的生产耗费,并将各步骤生产成本在各类产品之间分配;其次,计算各步各类半成品成本,并将各类半成品成本在同类半成品之间分配;最后,逐步结转半成品成本,进而算出产成品成本。

二、逐步结转与平行结转相结合的分步法[2]

我国一些企业在实务中创造了一种新的分步法,即逐步结转与平行结转相结合的分步法。其要点是:对于各步骤完工的半成品按定额成本逐步结转给下一步骤,各步骤完工半成品的实际成本与定额成本的差异,全部平行结转给该种产成品成本负担。该分步法的成本计算程序如下:

首先,计算各步骤完工产品的实际成本。其计算公式如下:

$$\frac{完工产品}{实际成本} = \frac{期初在产品}{定额成本} + \frac{本期实际}{发生耗费} - \frac{期末在产品}{定额成本}$$

其次,各步骤半成品按定额成本结转给下步骤,在连续式生产企业,尽可能按成

---

[1]　李定安主编:《企业成本学》,湖北科学技术出版社 1993 年版。

[2]　欧阳青、万寿义主编:《成本会计》,东北财经大学出版社 2002 年版。

本项目分项转入下步骤成本计算单的各成本项目上。

再次,计算各步骤完工产品的成本差异(完工产品实际成本－完工产品产量×单位产品定额成本),并将其平行结转给财会部门。

最后,财会部门在计算产品定额成本(产成品数量×单位产品定额成本)的基础上,将各步骤转来的成本差异按产品品种归集,直接由该种产成品成本负担。

三、在分批法基础上的应用——分批分类法

当一批材料在同时生产若干种不同规格产品时,可以将其归为一类,在分批法的基础上计算不同规格产品成本。这就形成了按产品类别计算成本的分批法,简称分批分类法。

凡是按订货合同分批生产,而每一批产品又有许多不同规格时,均可采用这种方法。有的企业根据与承销商签订的合同组织生产,往往一个合同就是一批产品,而这批产品又大多是由若干不同规格产品构成的。因而,一般说来,服务业、食品加工业都可采用此方法。

该方法的计算程序为:企业在生产组织上,一般以一个订单所列产品作为一类按批投产,相应地就以该批类产品作为成本计算实体,开设成本计算单;平时在各批类产品之间归集分配生产成本,其成本归集、分配的原理与分批法下成本分配的原理基本相同;期末,有完工产品的月份,将完工批类产品的成本按系数分配法分配给所属的各品名产品。

四、在分批法基础上的应用——分批分步法

分批法是按订单或工作令号归集成本,适用于单件、小批的生产型企业。分步成本法是按步骤归集计算成本,适用于大量、大批、多步骤生产同质产品的企业。然而,实际工作中,有些企业往往会同时具有分批生产和分步生产的双重特征。如许多企业的不同规格和质地的产品,其加工过程基本相近,但所用的材料却有很大的不同。在这种情形下,直接材料成本可按订单或批别来归集,采用分批法分配到各产品,而加工成本可按步骤来归集,采用分步法分配到各产品。

五、简化的平行结转分步法

简化的平行结转分步法是指不直接计算各步骤应计入产成品的份额,而通过计算各步骤累计在产品定额成本,倒算出完工产成品成本的份额。其要点如下:

第一,各步骤平时归集本步骤发生的实际耗费。

第二,期末不直接计算各步骤应计入产成品的份额,而是根据各步骤月末在产品的实物数量(狭义在产品),计算其月末在产品成本。在计算各步骤月末在产品成本

时,若在产品种类较少,就以各步骤狭义在产品数量乘以其单位累计计划成本或定额成本,求得各步骤的在产品成本;若在产品种类较多时,就用各步骤在产品数量乘以原材料消耗定额和累计工时定额,求得在产品的原材料定额消耗量和工时消耗量,再分别以原材料定额消耗量乘以计划单价,就可求得各步骤在产品的原材料计划成本,以工时定额消耗量分别乘以每小时加工费各项目的累计耗费,就可求得各步骤在产品的累计耗费,继而将各项目的累计耗费分别相加,就可求得各步骤在产品的各项目成本。

第三,将产品在各步骤的本月生产耗费平行汇总,分项目分别加上产品在各个步骤的月初在产品成本,减去产品在各个步骤的月末在产品成本,即可求得每种产品的完工产成品成本。

现以表 16 - 1 说明丙产品各步骤月末在产品成本的计算方法。

表 16 - 1　　　　　　丙产品各步骤月末在产品成本计算表　　　　单位:元

项　　　目	第 一 步 骤				第 二 步 骤				第 三 步 骤			
	直接材料	直接人工	制造费	合计	直接材料	直接人工	制造费	合计	直接材料	直接人工	制造费	合计
月初在产品成本	80	4	6	90	80	13	22	115	200	50	87.5	337.5
本月发生耗费												
前一步骤转来					774	81	99	954	854	198	198	1 250.0
本步骤发生	866	86	104	1 056		104	77	181		45	62.5	107.5
合计	946	90	110	1 146	854	198	198	1 250	1 054	293	348	1 695.0
定额成本	880	80	120	1 080	800	180	320	1 300	1 000	265	460	1 725.0
月末在产品	160	8	12	180					400	100	175	675.0
完工产成品	720	72	108	900	800	180	320	1 300	600	165	285	1 050.0
定额比例	1.0750	1.1250	0.9167						1.0540	1.1057	0.7565	
月末在产品成本	172	9	11	192					421.5	110.5	132.5	664.5
完工产品成本	774	81	99	954	854	198	198	1 250	632.5	182.5	215.5	1 030.5

现以图 16-1 说明简化的平行结转分步法的核算程序。

乙产品第一步骤成本计算单

项　目	直接材料	直接人工	制造费	合计
本月发生耗费	866	86	104	1 056
月末在产品成本	160	8	12	180

乙产品第二步骤成本计算单

项　目	直接材料	直接人工	制造费	合计
本月发生耗费		104	77	181
月末在产品成本				

乙产品第三步骤成本计算单

项　目	直接材料	直接人工	制造费	合计
本月发生耗费		45	62.5	107.5
月末在产品成本	400	100	175.0	675.0

项　目	直接材料	直接人工	制造费	合计
月初在产品成本	360	67	115.5	542.5
本月发生耗费	866	235	243.5	1 344.5
月末在产品成本	560	108	187.0	855.0
完工产品成本	666	194	172.0	1 032.0

图 16-1　简化的平行结转分步法的核算程序

六、结合采用几种成本计算方法计算一种产品的成本

针对一种产品的不同生产步骤，由于生产特点和管理要求不同，可以采用不同的成本计算方法。例如，单件、小批生产的机械厂，往往铸造车间采用品种法计算其铸件的成本，加工装配车间则可采用分批法计算各批产品成本。同时，针对一种产品的不同零部件之间，由于管理的要求不同，也可以采用不同的成本计算方法。

七、基本方法与辅助方法的结合应用

企业还可以根据其生产组织的特点、生产工艺的特征以及企业管理的具体要求，将产品成本计算的基本方法和辅助方法有机地结合起来。例如，品种法、分批法、分步法可分别结合变动成本法、标准成本法、定额成本法或作业成本法等，只要有利于科学合理地归集生产耗费，较为准确地计算产品成本，均可进行有益的尝试。

本章要点概览

1. 产品成本计算方法分为基本方法和辅助方法两类,一般来说,辅助方法不能单独使用,必须与基本方法结合使用。但对某一家企业来说,可能只采用某一种基本方法,或者一种基本方法结合一种辅助方法,或者在不同生产车间同时采用几种基本方法,或者在不同生产车间采用几种基本方法和几种辅助方法。

2. 在实际工作中可以采用以下几种方法:① 分步与分类结合的分步分类法。② 逐步结转与平行结转相结合的分步法。③ 在分批法基础上的应用——分批分类法。④ 在分批法基础上的应用——分批分步法。⑤ 简化的平行结转分步法等。这些方法都是长期实践总结的结晶。

 主要术语

1. 分步分类法   2. 分批分类法

3. 分批分步法   4. 简化的平行结转分步法

阅 读 文 献

1. 欧阳清、万寿义主编:《成本会计》(第十三章 成本计算分步法),东北财经大学出版社 2002 年版。

2. 李定安主编:《企业成本学》(第六章 分步法),湖北科学技术出版社 1993 年版。

3. 谢灵主编:《成本会计学》(第十章 成本计算分步法与混合法),中国人民大学出版社 2004 年版。

4. 于富生主编:《成本会计学》(第七章 各种成本计算方法的实际应用),中国人民大学出版社 2004 年版。

复 习 思 考 题

1. 在什么条件下,一家企业可以同时采用几种不同的成本计算方法?

2. 一种产品的成本计算,可以同时采用几种不同的成本计算方法吗? 可以只结合采用几种辅助方法吗?

3. 产品成本计算方法类型中,不同的成本计算方法结合运用有哪几种类型?

练 习 题

一、单项选择题

1. 若企业某产品生产已经定型且单步骤、大批量生产,则宜采用( )。

    A. 逐步结转分步法   B. 平行结转分步法

    C. 品种法   D. 分类法

2. 若企业所生产的产品品种规格繁多,且管理上要求提供半成品成本,则宜采用( )。

  A. 分批分类法　　　　　　　　B. 分批分步法

  C. 简化的平行结转分步法　　　　D. 分步分类法

3. 若企业按订货合同分批生产,且每批产品又有许多不同规格时,则宜采用( )计算产品成本。

  A. 分批分类法　　　　　　　　B. 分批分步法

  C. 分类法　　　　　　　　　　D. 分步分类法

4. 若企业生产的不同规格产品分批投入,但加工过程基本接近时,则宜采用( )计算产品成本。

  A. 分批分类法　　　　　　　　B. 分批分步法

  C. 分步分类法　　　　　　　　D. 定额成本法

5. 若企业生产的产品需经过连续几个加工步骤制作,且管理上要求提供各步骤半成品成本,则宜采用( )计算产品成本。

  A. 分步分类法　　　　　　　　B. 逐步结转分步法

  C. 平行结转分步法　　　　　　D. 分批法

二、多项选择题

1. 下列选项中,说法正确的有( )。

  A. 一家企业的不同生产车间可采用不同的成本计算方法

  B. 一家企业的各基本生产车间可采用不同的成本计算方法

  C. 一个基本生产车间也可采用不同的成本计算方法

  D. 一个辅助生产车间也可采用不同的成本计算方法

2. 在实际工作中,成本计算方法结合应用的类型有( )。

  A. 分批分类法　　　　　　　　B. 简化的平行结转分步法

  C. 分批分步法　　　　　　　　D. 分步分类法

3. 下列选项中,属于产品成本计算基本方法的有( )。

  A. 品种法　　　　　　　　　　B. 分批法

  C. 标准成本法　　　　　　　　D. 分步法

4. 下列选项中,属于产品成本计算辅助方法的有( )。

  A. 分类法　　　　　　　　　　B. 定额成本法

  C. 标准成本法　　　　　　　　D. 分步法

5. 分类分步法的核算程序包括( )。

  A. 按各步骤半成品类别设立成本计算单

  B. 将各类半成品成本在同类半成品之间分配

  C. 逐步结转半成品成本,计算完工产品成本

  D. 按批次汇集计算产品成本

三、判断题

1. 凡大量、大批、多步骤生产类型的企业,均需采用分步法计算产品成本。　　　　　( )

2. 企业的一个基本生产车间只能采用一种成本计算的基本方法。　　　　　（　　）

3. 企业内部的几个基本生产车间可以采用几种不同的产品成本计算方法。　（　　）

4. 一般来说，产品成本计算的辅助方法不能单独使用。　　　　　　　　　（　　）

5. 在选择产品成本计算方法时，一般要考虑企业的生产组织、生产工艺和企业管理的具体要求。　　　　　　　　　　　　　　　　　　　　　　　　　　　　　（　　）

思政拓展思考

党的二十大报告在"开辟马克思主义中国化时代化新境界"中指出：坚持和发展马克思主义，必须同中国具体实际相结合。我们坚持以马克思主义为指导，是要运用其科学的世界观和方法论解决中国的问题，而不是要背诵和重复其具体结论和词句，更不能把马克思主义当成一成不变的教条。我们必须坚持解放思想、实事求是、与时俱进、求真务实，一切从实际出发，着眼解决新时代改革开放和社会主义现代化建设的实际问题……得出符合客观规律的科学认识，形成与时俱进的理论成果，更好指导中国实践。

请思考：产品完工成本计算方法的基本方法有品种法、分步法、分批法；辅助方法有分类法、定额法、标准成本法等。本着坚持解放思想、实事求是、与时俱进、求真务实，一切从实际出发的精神，我们应该考虑根据不同企业生产组织、生产工艺以及企业管理要求，灵活设计企业的成本核算模式，如基本方法与辅助方法的结合应用，或者几种基本方法在同一企业不同车间、不同产品的同时应用等，借以达到一切从实际出发、理论与实践创新、提高成本计算效率与准确度的基本目标。对此，你有什么感想？

第十七章　其他主要行业成本核算

────────────── 学习目的与要求 ──────────────

　　本章旨在介绍其他主要行业的成本核算。其内容主要包括其他主要行业的特点及其成本核算。通过本章学习,学生应了解商业贸易企业、交通运输企业、施工企业、房地产开发企业、畜禽企业和水产企业、第三产业、农业企业等行业生产经营活动的基本内容,熟悉这些行业成本核算的基本特征,理解不同行业成本核算的主要差异。

 **课前预习题**

1. 企业的基本特征有哪些?

2. 除了工业企业,还有哪些类型的企业?

3. 作为企业,成本核算的基本内容应包括哪几个方面?

第一节 商业贸易企业成本核算

商业贸易企业是指所有从事商品流通的独立核算经济组织,包括商业、外贸、石油、粮食、医药、图书发行、物资、供销合作社、烟草以及以从事商品流通活动为主营业务的其他企业。

商品流通企业是社会再生产过程中的基本环节之一,是连接生产与消费的桥梁和纽带。其经营具有以下特点:

(1)商品流通企业是独立核算、自主经营、自负盈亏的经济实体。

(2)商品流通企业将社会产品从生产领域转移到消费领域,是商品生产者与消费者的中间媒介。

(3)商品流通企业无产品生产过程,一般不存在生产资金的消耗和价值转移。

一、商业贸易企业成本核算的特点

商业企业成本是一个很广泛的概念,具体表现为商品经营成本。商品经营成本是指商业企业组织商品流通,实现商品价值而垫付和耗费的资金。

1. 商品经营成本的构成

商业企业资金周转表现为货币、商品两种形态的交替和并存,不存在生产资金耗费与价值转移。因而计入商品经营成本的经营资金耗费,应包括垫付商品形态的资金与商品经营过程中耗费的资金两大部分。

商品经营成本在成本形态上表现为存货成本和销货成本。其中,存货成本包括运入在途商品、库存商品、运出在途商品、委托其他单位代管商品、加工税金等成本;存货成本的经营内容包括购进商品支付的进价、进口关税、委托加工成本、加工税金等,一般通称为进价成本。经营管理耗费的资金包括采购费用、运输费用、仓储费用、管理费用等,一般通称为流通费用。因而,一般来说,某种商品存货成本等于该种商品进价成本加经营该项商品的流通费用;从销货成本考察,是由销售某种商品的进价成本和销售该项商品的必要支出(如广告费用、摊销费用、管理费用等)组成。

2. 以会计结算期作为成本计算期

尽管商业企业的商品流转活动是川流不息的不间断地进行,但为了适应经营管理要求,不断改善企业的经营管理工作,需要以会计结算期为时间界限,按分期经营的归属,确定结算期经营商品的经营成本。

3. 以权责发生制与收付实现制相结合的原则确定各期经营商品的损益

对本期收益或跨期受益但数额较小的消耗,均作为当期流通费用,计入商品经营成本;其他凡属于多期受益一次结算且金额较大的消耗,应分期计入各期的商品经营成本。

4. 商品经营成本归集方式

商品经营成本的确定方式主要有以下两种：

（1）计算结存商品和销售商品的总成本。其做法是：日常商品核算按进价或售价记账，流通费用分项目记载发生数，月末按商品总的结存与销售比例分摊计算各自应负担的流通费用。已销售商品分摊的直接流通费用与其他全部间接流通费用之和构成全部销售商品经营总成本。这种归集方式简化了核算手续，也基本上达到了核算实际商品经营成本的目的。

（2）核算商品进价成本和销售成本。这种方式的主要特点是：将当期发生的全部流通费用，除个别商品要按存销比例分摊运输费外，其余都作为销售商品经营成本的构成要素，全部转入销售商品经营成本。其基本做法是：库存商品平时按进价或售价记账，按规定的流通费用项目和商品经营成本管理要求组织流通费用的核算；按商品大类（或单项）归集进价成本和商品流通费用，计算销售商品经营成本。这种方式既简化手续，又基本合理、切实可行，是商业、粮食、供销企业现行广泛采用的一种归集方式。

二、商品进价成本的计算与结转

（一）批发企业商品进价成本的计算与结转

在按商品品名、规格分户核算商品的情况下，同种商品常因进货渠道、时间及交货方式的不同，其进价成本并不都是一样的。因此，在确定结存商品的进价成本和销售商品的进价成本时，按哪次、哪个进货的进价成本计算，就需要重新认定或调整计算。一般有如下计算与结转方法。

1. 分批实际进价法

该方法是以各批商品的实际进货单价，作为计算该批结存和销售商品的进价成本的依据。采用此方法是以商品分批管理为前提，要求购进的商品，在分品种、分等级的基础上，分批存放，分批设账，批进批出或批进分出，分批结清。这种方法的优点在于进价成本符合实际，手续简单，可以随时结转销售商品进价成本。

2. 加权平均单价法

该方法是以每种商品的期初结存和本期收入数量之和去除期初结存和本期收入金额之和，来计算每种商品的平均单价，以加权平均单价来确定期末库存商品与已销售商品的进价成本。

3. 先进先出法

该方法是按商品入库时间上的先后顺序，以先入库商品的进价成本作为销售商品的进价成本，后入库商品的进价成本作为结存商品的进价成本。

4. 后进先出法

该方法是按商品入库时间上的先后顺序，以后入库商品的进价成本作为销售商品的进价成本，先入库商品的进价成本作为结存商品的进价成本。

5. 毛利率法

毛利率法是指以本期商品的销售收入净额，按前期商品的实际毛利率或本期计划毛利率计算当期已销商品的毛利额，并以此计算当期已销商品和期末结存商品的成本的方法。其计算公式如下：

本期销售商品成本＝本期销售收入净额－本期销售毛利

销售毛利＝本期销售收入净额×前期实际销售毛利率

销售毛利率＝销售毛利÷销售收入净额×100%

期末结存商品成本＝期初结存商品成本＋本期收入商品成本－本期销售商品成本

如果企业在季度终了时计算当期已销商品和期末结存商品的成本，由于本期的毛利是按上期的毛利率计算的，季末应按如下公式进行调整：

本期销售成本＝本季销售成本－前两期确认的销售成本

本季销售成本＝期初结存＋本季收入－季末结存

季末存货成本＝季末存货盘点数×最后一次进货单价

【例 17-1】 某公司采用毛利率法计算销售商品成本。该公司第一季度某商品的实际毛利率为20%，当年4月销售净额为1 220万元。则4月该商品的销售成本计算如下：

销售毛利＝1 220×20%＝244（万元）

销售成本＝1 220－244＝976（万元）

毛利率法是按商品的类别综合计算，而不是按照商品的品种、规格计算成本，因而核算工作较为简化，但其成本的确定不够准确。商品批发企业由于品种相对较少，同类商品的毛利率基本相近，采用此方法确定商品的销售成本更加适用。

（二）零售企业商品进价成本的计算与结转

数量售价金额核算法是同时采用实物数量和售价金额两种计量单位核算库存商品的购销存情况。设置的"库存商品"总分类账和明细分类账不是按进价而是按售价登记入账。该账户的借方登记购入、盘盈的商品售价，贷方登记销售、发出和盘亏的商品售价，期末借方余额表示库存商品的售价。在企业商品品种较多的情况下，也可以在总分类账和明细分类账之间增加设置商品类别账户，以便于企业库存商品的实物管理和账实核对。

同时为反映商业零售企业外购商品的采购成本，设立"商品进销差价"账户作为"库存商品"账户的备抵账户；商品购入、加工收回、销售退回及盘盈等验收入库所产生的商品进销差价的增加记入该账户的贷方,商品出售、出租、盘亏等分配减少的商品进销差价记入该账户的借方,期末贷方余额表示企业库存商品的进销差价余额。

在数量售价金额核算法下,商品销售后按售价金额结转商品销售成本,已销商品成本中含有已实现的商品进销差价。具体处理是在每期期末通过计算商品进销差价率确定当期已销商品应分摊的进销差价,并据以调整当期的销售成本。有关计算公式如下:

本期已销商品应分摊的进销差价＝本期商品销售收入×进销差价率

$$进销差价率＝\frac{期初库存商品进销差价＋本期购入商品进销差价}{期初库存商品售价＋本期购入商品售价}×100\%$$

本期已销商品的实际成本＝本期商品销售收入－本期已销商品应分摊的进销差价

【例 17-2】　某商品的售价总额为 36 000 元,进销差价为 7 585 元,本期以银行存款购进该种商品的进价为 65 200 元,售价为 82 500 元,当期销售该种商品的现销收入为 46 000 元。则 10 月该种商品的销售成本计算如下:

　　　　10 月购入该商品的进销差价＝82 500－65 200＝17 300(元)

　　　　进销差价率＝(7 585＋17 300)÷(36 000＋82 500)×100％＝21％

　　　　已销该商品应分摊的进销差价＝46 000×21％＝9 660(元)

　　　　已销该商品的实际成本＝46 000－9 660＝36 340(元)

采用数量售价金额核算法,其库存商品按售价计价,而发生的商品销售业务也可随时按售价进行成本结转,月末再按一定的方法计算已销商品应分摊的进销差价,并以此冲减商品销售成本。这种方法计算较为简便,适用于商业零售企业的商品购销核算。在实际业务中,由于企业的商品的种类多少、各种商品进销差价率的均衡程度等具体情况不同,企业可确定按不同商品名称、类别或综合计算其实际差价率,以使计算结果更为准确,而且有利于按照具体情况考核商品经营的经济效益。

第二节　交通运输企业成本核算

交通运输企业是从事旅客运输和货物运输活动的劳务性企业。交通运输企业是社会生产过程在流通过程中的继续,对连接社会生产领域和消费领域起着重要的桥梁作用。具体包括铁路运输、公路运输、水陆运输、航空运输、管道运输以及与之配套的机场、港口、外轮代理、理货等各类企业。

一、运输企业及其成本核算程序

(一)运输企业生产经营特点

运输企业是从事旅客和货物运输的生产组织,按运输方式,分为铁路、公路、航空运输、管道运输以及与之配套的机场、港口、外轮代理、理货等各类运输企业。与工业企业在固定空间范围内进行产品生产活动相比,运输企业的营运生产过程具有以下特点:

（1）营运生产过程具有高度的流动性、分散性。运输生产的过程始终在一个广阔的空间内不断流动,并且流动方向分散。

（2）营运生产过程以改变劳动对象（旅客、货物）的空间位置为目的,通过旅客、货物的空间位置转移满足社会生产、交换和消费的需要。一般不改变劳动对象的属性和形态。

（3）营运生产过程只消耗劳动工具和人工,不消耗劳动对象。

（4）营运生产和销售同时进行,生产过程同时又是销售过程,收入在前,生产消费在后。

（5）各种运输方式之间的替代性较强。铁路、公路、水路、航空等各种运输方式虽各有特点和优势,但存在明显的替代性。

（二）运输企业的营运业务

运输企业营运业务较多,概括起来可以分为下述八类:

（1）运输业务。它分为客货综合运输业务、旅客运输业务和货物运输业务。

（2）装卸业务。它是指运输企业所进行的货物装卸、联运货物换装、运输工具之间的货物倒载等业务。

（3）堆存业务。它是指运输企业经营的仓库和堆存业务。

（4）代理业务。它是指运输企业经营的各种代理业务。包括运输企业相互之间代理业务承揽、售票业务、外轮代理公司为外轮代理的供应、服务、理货等。

（5）港务管理业务。它是指海河港口企业经营的港口管理、港务监督及船舶检验等业务。

（6）通用航空业务。它是指航空企业从事的航空摄影、航空探矿、航空护林护农等业务。

（7）机场服务业务。它是指机场航空公司提供服务取得的收入。

（8）其他业务。它是指运输企业经营的上述主营业务以外的各项业务。包括运输企业从事的旅客服务、固定资产出租、材料销售、车船修理、技术转让等业务。

（三）运输企业成本核算的特点

运输企业营运生产经营的特点决定了运输企业成本核算有别于工业企业成本核算,形成自身的特点:

（1）成本计算对象的多样性。运输企业的成本计算对象是其经营的各类业务,以及构成各类业务的具体业务项目,还要以运输工具及其运行情况等作为成本计算对象。公路运输企业是以旅客运输和货物运输业务作为核算对象,如运输业务、装卸业务、代理业务等,也可以是承担运输任务的各类运输工具及具体运行情况,如客运大巴、远洋货轮、集装箱卡车、运行线路、班次等。

（2）营运成本与应计入本期营业成本的费用一致,不存在在产品成本。运输企业由于生产和销售同时进行,不存在期初、期末在产品,也不存在销售过程,应计入本期营运成本的费用即为本期的营运成本,汇集分配后,直接计入本期损益。

（3）成本计算方法单一、规范。运输企业由于不涉及半成品结转,不存在分步骤、分批别计算成本的问题。尽管各类业务成本计算上存在不同的差别,共同点都是直接汇集计算各业务的成本。

（4）营运成本构成中,不存在劳动对象方面的消耗。

（四）运输企业成本核算程序

运输企业成本核算程序与工业企业成本核算程序基本相同,其程序如下:

（1）确定成本计算对象。

（2）按业务类别设置各业务支出账户,汇集各业务的总成本。各业务支出账户按业务的具体内容、运输工具等设置明细账户,汇集各具体业务项目或运输工具成本。

（3）审核汇总原始凭证。

（4）登记总账和明细账。

（5）计算总成本和单位成本。

二、运输企业营运成本的构成内容

运输企业的成本、费用,按其用途和性质不同,分为营运成本、管理费用和财务费用。其中,管理费用和财务费用的含义、构成与工业企业不同。

运输企业的营运成本是运输企业营运生产过程中实际发生的与运输、装卸、堆存、代理、港口管理、通用航空、机务管理和其他业务支出等营运生产直接有关的各项费用支出。营运成本的构成内容包括:

（1）企业在营运生产过程中实际消耗的各种燃料、材料、润料、备品配件、航空高价周转件、垫隔材料、轮胎、专用工器具、运输照明、低值易耗品等物质性支出。

（2）企业直接从事生产活动人员的工资、福利费、奖金、津贴和补贴等薪酬支出。

（3）企业在营运生产过程中实际发生的固定资产折旧费、修理费、租赁费、取暖费、水电费、办公费、差旅费、保险费、劳动保护费、事故净损失等支出。

铁路运输企业还包括铁路灾害防治费、铁路线路绿化费、铁路护路护桥费、乘客紧急求援费等营运性支出。

公路运输企业还应包括车辆牌照检验费、车辆清洗费、车辆冬季预热费、公路养路费、公路运输管理费、过路费、过桥费、过渡费、过隧道费、行车杂费等营运性支出。

水路运输企业还应包括引水费、港务费、拖轮费、停泊费、代理费、理货费、开关舱费、洗舱费、翻舱费、转口费、倒载费等港口使用费、集装箱费用、破冰费、速遣费、航道养护费、水路运输管理费、船舶检验费、灯塔费、旅客接送费，以及航行国外和港澳地区船舶发生的吨税、过境税、运河税等营运性支出。

航空运输企业还应当包括飞行训练费、乘客紧急救护费等支出。

三、运输企业的成本计算对象

（一）运输企业成本计算对象的类别

运输企业的成本计算对象分为下列三种类型：

（1）以营运生产的各类业务作为成本计算对象。运输企业经营的运输业务、装卸业务、堆存业务、代理业务、港务管理业务、通用航空业务以及机场服务业务等主营业务，均为运输企业成本计算对象。其中运输业务成本计算对象，还可以进一步划分为客运业务、货运业务和综合运输业务。

（2）以营运工具作为成本计算对象。运输业务也可以根据管理的需要，以营运工具作为成本计算对象，包括按营运工具的类型（如大型车组、集装箱车厢、煤船、油船）和运输工具的单体（单车、单机、单船）等成本计算对象。

（3）以营运工具的运行情况作为成本计算对象。包括以运输线路（如航线、分段）和运输航次（班次）等作为成本计算对象。

（二）运输企业成本计算单位

成本计算单位是指计算营运业务单位成本时所采用的产量单位。运输企业的成本计算单位为周转量。周转量是按业务量及其相关指标计算的工作量。运输企业的工作量，由于运输距离、运输种类等不同，无法简单相加，需要综合考虑运输数量、运输距离等因素。各业务成本计算单位说明如下：

（1）运输业务成本计算单位。铁路、公路、内河运输、航空运输业务成本计算单位为人公里、吨公里和换算吨公里。其中，人公里、吨公里分别为客运业务和货运业务的成本计算单位。其计算公式分别如下：

$$人公里 = 运输人数×运输里程（公里）$$
$$吨公里 = 运输重量（吨）×运输里程（公里）$$

换算吨公里是客货综合运输业务中将客运量折算成货运量后计算运输周转量，它是客货综合运输业务的成本计算单位。其计算公式如下：

$$换算吨公里＝[货运量（吨）＋客运量（人）×换算率]×运输里程（公里）$$
$$＝吨公里＋人公里×换算率$$

换算率是人公里与吨公里所消耗的劳动量的比率，即人公里折算成吨公里的比率。换算率一般参照运输成本来确定。

海洋运输业务成本计算单位为人海里、吨海里和换算吨海里。

实际应用中,上述计算单位一般用"千"位表示,如千人公里、千吨公里等。

(2)装卸业务成本计算单位。装卸业务成本计算单位为堆存工作量,用"吨天"表示,其为堆存量(吨)与堆存天数的乘积。

(三)成本计算期

运输企业成本计算期一般采用日历制,按月计算成本;远洋运输以航次作为成本计算对象的,按"航次时间"计算成本,航次时间一般按单程航次时间计算,单程空航时,按往复航次计算。

第三节 施工企业成本核算

施工企业是指专门从事各类建筑工程、设备安装工程及其他专业工程施工的生产经营企业,其主要生产经营的产品为不动产,如房屋建筑物、各种设备、管道、隧道、桥梁、涵洞等;同时工程施工内容还包括拆除废旧建筑物、平整场地、砌筑设备的基础支架、工程地质勘探、建筑施工场地竣工后的清理与绿化、矿井开凿以及设备试车等。

一、施工企业生产经营的特点

施工企业生产经营活动具有如下几项主要特点。

1. 生产流动性大

建筑施工、安装工程固定于某一地点,该项建筑、安装工程竣工后就意味着产品完工交付,然后再承接下一地点的工程项目,但不同工种的工人要在同一施工对象的不同岗位上进行轮流或者流动施工。就企业的施工全体而言,需要在不同工地、不同地区的承包工程之间进行一定范围内(区域内)的轮流或者流动施工。

2. 施工生产周期长

建筑、安装工程产品一般价值较高、规模较大,同时受野外露天作业等因素的影响,因此一个项目可能需要跨越一个或几个年度进行工程施工。

3. 生产产品具有单件独立性

施工企业的各种工程产品是按照建设单位的建设项目及设计要求组织施工生产的,有其自身的特性和专门用途,企业只能按照建设单位不同的建设项目与设计要求,进行施工生产;同时还受到所处地理位置、自然条件、社会经济条件以及产品功能等诸多因素影响,使得建筑安装很少完全相同,这就导致了施工生产的单一性或单件独立性。

二、施工企业成本核算的内容

建筑工程成本分为直接成本和间接成本。

1. 直接成本

直接成本是指施工过程中耗费的构成工程实体或有助于工程形成的各项支出。包括人工费、材料费、机械使用费和其他直接费。

（1）人工费包括企业从事建筑安装工程施工人员的工资、奖金、福利、津贴、劳动保护等。

（2）材料费用包括施工过程中耗用的构成工程实体的原材料、辅助材料、构配件、零件、半成品的费用和周转材料的摊销及资产租赁费用。

（3）机械使用费包括施工过程中使用自有施工机械所发生的机械使用费和租用外单位施工机械的租赁费，以及施工机械安装、拆卸和进出场费。

（4）其他直接费用包括施工过程中发生的材料两次搬运费、临时设施摊销费、工程点交费、场地清理费等。

2. 间接成本

间接成本是指企业各施工单位为组织和管理工程所发生的全部支出，包括施工单位管理人员的工资、奖金、福利、行政管理部门用固定资产折旧、修理、机物料消耗、低值易耗品摊销、取暖费、检验试验费、工程保修费、劳动保护费、排污费及其他费用。

三、施工企业的成本计算对象

一般来说，施工企业应该以每一个单位工程作为成本计算对象，这是因为施工图预算是按单位工程编制的。按单位工程确定实际成本，便于与工程的预算成本相比较，以检查工程预算的执行情况。但由于工程项目的复杂性、各工程项目工期的差异、交叉作业等实际情形，工程成本计算对象的确定，一般要考虑工程施工图预算、施工组织的特点以及加强成本管理的要求等因素。主要有以下划分方法：

（1）建筑安装工程一般应以每一独立编制施工图预算的单位为成本计算对象。

（2）若一个单位工程由几个施工企业共同施工时，各施工企业都应以同一单位工程为成本计算对象，各自核算自行完成的部分。

（3）规模大、工期长的单位工程，可以将工程划分为若干部分，以分部工程作为成本计算对象。

（4）统一建设项目，包含若干单位工程。如由同一企业施工，对同一施工地点、统一结构类型、开竣工时间相接近的若干单位工程，可以合并作为一个成本计算对象。

（5）改建、扩建的零星工程，可以将开竣工时间相接近，属于同一建设项目的各个单位工程,合并作为一个成本计算对象。

四、施工企业成本项目的划分

施工企业的成本项目一般应包括:直接人工费用、直接材料费用、机械使用费、其他直接费、间接成本(即施工企业为组织和管理施工生产活动所发生的支出)。

第四节 房地产开发企业成本核算

房地产开发企业是指从事房地产开发建设、经营管理和维修服务等业务的经济组织。房地产开发企业的业务主要包括:土地开发、商品房建设、城市基础设施和配套设施的建设、代建房屋和工程、房屋的出租和经营及房屋维修、装饰等其他业务。

一、房地产开发企业会计的特点

房地产开发企业所从事的开发活动包括征地拆迁、组织规划设计、组织施工、竣工验收、商品房销售等开发经营的全过程。房地产开发企业在财务成本管理上具有如下特点。

(一)资金筹集渠道的多源性

房地产开发企业的资金形成与工业企业、施工企业的生产建设资金的形成均有不同。企业开发经营所需资金,不是由国家财政直接核拨,而主要是由其自行筹集取得的。集资开发是我国房地产开发的一个显著特点。企业集资的形式与渠道主要有以下方面:

(1)预收购房定金或预收建设资金。

(2)预收代建工程款。

(3)土地开发与商品房贷款。

(4)发行企业债券。

(5)与其他单位联合开发,吸收其他投资。

(6)发行股票,筹集股本。

(二)资金占用形态的多元性

开发企业的开发经营业务内容极为广泛。既有建设场地的开发,又有房屋建设,还有基础设施、配套设施以及市政工程等项目的开发建设,有的企业还开展商业用房的出租或经营业务以及商品房售后服务等。因此,开发企业的资金在货币资金—储备资金—在建资金—成品资金中依次直线运动,而且还具有多项平行运动的特点。即在储备资金(或结算资金)—在建资金和在建资金—成品资金这两个阶段中,资金表现为多项平行运动,从而使开发经营资金在生产领域中,表现为多种不同的存在形态,具有多元性。

该特点反映到会计核算上即是:其一,按资金占用的多种形态组织资金运用的分类核算;其二,开发经营资金运用结果的对象化即为各开发项目(产品)的成本。开发成本核算按开发项目分别设置成本计算单,以各开发项目为对象,归集费用,计算成本。

(三)结算关系的频繁性和由此引起的财务关系的复杂性

在开发经营过程中,开发企业将与周边很多单位发生经济往来关系,不仅包括材料物资供应单位、建筑产品购买单位,而且还包括勘察设计单位、施工企业、委托建房单位、房屋承租单位等。加之企业间的购销业务大量采用预收预付结算方式,从而使开发企业因经济业务往来而引起的资金结算关系极为复杂。

(四)开发产品的商品性

开发企业的各种产品(项目)是用于销售或转让的商品。为此,必须正确计算开发产品的成本,将应计入开发产品成本的费用与企业自身固定资产建设的费用分开核算。开发企业组织管理开发经营活动所用房屋属企业的固定资产。而发出的用于销售的房屋则是开发产品,不能列入固定资产。

(五)生产周期的长期性

开发企业的生产周期一般都较长。开发项目经常要跨年度(一个、两个,甚至几个年度)进行。这一特点决定了企业成本核算上要特别注意按照权责发生制原则和配比原则处理好跨期费用、长期待摊费用、递延收入与递延成本以及固定资产折旧期间费用之间的关系,以保证各期损益计算的正确性。

二、房地产开发企业的成本计算对象

核算房地产开发成本,首先应确定成本计算对象。房地产开发成本计算对象是指在房地产产品开发过程中,为了收集和分配费用而确定的费用承担者。房地产开发企业应结合开发工程的地点、用途、结构、装修、层高、施工联合体等因素,按如下原则确定:

(1)一般的开发项目,可以每一独立编制的设计概(预)算,或每一独立的施工图预算所列示的单项开发工程为成本计算对象,便于分析工程概算和施工合同的完成情况。

(2)同一开发地点、结构类型相同的群体开发建设项目,如果开工、竣工时间接近,由同一单位施工,可以合并为一个成本计算对象,以简化核算手续。

(3)对于个别规模较大、工期较长的开发项目,可以结合经济责任制的需要,按开发项目的一定区域或部分,划分成本计算对象,便于及时反映开发成本。

三、房地产开发产品成本项目

房地产开发企业发生的各项费用支出,可按照不同的标准分类。房地产开发企业成本项目的确定,应体现房地产开发企业的生产经营特点和成本管理要求,同时便于同行业开发成本的对比分析。该行业产品成本项目,通常可划分为土地征用及搬迁补偿费、前期工程费、基础设施费、建筑安装工程费、公共配套设施费和开发间接费用等。

（1）土地征用及搬迁补偿费。它是指房地产开发企业按照建设总体规划进行土地开发而发生的各项费用,包括土地征用费、耕地占用税、劳动力安置费及有关地上地下附属物搬迁补偿的净支出(即扣除搬迁旧建筑物回收的残值)、安置动迁用房支出等。

（2）前期工程费。它是指开发项目前期工程所发生的各项费用,包括规划、设计、项目可行性研究、水文、地质、勘察、测绘等支出。

（3）建设安装工程费。它是指房地产开发项目在开发过程中发生的各种建设安装工程费用,包括房地产开发企业以出包方式支付给承包单位的建设安装工程费、以自营方式发生的列入开发项目工程施工图预算内的各项费用。

（4）基础设施费。它是指房地产开发项目在开发过程中发生的各项基础设施支出,包括开发小区内道路、供水、供电供气、排污、排洪、照明、环卫、绿化等工程支出。

（5）公共配套设施费。它是指房地产开发项目发生的独立的非营业性(不能有偿转让)的公共配套设施支出,包括居委会、派出所、幼儿园、消防、锅炉房、水塔、自行车棚、公共厕所等设施支出。

（6）开发间接费用。它是指房地产开发企业所属直接组织、管理开发项目发生的费用,包括管理人员的工资、福利费、折旧费、修理费、办公费、水电费、劳动保护费、周转房摊销等。

第五节　畜禽企业和水产企业成本核算

下面分畜禽饲养和水产养殖两部分介绍。

一、畜禽饲养

（一）畜禽饲养的特点

畜禽饲养是利用动物的生理机能,通过人工饲养管理而获得畜禽产品的生产活动,它包括养牛、养马、养猪、养禽等。畜禽饲养的对象是具有生命的动物,变动比较频繁,受自然条件的制约,且作为固定资产的产畜和役畜与作为流动资产的幼畜和育

肥畜可以互相转化等特点,决定了其成本计算具有以下特点:

(1) 根据畜禽饲养规模、管理条件和要求不同,其成本核算有混群核算和分群核算两种不同的方法。在采用混群核算时,其成本计算对象是每种畜禽;采用分群核算时,要以每种畜禽的不同群别作为成本计算对象,如养猪业一般要求分基本猪群、2~4 个月幼猪、4 个月以上肥猪三群,分别归集费用和计算成本。

(2) 成本计算周期一般应规定在季末或年末进行,其成本计算期与生产周期不一致,而与会计报告期一致。

(3) 季末或年末一般有在产品,需要把归集的生产费用在完工产品和在产品之间分配。

(4) 畜禽产品与畜禽饲养头数有着密切联系,畜禽饲养除计算产品成本外,还需要计算饲养日成本,以考核饲养费用水平。

(二) 成本项目

畜禽饲养一般设置以下成本项目:

(1) 饲养费。它是指在畜禽饲养过程中所耗用的自产的和外购的饲料费用。

(2) 畜禽医药费。它是指畜禽耗用的医药费、防疫费及小件医疗器械支出等。

(3) 职工薪酬。它是指从事畜禽饲养人员的工资、福利等支出。

(4) 产畜折旧费。它是指按规定提取的产畜折旧费。

(5) 其他直接费。它不属于以上各项的直接费用,如燃料和动力、折旧费、修理费和低值易耗品摊销等。

(6) 制造费。它是指为管理和组织畜禽饲养工作而发生的间接费用。

二、水产养殖

(一) 水产养殖的特点

水产养殖是通过对水生动植物的养殖或捕捞而获得的水产品生产,亦称渔业生产。水产养殖包括人工养殖和天然捕捞两种。水产养殖受自然条件限制,水产养殖成本计算的主要特点如下:

(1) 由于水产品种较多,应根据具体情况,对主要水产品,按产品种类或品种设置产品成本明细分类账户,分别归集费用和计算成本;对次要水产品,可归类设置产品成本明细分类账户,归集费用和计算综合成本。

(2) 成本计算期应与生产周期一致,在产品产出月份计算一次成本。

(3) 渔业生产在水中进行,在产品很难确定,因此一般不计算在产品成本,全部费用由完工产品承担。

(二) 成本项目

水产养殖一般可设置以下成本项目:

（1）种苗及种子。它是指在水产养殖中耗用的外购的或自有的鱼苗及其他水生植物的种苗和种子的费用。

（2）饲料及肥料。它是指在养殖中耗用的外购或自产的各种饲料和肥料的费用。

（3）材料费。它是指用于养殖或捕捞的各种材料和工具等的费用。

（4）直接人工费。它是指水产养殖生产人员的工资、福利等薪酬。

（5）其他直接费。它是指不属于以上各项的直接费用,如折旧费、修理费、清塘费等。

（6）制造费。它是指为管理和组织生产而发生的一切费用。

（三）人工养殖成本的计算

人工养殖主要是淡水养鱼。对规模较大的专业化养鱼场来说,一般要按养殖阶段分别计算鱼苗、鱼种和成鱼的成本,对规模较小的小型养鱼场来说,也可只计算成鱼成本。

1. 鱼苗和鱼种成本的计算

鱼苗阶段的成本计算对象是鱼苗,鱼种培育阶段的成本计算对象是鱼种。在计算每万尾鱼苗(或鱼种)的成本时,可按以下公式计算:

每万尾鱼苗(或鱼种)成本＝育苗期(或培育鱼种期)全部费用÷育成鱼苗(或鱼种)万尾数

2. 成鱼成本的计算

成鱼生产有两种方式:一种是网箱和专池多年收养,一次捕捞;另一种是逐年放养,逐年捕捞。

对多年放养、一次捕捞的成鱼成本的计算,它包括捕捞前各年的费用、未捕捞的当年发生的费用,作为在产品成本逐年结转。其计算公式如下:

每千克成鱼成本＝(捕捞前各年累计费用＋当年捕捞费用)÷成鱼总产量

对逐年放养、逐年捕捞的成鱼成本的计算,可把当年发生的全年费用作为当年捕捞成鱼的成本,不计算在产品成本。对于秋季放养、跨年捕捞的成鱼,可只把鱼种费用作为在产品成本结转下年,其余费用全部作为当年成鱼成本。

（四）天然捕捞成本的计算

对于天然捕捞当期发生的费用,应由当期捕捞的水生动植物负担。如果捕捞的水产品品种较多,要计算每种水产品成本时,可按销售价格或计划成本的比例,将捕捞总成本进行分离。

第六节　第三产业成本核算

第三产业是国民经济的重要组成部分,其发展水平的高低是衡量国民经济发展水平的标志,也是当前国家产业结构调整的趋向。第三产业的发展能满足人们日益增长的物质和文化的需求,也能给国家和企业带来巨大的经济收益。

第三产业包括的行业众多,许多行业又往往集生产、流通、服务于一体,具有各自不同的生产经营特点和管理上的要求,本节仅就旅游、饮食服务企业的成本核算问题,作一简要介绍。

一、旅游、饮食服务业的特点

旅游、饮食服务业是国民经济的一个重要部门,旅游业是凭借旅游资源,以旅游设施为条件,为人们参观游览提供服务的企业。

饮食业是利用一定的设施,通过一定的烹饪技术,将主、副食原材料加工为菜肴或食品,同时提供消费设施、场所和服务,借以满足消费者的需要,直接为消费者服务的企业。

服务业是利用具有特殊设施的场所和具有特殊技术的劳动,达到满足消费者住宿、美容、精神文化生活需要及衣着等方面的要求,直接为消费者服务的企业。

《旅游、饮食服务企业会计制度》规定:旅游、饮食服务企业包括旅行业、饭店(宾馆、酒店)、度假村、游乐场、歌舞厅、餐馆、酒楼、旅店、理发、浴池、照相、洗染、修理、咨询等各类服务企业。

旅游、饮食服务企业,其经营特点表现为以服务为中心,辅之以生产和商品流通,直接为消费者服务。它与工业企业及商品流通企业相比,在成本核算上有如下特征:

(1) 成本核算方法不同。旅游企业和饮食企业都具有生产、零售和服务三种职能。旅游活动作为新型高级的综合消费,为满足旅游者食、住、行、游、买多方面的消费,旅游业的经营多涉及旅行社、旅行饭店、旅游商店、旅游娱乐场,以及各种旅游服务企业,还涉及民航、铁路、文物、园艺、工艺美术等部门和行业。在成本核算上,就必须区分不同的经营活动,参照工业或商业成本核算方法进行核算。饮食业在业务经营过程中,一方面从事菜肴和食品烹制;另一方面将烹制品直接供应消费者,饮食制品的质量标准和技艺要求比较复杂,在成本核算上也很难像工业企业那样,按产品逐次逐件进行完整的成本计算,一般只能核算经营单位或经营种类耗用原材料的总成本、营业收入和各项费用支出。

(2) 收入费用分布结构不同。以服务业为例,服务业通常由专门从业人员提供带有技术性的劳动,以及运用与之相适应的设备和工具,作为服务主要内容。在核算上,需反映按规定收费标准所得的营业收入,以及服务过程中开支的各项费用和加工过程中耗用的原材料成本。

(3) 自制商品与外购商品分别核算。为了分别掌握自制商品和外购商品的经营成果,加强对自制商品和外购商品的核算与管理,经营外购商品业务的企业,在账面上要分别分账核算。

（4）涉外性。旅游企业的接待工作主要有三种类型：一是组织国内旅游者在国内进行旅游活动。二是组织国内旅游者出国进行游览活动。三是组织接待国外旅游者到国内进行游览活动。后两种类型的业务活动，都是涉外性质业务。在核算中，涉及有关按照外汇管理条例和外汇兑换管理办法办理外汇存入、转出和结算的业务，计算汇兑损失和换汇成本。

二、旅游、饮食服务企业的成本核算

旅游、饮食服务企业的营业成本是企业在经营过程中发生的各种直接支出。饭店、宾馆、旅店的营业成本，包括餐饮原材料成本、商品进价成本、车队营业成本等；旅游行业的营业成本，包括各项代收代付费用，如代收的房费、餐费、交通费、文娱费、行李托运费、票务费、门票费、专业活动费、签证费、陪同费、劳务费、宣传费、保险费、机场费等；酒店、餐馆的营业成本包括餐饮的原材料成本、商品的进价成本等；照相、洗染修理等服务行业的营业成本，主要是耗用的原材料成本。

（一）原材料成本的核算

旅游、饮食服务企业按其职能的划分，大致可以分为两大类：一类是以生产服务为主要职能的行业，如照相、洗染、修理、饭店等；另一类是以服务为主要职能的行业，如旅店、浴池、美容等行业。它们的共性是需要利用一定场所、设备、工具为消费者提供带有技术性的劳务，并按照一定的标准收取服务费用，因而需要反映营业收入、费用开支和盈利情况。从个性方面来看，旅游、饮食服务企业带有生产加工的性质，存在产品的加工和生产，需要核算原材料耗费成本，但较难核算单位成本。以服务为主的行业没有产品的生产和加工，一般不计算耗用原材料的总成本，如果发生少量原材料的费用，可以直接以费用开支。

1. 饮食企业原材料耗用的核算

饮食企业生产耗用原材料总成本的计算和结转，应区分领料制和非领料制两种情况。

（1）领料制企业生产耗用原材料总成本的核算。饭店和大、中型饮食企业一般均设有专门原材料仓库和保管人员，并采用"领料制"的方法管理原材料收、发、存情况。实行领料制企业的生产领料，一般通过"营业成本"账户核算，至月末时厨房或生产车间可能有部分已领未用原材料、半成品和未售制成品。因此，必须将其从领料单中剔除，才能计算出本月实际耗用原材料数额。

（2）非领料制企业生产耗用原材料的核算。非领料制企业平时生产领料，只办理业务手续，不作账务处理；月末，根据厨房结存材料倒挤生产耗用材料，并结转有关账户。这种方法简便，但不够严谨，难以查明原材料溢余、差错和短缺情况，以及发生的原因。在实际工作中,要严格各项业务手续制度和企业内部控制制度。

2. 服务企业原材料耗用的核算

服务企业中对那些要进行实物加工,需要耗用较多原材料的企业应当进行原材料成本核算,不需要或很少耗用原材料的企业,则可将少量原材料费用直接计入费用开支。例如,照相、洗染业也只需核算原材料耗用的总成本,而不计算单位成本。

需要特别指出的是,由于照相、洗染业经营的特殊性,其营业收入都是在接受服务时确定的,而当其接受的照相、衣物等作业,必然会有一部分结转到下期完成。为了正确计算当期的营业成本和经营成果,月末应根据尚未投产的照片或衣物量,计算出其所需要的原材料数量和金额,从实存原材料数量、金额中减去。

3. 修理行业接受加工收费所耗用材料的核算也要相应进行调整

如对先修理后收费的修理作业,或者营业收入已经体现,但还尚未修理,也没耗用原材料的两种情形,要确保营业收入与营业成本的相互对应,进行必要的账务处理。

(二)旅行社营业成本的核算

旅行社的营业成本是指直接用于接待旅游团或个人,为其提供各项服务所支付的费用。包括旅行社已计入营业收入总额的房费、餐费、文娱费、行李托运费、票务费、门票费、专业活动费、签证费、陪同费、劳务费、宣传费、保险费、机场费等代收代付费用。

旅行社的营业成本概括起来可分为两大部分:一部分是旅行社为旅游团体和个人代付的费用;另一部分是旅行社为接待旅游团体和个人所支付的费用。具体类别如下:

(1)综合服务成本。它是指旅游业接待包价的旅游团或个人按规定开支的住房费、餐费、旅游交通费、陪同费和其他费用。

(2)组团外联成本。它是指由组团社自组外联、接待包价旅游团体或个人规定开支的住房费、餐费、旅游交通费、陪同费、交杂费及其他费用。

(3)零星服务成本。它是指接待零星旅游者和接待有关单位委托代办的零星宾客,按规定开支的住宿费、餐费、旅游交通费、陪同费、交杂费及其他费用。

(4)劳务成本。它是指总社支付给借调翻译、导游人员的劳务费。总社支付借调全陪人员的房费、交通费应在陪同费中列支。

(5)票务处理。它是指订票手续费、包车费、退票损失等。

(6)地游及加项成本。它是指加收计划外旅游团体去地方参观点的综合服务费和增加游江、游湖、风味等费用支出,以及超公里费等。

(7)其他服务成本。它是指以上各项业务以外的其他各项服务所发生的成本。

第七节　农业企业成本核算

一、农业生产的特点

农业企业是国民经济的基础,农业生产与工业生产相比较,存在下列明显的特点:

(1)土地是农业生产的重要生产资料,是农业生产的基础。在农业生产中,土地具有不可替代性。土地需要开发,也不是无偿占用的,因此,除了要计算农产品成本,还要计算单位面积的收入以及单位面积的成本来反映土地的使用情况。

(2)农业生产的明显季节性,生产时间和劳动时间不一致。这是因为农业生产是以有生命的动植物作为对象,而且农业生产还必须与气候条件相适应。动植物有其自然生长的过程,使得生产过程有在劳动的直接作用下进行,也有依靠自然作用下进行生长的过程。

(3)农业生产中部分劳动资料和劳动对象可以互相转化。例如,幼畜是劳动对象,但经饲养成龄后可以转化为属于劳动资料的产畜和役畜;反之,役畜和产畜淘汰后,又成为属于劳动对象的育肥畜。收获的粮食除作为商品产品外,必须留存一部分作为种子和饲料,以供农业和畜牧业再生产之用。

二、农业成本计算的特点

作为大农业,其产品生产的多样性决定了其成本计算的特点。

1. 成本计算对象

农业企业实行一业为主,多种经营。一般来说,农、林、牧、副、渔各业的主要产品单独核算成本,但次要产品可以分业合并核算成本。

农业企业的主要农产品为小麦、水稻、大豆、玉米、棉花、糖料、烟叶、牛奶、羊毛、肉类、禽蛋、蚕茧、林产品、水产品等。

农业企业的畜牧业生产应核算饲养成本和产品成本。畜禽的饲养成本和产品成本原则上要分群核算;条件不具备的企业可按畜禽类别混群核算。

农业企业的水产养殖生产,应核算苗种培育和成品饲养成本,鱼、虾混养和贝、藻混养可以分品种核算成本,也可以合并计算一个混养成本。

2. 成本项目

农业生产的成本项目一般包括:直接材料、直接人工、间接费用。

直接材料包括农业生产过程中实际消耗的原材料、农用材料、辅助材料、备品配件、外购半成品、燃料、动力以及其他直接材料。

直接人工包括农业企业直接从事生产经营人员的薪酬,如工资、福利、奖金、津贴、补贴等。

间接费包括各个生产经营单位为组织管理生产所发生的生产单位管理人员薪酬、生产单位的折旧费、租赁费、修理费、机物料消耗、低值易耗品摊销、取暖费、办公费、差旅费、运输费、保险费、劳动保护费、土地开发费摊销以及其他间接费。

3. 成本计算期

由于农、林、牧、渔业的生产受自然生产周期的影响,各种产品的收获时间在年内是不同的,成本计算期也不可能完全一致。农业企业一般对经常有产品产出的橡胶、乳牛、家禽、工副业等生产,应按月计算产品的实际成本;1 年只收获一次或几次产品的粮食、棉花、果、桑、茶等生产应在产品的收获月份计算产品的实际成本。

本章要点概览

1. 在现代经济体系中,除制造企业外,还有商业贸易企业、交通运输企业、施工企业、房地产开发企业、畜禽企业和水产企业、第三产业以及农业企业等多种行业。它们都是国民经济中不可或缺的组成部分。

2. 各种行业其生产经营的内容差别很大。但成本核算中,都涉及成本构成的内容、成本核算对象、产品生产成本项目、成本计算期的共性特征。

 主要术语

1. 其他主要行业企业

2. 商业贸易企业

3. 进销差价率

4. 交通运输企业

5. 营运成本

6. 施工企业

7. 房地产开发企业

8. 畜禽企业和水产企业

9. 第三产业

10. 旅游、饮食服务业

阅 读 文 献

1. 刘学华主编:《成本会计》(第 13 章 其他主要行业的成本核算),立信会计出版社 2005 年版。

2. 张宁、李兰田主编:《成本会计学》(第 13 章 其他主要行业成本核算),首都经济贸易大学出版社 2005 年版。

3. 乐艳芬主编:《成本会计》(第九章 其他主要行业的成本核算),上海财经大学出版社 2002 年版。

4. 陈云主编:《成本会计学》(第十四章 其他行业成本核算),中国物价出版社 2001 年版。

复习思考题

1. 交通运输企业的特点以及成本核算的特征有哪些?
2. 施工企业生产经营的特点以及成本计算对象的确定有何特殊性?
3. 商业贸易企业中批发与零售企业在成本核算上的差异何在?
4. 房地产开发企业经营特点以及成本核算的特征有哪些?
5. 畜禽、水产品企业成本核算的特点有哪些?
6. 旅游饮食服务业中的原材料成本、旅行社营业成本是如何核算的?
7. 农业生产的特征以及农业种植业、林业的成本核算特征有哪些?

练 习 题

一、单项选择题

1. 运输企业在营运生产过程中只消耗劳动工具和人工,不消耗( )。
   A. 劳动手段　　　　　　　　　　　　B. 劳动对象
   C. 劳动力　　　　　　　　　　　　　D. 物料用品

2. 商业贸易企业在经营中的突出特征是( )。
   A. 无劳动力消耗
   B. 无劳动手段消耗
   C. 一般不存在生产资金的消耗和价值转移
   D. 资金占用形态的多元性

3. 商品零售企业商品销售成本的计算方法一般采用( )。
   A. 分批实际进价法　　　　　　　　　B. 加权平均单价法
   C. 进销差价率法　　　　　　　　　　D. 先进先出法

4. 在成本核算中,成本计算期应与生产周期一致的行业是( )。
   A. 畜禽饲养企业　　　　　　　　　　B. 商业贸易企业
   C. 水产养殖企业　　　　　　　　　　D. 工业企业

5. 下列选项中,( )企业同时具有生产、零售和服务三种职能。
   A. 建筑安装　　　　　　　　　　　　B. 农业生产
   C. 旅游饮食　　　　　　　　　　　　D. 商业贸易

6. 下列选项中,属于畜禽企业成本项目的是( )。
   A. 建筑安装工程费　　　　　　　　　B. 饲养费
   C. 机械使用费　　　　　　　　　　　D. 制造费用

7. 下列选项中,其业务成本计算单位需要采用复合计量单位的是( )企业。
   A. 商业贸易　　　　　　　　　　　　B. 农业种植业
   C. 水产养殖　　　　　　　　　　　　D. 运输

8. 下列选项中,其成本项目中包括土地征用及搬迁补偿费的是( )企业。
   A. 商业贸易　　　　　　　　　　　　B. 交通运输
   C. 房地产开发　　　　　　　　　　　D. 旅游、饮食服务

二、多项选择题

1. 运输企业成本计算对象,根据实际可能包括的类型有(　　)。

　　A. 以营运生产的各类业务　　　　　　　B. 以营运工具

　　C. 以运输货物的名称　　　　　　　　　D. 以营运工具的运行情况

2. 运输业务的成本计算单位通常有(　　)。

　　A. 人公里或吨公里　　　　　　　　　　B. 换算吨公里

　　C. 人海里或吨海里　　　　　　　　　　D. 换算吨海里

3. 施工企业生产经营的特点一般包括(　　)。

　　A. 施工生产经营周期长　　　　　　　　B. 生产产品具有单件独立性

　　C. 生产流动性大　　　　　　　　　　　D. 不消耗劳动对象

4. 批发企业商品进价成本的计算与结转方法一般有(　　)。

　　A. 分批实际进价法　　　　　　　　　　B. 加权平均法

　　C. 进销差价率法　　　　　　　　　　　D. 先进先出法

5. 房地产开发企业在生产经营及财务成本管理上的特点有(　　)。

　　A. 资产占用形态的多元性　　　　　　　B. 生产周期的长期性

　　C. 开发产品的商品性　　　　　　　　　D. 资金筹集渠道的多元性

6. 房地产开发企业的成本项目一般包括(　　)。

　　A. 建筑安装工程费及基础设施费　　　　B. 公共配套设施费

　　C. 土地征用费及搬迁补偿费　　　　　　D. 综合服务成本

7. 旅行社的营业成本一般包括(　　)。

　　A. 组团外联成本　　　　　　　　　　　B. 劳务成本

　　C. 票务处理成本　　　　　　　　　　　D. 建筑安装工程费

8. 旅游、饮食服务企业其经营特点与工商企业相比较,在成本核算上的特点主要有(　　)。

　　A. 成本核算方法不同　　　　　　　　　B. 收入费用分布结构不同

　　C. 经营场所不同　　　　　　　　　　　D. 自制商品与外购商品分别核算

9. 畜禽饲养类企业成本核算的特点表现在(　　)。

　　A. 成本计算期与会计报告期相一致

　　B. 期末一般需要将总耗费在完工产品和在产品之间分配

　　C. 开发产品的商品性

　　D. 生产产品具有单件独立性

10. 下列选项中,期末一般无在产品计价问题的有(　　)。

　　A. 大田作物的成本计算　　　　　　　　B. 渔业生产类的成本计算

　　C. 工业企业的成本核算　　　　　　　　D. 畜禽饲养企业的成本核算

三、判断题

1. 对建筑安装企业来说,无论规模大小和工期长短,都应以单位工程作为成本计算对象。(　　)

2. 按《企业会计准则》的规定,商业批发企业商品进价成本的计算与结转可以采用后进先出法。(　　)

3. 房地产开发企业对个别规模较大、工期较长的开发项目,也应以每一独立编制的设计概算或每一独立的施工图预算作为成本计算对象。　　　　　　　　　　（　　）

4. 运输企业成本核算不存在分步骤、分批别计算成本的问题。　　　　　　　（　　）

5. 施工企业成本计算对象可以是同一单位工程,也可以是分部工程,还可以是若干单位工程。　　　　　　　　　　　　　　　　　　　　　　　　　　　　　　　（　　）

6. 畜禽饲养企业的劳动对象和劳动手段有时可以相互转化。　　　　　　　（　　）

7. 果林产品的生产一般要经过育苗、定植和采摘三个阶段。　　　　　　　（　　）

8. 营运生产过程一般不改变劳动对象的属性和形态。　　　　　　　　　　（　　）

9. 水产养殖企业中,天然捕捞成本一般不计算单位成本。　　　　　　　　（　　）

10. 确定成本计算对象、成本计算期和成本项目是各行业成本计算的共性问题。（　　）

思政拓展思考

　　党的二十大报告在"加快构建新发展格局,着力推动高质量发展"中指出:构建高水平社会主义市场经济体制。坚持和完善社会主义基本经济制度,毫不动摇巩固和发展公有制经济,毫不动摇鼓励、支持、引导非公有制经济发展,充分发挥市场在资源配置中的决定性作用,更好发挥政府作用。优化民营企业发展环境,依法保护民营企业产权和企业家权益,促进民营经济发展壮大。支持中小微企业发展。坚持把发展经济的着力点放在实体经济上,推进新型工业化,加快建设制造强国、质量强国、航天强国、交通强国、网络强国、数字中国。加快发展物联网,建设高效顺畅的流通体系,降低物流成本。全面建设社会主义现代化国家,最艰巨最繁重的任务仍然在农村。坚持农业农村优先发展,坚持城乡融合发展,畅通城乡要素流动。加快建设农业强国,扎实推动乡村产业、人才、文化、生态、组织振兴。全方位夯实粮食安全根基,全面落实粮食安全党政同责,牢牢守住十八亿亩耕地红线,逐步把永久基本农田全部建成高标准农田,深入实施种业振兴行动,强化农业科技和装备支撑,健全种粮农民收益保障机制和主产区利益补偿机制,确保中国人的饭碗牢牢端在自己手中。树立大食物观,发展设施农业,构建多元化食物供给体系。发展乡村特色产业,拓宽农民增收致富渠道。巩固和完善农村基本经营制度,发展新型农村集体经济,发展新型农业经营主体和社会化服务,发展农业适度规模经营。

　　请思考:尽管本书内容是围绕制造业企业展开阐述的,其他主要行业的成本核算仅仅占了本书的一个章节,是基于制造业成本核算程序的通用性、普遍性而言的,但基于党的二十大报告,其他主要行业,如作为基建"狂魔"的我国建筑安装企业、交通运输企业、农业等行业,在我国长期规划发展中的地位不容忽视。根据各行业成本核算的差异特征,按照理论与实践创新的宗旨,一切从实际出发,深入研究、探讨与改进各业成本计算的方法与程序,是摆在我们面前的重大课题。对此,你有什么想法?是否认同呢?

第十八章 工业企业的成本报表

───────── **学习目的与要求** ─────────

　　本章旨在介绍工业企业的成本报表。其内容主要包括成本报表的含义、作用、分类及其编制。通过本章学习，学生应了解成本报表的含义和作用，熟悉成本报表的分类，掌握几种主要成本报表的内容、格式和编制方法。

 **课前预习题**

1. 成本报表的含义是什么？

2. 成本报表可按哪些标准分类？它们分别可分为哪些类别？

3. 按产品品种和成本项目编制的产品生产成本表有什么区别？

4. 责任成本与质量成本的含义是什么？

5. 主要产品单位成本表中重点列示哪些内容？

第一节 成本报表概述

成本是综合反映企业生产、技术和经营、管理水平的一项重要指标。成本报表是根据企业日常成本核算资料及其他有关资料编制的,用于反映和考核企业在一定时期的产品成本和期间费用水平及其构成情况的报告文件。正确及时地编制成本报表、提供成本信息,是定期总结成本工作,进行成本预测、决策、计划和控制的需要。成本报表为企业内部报表,为企业改进生产技术和经营管理提供成本资料,一般不对外提供。

一、成本报表的作用

成本报表的作用主要表现在以下方面:

(1) 企业管理当局利用成本报表中的成本信息,可以分析考核企业各单位、部门、岗位在报告期内成本、费用计划的执行情况,考核和评价成本管理工作的业绩。

(2) 通过对成本报表分析,可以揭示影响成本指标和费用项目的变动因素和原因,及时发现企业在生产、技术、质量、管理等诸方面存在的问题,寻求降低成本的途径。

(3) 利用成本报表提供的实际成本资料,为企业经营决策服务。成本报表为进行成本利润的预测、制定有关生产经营的决策、编制成本利润计划、制定产品价格提供了重要的依据。

二、成本报表的种类

成本资料属于商业秘密,企业不对外公布,因而成本报表是内部报表,报表的种类、格式和编制方法等没有统一的规定。

成本报表从种类、格式、内容到报送时间、报送对象,都应根据企业自身生产经营过程的特点、企业经营管理,特别是成本管理的具体要求来确定。在一般情况下,企业编制的成本报表都具有较大的灵活性和多样性。

(1) 按表反映的内容分类,成本报表可以分为反映产品成本情况的报表、反映费用支出情况的报表和反映成本管理专题的报表。反映产品成本情况的报表主要反映企业生产一定种类和一定数量产品的生产耗费水平及其构成情况,并与计划、上年实际、历史最高水平或同行业先进水平相比较,反映产品成本的变动情况和变动趋势;反映费用支出情况的报表主要有管理费用明细表、销售费用明细表、财务费用明细表等;反映成本管理专题的报表主要有责任成本表和质量成本表。

（2）按报表编制的时间分类，成本报表可分为定期成本报表和不定期成本报表。定期成本报表是按规定期限报送的成本报表。按报送期限的长短，定期成本报表可分为年报、季报、月报、旬报、周报和日报。其中，旬报、周报和日报是为及时反馈某些重要的成本信息，以便管理部门采取相应对策而编制的。因此，定期成本报表一般按月、季、年来编制。不定期成本报表是针对成本、费用管理中出现的某些问题或急需解决的问题而随时按要求编制的有关成本报表。

（3）按报表编制的范围分类，成本报表可分为全厂成本报表、车间成本报表、班组成本报表和个人成本报表。一般来说，产品生产成本表、主要产品单位成本表等是全厂成本报表，而制造费明细表、责任成本表、质量成本表等，既可以是全厂成本报表，又可以是车间（或班组、个人）成本报表。

第二节　成本报表的编制

各企业可以根据企业的生产特点和经营管理的要求自行决定编制哪些成本报表，自行设计成本报表的格式。在一般情况下，企业可编制全部产品生产成本表、主要产品单位成本表、制造费明细表、期间费用明细表等。

一、全部产品生产成本报表的编制

全部产品生产成本表可以按产品品种或成本项目编制。

（一）按产品品种编制的全部产品生产成本表

按产品品种编制的全部产品生产成本表，反映企业在报告期生产的全部产品的总成本和各种主要产品（含可比产品和不可比产品）的单位成本和总成本。通过该表，可以了解企业全部产品成本计划的执行情况，以及可比产品成本降低任务的完成情况。全部产品生产成本表的格式见表18-1。

可比产品是指企业过去曾经正式生产过，有完整的成本资料可以进行比较的产品；不可比产品是指企业本年度初次生产的新产品，或虽非初次生产，但以前仅属试制而未正式投产的产品，缺乏可比的成本资料。对可比产品而言，需要同上年度实际成本作比较，所以表中不仅要列示本期的计划成本和实际成本，而且还要列示按上年实际平均单位成本计算的总成本。对不可比产品而言，因没有上年的实际单位成本可比，所以只列示计划成本和实际成本。

在表18-1中，"实际产量"栏目反映本月和自报告期期初起至本月末止的各种产品的实际产量。其中，"本月实际产量"应根据本月产品成本明细账的有关记录填列；"本年累计实际产量"应根据本月实际产量加上上月该表中的本年累计实际产量填列。

表 18-1

×× 企业

全部产品生产成本表（按产品品种反映）

202×年8月

金额单位：元

产品名称	计量单位	实际产量		单位成本				本月总成本			本年累计总成本		
		本月 (1)	本年累计 (2)	上年实际平均 (3)	本年计划 (4)	本月实际 $(5)=(9)\div(1)$	本年累计实际平均 $(6)=(12)\div(2)$	按上年实际单位平均成本计算 $(7)=(1)\times(3)$	按本年计划单位成本计算 $(8)=(1)\times(4)$	本月实际 (9)	按上年实际单位平均成本计算 $(10)=(2)\times(3)$	按本年计划单位成本计算 $(11)=(2)\times(4)$	本年实际 (12)
可比产品													
其中：甲	件												
乙	件												
不可比产品													
其中：丙	台												
丁	件												
全部产品													

"单位成本"栏目反映各种产品的上年实际平均、本年计划、本月实际和本年累计实际平均的单位成本。其中,"上年实际平均单位成本"应根据上年年末的该表中本年累计实际平均单位成本填列;"本年计划单位成本"应根据本年度成本计划的有关数据填列;"本月实际单位成本"应根据本月产品成本计算单中的实际单位成本填列;"本年累计实际平均单位成本"应根据本年累计实际总成本除以本年累计实际产量计算填列。

"本月总成本"栏目中,"按上年实际平均单位成本计算的总成本"应根据本月实际产量乘以上年实际平均单位成本计算填列;"按本年计划单位成本计算的总成本"应根据本月实际产量乘以本年计划单位成本计算填列;"本月实际总成本"应根据本月产品成本计算单中的实际总成本填列。

"本年累计总成本"栏目中,"按上年实际平均单位成本计算的总成本"应根据本年累计实际产量乘以上年实际平均单位成本计算填列;"按本年计划单位成本计算的总成本"应根据本年累计实际产量乘以本年计划单位成本计算填列;"本年实际总成本"应根据本月实际总成本的数据加上上月该表中的本年实际总成本填列。

(二)按成本项目编制的全部产品生产成本表

按成本项目编制的全部产品生产成本表,按成本项目汇总反映企业在报告期发生的全部生产耗费和全部产品的总成本,一般可按上年实际数、本年计划数、本月实际数和本年累计实际数分栏目设置,不但可以反映报告期内全部产品的生产成本总额,还可以考核报告期内全部产品成本计划的执行情况。全部产品生产成本表的格式见表 18-2。

表 18-2　　　　　全部产品生产成本表(按成本项目反映)

××企业　　　　　　　　　202×年 8 月　　　　　　　　　单位:元

项　　目	上年实际	本年计划	本月实际	本年累计实际
生产耗费				
直接材料				
直接人工				
制造费				
生产耗费合计				
加:在产品、自制半成品期初余额				
减:在产品、自制半成品期末余额				
产品生产成本合计				

在表 18－2 中，"生产耗费"部分按成本项目（直接材料、直接人工、制造费）反映本月各种生产耗费数；"产品生产成本合计"是在"生产耗费合计"的基础上，加减期初、期末在产品、自制半成品余额计算的产品成本合计数。生产耗费和产品成本可以按照"本年计划""本月实际""本年累计实际"分栏填列。对于可比产品，还可以设置"上年实际"栏目。

二、主要产品单位成本表

主要产品是指企业经常生产，在企业全部产品中所占比重较大，能反映企业生产经营概况的产品。主要产品单位成本表是反映企业在报告期内生产的各种主要产品单位成本水平和构成情况的报表，应按主要产品分别编制。由于全部产品生产成本表中所列示的各种产品的单位成本只是一个总数，要了解其单位成本的构成情况，必须编制主要产品单位成本表。

根据主要产品单位成本表，可以按照成本项目，分析考核各种主要产品单位成本计划执行情况；将单位成本中各成本项目的本月实际数和本年累计实际平均数与历史先进水平、上年实际平均数进行比较分析，可以了解成本升降情况以及与历史先进水平的差距和发展变动趋势，借以挖掘降低成本的潜力；可以分析和考核主要技术经济指标的执行情况。

主要产品单位成本表可以分为三部分：第一部分为产量，反映报告期内产品的计划产量、实际产量，以及本年累计的计划产量和实际产量。第二部分为单位成本，按成本项目列示历史先进水平、上年实际平均单位成本、本年计划单位成本、本月实际单位成本和本年累计实际平均单位成本。第三部分是主要技术经济指标，如该种产品主要原材料的耗用量。主要产品单位成本表的格式见表 18－3。

在表 18－3 中，"销售单价"应根据产品定价表或产品销售利润明细表填列；"本月计划产量"和"本年累计计划产量"应根据生产计划填列；"本月实际产量"和"本年累计实际产量"应根据生产成本明细账或产成品成本明细账的产量记录填列。"历史先进水平"单位成本应根据历史上该种产品成本最低年度本表的累计实际平均单位成本填列；"上年实际平均"单位成本应根据该种产品上年本表累计实际平均单位成本填列；"本年计划"单位成本应根据本年度成本计划填列；"本月实际"单位成本应根据产品成本明细账或产成品成本汇总表填列；"本年累计实际平均"单位成本应根据该种产品成本明细账所记自年初至报告期末已完工产品的累计总成本除以本年累计实际产量计算填列。"上年实际平均""本年计划""本月实际"和"本年累计实际平均"单位成本的合计数应与按产品品种反映的产品生产成本表中该种产品相应的单位成本核对相符。"主要经济技术指标"应根据企业的业务技术核算资料填列。

表 18 - 3 主要产品单位成本表

202×年 8 月 金额单位：元

××企业 数量单位：件 销售单价：1 500 元

产品名称：甲产品 本月计划产量：48 件 本月实际产量：50 件

产品规格：×× 本年累计计划产量：290 件 本年累计实际产量：320 件

成 本 项 目	历史先进水平（××××年）	上年实际平均	本年计划	本月实际	本年累计实际平均
直接材料	460	480	470	500	510
直接人工	320	330	340	350	335
制造费	390	410	400	405	402
产品单位成本	1 170	1 220	1 210	1 255	1 247
主要技术经济指标					
1. A 材料（千克）	6.0	6.5	6.5	6.5	6.3
2. B 材料（千克）	5.0	6.0	5.5	5.8	5.6
3. 生产工人工时（每件/小时）	10.0	10.5	10.2	10.5	10.6

三、制造费明细表

制造费明细表是反映企业在一定时期内制造费各项目的实际数和计划数的报表。利用该表，可以按具体项目考核、评价年度制造费的计划（或预算）执行情况，分析制造费超支或节约的原因，分析制造费构成变动的情况及其原因，寻求降低制造费开支的途径，并为编制下年度制造费计划（或预算）提供依据。制造费明细表的格式见表 18 - 4。

表 18 - 4 制造费明细表

××企业 202×年 8 月 单位：元

具 体 项 目	本年计划数	上年同期实际数	本月实际数	本年累计实际数
工资				
职工福利费				
折旧费				

（续表）

具 体 项 目	本年计划数	上年同期实际数	本月实际数	本年累计实际数
租赁费				
办公费				
水电费				
机物料消耗				
低值易耗品摊销				
劳动保护费				
取暖费				
差旅费				
运输费				
保险费				
其他				
合　计				

在表 18-4 中，"本年计划数"应根据制造费的年度计划（或预算）数填列；"上年同期实际数"应根据上年同期该表的"本年累计实际数"填列；"本年累计实际数"填列自年初起至本月末止的累计实际数，应根据"制造费用"明细账的记录计算填列。如果表内所列具体项目和上年度的具体项目在名称或内容上不一致时，应对上年度的各项数字按本年的规定进行调整。

四、期间费用报表

期间费用报表反映企业在报告期内各种期间费用的实际数和计划数，主要有管理费用明细表、财务费用明细表和销售费用明细表等。利用期间费用报表可以了解报告期内期间费用的实际水平，考核各种期间费用计划（或预算）的执行情况，便于加强对期间费用的控制和管理。

期间费用按费用项目列示，分别设置"本年计划数""上年同期实际数""本月实际数"和"本年累计实际数"。"本年计划数"根据本年期间费用的各项费用预算填列；"上年同期实际数"根据上年同期各期间费用报表的"本年累计实际数"填列，如果表内所列费用项目和上年度的费用项目在名称和内容上不一致，则应对上年度的各项数字按本年度表内项目的规定进行调整；"本年累计实际数"根据本年度各期间费用明细账中各项费用的累计数填列。

管理费用、财务费用、销售费用明细表的格式分别见表 18-5～表 18-7。

表 18-5　　　　　　　　　　　管理费用明细表

××企业　　　　　　　　　　202×年 8 月　　　　　　　　　　单位：元

费 用 项 目	本年计划数	上年同期实际数	本月实际数	本年累计实际数
工资				
职工福利费				
差旅费				
办公费				
折旧费				
修理费·				
低值易耗品摊销				
工会经费				
职工教育经费				
劳动保险费				
待业保险费				
董事会费				
咨询费				
审计费				
诉讼费				
排污费				
税金				
土地使用费				
技术转让费				
无形资产摊销				
业务招待费				
存货盘亏、毁损				
其他				
合　计				

表 18 - 6　　　　　　　　　　**财务费用明细表**

××企业　　　　　　　　　　202×年 8 月　　　　　　　　　　单位：元

费　用　项　目	本年计划数	上年同期实际数	本月实际数	本年累计实际数
利息支出(减利息收入)				
汇兑损失(减汇兑收益)				
手续费				
其他筹资费				
合　　计				

表 18 - 7　　　　　　　　　　**销售费用明细表**

××企业　　　　　　　　　　202×年 8 月　　　　　　　　　　单位：元

费　用　项　目	本年计划数	上年同期实际数	本月实际数	本年累计实际数
工资				
职工福利费				
办公费				
折旧费				
修理费				
低值易耗品摊销				
运输费				
装卸费				
保险费				
广告费				
展览费				
租赁费				
销售服务费				
其他				
合　　计				

五、责任成本表

责任成本是以具体的责任单位(如车间、部门等)为对象,以其承担的责任为范围所归集的成本,即特定责任单位的全部可控成本。可控成本是指责任单位可以控制其发生的成本。确定责任成本的关键是可控性,不受发生地点的影响。

编制责任成本表的前提是企业进行责任成本计划和核算。责任成本表是根据责任单位的日常责任成本核算资料定期编制的,用于反映和考核责任成本预算完成情况的内部成本报表。它应以责任单位逐级按月进行编报,主要的责任成本项目还可以按月或按旬进行编报。责任成本报表的结构和格式可由企业根据内部管理的需要自行设计。由于各责任单位的责任成本内容及核算方法不同,责任成本表的编制方法也不一样。该表一般按责任成本项目分别反映计划成本、实际成本、成本差异。例如,生产车间的责任成本表可以按照成本项目列示,其格式见表18-8。

表 18-8 责任成本表

责任单位:××车间　　　　　202×年8月　　　　　单位:元

成本项目	本 月 责 任 成 本			累 计 责 任 成 本		
	计划成本	实际成本	差　异	计划成本	实际成本	差　异
	(1)	(2)	(3)= (2)-(1)	(4)	(5)	(6)= (5)-(4)
直接材料						
直接人工						
制造费						
合　计						

责任成本表应逐级上报和逐级汇总编制,下一级责任单位编制的责任成本表应定期向上一级责任单位报送,上一级责任单位收到其下属所有的责任单位报来的责任成本表后,应予汇总,再加上直接属于自身的可控成本,编制本单位的责任成本表,并再向更高层次的责任单位报送,直至最后汇总编制出整家企业的责任成本表。例如,某企业制造部下设铸造、加工和装配三个车间,由各生产车间责任成本表汇总编制制造部责任成本表,其格式见表18-9。

表 18-9 责任成本表

责任单位:制造部　　　　　202×年8月　　　　　单位:元

成本项目	本 月 责 任 成 本			累 计 责 任 成 本		
	计划成本	实际成本	差　异	计划成本	实际成本	差　异
制造部管理费						
铸造车间责任成本						

（续表）

成 本 项 目	本 月 责 任 成 本			累 计 责 任 成 本		
	计划成本	实际成本	差　异	计划成本	实际成本	差　异
加工车间责任成本						
装配车间责任成本						
合　计						

六、质量成本表

质量成本是指将产品质量保持在规定的质量水平上所需的相关耗费。质量成本由运行质量成本(又称工作质量成本或内部质量成本)和外部质量保证成本构成。运行质量成本是指企业为保证和提高产品质量而支付的耗费以及因质量故障所造成的损失之和,包括预防成本、鉴定成本、内部缺陷成本和外部缺陷成本等。预防成本是指为预防质量缺陷所支付的耗费;鉴定成本是指为评定产品是否具有规定的质量而进行试验、检验和检查所支付的耗费;内部缺陷成本是指交货前因产品未能满足规定的质量要求所造成的损失;外部缺陷成本是指交货后因产品未能满足规定的质量要求所造成的损失。外部质量保证成本是指为满足合同规定的质量保证要求提供客观证据、演示和证明所发生的耗费。质量成本表的一般格式见表 18-10。

表 18-10　　　　　　　**质 量 成 本 表**

编制单位：××企业　　　　　　202×年8月　　　　　　单位：元

类　别	项　　目	预算成本 (1)	实际成本 (2)	差　　异	
				金额 (3)=(2)-(1)	比率 (4)=(3)÷(1)
预防成本	质量管理培训费				
	质量管理活动费				
	质量改进措施费				
	小　　计				
鉴定成本	进料检验费				
	工序检查费				
	产品检验费				
	检测手段维护费				
	小　　计				

（续表）

类别	项目	预算成本 （1）	实际成本 （2）	差异	
				金额 （3）＝（2）－（1）	比率 （4）＝（3）÷（1）
内部缺陷成本	产品报废损失				
	不合格品返修费				
	返修产品复检费				
	停工损失费				
	小　计				
外部缺陷成本	赔偿费				
	退货损失费				
	保修费				
	折价损失				
	小　计				
合　计					

本章要点概览

1. 成本报表按其反映的内容，可以分为反映成本情况的报表、反映费用支出情况的报表、反映成本管理专题的报表。

2. 反映成本情况的报表主要有产品生产成本表和主要产品单位成本表等。

3. 反映费用支出情况的报表主要有管理费用、财务费用和销售费用三个明细表。

4. 反映成本管理专题的报表主要有责任成本表和质量成本表。

5. 成本报表按其编制的时间可以分为定期的成本报表和不定期的成本报表，按其编制的范围可以分为企业、车间、班组和个人的成本报表。

 主要术语

1. 成本报表　　　　　　　2. 可比产品

3. 不可比产品　　　　　　4. 责任成本

5. 质量成本

阅　读　文　献

1. 于富生、王俊生、黎文珠主编：《成本会计学》（第十章　成本报表的编制和分析),中国人民大学出版社 2006 年版。

2. 田昆儒、吴彦龙主编:《成本会计》(第十五章　成本报表及其利用),经济科学出版社 2005 年版。

3. 王立彦、徐浩萍、饶菁编著:《成本会计——以管理控制为核心》(第十五章　成本报告及审计),复旦大学出版社 2005 年版。

复习思考题

1. 简述成本报表的主要作用。
2. 成本报表按其所反映的经济内容划分,主要分为哪几类?
3. 简述全部产品生产成本报表的编制方法和主要内容。
4. 简述制造费用明细表和期间费用明细表的异同。
5. 简述责任成本报表的编制原则。
6. 简述质量成本报表的编制方法。

练　习　题

一、单项选择题

1. 根据现行有关制度规定,成本报表属于(　　)。
    A. 外部报表　　　　　　　　　　B. 内部报表
    C. 既是内部报表,又是外部报表　　D. 由企业自行决定
2. 下列选项中,不属于成本报表的是(　　)。
    A. 产品生产成本表　　　　　　　B. 主要产品单位成本表
    C. 现金流量表　　　　　　　　　D. 制造费用明细表
3. 在"主要产品单位成本表"中,不需要反映的指标是(　　)。
    A. 上年实际平均单位成本　　　　B. 本年计划单位成本
    C. 本月实际单位成本　　　　　　D. 本月实际总成本
4. 按产品品种编制的产品生产成本表不需要反映(　　)。
    A. 直接材料耗费　　　　　　　　B. 本年计划单位成本
    C. 本月实际单位成本　　　　　　D. 上年实际平均单位成本
5. 质量成本表中不需要反映(　　)。
    A. 停工损失　　　B. 产品检验费　　　C. 不合格产品返修费　　　D. 车间责任成本

二、多项选择题

1. 工业企业一般编制的成本报表主要有(　　)。
    A. 产品生产成本表　　　　　　　B. 主要产品单位成本表
    C. 制造费用明细表　　　　　　　D. 期间费用明细表
2. 按报表编制的范围分类,工业企业成本报表有(　　)。
    A. 全厂成本报表　　　　　　　　B. 车间成本报表
    C. 班组成本报表　　　　　　　　D. 个人成本报表

3. 质量成本表反映的内容有(　　)。

  A. 内部缺陷成本   B. 鉴定成本 C. 预防成本   D. 外部缺陷成本

4. 编制产品生产成本表(按产品品种)的作用有(　　)。

  A. 考核全部产品成本计划的完成情况

  B. 考核主要产品成本构成的变化

  C. 分析可比产品成本降低任务的完成情况

  D. 分析不可比产品成本降低任务的完成情况

5. 产品生产成本表中对于可比产品需要列出的单位成本有(　　)。

  A. 上年实际平均单位成本   B. 本年计划单位成本

  C. 本月实际单位成本   D. 本年累计实际平均单位成本

三、判断题

1. 产品生产成本表(按成本项目编制)是反映企业在报告期内生产的全部产品的总成本的报表。(　　)

2. 成本报表的种类、项目和编制方法可由企业自行确定。(　　)

3. 在企业编制的所有成本报表中,产品生产成本表是最主要的报表。(　　)

4. 利用产品生产成本表(按品种编制)可以计算出可比产品和不可比产品成本的总成本和单位成本。(　　)

5. 制造费明细表中的本年计划数为编表当月的制造费计划数。(　　)

6. 主要产品单位成本表中的一些数字可以在产品生产成本表(按品种编制)中找到。(　　)

7. 成本报表必须定期编制。(　　)

8. 责任成本表应逐级上报,逐级汇总。(　　)

9. 责任成本表中只能列示可控成本。(　　)

10. 降价出售的次品产生的损失在质量成本表中的内部缺陷成本中反映。(　　)

四、业务题

【业务题一】

(一) 目的 练习产品生产成本表(按产品品种反映)的编制。

(二) 资料 某公司202×年度有关产品成本资料见表 18-11。

表 18-11   **产 品 成 本 资 料**   金额单位:元

产品名称	计量单位	本年累计实际产量	单 位 成 本		总 成 本
			上年实际平均	本年计划	本年累计实际总成本
可比产品					
甲	件	12 000	80	70	900 000
乙	件	15 000	60	55	810 000
不可比产品					
丙	台	3 000		120	390 000

（三）**要求**　根据上述资料编制产品生产成本表(按产品品种反映)。

【**业务题二**】

（一）**目的**　练习主要产品单位成本表的编制。

（二）**资料**　某企业202×年度生产的主要产品为甲产品。甲产品单位成本的历史先进水平为：直接材料 20 元，直接人工 50 元，制造费 60 元。上年和本年的"基本生产成本"账户显示的产量和总成本情况见表 18－12。

表 18－12　　　　　　　**产量和总成本情况**　　　　　　金额单位：元

项　　目	上 年 实 际	本 年 计 划	本 年 实 际
直接材料	264 000	325 500	345 000
直接人工	624 000	806 000	810 000
制造费	744 000	968 750	900 000
实际产量(件)	12 000	15 500	15 000

（三）**要求**　根据上述资料编制主要产品单位成本表。

【**业务题三**】

（一）**目的**　练习责任成本表的编制。

（二）**资料**　某生产车间设有 A、B 两个班组，202×年 8 月，A、B 两个班组发生的可控成本资料见表 18－13。

表 18－13　　　　　　　　　**可控成本资料**

成本项目	A 班 组		B 班 组	
	实际(元)	计划(元)	实际(元)	计划(元)
直接材料	245 000	246 000	138 000	136 000
直接人工	456 000	460 000	258 000	260 000

该生产车间本月发生的可控成本见表 18－14。

表 18－14　　　　　　　　**本月发生的可控成本**

成 本 项 目	实际(元)	计划(元)
办公费	25 000	28 000
水电费	34 000	35 000
机物料消耗	12 000	14 000

（三）**要求**　编制该生产车间本月的责任成本表。

案 例 分 析 题

202×年,某企业投入生产经营,只有一个基本生产车间生产一种产品 A。该企业另设供应部、销售部和管理部门。在投产的第一个月,A 产品的基本生产成本明细账见表 18-15。

表 18-15　　　　　　　基本生产成本明细账

产品:A 产品　　　　　　　　　　　　　　　　　　　　　金额单位:元

202×年 月	202×年 日	摘　要	产量 (件)	成 本 项 目 直接材料	成 本 项 目 直接人工	成 本 项 目 制造费	成 本 项 目 废品损失	成本 合计
		本月生产耗费	1 000	80 000	19 500	48 750		148 250
		转出不可修复废品的 生产成本	50	4 000	500	1 250		5 750
		转入废品净损失					8 450	8 450
		本月完工产品成本		76 000	19 000	47 500	8 450	150 950

在投产前,企业制订的计划为:当月生产 A 产品 1 100 件,每件单位成本为 135 元,其中直接材料为 70 元,直接人工为 18 元,制造费为 42 元,废品损失为 5 元。造成废品损失的原因为加工过程中的失误。

本月制造费中有关明细项目如下:折旧费 28 000 元(全年计划 336 000 元),水电费 2 000 元(全年计划 22 800 元),管理人员工资及福利费 9 000 元(全年计划 108 000 元),机物料消耗 4 000 元(全年计划 45 600 元),办公费 1 550 元(全年计划 19 200 元),支付新产品质量评审的费用 3 000 元(全年计划 6 000 元),支付工序检验费 1 200 元(全年计划 14 400 元)。新产品质量评审费用只需要在投产前两个月支付,其他制造费明细项目每月计划数为全年计划数的平均。折旧费、工资及福利费、质量评审费和工序检验费为车间不可控成本。

供应部门本月外购原材料实际耗费 120 000 元,计划耗费 130 000 元;供应部门本月的其他耗费 12 000 元,计划耗费 13 000 元。销售部门本月实际耗费 23 000 元,计划耗费 22 000 元。管理部门本月实际耗费 15 000 元,计划耗费 16 000 元。

在销售过程中,A 产品有 100 件产品由于质量问题,需要降价出售。原价为 250 元,降价后为 220 元。预计本月折价损失为 1 000 元。

要求:根据以上资料,为该企业设计并编制成本报表。

思政拓展思考

　　党的二十大报告在"坚持全面依法治国，推进法治中国建设"中指出：全面依法治国是国家治理的一场深刻革命，关系党执政兴国，关系人民幸福安康，关系党和国家长治久安。必须更好发挥法治固根本、稳预期、利长远的保障作用，在法治轨道上全面建设社会主义现代化国家。

　　请思考：尽管现行会计制度规定成本报表属于企业的内部报表，但成本报表编制的重要性在现代化经济条件下，显得更为重要。随着投资主体的多元化，因成本高低而最终反映的企业净利润，直接影响投资各方的基本权益，全面依法治国，当然要从最基础的企业依法编制报表、严格遵守《企业产品成本核算制度》做起。企业除了应如实依法计算产品成本、编制成本报表，也应尤其进一步探讨责任成本报表及质量成本报表的编制项目、编制方法，还应满足企业决策与外部了解信息的效果。你对此怎么看呢？

第十九章 工业企业的成本计划与分析

────────── 学习目的与要求 ──────────

本章旨在介绍工业企业成本计划的编制和成本分析方法。其主要内容包括主要产品单位成本计划、全部产品成本计划、制造费预算、期间费用预算、全部产品成本分析、可比产品成本分析、主要产品单位成本分析和产品技术经济指标分析等。通过本章学习,学生应了解成本计划编制应遵循的原则和基本程序,熟悉成本计划编制的步骤,掌握基本生产车间成本计划的编制和全厂成本计划的编制,熟悉对比分析法、比率分析法、趋势分析法和因素分析法等常用的分析方法,掌握全部产品成本分析和主要产品单位成本分析方法,理解成本计划和成本分析在企业成本管理中的重要地位和作用。

课前预习题

1. 你认为企业为什么要编制成本计划?

2. 成本计划和成本分析在成本会计学中处于何种地位?

3. 编制成本计划应遵循哪些原则? 其基本程序包括什么?

4. 你认为企业应如何根据生产组织特点、管理要求和企业规模,来选择集中形式或分散形式编制成本计划? 其理由是什么?

5. 企业成本计划主要包括哪些内容? 请具体加以说明。

6. 何谓成本分析? 成本分析在成本管理中的地位和作用如何?

7. 成本分析常用的方法有哪些? 你认为这些方法有何优点,又有什么局限性呢?

8. 因素分析法的基本原理是什么? 它有何特点? 你认为因素分析法在应用时要注意哪些问题呢?

9. 你认为企业应如何对全部产品成本和主要产品单位成本进行分析? 试举例加以说明。

第一节　成本计划概述

成本计划是以货币形式规定企业在计划期内的产品生产耗费、各种产品的成本水平、产品成本的降低水平,以及为此采取的主要措施和方案。成本计划属于成本的事前管理,是企业生产经营管理的重要组成部分。企业通过编制成本计划,能够加强成本管理,明确成本工作的任务和目标,挖掘成本降低的潜力,将成本控制在适当水平,提高经济效益。

一、成本计划的内容

不同行业性质的企业、同一企业的不同部门,其成本计划各有差异。成本计划是根据计划期的生产任务、成本控制要求和相关资料,运用一定的方法和程序,以货币计量形式表现计划期产品的生产耗费和各种产品成本水平,它是成本控制与考核的重要依据。工业企业的成本耗费包括生产成本和期间费;成本计划主要包括两大类:一是按照产品品种或成本项目编制的成本计划。按照产品品种或成本项目编制的成本计划,反映企业计划期各产品或成本项目的预计成本水平,帮助企业分析各种产品成本和各成本项目组成部分及其升降原因。二是按照生产耗费要素编制的成本计划。按照生产耗费要素编制的成本计划主要有材料费预算、人工费预算、制造费预算和期间费预算,用来反映企业计划期内生产耗费总额、期间费总额和要素耗费组成部分金额以及其比例关系。

（一）主要产品单位成本计划

主要产品单位成本计划是按照成本项目编制的,既反映企业计划期内主要产品单位成本水平及成本项目构成,又反映单位产品耗用各种主要材料和工时定额等。编制主要产品单位成本计划,有利于反映和分析企业主要产品各成本项目及其结构。编制主要产品单位成本计划是编制全部产品成本计划的基础。

（二）全部产品成本计划

全部产品成本计划是按照产品品种和成本项目两种类别编制的,能够反映企业计划期内全部产品的总成本水平。

按产品品种编制的全部产品成本计划,根据不同的产品品种分别反映各种可比产品和不可比产品的计划单位成本、计划总成本、可比产品成本计划降低额和降低率、全部产品的总成本计划水平。按成本项目编制的全部产品成本计划,根据不同的成本项目反映企业计划期内可比产品、不可比产品和全部产品的计划总成本、可比产品成本计划降低额和降低率,从而可以了解企业全部产品成本项目的构成。

（三）制造费预算

制造费预算是按照耗费具体内容编制的，反映企业计划期内各生产车间为了组织和管理生产而发生的各项间接耗费水平及其耗费构成。制造费分为固定制造费和变动制造费，分别编制固定制造费预算和变动制造费预算，反映计划期内各明细项目的计划支出数。编制制造费预算，有利于企业编制全部产品成本计划和主要产品单位成本计划，也有利于企业控制生产车间组织管理费、提高车间管理效率、降低产品成本。

（四）期间费预算

期间费预算包括管理费、销售费和财务费的预计支出水平，期间费核算企业在生产经营期间直接计入当期损益的三大耗费，这些耗费不计入产品成本。由于期间费不计入产品成本，对企业的利润产生影响，需要通过预算的方式，明确规定计划期内各明细项目的计划支出数，以控制期间费的耗用。编制期间费预算，能够反映管理费、销售费和财务费的超支或节约水平。

（五）成本节约计划

成本节约计划是降低成本的各种措施方案，是在各部门提出的成本控制的技术措施的基础上，经过综合平衡汇总编制的。编制成本节约计划的目的是促使员工共同努力以降低成本，共同分享所得收益的激励计划。

二、成本计划的编制原则

成本计划是企业编制其他生产经营计划的基础。为了保证成本计划的合理性、科学性，以及为了保证企业经营目标的实现，企业应该按照一定程序、方法和原则编制成本计划。成本计划的编制原则有如下几条。

（一）先进性与可行性原则

编制成本计划，要以先进合理的技术经济定额为基础，使制订出来的成本计划成为企业降低成本的目标，但同时制订出来的成本计划又要切实可行，即通过努力能够完成成本计划。

（二）协调性与一致性原则

编制成本计划是企业经营管理活动中的重要组成部分，成本计划应以采购计划、销售计划、生产计划、材料消耗定额和工时定额等为依据，综合反映这些计划预计产生的成本耗费及经济效果；而且要从降低成本的角度出发，使得各成本计划彼此衔接、互相协调。在编制成本计划时，选取的成本指标、成本耗费的归集与分配、成本项目等，无论是口径、范围、还是方法，都应保持计划与实际一致、前期与后期一致。讲究计划协调性，有利于成本计划与企业其他有关计划相互统一、相互促进；保持一致性，有利于成本信息对比分析，能够提高计划管理水平、促进企业经营目标的实现。

（三）合法性原则

成本计划的编制必须遵守国家法律法规、企业会计准则、成本核算原则等规定。成本费用开支的范围和标准必须严格按照规定执行，成本计划应按照企业管理的规定执行，并且要根据目标管理要求合理制订计划。

（四）弹性原则

市场经济中，企业所处的经营环境不断变化，编制的成本计划也可能随着经营环境的变化而不断修订。因此，成本计划的编制应该留有余地，考虑计划的变化，使计划具有一定弹性。

（五）统一性与广泛性原则

成本计划的编制是一个系统性工程，牵涉面广，内容复杂，需要企业领导层高度重视，做到统一领导、全员参与、反复论证，找到降低成本的切实可行的途径。

三、成本计划的编制程序

（一）搜集和整理所需资料

编制成本计划之前，企业财务部门应广泛收集和整理所需资料，包括历史成本资料、计划期内生产计划、工资计划、消耗定额计划、同行业成本资料、生产资料市场价格波动趋势、新产品的设计资料、厂内计划价格和劳务价格等，将其作为正式成本计划编制的参考依据。

（二）分析上期成本计划的执行情况

认真分析并总结上期成本计划的执行情况，将其作为当期成本计划编制的参考依据。此外，总结上期成本计划执行的经验，发掘实际工作中存在的问题及其原因，找出解决问题的途径，找出成本升降的规律和潜力，并研究降低成本的具体措施。

（三）测算计划期内成本控制指标

先根据企业计划期内成本目标和利润目标的要求，在目标利润的基础上，确定目标成本；再按照目标成本的要求进行指标测算，分析研究上期成本资料，综合考虑计划期内各种因素的变化、增产节约措施和其他生产经营计划的需要，初步测算成本控制指标，提出计划期内达成目标成本的产品成本及其降低率等计划控制指标。

（四）各车间、各部门编制成本计划和耗费预算

各车间、各部门先根据厂部下达的各项成本控制指标，总结本单位上期成本计划的完成情况；再根据计划期内其他有关计划和定额，修订厂部下达的成本控制指标，编制本车间或本部门的成本计划和耗费预算。

（五）编制正式的成本计划

在完成成本降低指标、目标成本水平和耗费预算的基础上，编制正式的成本计划，将其作为计划期内企业成本工作的目标和任务。

第二节 成本计划的编制方法

成本计划的编制，要综合考虑企业生产组织、管理要求和规模大小。企业可以采用直接计算法编制成本计划。

直接计算法是根据事先确定的各项消耗定额、耗费预算和计划价格，按照产品品种、成本项目，先分别计算各种产品的计划单位成本，再汇总编制全部产品成本计划的一种方法。通常来说，各项消耗定额和计划资料齐全的企业可采用直接计算法编制成本计划。直接计算法按照企业核算分级方式，又可分为集中编制法和分级编制法。

1. 集中编制法

小型企业一般采用集中编制法，即企业财会部门按照一级核算的要求直接编制成本计划。企业财会部门先根据各项消耗定额及有关资料，编制单位产品成本计划；再根据单位产品成本计划和生产计划，计算编制全部产品成本计划。

2. 分级编制法

大中型企业一般采用分级编制法，即各车间先编制车间成本计划，包括基本生产车间成本计划和辅助生产车间成本计划；再编制制造费预算，用来控制和监督制造费的实际支出情况。企业财会部门在各车间成本计划编制的基础上，编制全厂成本计划，包括主要产品单位成本计划和全部产品成本计划。

在直接计算法下，各车间单位产品成本计划的确定方法包括以下几点内容。

（一）直接生产费

直接材料、直接人工、燃料及动力等直接生产费，根据实际发生数进行核算，并按照成本核算对象进行归集，直接计入产品成本中。直接生产费一般根据单位产品消耗定额和计划价格等资料，确定单位产品成本计划。相关计算公式如下：

$$单位产品直接材料计划成本 = \sum（单位产品某材料消耗定额 \times 该材料计划单价）$$

$$单位产品直接人工计划成本 = 单位产品工时定额 \times 计划小时工资率$$

（二）制造费

制造费是企业为生产产品和提供劳务而发生的各项间接耗费，包括发生的水电费、管理人员薪酬等。制造费要分车间分别编制预算，根据计划成本分配基础数和制造费预算分配率，将各车间的制造费分配至各种产品。相关计算公式如下：

$$制造费预算分配率 = \frac{制造费预算总额}{\sum（各产品计划产量 \times 单位产品工时定额）}$$

$$单位产品制造费计划成本 = 单位产品工时定额 \times 制造费预算分配率$$

（三）全厂成本计划

企业先将各成本项目的计划单位成本汇总得到单位产品成本计划,再根据各产品的计划产量和计划单位成本计算其计划总成本,即全厂成本计划,其包括主要产品单位成本计划和全部产品成本计划。

1. 主要产品单位成本计划

主要产品单位成本计划是根据各基本生产车间产品成本计划及上期相关资料,按照成本项目汇总编制,一种产品编制一张成本计划表。企业采用逐步结转分步法,可直接在最后一个车间的计划单位成本基础上编制主要产品单位成本计划;若要求企业按照原始成本项目反映产品成本结构,则要将最后一个车间的计划单位成本中的"自制半成品"项目逐步分解后编制主要产品单位成本计划。企业采用平行结转分步法,将各车间同一产品单位成本的相同项目相加,则为各种产品的计划单位成本。相关计算公式如下:

$$某产品计划单位成本 = 单位产品直接材料计划成本 + 单位产品直接人工计划成本 + 单位产品制造费计划成本$$

$$计划总成本 = \sum(计划产量 \times 计划单位成本)$$

2. 全部产品成本计划

全部产品成本计划是根据各种单位产品成本计划,结合计划产量编制而成的。换言之,主要产品单位成本计划编制完成后,企业就可分别按照成本项目和产品品种编制全部产品成本计划。

（1）按成本项目编制的全部产品成本计划,可反映产品成本构成及各成本项目增减变动情况,包括按不同成本项目反映的成本计划指标;全部可比产品直接材料、直接人工和制造费等的计划成本及计划降低额、降低率;全部不可比产品直接材料、直接人工和制造费等成本计划指标;全部产品按不同成本项目表示的各项目成本计划指标及总成本计划指标。

（2）按产品品种编制的全部产品成本计划,可反映各种产品成本计划数及可比产品成本的升降情况,包括不同品种产品成本计划指标;全部产品成本计划总成本;全部可比产品计划总成本及计划降低额、降低率;全部不可比产品计划总成本;各主要可比产品计划单位成本、总成本及其成本降低计划指标;各主要不可比产品单位成本及总成本。

上述两种方法反映的总成本,以及可比产品成本降低额、降低率是一致的。

【例19-1】　福奇工厂有两个基本生产车间和一个机修车间,生产甲、乙两种可比产品和计划年度投产的新产品丙。原材料分次投入,经过第一基本生产车间（以下简称一车间）和第二基本生产车间（以下简称二车间）顺序投入生产。该工厂采用平行结转分步法核算产品成本,间接费按工时比例分配。其他有关资料如下。

1. 202×年年度报告资料

(1)产量资料:1~3季度实际产量为甲产品1 600件、乙产品500件。4季度预计产量为甲产品400件、乙产品300件。

(2)单位成本资料:1~3季度单位成本为甲产品400元、乙产品550元。4季度预计单位成本为甲产品350元、乙产品450元。

(3)成本项目构成资料:预计报告年度各成本项目构成比重为:原材料50%,燃料10%,动力5%,工资9%,福利费2%,制造费24%。

2. 202×年计划年度有关资料

(1)各产品消耗定额及计划单价资料见表19-1。

表 19-1　　　　　　　　　各产品消耗定额及计划单价

项　　目	单位	计划单价	单位消耗定额					
			甲产品		乙产品		丙产品	
			一车间	二车间	一车间	二车间	一车间	二车间
直接材料								
A材料	千克	3.000	30	20	25	30	40	30
B材料	千克	2.000	40	30	30	60	50	40
燃料	立方米	0.050	150	180	300	380	200	400
动力	度	0.060	160	140	160	220	175	240
直接人工	工时	0.800	80	50	90	75	50	60
福利费	工时	0.112	80	50	90	75	50	60

(2)各车间直接材料(原材料)一般消耗见表19-2。

表 19-2　　　　　　　　　各车间直接材料一般消耗

项　　目	单位	计划单价	一车间	二车间	机修车间(生产用)
直接材料					
A材料	千克	3.00	1 000	1 000	800
B材料	千克	2.00	1 000	1 450	300
燃料	立方米	0.05	10 000	7 200	2 000
动力	度	0.06	25 000	20 000	18 500

（3）各车间一般费用计划见表19-3。

表19-3　　　　　　　　　各车间一般费用计划

项　目	一车间	二车间	机修车间	
			生产用	管理用
直接人工	65 000	50 000	15 000	10 000
福利费	9 100	6 500	2 100	1 400
折旧费	40 000	35 000	20 000	4 000
办公费	20 000	20 000	0	1 500
劳保费	4 500	3 500	3 000	0
修理费	12 000	15 000	9 000	1 000
低值易耗品摊销	3 000	2 500	1 000	500

（4）生产工时耗费见表19-4。

表19-4　　　　　　　　　生产工时耗费

项　目	单位产品工时定额			修理总工时		
	甲产品	乙产品	丙产品	一车间	二车间	企业管理部门
一车间	60	70	65	—	—	—
二车间	50	40	60	—	—	—
机修车间	—	—	—	5 000	10 000	600

（5）其他资料：假定期初、期末在产品成本相等，均为80 000元，本期的投产量与完工量相等，耗用的原材料、燃料、动力均为外购，计划期内甲、乙、丙三种产品计划产量分别为4 000件、3 500件、3 000件。

要求：编制202×年（计划年度）产品成本计划。

第一步，计算报告年度预计平均单位成本。

$$甲产品报告年度预计平均单位成本 = \frac{1\,600 \times 400 + 400 \times 350}{1\,600 + 400} = 390（元）$$

$$乙产品报告年度预计平均单位成本 = \frac{500 \times 550 + 300 \times 450}{500 + 300} = 512.5（元）$$

第二步，计算按报告年度预计平均单位成本计算的计划年度可比产品总成本。

甲产品总成本＝4 000×390＝1 560 000（元）

乙产品总成本＝3 500×512.5＝1 793 750（元）

可比产品总成本＝1 560 000＋1 793 750＝3 353 750（元）

第三步,编制机修车间生产费预算(表 19 - 5)和机修车间生产费分配表(表 19 - 6)。

表 19 - 5 　　　　　　　　　　　机修车间生产费预算

项　　目	外购材料	外购燃料	外购动力	工资	福利费	折旧费	其他支出	合计
直接材料								
A 材料	2 400							2 400
B 材料	600							600
燃料		100						100
动力			1 110					1 110
直接人工				15 000				15 000
职工福利费					2 100			2 100
制造费								
工资				10 000				10 000
福利费					1 400			1 400
折旧费						24 000		24 000
办公费	800		400				300	1 500
劳保费	3 000							3 000
修理费	6 000		650				3 350	10 000
低值易耗品摊销	1 500							1 500
物料消耗	3 000							3 000
燃料动力消耗		50	600					650
合计	17 300	150	2 760	25 000	3 500	24 000	3 650	76 360

表 19 - 6 **机修车间生产费分配表**

单 位	分配标准（工时）①	分配率②	分配金额 ③=①×②
一车间	5 000	76 360÷15 600=4.8949	24 474.50
二车间	10 000		48 949.00
企业管理部门	600		2 936.94
合 计	15 600		

第四步，编制基本生产车间成本计划。首先，分基本生产车间编制直接费计划，见表 19 - 7 和表 19 - 8。

表 19 - 7 **一车间直接费计划**

项 目	单价	甲产品(4 000 件)			乙产品(3 500 件)			丙产品(3 000 件)			车间总成本
		消耗定额	单位成本	总成本	消耗定额	单位成本	总成本	消耗定额	单位成本	总成本	
直接材料											
A 材料	3.000	30	90.00	360 000	25	75.00	262 500	40	120.0	360 000	982 500
B 材料	2.000	40	80.00	320 000	30	60.00	210 000	50	100.0	300 000	830 000
燃料	0.050	150	7.50	30 000	300	15.00	52 500	200	10.0	30 000	112 500
动力	0.060	160	9.60	38 400	160	9.60	33 600	175	10.5	31 500	103 500
直接人工	0.800	80	64.00	256 000	90	72.00	252 000	50	40.0	120 000	628 000
福利费	0.112	80	8.96	35 840	90	10.08	35 280	50	5.6	16 800	87 920
产品总成本				1 040 240			845 880			858 300	2 744 420

表 19 - 8 **二车间直接费计划**

项 目	单价	甲产品(4 000 件)			乙产品(3 500 件)			丙产品(3 000 件)			车间总成本
		消耗定额	单位成本	总成本	消耗定额	单位成本	总成本	消耗定额	单位成本	总成本	
直接材料											
A 材料	3.000	20	60.0	240 000	30	90.0	315 000	30	90.00	270 000	825 000
B 材料	2.000	30	60.0	240 000	60	120.0	420 000	40	80.0	240 000	900 000
燃料	0.050	180	9.0	36 000	380	19.0	66 500	400	20.0	60 000	162 500
动力	0.060	140	8.4	33 600	220	13.2	46 200	240	14.40	43 200	123 000
直接人工	0.800	50	40.0	160 000	75	60.0	210 000	60	48.0	144 000	514 000
福利费	0.112	50	5.6	22 400	75	8.4	29 400	60	6.72	20 160	71 960
产品总成本		183.0		732 000	310.6		1 087 100	259.12		777 360	2 596 460

其次,分基本生产车间编制制造费预算及分配表,见表 19 - 9～表 19 - 12。

表 19 - 9 一车间制造费预算表

项　目	外购材料	外购燃料	外购动力	工资	福利费	折旧费	其他支出	费用分配	合计
工资				65 000					65 000.0
职工福利费					9 100				9 100.0
折旧费						40 000			40 000.0
办公费	6 500	4 500	5 500				3 500		20 000.0
劳保费	4 000						500		4 500.0
修理费	4 000	5 000	3 000					24 474.5	36 474.5
低值易耗品摊销	3 000								3 000.0
物料消耗									
A 材料	3 000								3 000.0
B 材料	2 000								2 000.0
燃料		500							500.0
动力			1 500						1 500.0
合计	22 500	10 000	10 000	65 000	9 100	40 000	4 000	24 474.5	185 074.5

表 19 - 10 二车间制造费预算表

项　目	外购材料	外购燃料	外购动力	工资	福利费	折旧费	其他支出	费用分配	合计
工资				50 000					50 000
职工福利费					6 500				6 500
折旧费						35 000			35 000
办公费	8 000	6 000	4 000				2 000		20 000
劳保费	3 000						500		3 500
修理费	5 500	6 000	3 500					48 949	63 949
低值易耗品摊销	2 500								2 500
物料消耗									
A 材料	3 000								3 000
B 材料	2 900								2 900
燃料		360							360
动力			1 200						1 200
合计	24 900	12 360	8 700	50 000	6 500	35 000	2 500	48 949	188 909

表 19 - 11　　　　　　　　　　一车间制造费分配表

产品名称	计划产量	单位定额工时	总工时	分配率	单位产品分配额	总分配额
甲产品	4 000	60	240 000		16.33	65 320
乙产品	3 500	70	245 000	185 074.5÷680 000＝0.2722	19.05	66 675
丙产品	3 000	65	195 000		17.69	53 070
合计			680 000			185 065

表 19 - 12　　　　　　　　　　二车间制造费分配表

产品名称	计划产量	单位定额工时	总工时	分配率	单位产品分配额	总分配额
甲产品	4 000	50	200 000		18.17	72 680
乙产品	3 500	40	140 000	188 909÷520 000＝0.3633	14.53	50 855
丙产品	3 000	60	180 000		21.80	65 400
合计			520 000			188 935

最后，分基本生产车间编制产品成本计划表，见表 19 - 13 和表 19 - 14。

表 19 - 13　　　　　　　　　一车间产品成本计划表

项　目	甲产品(4 000 件)		乙产品(3 500 件)		丙产品(3 000 件)		车间总成本
	单位成本	总成本	单位成本	总成本	单位成本	总成本	
直接材料							
A 材料	90.00	360 000	75.00	262 500	120.00	360 000	982 500
B 材料	80.00	320 000	60.00	210 000	100.00	300 000	830 000
燃料	7.50	30 000	15.00	52 500	10.00	30 000	112 500
动力	9.60	38 400	9.60	33 600	10.50	31 500	103 500
直接人工	64.00	256 000	72.00	252 000	40.00	120 000	628 000
福利费	8.96	35 840	10.08	35 280	5.60	16 800	87 920
制造费	16.33	65 320	19.05	66 675	17.69	53 070	185 065
合计	276.39	1 105 560	260.73	912 555	303.79	911 370	2 929 485

表 19 - 14 二车间产品成本计划表

项 目	甲产品(4 000 件)		乙产品(3 500 件)		丙产品(3 000 件)		车间总成本
	单位成本	总成本	单位成本	总成本	单位成本	总成本	
直接材料							
A 材料	60.00	240 000	90.00	315 000	90.00	270 000	825 000
B 材料	60.00	240 000	120.00	420 000	80.00	240 000	900 000
燃料	9.00	36 000	19.00	66 500	20.00	60 000	162 500
动力	8.40	33 600	13.20	46 200	14.40	43 200	123 000
直接人工	40.00	160 000	60.00	210 000	48.00	144 000	514 000
福利费	5.60	22 400	8.40	29 400	6.72	20 160	71 960
制造费	18.17	72 680	14.53	50 855	21.80	65 400	188 935
合计	201.17	804 680	325.13	1 137 955	280.92	842 760	2 785 395

第五步,汇总编制全厂成本计划。

首先,编制主要产品单位成本计划,见表 19 - 15。

表 19 - 15 主要产品单位成本计划

项 目	计量单位	计划单价	甲产品		乙产品		丙产品	
			消耗数量	单位成本	消耗数量	单位成本	消耗数量	单位成本
直接材料								
A 材料	千克	3.000	50	150.00	55	165.00	70	210.00
B 材料	千克	2.000	70	140.00	90	180.00	90	180.00
燃料	立方米	0.050	330	16.50	680	34.00	600	30.00
动力	度	0.060	300	18.00	380	22.80	415	24.90
直接人工	工时	0.800	130	104.00	165	132.00	110	88.00
福利费	工时	0.112	130	14.56	165	18.48	110	12.32
制造费	工时			34.50		33.58		39.49
产品制造成本				477.56		585.86		584.71

其次，分别按产品品种和成本项目编制产品成本计划，见表 19 - 16 和表 19 - 17。

表 19 - 16　　　　　　202×年产品成本计划（按产品品种）　　　　单位：元

产品名称	计划产量（件）	单位成本		总成本			
		上年平均	本年计划	按上年成本计算	按本年计划成本计算	降低额	降低率
可比产品	—	—	—	3 353 750	3 960 750	−607 000	−18.10％
甲产品	4 000	390.0	477.56	1 560 000	1 910 240	−350 240	−22.45％
乙产品	3 500	512.5	585.86	1 793 750	2 050 510	−256 760	−14.31％
不可比产品	—	—	—	—	—	—	—
丙产品	3 000	—	584.71	—	1 754 130	—	—
合计	—	—	—	—	5 714 880	−607 000	−18.10％

表 19 - 17　　　　　　202×年产品成本计划（按成本项目）　　　　单位：元

项　目	可比产品总成本				不可比产品计划成本	全部产品计划总成本
	按上年成本计算	按本年计划成本计算	降低额	降低率		
直接材料	1 676 875.0	2 367 500	−690 625.0	−41.19％	1 170 000	3 537 500
燃料	335 375.0	185 000	150 375.0	44.84％	90 000	275 000
动力	167 687.5	151 800	15 887.5	9.47％	74 700	226 500
直接人工	301 837.5	878 000	−576 162.5	−190.88％	264 000	1 142 000
福利费	67 075.0	122 920	−55 845.0	−83.26％	36 960	159 880
制造费	804 900.0	255 530	549 370.0	68.25％	118 470	374 000
产品制造成本	3 353 750.0	3 960 750	−607 000.0	−18.10％	1 754 130	5 714 880

最后，编制生产费汇总表及全厂生产费预算，分别见表 19 - 18 和表 19 - 19。

表 19 – 18　　　　**202×年生产费汇总表**　　　　　单位：元

生产耗费要素	机修车间	一车间	二车间	合计
外购材料	17 300	1 835 000	1 749 900	3 602 200
外购燃料	150	122 500	174 860	297 510
外购动力	2 760	113 500	131 700	247 960
直接人工	25 000	693 000	564 000	1 282 000
福利费	3 500	97 020	78 960	179 480
折旧费	24 000	40 000	35 000	99 000
其他支出	3 650	4 000	2 500	10 150
合计	76 360	2 905 020	2 736 920	5 718 300

表 19 – 19　　　　　**全厂生产费预算**　　　　　　单位：元

生产耗费要素		上年	本年计划
1. 外购材料			3 602 200
2. 外购燃料			297 510
3. 外购动力			247 960
4. 直接人工			1 282 000
5. 福利费			179 480
6. 折旧费			99 000
7. 其他支出			10 150
8. 生产耗费合计			5 718 300
9. 减：不包括在产品制造成本内的生产耗费			0
10. 加：上期结转的待摊费结转下期的预提费			0
11.	加：在产品期初余额		80 000
	减：在产品期末余额		80 000
12. 产品制造成本			5 718 300

说明：表中"上年"列内容为（略）。

第三节 工业企业产品的成本分析

成本分析是成本核算和成本计划工作的继续,是成本会计的重要组成部分。成本分析作为成本管理工作的最后环节,为事后总结分析、成本预测、成本控制和成本决策提供有用的信息。从广义上来说,成本分析贯穿于成本管理的始终,其内容可涵盖事前成本预测、决策分析,事中成本控制分析和事后成本总结分析,但由于事前成本分析和事中控制分析均属于成本预测、成本决策、成本计划和成本控制的内容,故本书所述成本分析系指事后成本分析,即狭义的成本分析。

狭义的成本分析是指对企业生产经营过程中发生的实际成本、经营管理费用与计划成本和各项费用预算进行比较分析,查明产生差异的原因,提出降低成本、节约费用的措施。其通常以成本报表为分析的主要对象,分析内容包括全部产品成本分析、可比产品成本分析、主要产品单位成本分析和产品技术经济指标分析。通过成本分析,可以明确企业的成本费用状况,全面、正确地评价企业内部各部门、各单位成本责任的履行情况,揭示和测定各因素变动对成本的影响程度。通过成本分析,对进一步了解企业经济效益及其好坏的原因、寻求降低成本的有效途径,具有重要的意义。

一、成本分析的方法

成本分析的方法很多,具体采用什么方法,应根据分析的要求和掌握资料的情况而定。企业常用的分析方法有比较分析法、比率分析法、趋势分析法和因素分析法等。

（一）比较分析法

比较分析法又称对比分析法,它是把若干经济内容相同、时间或空间地点不同的经济指标,以减法的形式进行对比分析的一种方法。通过比较分析,发现各项指标的实际数与基数之间的差异,借以分析产生差异的原因,了解经济活动的成果和存在的问题。比较分析法是日常分析中最常用的方法。采用比较分析法,应注意对比指标的可比性。进行对比的各项指标,必须是同质数量指标,如实际产品成本与计划产品成本对比、实际原材料费用与定额原材料费用对比。此外,在经济内容、计算方法、计算期和影响指标形成的客观条件等方面,应有可比的共同基础,若相比指标之间有不可比因素,应先按可比的口径进行调整,然后再进行对比。

比较分析法具有计算简单、直观易懂、便于发现问题等优点。但比较分析法只能确定指标的差异,不能找到影响指标变动的具体原因,更不能确定各种因素变动对指标产生差异的影响数额。

（二）比率分析法

比率分析法是采用两个相同或相关的经济指标,以除法的形式计算各项指标相对数而进行成本分析的方法。比率分析法可以根据分析的不同内容和要求、计算不同的比率,并结合比较分析法进行成本分析。比率分析法主要有相关比率分析法和构成比率分析法。

1. 相关比率分析法

相关比率分析法是通过计算两个性质不同但又有联系的指标加以比较,计算其比值的数量分析方法。例如,计算成本与产值、销售收入或利润相比的相对数,即产值成本率、销售收入成本率或成本利润率,并将实际数与其基数进行对比,就可以反映企业经济效益的好坏,揭示其与基数之间的差异。

2. 构成比率分析法

构成比率分析法是通过计算某项指标的各个组成部分占总体的比重,而进行数量分析的方法。例如,将构成产品成本的各成本项目分别与产品总成本相比,计算产品成本的结构比例;将构成管理费用的各项费用分别与管理费用总额相比,计算管理费用的结构比例。通过这种结构分析,能够反映产品成本或经营管理费用的结构比例情况。

比率分析法可以通过比率计算把某些不可比的企业变成可比的企业,便于外部或内部决策者选择投资方案时进行比较分析。但比率分析法的比率只反映比值,不能说明绝对数的变动。与比较分析法一样,比率分析法也无法说明指标变动的具体原因。

（三）趋势分析法

趋势分析法又称动态比率分析法,是通过两期或连续几期相同经济指标增减的对比,反映经济活动变动趋势的分析方法。企业通常可计算如下两种趋势百分比。

（1）定比趋势百分比又称定基发展速度,它是反映比较期成本占某一固定期成本的比率,据以揭示各期成本相对于某一定期成本的变动趋势。定基发展速度的计算公式如下:

$$定基发展速度 = \frac{比较期成本}{基期成本} \times 100\%$$

（2）环比趋势百分比又称环比发展速度,它是反映比较期成本占上期成本的比率。通过计算该指标,可以确定各比较期成本比上一期成本降低的幅度。环比发展速度的计算公式如下:

$$环比发展速度 = \frac{比较期成本}{上一期成本} \times 100\%$$

（四）因素分析法

因素分析法是通过把综合性指标分解为各个因素,研究诸因素变动对综合性指标变动的影响程度的分析方法。由于综合性指标的各构成因素之间有一定的连带关系,在这种特定关系中,每一因素都处在一定的地位,在分析某一因素的变动对综合指标变动的影响时,排除了其他任何一个因素,都会造成错误的分析结果。例如,材料成本超支或节约是由于产品产量变动、材料价格变动、单位产品耗用量变动等三个因素造成的,若分析其中一个因素变动对综合指标(如材料成本)的影响,应同时考虑另外两个因素。而各个因素通常要按一定顺序、采用连环替代的方式才能客观地分析出每一因素变动对综合指标的影响。因此,因素分析法也称为连环替代法。

因素分析法的基本程序如下:

(1)分解指标并确定各因素的排列顺序。将某项综合性指标按其内在依存关系分解成各相关因素,并按一定顺序予以排列。其顺序为先数量指标、后质量指标;先实物量指标,后价值量指标;先分子,后分母。数量指标指事物规模的大小、额度的高低,一般以绝对数表示,没有可比性。质量指标表示某个事物的发展水平,一般以相对数表示,通常有可比性。

(2)逐次按顺序连环替代各因素。按排列顺序每次将其中一个因素由基期替换为报告期,其他因素不变,每个因素替换成报告期后不再返回为基期。

(3)计算每个因素变动对综合指标的影响结果。每个因素替换以后,都会得出一个综合指标的结果。将每个因素替换以后的结果与替换之前的结果相减,就能计算出该替换因素变动对综合指标的影响数额。后面因素的替代都是在前面因素已经替换成报告期的基础上进行的。以此类推,有几个因素就要替换几次,直至将全部因素替换成报告期。

(4)汇总影响结果。将每个因素变动对综合指标的影响数进行加总,并与综合指标变动的总差异比较,确定其计算的正确性。

【例 19 - 2】　某企业 202×年有关产量、材料单耗、材料单价及材料总成本资料见表 19 - 20。

表 19 - 20　　　　　　　　　　　材料成本资料

202×年 12 月

项　　目	单　　位	计　划　数	实　际　数	差　　异
产品产量	件	300	310	+10
材料单耗	千克	60	75	+15
材料单价	元/千克	40	30	−10
材料总成本	元	720 000	697 500	−22 500

资料表明:企业 202×年材料实际成本节约 22 500 元,其影响因素及排序为产量、材料单耗和材料单价。

材料成本差异＝697 500−720 000＝−22 500(元)

材料计划成本＝300×60×40＝720 000(元)

第一次替代＝310×60×40＝744 000(元)

第二次替代＝310×75×40＝930 000(元)

第三次替代＝310×75×30＝697 500(元)

产品产量变动影响＝744 000－720 000＝＋24 000(元)

或：　　　　　　＝(310－300)×60×40＝＋24 000(元)

材料单耗变动影响＝930 000－744 000＝＋186 000(元)

或：　　　　　　＝310×(75－60)×40＝＋186 000(元)

材料单价变动影响＝697 500－930 000＝－232 500(元)

或：　　　　　　＝310×75×(30－40)＝－232 500(元)

三个因素变动影响合计＝＋24 000＋186 000＋(－232 500)＝－22 500(元)

分析：产量增加使材料成本比计划增加 24 000 元,材料单位消耗上升使材料成本比计划增加 186 000 元,材料单位价格下跌使材料成本比计划降低 232 500 元,产量、材料单耗、材料单价三个因素变动共同影响使得 202×年材料实际成本比计划成本减少 22 500 元。

因素分析法能够揭示出各个因素变化对其所构成的综合经济指标的影响程度,但是其分析结果带有一定假定性。采用因素分析法时,必须假定各因素的排列顺序,并按此顺序依次替代各因素,不能打乱,否则会得出不同结果(虽然各因素变动影响之和与总差异是相等的);另外,在计算每一个因素变动影响时,都是在前面因素已经替换成报告期的基础上进行的,此所谓"连环替代性",同时假定其他因素不变(其实各相关因素往往会同时变化)。

二、全部产品成本分析

全部产品成本分析可以从全部产品成本计划完成情况分析和可比产品成本分析两部分进行。

(一)全部产品成本计划完成情况分析

全部产品成本计划完成情况分析是将全部产品本年实际总成本与按本年实际产量调整的计划总成本进行比较,计算出全部产品总成本的降低额和降低率,借以分析全部产品成本的升降情况。由于全部产品计划总成本是按计划产量与计划单位成本的乘积加总计算的,这与本年实际总成本的比较基础不一致,为了排除产品产量因素的影响,单纯考核成本水平的变动对成本降低情况的影响,必须先按实际产量调整计算计划总成本。全部产品包括可比产品和不可比产品,由于不可比产品只有计划的成本资料,没有上年的成本资料,全部产品成本分析只能用实际成本与计划成本比较分析。

企业可根据产品成本报表的有关资料,按产品品种和产品成本项目分别编制全部产品成本分析表,据此对全部产品成本计划完成情况进行全面分析。

【例 19－3】 现以按产品品种编制全部产品成本分析表为例进行说明(表 19－21)。

表19—21

全部产品成本分析表(按产品品种)

202×年12月

产品名称	产量(件)		单位成本(元/件)			总成本(元)			实际与计划比		实际与上年比	
	实际	计划	上年	计划	实际	按上年单位成本计算	按计划单位成本计算	按实际单位成本计算	降低额(元)	降低率	降低率(元)	降低率
	(1)		(2)	(3)	(4)	(5)=(1)×(2)	(6)=(1)×(3)	(7)=(1)×(4)	(8)=(6)-(7)	(9)=(8)÷(6)	(10)=(5)-(7)	(11)=(10)÷(5)
可比产品:	—	—	—	—	—	40 995	37 110	33 735	+3 375	+9.09%	+7 260	+17.71%
甲	315	310	61	56.0	49	19 215	17 640	15 435	+2 205	+12.50%	+3 780	+19.67%
乙	300	300	51	46.0	43	15 300	13 800	12 900	+900	+6.52%	+2 400	+15.69%
丙	180	220	36	31.5	30	64 800	5 670	5 400	+270	+4.76%	+1 080	+16.67%
不可比产品:	—	—	—	—	—	—	3 054	2 799	+255	+8.35%	—	—
A	27	25	—	87.0	77	—	2 349	2 079	+270	+11.49%	—	—
B	30	30	—	23.5	24	—	705	720	-15	-2.13%	—	—
全部产品成本	—	—	—	—	—	—	40 164	36 534	+3 630	+9.04%	—	—

从表 19-21 中可以看出,全部产品的实际成本 36 534 元比计划成本 40 164 元降低了 3 630 元,其降低率为 9.04%,据此可初步判断,企业在执行计划方面取得了一定成绩。进一步分析可以发现,可比产品的实际成本比计划成本降低了 3 375 元、降低率为 9.09%,不可比产品的实际成本比计划成本降低了 255 元、降低率为 8.35%,可比产品成本计划完成情况好于不可比产品。另外,可比产品成本当年较上年有较大的下降(降低了 7 260 元、降低率为 17.17%),需进一步分析其产生的原因。

(二)可比产品成本分析

由于可比产品在企业往往占全部产品的比例很大,控制好可比产品成本对全部产品成本计划完成情况和成本水平的降低都十分重要。通过可比产品成本分析,能够揭示可比产品成本降低任务的完成情况,查明影响可比产品成本升降的因素及其影响程度。可比产品成本分析包括可比产品成本降低任务完成情况分析和可比产品成本降低任务完成情况的原因分析。

1. 可比产品成本降低任务完成情况分析

可比产品成本降低任务完成情况主要通过计算可比产品成本的计划降低额和计划降低率、实际降低额和实际降低率、超计划降低额和超计划降低率等指标,以分析判断本期可比产品成本计划任务的执行情况。

(1)计划降低额和计划降低率主要反映企业本年计划成本与上年实际成本的差异。其计算公式如下:

$$计划降低额 = \sum 计划产量 \times (上年实际单位成本 - 本年计划单位成本)$$

$$计划降低率 = \frac{可比产品成本计划降低额}{\sum 计划产量 \times 上年单位成本} \times 100\%$$

(2)实际降低额和实际降低率主要反映企业本年实际成本与上年实际成本的差异。其计算公式如下:

$$实际降低额 = \sum 实际产量 \times (上年实际单位成本 - 本年实际单位成本)$$

$$计划降低率 = \frac{可比产品成本实际降低额}{\sum 实际产量 \times 上年单位成本} \times 100\%$$

(3)超计划降低额和超计划降低率是实际降低指标与计划降低指标相比较所形成的差异,主要反映可比产品成本降低任务完成情况。其计算公式如下:

$$超计划降低额 = 实际降低额 - 计划降低额$$
$$超计划降低率 = 实际降低率 - 计划降低率$$

【例 19-4】 根据上述全部产品成本分析表(表 19-21),计算分析可比产品成本降低任务完成情况:

(1)计划降低额 = $(310 \times 61 + 300 \times 51 + 220 \times 36) - (310 \times 56 + 300 \times 46 + 220 \times 31.5)$

$$=4\ 040(元)$$

$$计划降低率=\frac{4\ 040}{42\ 130}\times100\%=9.59\%$$

（2）实际降低额$=(315\times61+300\times51+180\times36)-(315\times49+300\times43+180\times30)$

$$=40\ 995-33\ 735$$

$$=7\ 260(元)$$

$$实际降低率=\frac{7\ 260}{40\ 995}\times100\%=17.71\%$$

（3）超计划降低额$=7\ 260-4\ 040=3\ 220(元)$

$$超计划降低率=17.71\%-9.59\%=8.12\%$$

由此可见，企业可比产品成本实际降低额和实际降低率都超额完成了计划任务，企业应进一步分析超额完成计划的原因。

2. 可比产品成本降低任务完成情况的原因分析

通过对可比产品成本的实际完成情况与计划完成情况的计算分析，可以发现可比产品成本降低任务是否完成了，在此基础上，企业还应进一步分析产生成本差异的原因。分析可比产品成本降低计划完成情况的原因，可以采用因素分析法。在生产多种可比产品的条件下，影响可比产品成本的因素有三个，即产品产量变动的影响、产品品种结构变动的影响和产品单位成本变动的影响。其中，影响成本降低额的因素有产品产量、品种结构、单位成本；影响成本降低率的因素只有品种结构和单位成本，而产品产量不影响成本降低率。

（1）产量变动的影响。产量变动的影响是指对可比产品成本降低额的影响，在假定品种结构和单位成本不变的条件下，单纯产量变动，将引起成本降低额同比例的变化，但不影响成本降低率。产量变动对成本降低额的影响的计算公式如下：

$$产量变动对成本降低额的影响=\sum\left[\left(本年实际产量-本年计划产量\right)\times上年单位成本\right]\times计划降低率$$

【例 19 - 5】　据[例 19 - 4]，可比产品成本计划降低率为 9.59%，计算由于产量变动对降低额的影响值。

$$产量变动对成本降低额的影响=[(315-310)\times61+(180-220)\times36]\times9.59\%$$

$$=-108.85(元)$$

（2）品种结构变动的影响。品种结构是指各种产品的产量占全部产品产量的比重。由于不同产品的实物量不能简单相加，在分析对可比产品成本降低额影响的时候，应借助于上年单位成本这个货币量指标来计算。品种结构变动对可比产品成本降低额与降低率均有影响，其计算公式如下：

$$\begin{aligned}
\genfrac{}{}{0pt}{}{\text{品种结构变动对}}{\text{成本降低额的影响}} &= \sum\left[\genfrac{}{}{0pt}{}{\text{本年实}}{\text{际产量}}\times\left(\genfrac{}{}{0pt}{}{\text{上年单}}{\text{位成本}}-\genfrac{}{}{0pt}{}{\text{计划单}}{\text{位成本}}\right)\right] \\
&\quad -\left[\sum\left(\genfrac{}{}{0pt}{}{\text{本年实}}{\text{际产量}}\times\genfrac{}{}{0pt}{}{\text{上年单}}{\text{位成本}}\right)\right]\times\genfrac{}{}{0pt}{}{\text{计 划}}{\text{降低率}}
\end{aligned}$$

$$\genfrac{}{}{0pt}{}{\text{品种结构变动对}}{\text{降低率的影响}}=\frac{\text{品种结构变动对降低额的影响}}{\sum(\text{本年实际产量}\times\text{上年单位成本})}\times100\%$$

【例 19 - 6】 据[例 19 - 4],计算由于品种结构变动对可比产品成本降低额与降低率的影响。

$$\begin{aligned}
\genfrac{}{}{0pt}{}{\text{品种结构变动对成}}{\text{本降低额的影响}} &= [315\times(61-56)+300\times(51-46)+180\times(36-31.5)]- \\
&\quad [(315\times61+300\times51+180\times36)]\times9.59\% \\
&= -46.4205(\text{元})
\end{aligned}$$

$$\begin{aligned}
\genfrac{}{}{0pt}{}{\text{品 种 结 构 变 动 对}}{\text{成本降低率的影响}} &= \frac{-46.4205}{\sum(315\times61+300\times51+180\times36)}\times100\% \\
&= \frac{-46.4205}{40\,995}\times100\% \\
&= -0.11\%
\end{aligned}$$

(3) 单位成本变动的影响。单位成本是影响成本降低额和降低率之中最主要的因素。单位成本变动对可比产品成本降低额和降低率的影响可用下列公式计算:

$$\genfrac{}{}{0pt}{}{\text{单 位 成 本 变 动 对}}{\text{成本降低额的影响}}=\sum[\text{本年实际产量}\times(\text{计划单位成本}-\text{实际单位成本})]$$

$$\genfrac{}{}{0pt}{}{\text{单 位 成 本 变 动}}{\text{对降低率的影响}}=\frac{\text{单位成本变动对降低额的影响值}}{\sum(\text{本年实际产量}\times\text{上年单位成本})}\times100\%$$

【例 19 - 7】 据[例 19 - 4],计算由于单位成本变动对可比产品成本降低额和降低率的影响。

$$\begin{aligned}
\genfrac{}{}{0pt}{}{\text{单位成本变动对成}}{\text{本 降 低 额 的 影 响}} &= [315\times(56-49)+300\times(46-43)+180\times(31.5-30)] \\
&= 3\,375(\text{元})
\end{aligned}$$

$$\begin{aligned}
\genfrac{}{}{0pt}{}{\text{单 位 成 本 变 动}}{\text{对降低率的影响}} &= \frac{3\,375}{315\times61+300\times51+180\times36}\times100\% \\
&= \frac{3\,375}{40\,995}\times100\% \\
&= 8.23\%
\end{aligned}$$

汇总三因素变动影响的计算结果:

对可比产品成本降低额的影响＝－108.85＋（－46.4205）＋3 375

$$＝3 219.7295（元）≈3 220（元）$$

对可比产品成本降低率的影响＝－0.11％＋8.23％＝8.12％

从以上分析可知，产品产量、品种结构和单位成本的变动，分别使可比产品成本降低额减少了 108.85 元、减少了 46.4205 元和增加了 3 375 元，从而使得可比产品成本计划降低额共增加了 3 220 元；品种结构和单位成本的变动，分别使可比产品成本降低率减少了 0.11％和增加了 8.23％，从而使得可比产品成本计划降低率共提高了 8.12％。该企业可比产品成本任务的超额完成，主要原因在于单位成本的降低，虽然丙产品产量降低及品种结构的改变致使成本提高了，但成本降低率指标还是超额完成了。

三、主要产品单位成本分析

全部产品成本分析和可比产品成本分析，都是从总体上综合说明企业成本计划完成情况和完成原因，但企业还应进一步对各主要产品的单位成本（尤其是对降低额和降低率影响大的产品）进行深入分析，使成本的综合分析与产品单位成本分析结合起来，以查找单位成本变动的具体原因，不断降低成本。

主要产品单位成本分析包括：一是单位产品成本完成情况的比较分析。二是单位产品成本项目变动原因分析（包括直接材料、直接人工、制造费等变动原因分析）。三是单位成本技术经济指标变动分析。

1. 单位产品成本完成情况的比较分析

单位产品成本完成情况的比较分析是根据企业编制的主要产品单位成本表，利用比较分析法，从总体上分析主要产品的单位成本比计划单位成本、比上年单位成本、比历史先进水平或同行业其他企业先进水平的升降情况，然后进一步按成本项目分析其成本变动情况，查明造成单位成本升降的原因。

【例 19-8】　某企业甲产品单位成本资料见表 19-22。

表 19-22　　　　　　　　甲产品单位成本表

202×年 12 月　　　　　　　　　　　　　　　　单位：元

成本项目	历史先进水平	上年实际	本年计划	本年实际
直接材料	560	600	594	588
直接人工	140	130	130	132
制造费	260	270	266	260
合　　计	960	1 000	990	980

该企业以本年实际单位成本比本年计划、比上年实际、比历史先进水平的结果进行分析（表 19-23）。

表 19 - 23 **甲产品单位成本比较分析表**

202×年 12 月 单位：元

成本项目	比本年计划		比上年实际		比历史先进水平	
	增减额	增减率	增减额	增减率	增减额	增减率
直接材料	−6	−1.01%	−12	−2.00%	28	5.00%
直接人工	2	1.54%	2	1.54%	−8	−5.75%
制造费	−6	−2.25%	−10	−3.70%	0	0
合　计	−10	−1.01%	−20	−2.00%	20	2.08%

从表 19 - 23 的计算可以看出，12 月甲产品的单位成本比本年计划减少了 10 元、降低了 1.01%；比上年实际减少了 20 元、降低了 2.00%，说明 12 月成本任务的执行情况取得了一定成绩。其中，直接材料和制造费都较好地完成了计划，而直接人工却比本年计划超支了 2 元、超支率为 1.54%。202×年甲产品单位成本与历史先进水平相比，增加了 20 元、上升了 2.08%，是由直接材料成本超支导致的。企业应进一步查明造成直接材料、直接人工和制造费三个成本项目升降的具体原因。

2. 单位产品成本项目变动原因分析

（1）直接材料项目变动原因分析。影响单位成本中材料费用的基本因素是单位产品材料耗用量和材料单价。采用因素分析法，分析单位产品直接材料的变动原因。有关计算公式如下：

单位产品直接材料成本＝∑单位产品材料耗用量×材料单价

单位材料耗用量变动的影响＝∑（实际单位耗用量−计划单位耗用量）×计划单价

单位材料单价变动的影响＝∑（实际单价−计划单价）×实际单位耗用量

【例 19 - 9】 甲产品直接材料的单位成本资料见表 19 - 24。

表 19 - 24 **甲产品直接材料的单位成本资料**

金额单位：元
数量单位：千克

202×年 12 月

材　料　名　称	计　划　数			实　际　数		
	单位耗用量	单价	单位成本	单位耗用量	单价	单位成本
A	60	8.0	480	56	8.0	448
B	80	9.0	720	80	9.1	728
合计	—	—	1 200	—	—	1 176

计算分析如下:

$$直接材料成本差异=实际数-计划数=1\ 176-1\ 200=-24(元)$$

其中, $$单位材料耗用量变动的影响=(56-60)×8+(80-80)×9=-32(元)$$

$$单位材料单价变动的影响=56×(8-8)+80×(9.1-9)=8(元)$$

分析表明,甲产品直接材料的单位成本实际数比计划数降低了 24 元,其中单位材料耗用量变动使单位产品直接材料成本降低了 32 元,单位材料单价变动使单位产品直接材料成本超支了 8 元。企业利用降低单位材料耗用量的办法,使原材料涨价因素在企业内消化,是本月材料消耗计划完成的重要原因。

(2)直接人工项目变动原因分析。影响产品成本中直接人工成本的基本因素为单位产品工时消耗量和小时工资额。其中,小时工资额等于生产工人工资总额除以工时消耗总额,它是反映直接生产工人平均工资水平的重要指标,小时工资额越高,单位产品中包括的工资费就越高;单位产品工时消耗量反映劳动生产率的高低,劳动生产率越高,单位产品工时消耗量则越少。提高劳动生产率是降低单位产品直接人工成本的主要途径。采用因素分析法,分析单位产品直接人工的变动原因。有关计算公式如下:

单位产品直接人工成本=单位产品工时消耗量×小时工资额

单位工时消耗量变动的影响=(实际单位工时消耗量-计划单位工时消耗量)×计划小时工资额

小时工资额变动的影响=(实际小时工资额-计划小时工资额)×实际单耗工时

【例 19 - 10】 甲产品直接人工的单位成本资料及其分析结果见表 19 - 25。

表 19 - 25 甲产品直接人工的单位成本分析表

202×年 12 月 金额单位:元

项 目	计划数	实际数	差异	工时变动影响	小时工资额变动影响
单位产品工时消耗量(小时)	20	16.0	-4.0	—	—
小时工资额	13	16.5	3.5	—	—
单位产品直接人工成本	260	264.0	4.0	-52	56

计算分析如下:

$$直接人工成本差异=实际数-计划数=264-260=4(元)$$

$$单位工时消耗量变动的影响＝(16－20)×13＝－52(元)$$
$$小时工资额变动的影响＝16×(16.5－13)＝56(元)$$

分析表明,甲产品直接人工的单位成本超支 4 元,是单位产品工时消耗量减少和小时工资额上升共同作用的结果。其中,由于单位产品工时消耗量的减少使单位产品直接人工成本下降了 52 元,小时工资额的提高使单位产品直接人工成本增加了 56 元。企业应在提高劳动效率、降低工资额方面采取有效措施。

（3）制造费项目变动原因分析。制造费应按一定分配标准(通常用工时消耗量)分配计入各产品的生产成本,故影响产品成本中制造费的基本因素为单位产品工时消耗量(或其他分配标准)和小时制造费分配额(或其他分配率)。单位产品工时消耗量越多、小时制造费分配额越高,该产品负担的制造费就越多。采用因素分析法,分析单位产品制造费的变动原因。有关计算公式如下:

$$单位产品制造费成本＝单位产品工时消耗量×小时制造费分配额$$

$$\begin{array}{l}单位工时消耗量\\变动的影响\end{array}＝\left(\begin{array}{l}实际单位\\工时消耗量\end{array}－\begin{array}{l}计划单位\\工时消耗量\end{array}\right)×\begin{array}{l}计划小时\\制造费分配额\end{array}$$

$$\begin{array}{l}小时制造费\\分配额变动的影响\end{array}＝\left(\begin{array}{l}实际小时\\制造费分配额\end{array}－\begin{array}{l}计划小时\\制造费分配额\end{array}\right)×\begin{array}{l}实际单位\\工时消耗量\end{array}$$

【例 19－11】　假定甲产品制造费的单位成本资料及其分析结果见表 19－26。

表 19－26　　　　　　　甲产品制造费的单位成本分析表

202×年 12 月　　　　　　　　　　　　金额单位:元

项　　　　目	本　年 计划数	本　年 实际数	降低额	工时消耗量 变动影响	小时制造费分配 额变动影响
单位产品工时消耗量(千克)	20.0	16.0	－4.0	—	—
小时制造费分配额	7.5	9.5	2.5	—	—
单位产品制造费成本	150.0	152.0	2.0	－30	32

计算分析如下:

$$制造费成本差异＝实际数－计划数＝152－150＝2(元)$$

其中:　　　　$$单位工时消耗量变动的影响＝(16－20)×7.5＝－30(元)$$
$$小时制造费分配额变动的影响＝16×(9.5－7.5)＝32(元)$$

分析表明,甲产品制造费的单位成本超支 2 元,是单位产品工时消耗量降低和小时制造费分配额提高共同影响的结果。

值得注意的是,对于制造费变动原因的分析,还可进一步按制造费各明细项目进行更深入的分析。将制造费按成本性态划分为变动费和固定费。对于变动费,应先将其计划数按照产品实际产量进行调整,再与实际数相比较,确定其相对节约额或超支额;对于固定费,则用实际数直接与计划数相比较,以确定其绝对节约额或超支额;对于制造费中有些耗费,如修理费、维护费、劳动保护费等混合费,还要按一定计算方法分为变动费和固定费才可进行分析,否则会影响分析结果。

3. 单位成本技术经济指标变动分析

单位成本除受上述因素变动的影响外,企业技术经济指标的变动对单位成本也会带来不同程度的影响。通过对影响单位成本变动的技术经济指标的剖析,计算其变动对单位成本的影响程度,可促使企业提高各项技术经济指标,达到不断降低产品成本之目的。技术经济指标是指同企业生产技术特点有着内在联系的经济指标,如材料利用率、劳动生产率、设备利用率、产量增长率、产品合格率等。制造企业的技术经济指标涉及内容十分广泛,而且各企业因生产工艺技术特点不同,用于企业成本分析的技术经济指标也不相同。通常来说,企业可从产品产量、产品质量、劳动生产率和材料利用率四个方面对单位成本进行分析。

(1)产品产量变动对单位成本的影响。产品产量变动对单位成本的影响主要是指因产量变动而影响单位成本中的固定费,但产量变动不会影响其变动费。当产量在相关范围内变动时,产量增加,单位产品的固定费减少;反之,则会增加。因此,在企业现有生产能力允许且产品畅销的前提下,适当增加产品产量是降低产品单位成本的一条途径。产品产量变动对单位成本的影响可用下列公式计算:

$$\begin{array}{l}产品产量变动对\\单位成本的影响\end{array}=\left(1-\dfrac{1}{1+产量增长率}\right)\times\begin{array}{l}计划固定成本占单位\\产品全部成本的比重\end{array}$$

(2)产品质量变动对单位成本的影响。产品质量变动对单位成本影响的分析,主要是研究企业生产过程中产生的废品对单位成本的影响。企业生产废品所发生的损失最终要由合格品来负担,废品率越高,合格品所负担的废品损失就越多,单位产品合格品的成本就越高;反之,废品率越低,合格品所负担的废品损失就越少,单位产品合格品的成本就越低。因此,提高产品质量、不断降低废品率,是降低产品单位成本的又一途径。产品质量变动对单位成本的影响可用下列公式计算:

$$\begin{array}{l}产品质量变动对\\单位成本的影响\end{array}=1-\dfrac{1-计划废品率}{1-实际废品率}\times\dfrac{1-计划废品率\times实际废品残值率}{1-计划废品率\times计划废品残值率}$$

(3)劳动生产率变动对单位成本的影响。劳动生产率增长,则单位产品消耗的时间减少,其负担的工资成本也减少。但是劳动生产率的增长经常伴随着人均工资额的增长,从而使得产品单位成本提高。因此,劳动生产率增长对单位成本的影响,要看劳动生产率的增长速度是否高于人均工资额的增长速度。当劳动生产率的增长率大于人均工资增长率时,单位产品工资成本就降低;反之,单位产品工资成本就上升。劳动生产率变动对单位成本的影响可用下列公式计算：

$$\text{劳动生产率变动对单位成本的影响} = \left(1 - \frac{1 + \text{人均工资增长率}}{1 + \text{劳动生产率的增长率}}\right) \times \text{计划工资成本占产品全部成本的比重}$$

（4）材料利用率变动对单位成本的影响。材料利用率反映投入生产的原材料消耗量与产品产出量的比例关系。材料利用率越高，说明材料单位消耗就越低。材料利用率的计算公式如下：

$$\text{材料利用率} = \frac{\text{产品产量}}{\text{投入材料消耗量}} \times 100\%$$

材料利用率变动对单位成本的影响可用下列公式计算：

$$\text{材料利用率变动对单位成本的影响} = \left(1 - \frac{\text{计划材料利用率}}{\text{实际材料利用率}}\right) \times \text{计划单位产品材料成本占产品全部成本的比重}$$

本章要点概览

1. 成本计划是以货币形式规定企业在计划期内的产品生产耗费、各种产品的成本水平、产品成本的降低水平，以及为此采取的主要措施和方案。成本计划属于成本的事前管理，是企业生产经营管理的重要组成部分。

2. 成本计划主要包括主要产品单位成本计划、全部产品成本计划、制造费预算、期间费用预算和成本节约计划。

3. 编制成本计划应在遵循先进性与可行性原则、协调性与一致性原则、合法性原则、弹性原则和统一性与广泛性原则的基础上，按照一定程序进行编制。成本计划的编制程序包括：一是搜集和整理所需资料。二是分析上期成本计划的执行情况。三是测算计划期内成本控制指标。四是各车间、部门编制成本计划和耗费预算。五是编制正式的成本计划。

4. 成本分析是成本计划工作的继续，成本分析作为成本管理工作的最后环节，为事后总结分析、成本预测、成本控制和成本决策提供有用的信息。通过成本分析，可以明确企业的成本费用状况，全面、正确地评价企业内部各部门、各单位成本责任的履行情况，揭示和测定各因素变动对成本的影响程度，进一步探究企业成本节约或超支的原因，寻求降低成本的有效途径和措施。

5. 成本分析主要包括全部产品成本分析、可比产品成本分析、主要产品单位成本分析和产品技术经济指标分析。成本分析的方法很多，具体采用什么方法，应根据分析的要求和掌握资料的情况而定。企业常用的分析方法有比较分析法、比率分析法、趋势分析法和因素分析法等。

主要术语

1. 成本计划

2. 成本计划的弹性原则

3. 辅助生产成本

4. 制造费预算

5. 期间费用预算

6. 成本分析

7. 比较分析法

8. 因素分析法

9. 趋势分析法

10. 比率分析法

阅 读 文 献

1. 陈良华主编：《成本会计》（第十四章　成本考核与分析），东北财经大学出版社 2004 年版。

2. 胡玉明、潘敏虹主著：《成本会计》（第十二章　成本分析），厦门大学出版社 2006 年版。

3. 李延莉、上官敬芝、张淑云主编：《成本会计》（第九章　成本计划），南京大学出版社 2017 年版。

4. 刘晓玉、马英华主编：《成本会计》（第十一章　成本报表的编制和分析），中国财政经济出版社 2006 年版。

5. 罗飞编著：《成本会计》（第七章　成本计划和控制），高等教育出版社 2002 年版。

6. 欧阳清、杨雄胜编著：《成本会计学》（第十五章　成本计划、第二十二章　产品成本分析），首都经济贸易大学出版社 2003 年版。

7. 王雄元主编：《成本会计》（第八章　成本计划），中国财政经济出版社 2019 年版。

8. 于富生、王俊生、黎文珠主编：《成本会计学》（第十章　成本报表的编制和分析），中国人民大学出版社 2002 年版。

9. 乐艳芬主编：《成本会计》（第十二章　成本考核），上海财经大学出版社 2006 年版。

复 习 思 考 题

1. 什么是成本计划？为什么要编制成本计划？

2. 企业在编制成本计划时应该遵循哪些原则？

3. 比较分析法和比率分析法有何优缺点？

4. 如何分析全部产品成本降低情况？在分析全部产品成本降低情况时，为什么要将产品产量固定在实际产量水平？

5. 什么是可比产品成本? 什么是可比产品成本降低任务? 如何分析可比产品成本降低任务完成情况的原因?

6. 成本分析往往是事后分析,你认为成本分析在企业成本管理中有何价值呢?

练 习 题

一、单项选择题

1. 企业应根据不同情况,采用不同方式编制成本计划。下列各项中,不属于成本计划编制的方式是(   )。

    A. 直接计算法或因素测算法　　　　　B. 集中方式或分散方式

    C. 自下而上或自上而下方式　　　　　D. 直接法或间接法

2. 下列各项中,属于全厂成本计划编制内容的是(   )。

    A. 辅助生产车间成本计划　　　　　　B. 基本生产车间成本计划

    C. 全部产品成本计划　　　　　　　　D. 管理费用预算

3. 下列选项中,(   )又称连环替代法。

    A. 比较分析法　　　　　　　　　　　B. 比率分析法

    C. 趋势分析法　　　　　　　　　　　D. 因素分析法

4. 通过两期或连续几期相同经济指标增减的对比,反映经济活动变动趋势的分析方法是(   )。

    A. 趋势分析法　　　　　　　　　　　B. 比较分析法

    C. 比率分析法　　　　　　　　　　　D. 因素分析法

5. 不可比产品成本分析只能用实际总成本与(   )进行比较分析。

    A. 上年实际总成本　　　　　　　　　B. 上年计划总成本

    C. 本年计划总成本　　　　　　　　　D. 同行业平均成本

6. 采用因素分析法时,不影响可比产品成本的因素是(   )。

    A. 产品产量　　　　　　　　　　　　B. 产品品种结构

    C. 产品单位成本　　　　　　　　　　D. 产品销量

7. 采用因素分析法时,不影响成本降低率的因素是(   )。

    A. 产品品种结构　　　　　　　　　　B. 产品产量

    C. 产品单位成本　　　　　　　　　　D. 产品类别

二、多项选择题

1. 企业成本计划内容主要包括(   )。

    A. 制造费预算　　　　　　　　　　　B. 主要产品单位成本计划

    C. 全部产品成本计划　　　　　　　　D. 期间费用预算

    E. 全部产品成本计划完成情况分析

2. 下列各项中,属于期间费用预算的有(   )。

    A. 制造费预算　　　　　　　　　　　B. 管理费用预算

    C. 财务费用预算　　　　　　　　　　D. 销售费用预算

E. 工资总额预算

3. 为保证成本计划的合理性、科学性,企业应当遵循的成本计划编制原则有( )。

A. 弹性原则   B. 合法性原则

C. 统一性与广泛性原则   D. 协调性与一致性原则

E. 先进性与可行性原则

4. 编制成本计划大体可以分为四个步骤,包括( )。

A. 编制辅助生产车间成本计划   B. 编制基本生产车间成本计划

C. 编制全厂成本计划   D. 编制期间费用预算

E. 编制财务报告计划

5. 成本分析的方法很多,常用的分析方法主要有( )。

A. 比较分析法   B. 比率分析法

C. 趋势分析法   D. 因素分析法

E. 报表分析法

6. 影响可比产品成本降低额的因素有( )。

A. 产品产量   B. 产品质量

C. 产品单位成本   D. 产品总成本

E. 产品品种结构

7. 可比产品成本降低率的影响因素包括( )。

A. 产品单位成本   B. 产品总成本

C. 产品产量   D. 产品质量

E. 产品品种结构

8. 影响产品成本降低任务完成情况的因素有( )。

A. 制造费用   B. 产品品种结构

C. 产品产量   D. 管理费用

E. 产品单位成本

9. 可比产品成本降低任务完成情况分析指标包括( )。

A. 计划降低额   B. 计划降低率

C. 实际降低额   D. 实际降低率

E. 超计划降低额和超计划降低率

10. 技术经济指标是指与企业生产技术特点有着内在联系的经济指标,主要包括( )。

A. 产品产量   B. 产品质量

C. 劳动生产率   D. 原材料利用率

E. 设备利用率

三、判断题

1. 成本计划是企业财务计划的基础,也是财务计划的主要构成内容之一。   (   )

2. 按产品品种编制和按成本项目编制的全部产品成本计划,都是根据各种可比产品和不可比产品的单位计划成本乘以产品实际产量计算,所以,这两个计划的产品总成本应该是相等的。   (   )

3. 弹性原则是指编制成本计划时不要太准确,可以模糊些。 ( )

4. 一般而言,大中型企业应采用集中形式编制成本计划,而小型企业应采用分散形式编制成本计划。 ( )

5. 全厂成本计划是指辅助生产车间成本计划、基本生产车间成本计划、主要产品单位成本计划和全部产品成本计划和期间费用预算的总称。 ( )

6. 按成本项目编制的产品成本计划表,可以反映企业产品成本构成情况以及各成本项目增减的变动水平;按产品品种编制的产品成本计划,可以反映企业各种产品成本计划数及可比产品成本的升降情况。 ( )

7. 比较分析法是日常分析中常用的方法,它不仅能确定各指标的差异,而且找到影响相关指标变动的具体原因,以及各因素变动对指标产生差异的影响数额。 ( )

8. 因素分析法能够揭示出各个因素变化对其所构成的综合经济指标的影响程度,但是其分析结果带有一定的假定性。 ( )

9. 企业采用因素分析法对综合经济指标进行分析时,必须假定相关各因素的排列顺序,并按此顺序依次替代各因素,不能打乱,否则无论是各相关因素变动影响结果,还是该项综合经济指标的各因素变动影响之和与总差异都会不同。 ( )

10. 影响可比产品成本降低额指标变动的因素有产品产量、产品品种结构、产品单位成本。 ( )

四、业务题

【业务题一】

(一) **目的** 练习全部产品成本的分析。

(二) **资料** 某企业报告期全部产品成本资料见表 19 – 27。

表 19 – 27　　　　　　　　　　**全部产品成本资料**

产 品 名 称	数量单位	产量(件)		单位成本(元)	
		计 划	实 际	计 划	实 际
可比产品:					
A 产品	件	5 100	5 000	720	640
B 产品	件	4 900	5 000	380	380
不可比产品:					
C 产品	件	1 400	2 000	850	942

(三) **要求** 按产品品种分析全部产品成本计划完成情况。

【业务题二】

(一) **目的** 练习按成本项目分别计算的全部产品成本计划完成情况的分析。

(二) **资料** 某企业报告期按成本项目计算的全部产品成本资料见表 19 – 28。

表 19 - 28　　　　　　　　　**全部产品成本资料**　　　　　　　　单位：元

成　本　项　目	按计划单位成本计算的总成本	实际总成本
直接材料	414 000	423 000
直接人工	208 000	202 500
制 造 费	280 000	255 000
合　　　计	902 000	880 500

（三）**要求**　分析按成本项目分别计算的全部产品成本计划的完成情况。

【业务题三】

（一）**目的**　练习因素分析法。

（二）**资料**　某企业报告期甲、乙两种可比产品的有关资料见表 19 - 29。

表 19 - 29　　　　　　　　　**产　品　资　料**

产　品　名　称	产　量　（件）		单　位　成　本　（元）		
	计　划	实　际	上年实际	本年计划	本年实际
甲	1 600	1 800	320	300	310
乙	4 000	3 600	180	170	160

（三）**要求**

（1）分别计算计划的和实际的可比产品成本降低额和成本降低率。

（2）确定可比产品成本计划的完成情况。

（3）分析各因素变动对可比产品成本降低任务完成情况的影响。

【业务题四】

（一）**目的**　练习趋势分析法。

（二）**资料**　某企业生产的甲产品 2018—2022 年各年的单位成本资料见表 19 - 30。

表 19 - 30　　　　　　　　　**单位成本资料**

年　度	2018	2019	2020	2021	2022
单位成本(元)	1 000	992	960	900	850

（三）**要求**

（1）以 2018 年为基期，分别计算各年定基发展速度，并作简要分析。

（2）计算各年环比发展速度，并作简要说明。

案　例　分　析　题

张小明是大华公司的财务人员，受公司财务总监委托，要求编制 202×年公司产

品成本计划,并对公司产品成本计划完成情况进行分析。经调查,张小明获得如下资料:

公司共生产甲、乙、丙三种产品,丙产品为202×年新投入生产的产品。甲、乙两种产品的上年实际单位成本分别为206元和196元。202×年,甲、乙、丙三种产品计划成本资料见表19-31。

表19-31 甲、乙、丙三种产品计划成本资料

项 目	甲产品	乙产品	丙产品
计划单位成本(元)	190	170	56
计划产量(台)	720	1 080	1 600

甲、乙、丙三种产品202×年产品实际产量和实际成本资料见表19-32。

表19-32 甲、乙、丙三种产品实际产量和实际成本资料

项 目	甲产品	乙产品	丙产品
实际单位成本(元)	192	160	40
实际产量(台)	800	1 200	1 600
实际总成本(元)	153 600	192 000	64 000

要求:根据上述资料,说明张小明应该如何编制全部产品成本计划。他又应当怎样对公司产品成本计划的完成情况进行分析呢?请选择适当的成本分析方法,并通过必要的计算,加以说明。

思政拓展思考

党的二十大报告在"推动绿色发展,促进人与自然和谐共生"中指出:大自然是人类赖以生存发展的基本条件。尊重自然、顺应自然、保护自然,是全面建设社会主义现代化国家的内在要求。必须牢固树立和践行绿水青山就是金山银山的理念,站在人与自然和谐共生的高度谋划发展。以国家重点生态功能区、生态保护红线、自然保护地等为重点,加快实施重要生态系统保护和修复重大工程。推进以国家公园为主体的自然保护地体系建设。实施生物多样性保护重大工程。科学开展大规模国土绿化行动。深化集体林权制度改革。推行草原森林河流湖泊湿地休养生息,实施好长江十年禁渔,健全耕地休耕轮作制度。建立生态产品价值实现机制,完善生态保护补偿制度。

请思考:在对企业的成本计划与分析过程中,除了要考虑影响企业内部会计要

素的直接影响因素,还要从宏观层面,进一步将企业运营对全社会生态环境方面,如环境污染(包括空气、河流、树木、噪声等),对可再生与不可再生资源的影响程度等,尽可能量化其产生的后果,尤其是重大项目的可行性研究,更要将其对全社会产生的负面影响一并考虑,加以决策,努力实现全社会经济的良性循环。对此,你有同感吗?

第二十章　专项成本会计

学习目的与要求

　　本章旨在介绍管理意义上的专项成本会计,其内容主要包括环境成本会计、人力资源成本会计、质量成本会计和精益成本会计。通过本章学习,学生应了解宏观意义上环境及资源保护的重要性,微观意义上质量成本、精益成本讲求的迫切性;领会各项专项成本会计核算的意义及内容。

 **课前预习题**

1. 什么是环境成本? 国内外对环境成本是如何定义的?
2. 环境成本有哪些计量方法?
3. 什么是人力资源成本? 其特点是什么?
4. 人力资源成本包括哪些内容?
5. 什么是质量成本会计? 其内容通常包括哪几个部分?
6. 什么是精益成本会计? 精益成本会计的基本内容有哪些?

第一节　环境成本会计

在人类的经济发展史中,环境资源付出了相当高的成本代价,是环境资源的减少增加了物质成本,环境的代价也由此转移进了国民经济。因此,衡量一个国家的发展,仅用一个 GDP 指标,不考虑环境方面所付出的成本,即不将由此造成的资源减少、环境污染等成本核算在内,GDP 将不完全是社会实际财富。这是因为在物质资本增加的同时,环境资本在不断减少。长此发展下去,总体资本就可能是零甚至是负值,社会经济发展将不可持续。

可持续发展是在经济增长、生态环境和资源储备三者间寻求发展的均衡,它以"既能满足当代人的需要,又不对后代人满足其需要的能力构成危害"为原则,从环境与自然资源角度提出的关于人类长期发展的战略。它强调环境与自然资源的长期承载能力对发展的重要性,以及发展对改善生活质量的重要性。可持续发展的核心思想是:健康的经济发展应建立在生态的可持续能力、社会公平和人民积极参与自身发展决策的基础上。强调社会、经济的发展要与环境相协调,追求人与自然的和谐。它所追求的目标是:既要使人类的各种需要得到满足,个人得到充分发展,又要保护资源和环境,不对后代人的生存和发展构成威胁。特别强调各种活动的生态合理性,鼓励对资源、环境有利的活动,摒弃对资源、环境不利的活动。在发展指标上与传统发展模式所不同的是,不单纯用 GDP 作为衡量发展的唯一指标,而是用社会、经济、文化、环境等多项指标来衡量发展。在发展问题上将人类的眼前利益与长远利益、局部利益与整体利益结合起来,将经济发展引向健康轨道。

一、环境成本的定义

由于没有公认的环境会计准则或制度对环境成本的定义、内容和分类提供统一的标准,国内外会计界至今尚未对环境成本形成一致的认识。与不同的使用目的相对应,各国会计组织、协会等对环境成本的表述各有不同。

(1)联合国国际会计和报告标准政府间专家工作组第 15 次会议的《环境会计和报告的立场公告》将环境成本定义为"本着对环境负责的原则,为管理企业活动对环境造成的影响而采取或被要求采取的措施的成本,以及因企业执行环境目标和要求所付出的其他成本"。例如,保持并提高空气质量、清除泄漏油料、去除建筑物中的石棉、开展环境审计和检查等方面的成本。

(2)在"改进政府在推动环境管理会计中的作用"专家工作组的第一次会议的报告文件中,环境成本被定义为"与破坏环境和环境保护有关的全部成本,包括外部成本和内部成本"。而环境保护成本是指"企业发生的,与预防、处置、计量、控制和改变行为、损坏修复等对政府和人民存在影响的成本"。

我国会计学界对环境成本的定义也有不同的观点,比较具有代表性的有如下几种:

(1)郭道扬教授以"生态环境成本"的学术思想为基础,将环境成本定义为:由于环境恶化而追加的治理生态环境的投入;因重大责任导致生态环境恶化所造成的损失,以及由此而引起的环境治理费用和罚款;未经中华人民共和国生态环境部批准,擅自投资项目所造成的罚款;环境治理无效率状况下的投资损失和浪费。

(2)陈思维教授认为,"环境成本是指为控制环境污染而支付的费用以及污染本身造成损失之总和,其计算公式为:环境成本=污染控制费用+污染损失=污染治理费用+污染预防费用+污染物流损失+污染损害价值"。

环境成本的定义包括以下几个方面的含义:

(1)环境资源是有价值的。随着人类环境污染的加剧,人们的环保意识不断增强,原本认为取之不尽、用之不竭的环境资源,会随着人类的盲目使用和开采而枯竭。企业只有通过保护和再生,才能使得环境资源不枯竭,这就需要投入资本,而投入就会涉及价值和计价问题。

(2)环境资产的使用和损耗必须由使用的企业支付相应的成本和费用,以便公共部门进行全面保护和再生。

(3)资源资产保护和再生不只是政府的责任,在企业生产经营的相关范围内,也是企业的责任。从短期来看,作为企业对环境资源保护和再生的支出,构成了企业环境成本的一部分。从长期来看,企业对环保和再生的投入会改善环境,形成环境资源,原来的支出积累形成企业的资源资产,进而可以带来收益。

与传统会计成本不同,环境成本主要有强制性、突发性、一体性、增长性等特点。

二、构建环境成本会计的理论依据

社会成本理论是构建环境成本会计的理论依据。社会成本是指由于环境污染等外部影响给社会增加的负担。企业对环境的污染和破坏是基于对自身利益的追求,根源在于企业未考虑其生产经营活动给环境造成的外部影响而产生的相应成本。环境经济计量就是按市场价格把经济活动的外部影响进行内部化,从环境与经济的关系出发,把经济活动的内部因素和外部因素结合起来,采用货币形式进行费用效应分析,计算由环境损耗所带来的社会成本,并将其内部化为企业的生产成本。会计属于经济计量范畴,是计量与报告企业外部影响的重要手段。因此,社会成本理论是推动环境成本会计核算体系建立的重要理论依据。

三、环境成本会计计量的基本原则

成本的计量,关键是要遵循配比原则,即企业的成本和取得的收益应相互配合。运用配比原则,就是要判断成本与收益的合理关系。本期的成本只能与本期的收益相配合,如果收益要等到未来才能实现,相应的费用就必须递延分配于未来的收益期间。环境成本的计量也应遵循同一原则。

按成本收益的匹配原则,当期发生的环境污染治理成本应在当期进行确认和计量;涉及几个期间的环境污染治理成本,应进行资产化,在有效期间内提取折旧或进行摊销。预计未来支付的环境成本,应依据其发生的可能性和金额的合理预计进行评估,作为或有环境损失处理,或者作为环境负债处理。而对当期以前发生的环境污染进行治理成本的当期发生额,则应对过去年度的损益项目进行相应的调整。

环境成本会计核算的具体内容如下:

(1) 资源消耗成本。这部分成本核算企事业单位在生产经营活动中对自然资源的耗用或使用的成本。

(2) 环境支出成本。这部分成本是环境成本会计核算的主要内容,有如下几方面:①企业在生产过程中直接降低排放污染物的成本,包括产品废弃物的处理、再生利用系统的运营、对造成环境污染材料的替代、节能设施的运行等方面的成本。②企业对销售的产品采用环保包装或回收顾客使用后的废弃物、包装物等所发生的成本,包括环保包装物的采购、产品及包装物使用后回收利用或处理等方面的营运成本。③企业对环保产品的设计、生产工艺的调整、材料采购路线的变更和对工厂废弃物回收及再生利用等进行研究、开发的成本,包括绿色产品的开发、增加原生产产品环保功能的研究、企业生产工艺路线的调整及材料采购的选择等方面所需要的成本。

(3) 环境破坏成本。这部分成本核算由于"三废"排放、重大事故、资源消耗失控等造成的环境污染与破坏的损失。

(4) 环境管理成本。这部分成本核算企业在生产过程中为预防环境污染而发生的间接成本,包括职工环境保护教育费、环境负荷的监测计量、环境管理体系的构筑和认证等方面的成本。

(5) 环保支援成本。这部分成本核算企业周围实施环境保全或提高社会环境保护效益的成本,主要包括企业周边的绿化、对企业所在地域环保活动的赞助、与环境信息披露和环保广告有关的成本支出、在开征环境税的国家里支付的环境税等方面的成本。

(6) 自然资源超额消耗。这部分成本主要指企业生产、储运、销售过程中的自然资源超定额消耗,可按历史成本计价。

(7) 环境机会成本。这部分成本核算资源闲置成本,包括闲置自然资源的补偿价值、保护费用、科研费用等方面的成本。

四、环境成本的确认与计量

1. 环境成本的确认

会计上的确认是将某一项目作为一项资产、负债、收入或费用等，正式地列入某一财务报表的过程。具体到环境会计，则是对环境资产、环境负债、环境收入和费用的确认，其中最重要的，也最有争议的，是对环境成本的恰当确认。

环境成本的多样性、复杂性和可追溯性决定了环境成本确认的难度和不规则性。环境成本的确认问题，应当充分考虑不同空间、不同时间、不同功能的环境成本支出，并采用权责发生制和历史成本原则进行确认，以及以何种形式计入和反映在企业财务报表中。

环境成本是指企业从事与环境有关的活动而发生的支出，应该在其首次可识别期间加以确认。环境资产则是指由于符合资产的确认标准而被资本化的环境成本。环境成本资本化是将环境成本作为资本性支出的会计处理方法，它是连接环境成本和环境资产的纽带。在传统会计中，资产确认的三个标准是：①预期会给企业带来收益。②为企业拥有或控制。③可用货币计量。这三个标准同样可以适用于环境会计。如果环境成本符合资产的确认标准，就应该将其进行资本化处理，并在当期及以后收益期间进行摊销；否则，就应当作为费用计入当期损益。企业中的许多环境成本不会在未来带来经济利益，或者与未来利益没有足够密切的联系，因而不能将其予以资本化处理。这些成本主要包括：废物处理成本、消除前期活动引致的损害成本、持续的环境管理和环境审计成本，以及其他因不遵守环境法规而导致的罚款、罚金等，它们均是与环境相关的成本，但是并不产生未来收益，因而作为费用计入当期损益。

目前对于环境成本何时进行资本化处理并没有统一的标准，不同企业对同一环境成本的处理结果往往会大相径庭，从而导致一些问题：其一，环境成本资本化标准的不一致，会导致会计信息缺乏可比性。因此完善和协调环境成本资本化方面的会计准则，减少企业处理自愿发生的环境成本的随意性，是环境会计理论研究的重点之一。其二，环境成本予以资本化处理的标准设立，会对企业当期财务业绩的考核产生影响。管理层当期业绩的增减变动亦会受到环境成本资本化问题的影响，其所关注的是环境支出是否进行资本化对业绩考核的影响。

从不同的角度出发，环境成本的资本化和费用化处理会有不同的结果。如果仅从经济角度出发，只有导致未来经济利益增加的环境成本才能予以资本化；而从环境角度考虑，在当前环境法规日益严厉的情况下，无论环境成本是否带来利益的增加，只要其对企业生存和未来利益有意义，如果说可以提高企业占有资产的能力、减少或者防止今后经营活动所造成的污染等，就应该将其予以资本化处理。

在我国目前的会计制度体系中，环境成本的确定应该分为三个方面：

（1）按会计估计变更判断标准确定。

（2）对治理以前年度或当前环境污染而发生的环境成本的确认。

（3）成本效益将在未来体现的环境成本的确认。

2. 环境成本的计量

环境成本的计量是对企业环境成本确认的结果予以量化的过程，即在环境成本确认的基础上，对其业务和事项按其特性，采用一定的计量单位和计量属性，进行数量和金额上的认定、计量和最终确认的过程。

成本的计量，关键是遵循配比原则，即企业的成本和取得的收益应相互配合。运用配比原则，就是要判断成本和收益的合理关系。本期的成本只能与本期的收益相配合，如果收益要等到未来才能实现，相应的费用就必须递延分配于未来的收益期间。环境成本的计量也要遵循这一原则。

在企业会计实务中，环境成本主要采用货币形式，并适当辅之以实物、指数和技术的计量单位。对有些环境成本，如企业造成的环境污染所带来的损失等可能的未来环境支出，则需要采用以下几种方法进行适当货币化：

（1）防护费用法。这种方法是为了消除和减少环境污染的有害影响所愿意承担的费用来衡量环境污染的损失。例如，出现了噪声污染，就可能需要对建筑物安装消音装置或作出其他处理，这些处理需要的支付就可以看作环境污染的防护费用。

（2）恢复费用法。这种方法是用来恢复或更新由于环境污染而被破坏的生产性资产所需的费用来衡量环境污染的代价。例如，有的企业将液体废弃物、有害材料存放于地下，长此以往势必要影响到土地、地下水，在其危害产生明显影响时，自然会要求企业采取某种措施予以恢复或更新，发生一定的支出。这种支出属于环境污染成本。

（3）机会成本法。这种方法是用环境资源的机会成本来计量环境污染所带来的损失。例如，可以利用每亩土地用来耕种的收益（机会成本），来计算堆放废弃物或被污染物侵蚀的土地的损失。

（4）调查评价法。这种方法是通过对专家或环境资源的使用者进行调查来估计环境资源遭受破坏所带来的损失。在具体应用时有许多做法，如对专家进行调查的专家评估法、对环境资源使用者进行调查投标博弈法等。

此外，考虑到目前的实际情况，由于环境成本常常与生产成本并存在一笔共同支出中，为协调环境成本和生产成本的核算，增加了一些特定的计量方法，包括全额计量法、差额计量法和按比例分配计量法。全额计量是指针对某一环境问题的解决而专门支付的成本金额,在会计上将其全部金额计入环境成本,如环境保护专设机构的费用,环境报告的编制成本等。差额计量是指在进行环境投资支出时,将支出总金额减去没有环境保护功能的投资支出的差额来计量,其生产的折旧额也按这种差额的折旧计入环境成本,如对带有环境保护功能的耐用资产投资和环保材料的采购等。按比例分配计量是指将与产品生产密切相关的污染治理费用按一定比例分配计入各产品的制造成本,如作为辅助生产车间的污水治理费用、各生产车间的废弃物处理成本等。

五、环境成本的归集与分配

现代成本会计最基本的职能是成本核算,它是成本预测、决策、计划、控制、分析的前提,故环境成本会计的重要步骤之一便是环境成本核算,企业在确定所要追踪记录的环境成本类别后,需要确定环境成本的核算方法。

在制造成本法下,大多数组织假定内部环境成本是微不足道的,并将环境污染所引致的环境成本费用直接计入制造费用,然后由所有产品共同分摊。以我国为例,企业与环境有关的支出,如环保费用、绿化费、排污费等在实际发生时直接计入制造费用,或在金额较大时作为待摊费用处理,并且在期末以所有产品为基础进行分配。也就是说,无论产品是否与归集的环境成本有关,它都将承担一部分环境成本,而且无污染产品需要承担一部分本应由污染产品所承担的环境费用。

这种处理方法固然有操作简便的优点,但也有严重的不足之处,无法适应环境成本特有的特点。首先,由于人们对环保的日益重视,作为主要污染者的企业对此承担的责任日益增大,因而环境支出也很大。其次,随着政府环境立法对企业约束力的增强,公众对环境质量的要求越来越高。最后,企业当期生产经营活动对环境的破坏可能并不明显,但这并不表明企业不负担任何的环境成本,因为企业对环境的破坏终究要付出代价,并且代价有逐渐增长的趋势。环境成本费用呈现不断上升的趋势,如果对环境成本的分配采用"一刀切"的做法,就会在产品成本核算方面产生很大的偏差,这是因为无污染产品也承担了一部分本应由污染产品承担的环境费用。

【例 20-1】 某企业生产丙、丁两种产品,丙产品和丁产品的产量相同。其中,丙产品是环境污染产品,乙产品是环境无污染产品,对丙产品导致的环境污染进行治理将发生 60 000 元环境治理费用,若该企业采用传统成本分配方法对环境成本进行分配,即将环境成本的支出归入制造费用,并以产量为分配标准在丙、丁产品之间进行分配,则该公司的污染产品丙和无污染产品乙各自分摊了 30 000 元的环境治理成本。制造成本法下丙、丁产品盈利能力分析见表 20-1。试分析这种做法所产生的影响。

表 20 - 1	制造成本法下丙、丁产品盈利能力分析	单位:元
项　　目	丙产品	丁产品
销售收入	170 000	100 000
减:直接材料	40 000	30 000
直接人工	20 000	10 000
制造费用	70 000	50 000
环境成本(单独列示)	60 000	0
实际利润	−20 000	10 000
环境成本作为制造费用(产量基础)	30 000	30 000
账面利润	10 000	−20 000

　　从表 20 - 1 中可以看出,由于对环境成本不加区分地在丙产品和丁产品间进行分摊,以至于影响了产品定价,使得原本亏损的丙产品反而表现为获得了 10 000 元的利润,而原本是盈利的丁产品则变为亏损产品。由此可见,如果没有一个良好的环境成本追踪机制,就会由成本分摊的不合理而导致产品成本分配错误,从而使得产品定价方面出现偏差,即原来属于盈利的产品就会表现为亏损,而实际亏损的产品会错误地表现为盈利,这不仅不利于实施正确的产品战略,而且对企业的市场开拓和长期经营也是不利的,环境成本金额的不断增加将使得这种缺陷更加明显。

　　环境成本核算方法的选择是环境成本核算过程中的重要环节,除传统的成本分配方法(如制造成本法)外,企业还可以采用一些特殊的成本核算方法,如作业成本法、生命周期法和完全成本法,这些核算方法的选择并不是互相排斥的,如作业成本法和生命周期成本法就可以结合使用。

第二节　人力资源成本会计

　　弗兰·霍尔茨认为,人力资源成本会计是为取得、开发和重置作为组织的资源的人所引起的成本的计量和报告。按照弗兰·霍尔茨的定义,人力资源成本会计是从人力资源投入的角度出发,对企业人力资源的事后核算,以后的研究者们突破了他建立的人力资源成本框架,将人力资源的工资部分作为使用成本也纳入了人力资源成本的范围。

一、人力资源成本会计的理论背景和发展过程

　　人力资源成本会计产生于 1966—1971 年,这一阶段以开发计量人力资源成本模型(历史成本和重置成本)及评价其有效性为标志,并且研究人力资源会计作为人力资源管理人员、部门经理、财务信息的外部使用者的工具,所具有的现时和潜在的用

途,在此期间,大量研究工作在密歇根大学进行。1967 年,在巴里公司进行的人力资源历史成本的计量研究,在该年年底巴里公司的年度结算中首次报告了人力资源成本会计的有关信息,这在人力资源会计的研究历史上是一件具有里程碑意义的事件。

1. 最初提出人力资源成本会计成本模型的是美国会计学专家弗兰·霍尔茨

他分别论述了人力资源历史成本的计量和人力资源替代成本的计量问题,他设计了一个总分类账户和很多辅助账户,然后通过这些账户分别地归集到取得成本和开发成本中,最后再分配到每个员工的身上。弗兰·霍尔茨的观点虽然还有很多的不足,设计的人力资源历史成本的计量模型只是应用会计账户的方法将人力资源成本调整出来,并不涉及对原有财务会计程序的改变。但是他是第一个敢于尝试"吃螃蟹的人",他是人力资源成本会计的创始人。

2. 在弗兰·霍尔茨之后又有很多人提出了自己的观点

对弗兰·霍尔茨的会计模型进行了修改,其中以日本著名的会计学家若杉明的会计模型最有贡献,最符合现代社会的会计要求。他将人力资源的开发成本资本化,这在以前的会计处理中是难以想象的,因为传统的处理方法是将开发成本、使用成本全部都费用化计入当期的费用。所以他是在弗兰·霍尔茨之后第二个"吃螃蟹的人",有了他才有今天的人力资源成本会计的发展。

综上所述,人力资源成本会计的成熟发展离不开这两位的贡献,用一个比喻可以形象地描述出以上两位会计学家对人力资源成本会计的伟大贡献。如果说人力资源成本会计是一棵树,那么弗兰·霍尔茨就是那个种树的人,他播种的这个神奇的种子,使后人可以"大树底下好乘凉",而若杉明则是"辛勤的园丁"使这棵树苗壮地成长。

二、人力资源成本会计的特点

人力资源成本会计的主要特点是单独计量人力资源的取得成本、开发成本、使用成本和替代成本。企业取得的人力资源的使用权,其运用期限在 1 年或者超过 1 年的一个营业周期以上的,所发生的人力资源的取得成本和开发成本应该视作资本性支出,在资产化处理后在确定的分摊期限内摊销。企业聘用使用期限不超过 1 年的季节工、临时工等所发生的取得成本和开发成本(这里的开发成本主要是组织进行必要的上岗前的操作培训、学习所发生的支出),其受益期为这些聘用的季节工、临时工的使用期限,因此这部分取得成本和开发成本可在季节工、临时工的使用期限内分期摊销,如果金额小,也可以在发生时直接计入当期费用,企业运用人力资源的使用权时,所发生的工资、奖金等支出,则属于收益性支出,应计入当期费用。

三、人力资源成本的性质

会计以多种形式使用"成本"这个概念,如历史成本、取得成本、实际成本、重置成本、当期成本、直接成本、间接成本、标准成本、增量成本、沉没成本、固定和变动成本、边际成本、机会成本等。这些成本概念中有许多可以在人力资源方面加以应用。

就概念来说,一切成本都具有"资产"和"费用"两个组成部分。资产是指可望在未来会计期间提供效益的那一部分成本。费用是指在当前的会计期间消耗掉的那一部分成本。会计的一个基本问题是计量成本的"资产"和"费用"这两个部分组成。

马克思在《资本论》中指出:"按照资本主义方式生产的每一个商品的价值,用计算公示表示是'W=C+V+M',如果从这个产品价值中减去剩余价值,那么,在商品中剩下的只是一个在生产要素上消耗的资本价值'C+V'的等价物或补偿价值。""只是补偿商品使资本家自身耗费的东西,所以对资本家来说,这就是商品的成本价格。"在这里,被马克思称为商品的"成本价格"的那部分商品价值,指的就是商品的成本。人力资源成本作为一种价值范畴是客观存在的,我们在把握人力资源成本时,要注意人力资源成本与一般商品成本有很大的区别。一般商品的理论成本由两部分组成:①已耗费的生产资料转移的价值(C)。②劳动者为自己劳动创造的价值(V)。因此,一般商品成本的经济实质可以概括为:"生产经营过程中所耗费的生产资料转移的价值和劳动者为自己创造的价值的货币表现,即企业在生产经营过程中所耗费的资金总和。"但人力资源与之不同,它在使用过程中为商品创造了价值,也为自身创造了价值,但其本身不仅会发生耗费,而且还会增值。可见,对人力资源成本的性质,我们可以概括为:人力资源在使用过程中为商品创造价值和为自身创造的价值的货币表现,即企业在取得和使用人力资源过程中所耗费的资金总和。

四、人力资源成本的构成

1. 取得成本

人力资源的取得成本一般包括以下几种:

(1)招募成本。招募成本主要是为确定企业所需的人力资源的内外来源,发布企业对人力资源需求的信息,吸引所需的内外人力资源所发生的费用。这些费用主要有招募过程中的工资、洽谈会的会费、招待费等企业为吸引高校的在校毕业生毕业后进入本企业工作,与学生签订的用人合同后为其支付的培养费用或向其发放的奖学金等,也应在学生进入本企业时计入招募成本。

(2)选拔成本。选拔成本是企业对应聘人员进行挑选、评价、考核等活动所发生的成本。它包括通过初步面试或处理应聘人的申请材料进行初选的费用,对初选人合格者进行深入面谈、测试的费用,对合格者组织答辩、进行调查的费用,体检费用等。选拔的人员所要担任的职位越高,选拔成本越高。

(3)录用成本。录用成本是企业从应聘人员中选拔出合格者后,将其正式录用为企业的成员的过程中所发生的费用,如录用手续费等,可能还有支付给外部被录用人员所在单位的补偿费(如被录用人员与原单位签有服务合同,企业在服务期内将其录用,对方同意调出时企业可能要为录用人员支付由于违约而必须承担的赔偿金等)。

(4)安置成本。安置成本是企业将所录用人员安排到确定的岗位上时所发生的各种费用。它包括企业为安置录用人员发生的相关行政管理费用、临时生活费、报到交通费等,向某些特殊人才支付的一次性补贴等,录用成本和安置成本也会由于被录用人员、安置人员的职务、重要性的不同及来源的不同(来自内部或外部)而有所不同。

2. 开发成本

开发成本一般包括:

(1)定向成本。定向成本也称为岗前培训成本,是企业对上岗前的职工进行有关企业历史文化、规章制度、业务知识、业务技能等方面的教育时所发生的支出。它包括教育和受教育者的工资、教育管理费、学习资料费、教育设备的折旧费等。

(2)在职培训成本。在职培训成本是在不脱离工作岗位的情况下对在职人员进行培训所发生的费用,它包括培训人员的工资、培训工作中所消耗的材料费和在职人员参加业余学习的图书资料费、学费等。

(3)脱产培训成本。脱产培训成本是企业根据生产和工作的需要对在职职工进行脱产培训时所发生的支出。脱产培训可以根据实际情况,采取委托其他单位培训,委托有关教育部门进行培训或企业自己组织培训形式进行。根据所采取的培训方式,脱产培训成本可分为企业外部脱产培训成本和企业内部脱产培训成本。企业外部脱产培训成本包括培训机构收取的培训费,以及被培训人的工资、差旅费、补贴、住宿费、资料费等。企业内部脱产培训成本包括培训者和被培训者的工资、培训资料费、专设培训机构的管理费等。

3. 使用成本

使用成本一般包括:

(1)维持成本。维持成本是为保证人力资源维持其劳动力生产和再生产所需的费用,包括职工的计时工资或计件工资、各种劳动津贴和各种福利费用。

(2)奖励成本。奖励成本是企业为激励职工使其更好地发挥主动性、积极性和创造性,而对职工作出的特别贡献所支付的奖金,它是对人力资源主体所拥有的能力的超常发挥作出的补偿。

（3）调剂成本。调剂成本是企业为了调剂职工的生活和工作，满足职工精神生活上的需求，稳定职工队伍并进而影响和吸引外部人员进入所发生的费用支出。调剂成本包括职工疗养费用、职工娱乐及文体活动费用、职工业余社团开支、职工定期休假费用等。

4. 替代成本

替代成本是指目前重置人力资源应该作出的牺牲，它包括为取得或开发替代者而发生的成本，也包括由于企业员工离开企业而发生的成本。替代成本有个人替代成本和职务替代成本的双重概念。个人替代成本是用一个能够提供一组同等服务的人来替代目前雇佣的人而现在必须招致的牺牲，它是用另一个人提供同等的服务来代替某个人的服务的替代成本。而职务替代成本则是用一个能够在既定的职务上提供一组同等服务的人来代替职务上的人员而现在必须招致的牺牲，它指的是替代既定职务的任何在职者所能提供的一组服务的成本。一般来说，个人替代成本比职务替代成本高。个人替代成本由取得成本、开发成本、遣散成本构成。其中，取得成本、开发成本的内容与企业新聘用人员所发生的取得成本、开发成本相同；遣散成本指因职工离开企业而发生的成本，它包括遣散补偿成本、遣散前的业绩差别成本、空职成本等。

五、人力资源成本的计量

1. 历史成本计量法

历史成本计量法也称为原始成本法、实际成本法，它是以企业取得开发和使用人力资源时实际发生的支出来计量人力资源成本的一种核算方法。它反映的是企业人力资源的实际成本。这种方法将企业取得和开发人力资源的各项实际支出作为人力资源的成本。采用这种方法，要按照划分收益性支出和资本性支出的原则，在各会计期末将人力资源资本性投资部分确认为人力资源的成本，同时还应根据人力资产成本的耗用情况，对已经形成的人力资产成本进行摊销。

这种方法的优点是数据具有客观性和可验证性，能使人力资源成本会计与非人力资源成本会计在计价原则上保持一致，使两种信息具有可比性。其缺点是人力资源的实际价值可能大于历史成本，而且人力资源的增值和摊销与人力资源的实际能力增减不一致，从而致使信息使用者根据会计报表上的数据分析人力资源时，与实际产生偏差。

人力资源历史成本计量模型见图20-1。

2. 重置成本计量法

重置成本是指重置现在拥有的或使用的某一项资源所必须招致的牺牲。人力资源的重置成本是指企业为重置目前所拥有或控制的人力资源所必须作出的牺牲，人

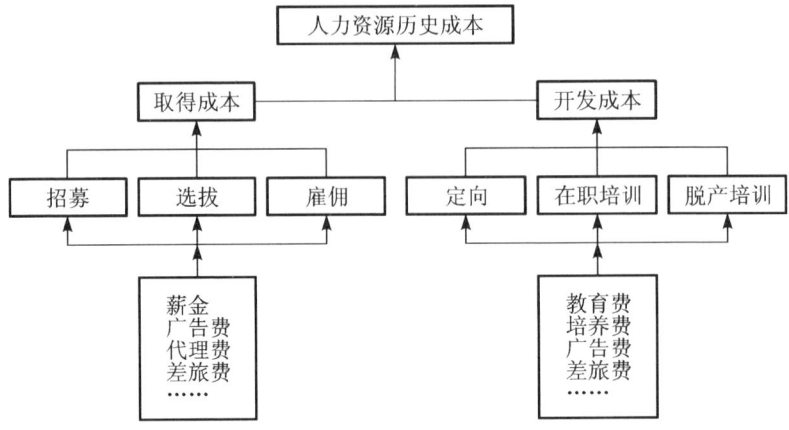

图 20 - 1　人力资源历史成本计量模型

力资源成本核算的重置成本法就是以在现实的物价下企业要重新得到目前所拥有的或控制的已达到一定水平的某一员工或全体员工所必须发生的所有支出作为企业目前的人力资源的成本的一种核算方法。

这种方法将现时物价条件下重置某一特定人力资源而发生的费用支出作为人力资源的成本。人力资源重置成本包括职务重置成本和个人重置成本。职务重置成本是从职位角度计量企业在现时条件下取得和培训特定职位要求的人力资源所必须付出的费用支出;个人重置成本是从个人角度计量企业在现时条件下取得和培训具有同等服务能力的人力资源所必须支出的费用。这种方法考虑了人力资源价值的变化,反映了人力资源的现时价值,但由于按重置成本对人力资源估价,不可避免地带有主观性,使信息的可比性下降。

人力资源重置成本计量模型见图 20 - 2。

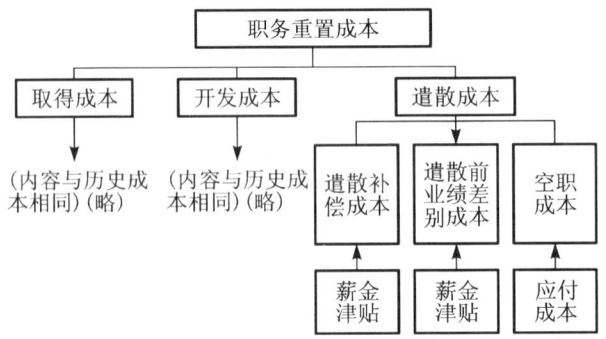

图 20 - 2　人力资源重置成本计量模型

人力资源重置成本通常包括为取得和开发一个替代者而发生的成本和由于当下受雇的某一员工的流动而发生的成本。通常认为,就取得能在特定职位上提供相同服务的替代者的角度考虑问题比较重要。因此,人力资源重置成本具有职务重置成本和个人重置成本双重概念。就企业组织而言,主要关注的是职务的人力资源成本到底有多大。所以我们主要探讨人力资源职务重置成本。

3. 机会成本计量法

在人力资源方案中,如果选用某一方案,就必须放弃投资于其他方案的机会收益。这些放弃的机会收益,就是选择该方案的机会成本。

机会成本计量法是以职工离职或离岗使单位因为该岗位空缺而蒙受的经济损失,作为人力资产损失费用的计量依据。这种方法的优点是机会成本更近似于人力资源的经济价值,便于正确估计人力资源的成本,而且数据比较容易获得。但这种方法也有其缺陷,即脱离传统会计模式,核算工作量也较大。如果将这种方法和其他成本法结合起来进行人力资源的成本核算,效果会更好。

六、人力资源成本会计的账户体系

1. 人力资源成本会计的账户设置

人力资源成本会计自产生以来,会计界许多学者对其账户体系的设置进行了探讨,初步确立了人力资源成本会计的账户体系。

在人力资源成本会计的账户设置方面,首先,应分别设置"人力资产""人力资源取得成本""人力资源开发成本"三个账户,分别核算人力资源的取得、开发等资本支出;其次,为了单独分项目考核本期人力资产费用,可以设置多栏式的"人力资产费用"账户,按照不同类别人员分项目核算各种人力资产的收益性支出,如工资、福利费等及由本期生产经营成本负担的应摊销的资本性支出;再次,应设置"人力资产摊销"账户,核算人力资产的累计摊销额;最后,应设置"人力资产损益"账户,核算人力资产因变动和消失而产生的损益。

2. 人力资源成本会计账户的核算内容

(1)"人力资产"账户。"人力资产"账户总括反映了人力资产的增减变动情况。其借方反映人力资产的增加,贷方反映人力资产的减少,余额一般在借方,反映现有人力资产的取得成本或重置成本。由于劳动者的劳动有简单劳动和复杂劳动、体力劳动和脑力劳动之分,为了反映人力资产的质量,该账户还应按劳动的"等级"设置明细分类账。

(2)"人力资源取得成本"账户。"人力资源取得成本"账户核算企业在人力资源的取得方面投资支出总额的增加、减少及其余额。其借方反映企业在取得人力资源时,对其人力资源投资的增加额,贷方反映转入"人力资产"账户的人力资源取得成本,期末该账户借方余额反映还未转入"人力资产"账户的人力资源取得成本。"人力资源取得成本"账户一般使用多栏式账簿,按人力资源招聘成本、选择成本、录用成本和安置成本等设置明细专栏。该账户可按人力资源的类别设置明细账户。因为人力资源取得成本业务大都在借方,所以设置的专栏只反映借方金额。结转时登记的人力资源取得成本的贷方金额可用红字在借方栏内登记。

（3）"人力资源开发成本"账户。"人力资源开发成本"账户核算企业对人力资源的开发方面投资支出总额的增加、减少及其余额。该账户借方反映企业在开发人力资源时对其人力资源投资的增加额,贷方反映转入"人力资产"账户的人力资源开发成本,期末该账户借方余额反映还未转入"人力资产"账户的人力资源开发成本。"人力资源开发成本"账户也采用多栏式账簿,分设上岗教育成本、岗位培训成本、脱产培训成本三个明细专栏。该账户按人力资源的类别设置了明细账户。因为人力资源开发成本业务大都在借方,所以设置的专栏只反映借方金额。结转时登记的人力资源开发成本的贷方金额可用红字在借方栏内登记。

（4）"人力资产费用"账户。"人力资产费用"账户核算不同类别人员各种人力资产的收益性支出,其借方反映企业当期应该计入生产经营成本的人力资产费用,贷方反映全额转入"本年利润"账户的数额,期末该账户无余额。该账户按照各类人力资产设置明细专栏,如开设总经理、副总经理、部门经理、高级技术人员、中级技术人员、初级技术人员、徒工等专栏。

（5）"人力资产摊销"账户。"人力资产摊销"账户核算人力资产的累计摊销额,它是"人力资产"账户的备抵账户,其贷方反映企业当期应该计入生产经营成本的人力资产费用,借方反映因退休、离职等原因退出企业的职工累计摊销的转出数,贷方余额表示现有人力资产的累计摊销额,该账户应按照对应的人力资产账户设立相应的明细账户。

（6）"人力资产损益"账户。"人力资产损益"账户核算人力资产因变动和消失而产生的损益,其借方反映当人力资产退出企业或消失时转销的人力资产成本的未摊销额,贷方反映当人力资产退出企业或消失时转销的人力资产成本的多摊销额。如果期末该账户的借方发生额大于贷方发生额,将其差额从该账户的贷方转入"本年利润"账户的借方,冲减本年利润;如果期末该账户的贷方发生额大于借方发生额,将其差额从该账户借方转入"本年利润"账户的贷方,增加本年利润,结转之后该账户期末无余额。

3. 人力资源成本核算的程序和方法

与传统成本会计一样,人力资产成本会计在鉴别与计量的过程中,也需要进行会计分期,对人力资源投资在不同的会计期间进行分摊,并确认不同会计期间的人力资源收益,进而计算使用人力资源取得的损益。因此,在进行人力资源会计核算时,也应注意正确地划分在人力资源使用中的收益性支出与资本性支出,对收益期在一个会计期间内的支出作为收益性支出列入当期收益,如对企业职工支付的工资、支付的福利费用等;对收益期在一个会计期间以上的支出列入资本性支出,如对招聘职工的广告支出和对被聘人员的考核支出、对现有职工的培养和培训支出等。通过收益性支出和资本性支出界限的划分,会计核算所提供的信息更加准确、可靠。

人力资源成本会计业务的具体账务处理如下:

（1）发生应予以资本化的人力资源取得和开发等费用时:

借:人力资源取得成本
 　人力资源开发成本
 　贷:库存现金
 　　　原材料
 　　　应付职工薪酬等

（2）雇员正式交付给有关部门使用,结转人力资源取得和开发成本时:

借:人力资产
 　贷:人力资源取得成本
 　　　人力资源开发成本

（3）发生应予以费用化的人力资源费用时:

借:人力资源费用
 　贷:库存现金
 　　　原材料
 　　　应付职工薪酬等

（4）按期进行人力资产摊销时:

借:人力资源费用
 　贷:人力资产摊销

（5）员工离开企业时:

借:人力资产摊销(已摊销额)
 　人力资产损益(未摊销额)
 　贷:人力资产(原入账价值)
 　　　人力资产损益(多摊销额)

（6）期末,结转人力资产损益时:

借:本年利润
 　贷:人力资产损益

需要说明的是,人力资源费用是劳动力的取得、维护与发展成本已经费用化的部分,应通过"人力资源费用"账户核算;而工资是劳动力的使用成本,应通过"应付职工薪酬"账户核算。由于"人力资源费用"账户的设置,传统财务会计中与核算人力资源投资成本有关的账户(如"管理费用"等账户)的核算内容应予以一定的调整。

第三节　质量成本会计

质量成本会计是以产品质量成本为核算对象,将一定时期内所发生的产品质量费用按其使用目的和性质加以确认,并归入适当账户进行核算,为质量成本的分析和控制提供依据。

质量成本是企业为了保证和提高产品质量而支出的一切费用,以及因产品质量不能满足用户和消费者的要求而产生的一切损失。

质量成本会计是基于全面质量管理运动产生和发展的。当今社会已处于"客户导向"的管理思想时代,推行"全面质量管理"观念是企业提高竞争优势的重要途径之一。质量成本是指企业为了确保产品质量和实施全面质量管理而支出的费用,以及因未达到既定产品质量标准而发生损失的总和。质量成本包括预防成本、检验成本、厂内成本和厂外成本等。质量成本的核算可以用两种方式进行:一是采用统计方法。二是借助于财务会计账簿系统。

一、质量成本会计的成因

产品质量问题是极其重要的竞争要素,尤其是在当今国际化时代,基于"顾客满足"(customer satisfaction,CS)的要求,企业必须把产品质量问题摆到经营战略的层次上加以考虑,因为当今的检测技术相当先进,哪怕是被查出一个极其偶发的不合格品,就面临着在国际上丧失部分乃至全部市场的危险,因而产品质量问题对企业可以说是生死攸关。欲重视质量,必须增加在质量管理上的投入,这就使得质量成本问题显得日益突出。

成本通常定义为为某种目的而导致的牺牲,在工业生产中表现为为获取产品而付出的代价,为维持乃至提高产品质量的支出,在传统成本会计中被忽视,或者说未能独立地分析与其说是一种疏失,不如说是时代的必然。随着市场消费资料的日益丰富、竞争日趋激烈化,迫使经营管理人员以更为专门、更为精致的方法和手段去适应,这就是质量成本会计这一领域的由来。

二、质量成本会计的确立

传统上,质量是由非会计的职能部门掌控的,与质量相关的信息是借助统计手法、管理图法等实际操作提供的。显然这类信息缺乏一条前后贯穿一致的主线。

引入"质量成本"这一价值形态的指标,使得不同部门间不同的质量控制活动以单一、明了且系统的形式体现出来了。上述的质量成本核算可说是特定成本调查的一个分支,质量成本控制则是成本改善控制的一个专门领域,这两者已结合成为一个独特的会计子系统。

且不论质量成本核算的对象包括丧失销售收入这样的机会成本,质量成本核算的属性也毫无疑问地应该是内部核算。在其基础上的质量成本控制与业绩评价,既可以采用预算管理的形式并实施差异分析,又可以设定投资基准评价其成果指标。因此,上述的会计子系统具有传统管理会计最一般的计划与控制特性,可认为是管理会计的一个新分支。鉴于该子系统在"以顾客满足为先导"的现代产业社会起着日益重大的作用,因而确立"质量成本会计"这一新学科,并将其定位为现代战略性管理会计的一个分支来深入研究是极为重要的。

三、质量成本会计的主要内容

质量成本是指为了进行以控制质量为目的的作业活动而发生的费用,以及由于质量不合格给企业增加的额外开支。也就是说,质量成本分为两类:一类是质量控制成本;另一类是质量故障成本。

企业必须实施控制作业,以防止和发现质量不佳的产品。控制作业包括预防作业和鉴定作业,其相对应的质量成本就是质量控制成本。故障作业是指出现了低质量的产品或服务之后,企业所做的反应或补救措施。故障作业包括内部故障作业和外部故障作业,其相对应的质量成本就是质量控制成本。质量相关作业及其相对应的成本项目见表 20 - 2。

表 20 - 2　　　　　　　　质量相关作业及其相对应的成本项目

与质量相关的作业项目	作业成本项目	作业分类	作业成本项目
控制作业	质量控制成本	预防作业	预防成本
		鉴定作业	鉴定成本
故障作业	质量故障成本	内部故障作业	内部故障成本
		外部故障作业	外部故障成本

1. 预防成本

预防成本是为了预防产生不合格与质量故障而发生的各项费用。这类成本一般都发生在生产之前,而且这一类成本若发生,往往使后续的故障成本下降。预防成本又可细分为以下几种:

（1）质量策划费用，既包括编制质量手册、质量控制或工作程序、质量计划、检验计划、产品可靠性计划和其他专门性计划等一系列策划活动发生的费用，又包括策划质量记录和作业指导性文件等所发生的费用。

（2）产品评审费用，是指对设计方案评价、制订试验和实施计划，以及试制产品质量的评审所发生的费用。

（3）质量培训费用，既包括为了达到质量要求，提高人员素质，对有关人员进行质量意识、质量管理、检测技术和操作水平的培训费用，又包括培训计划的制订，直至实施所发生的费用。

（4）质量奖励费用，是指为了改进和保证产品质量而支付的各种奖励，如产品升级创新奖、质量提升集体和个人奖、有关质量的合理化建议奖，以及为了提高产品质量所作出成绩的奖励等。

（5）质量改进措施费用，是指为了建立质量保证体系、提高产品及工作质量、改变产品设计、开展工序控制和进行技术改进的措施费用等。

（6）质量管理专员职工薪酬及福利费用，是指质量管理部门和从事与质量管理相关工作人员的职工薪酬及福利费用。

2. 鉴定成本

鉴定成本发生在预防成本之后、故障成本之前，是指企业为了确保产品质量达到预定的标准，按预定的成本计划对原材料、零部件、产成品进行检验而发生的相关费用。企业发生此类成本的目的，是希望在生产过程中，能够尽快发现不符合质量标准的产品，避免损失延续下去。显然，此类成本的发生也能减少后续的损失成本。鉴定成本也可细分为以下几种：

（1）鉴定试验费，是指对进厂的材料和外购件、配套件、工具、量具，以及生产过程中的半成品、在产品及产成品，按质量标准进行检测、试验和设备维修、校正所发生的费用。

（2）应付职工薪酬及福利费，是指质量检验专职人员的职工薪酬及福利费。

（3）办公费，是指为检验、试验、鉴定所发生的办公费用、参考资料等费用。

（4）鉴定测试设备及房屋折旧费用，是指质量检测设备、仪器和质量检测用的房屋基本折旧及大修理折旧费用。

3. 内部故障成本

如果企业的产品或服务达不到预定的质量标准，不符合设计质量或要求，就会出现故障成本。如果故障成本发生在产品出厂之前，通过鉴定作业发现低质量或存在缺陷的产品，相关成本和损失属于内部故障成本。这类成本一般与企业的废次品数量和程度呈正相关关系。内部故障成本可细分为以下几种：

（1）废品损失，是指在技术上无法修复或在经济上不值得修复的在产品、半成品及产成品报废而造成的损失。

（2）返修成本，是指对不合格的产成品、半成品及在产品进行返修所耗用的材料、人工费等。

（3）停工损失，是指由于质量事故引起的停工损失。

（4）内部故障分析及处理费用，是指对内部故障进行分析处理所发生的费用。

（5）产品降级损失，是指产品因外表或局部的质量问题，达不到质量标准，又不影响主要性能而降级处理的损失。

4. 外部故障成本

外部故障成本是指产品交付用户后，由于产品质量缺陷引起的一切损失费用。外部故障成本可细分为以下几种：

（1）诉讼费用，是指由于产品质量缺陷，用户要求赔偿、提出诉讼，企业为处理申诉所支付的费用。

（2）退货费用，是指向顾客交付产品后，或向顾客提供服务之后，由于产品质量缺陷造成用户退货、缺货而支付的损失费用。

（3）赔偿费用，是指根据合同规定，因产品质量缺陷赔偿给用户的费用。

（4）保修费用，是指根据合同规定，在保修期内，对用户提供修理服务所发生的损失费用。

（5）产品降价损失，是指向客户交付产品以后，或向顾客提供服务以后，因质量低于质量标准而进行降价造成的损失费用。

对于因质量缺陷所发生的机会成本，如由于低质量而导致销售的下降、降级而放弃的收益导致顾客不满、影响公司信誉等，通常并不在会计系统中进行计量，因此，此种成本又称为隐性质量成本。但是，隐性质量成本可能很大，且在发生后很难弥补，因此企业必须对其加以考虑。

四、质量成本会计的核算

1. 设置质量成本账户

因为企业所在行业、管理模式以及本身规模都存在差异，所以各个企业可以根据自己的实际需要来设置质量成本账户。但要综合衡量以下几项原则：①与企业内部相协调，以适应其各方要求。②要以国际或国内的有关标准为依据。③企业质量成本账户的设置要准确实用。④有助于企业质量成本管理活动的每一个环节的实施。⑤联系企业的实际情况。⑥与当前使用的会计核算制度不能有冲突的地方。

质量成本通常含有三个级别的账户。一级账户为"质量成本"；将"预防成本""鉴定成本""内部损失成本""外部损失成本"等设置为二级账户，像外部质量保证成本这样的账户可以根据企业具体需要增设，像隐含成本还可以增设一个质量成本调整账户来解决问题；将具体的费用类账户设为三级账户，可以采用 GB/T 13339—91《质量成本管理导则》中所列举的账户。企业可根据自身情况在质量管理部门和财务部门共同商量后进行增加或者删除，同时应做到：概念明确，定义清楚，费用范围使用准确，不重复和遗漏，有助于核算，以及有助于质量成本分析。

2. 质量成本核算的总分类账与明细分类账

企业质量成本核算的总分类账与明细分类账应按照质量成本三级账户设置，企业建立质量成本总分类账和对应的质量成本账户明细分类账。在实施的企业质量成本会计核算体系中，同时进行质量成本会计核算和财务会计核算，这样就可以运用国家已有明确规定的企业一级会计账户，从而保证企业原有财务会计体制的正常运行。设置一套质量成本核算账簿，按照企业质量成本三级账户设置表，进行质量成本一级账户的设置，"预防成本""鉴定成本""内部损失成本""外部损失成本"四个二级账户的设置和根据具体需要进行的质量成本三级账户的设置。根据需要通过更改一些明细账户，方便企业财务人员找到与质量成本明细账户相对应的账户。企业在会计核算期间，新设置的质量成本核算账簿不同时使用。到期末时，登记会计明细分类账，并可以开始登记新设置的账簿。因为账户名称的不同而内容一致这样的特点不会产生影响，所以方便账簿的登记。

第四节　精益成本会计

成本管理是企业管理的重点，往往会影响到企业的定价策略和企业的竞争力。传统会计体系下的成本管理往往过分注重成本的控制，追求短期利润的最大化和规模经济效应，但是却经常忽略了对供应链的管理和企业的长期发展。基于精益会计体系的成本管理注重企业供应链成本的管理，能够不断降低企业的无关成本，适应经济的发展要求。

一、精益成本会计的含义及特点

精益成本会计是以价值流为核心，以消除浪费为目标的"精益"理念。它综合运用了诸如 JIT（适时生产制）、约束理论方法、六西格玛理论及其他质量管理方法、价值流管理法、作业管理法和目标成本法等管理方法，为精益制造企业提供了一个有效的管理框架，提升了价值流中各环节的价值创造能力。

精益成本会计具有如下特点：

（1）在精益成本会计体系中，财务控制职能内置于各价值流中，能及时发现价值流中存在的问题，并迅速反馈给价值流管理者，可以保证价值流的持续改进和不断完善。

（2）精益成本会计指标是以未来为导向的，与传统的以历史业绩和成本削减为导向的业绩评估体系有着根本的不同。

（3）在精益成本会计方法下，传统的年度预算也失去了意义，因为年度预算耗费很大，但是提供的信息却很少，这与精益思想是格格不入的。

（4）精益成本会计的销售、运营及财务预算更为灵活，同时能更有效地监控企业的发展状况。

二、精益成本会计的基本内容

1. 精益成本会计的核心是价值流效益最大化

按照精益生产的观念，产品成本随着产量和产品组合的不同而变化，制造费用以整体形式与价值流发生关系，而不与个别产品所耗劳动时间发生关系。某种产品的成本主要取决于它在整个价值流中流动速度的快慢，特别是在价值流中的瓶颈环节流动速度的快慢。成本核算、分析和管理的重点是产品在价值流中的流动速度问题，而不是资源使用、个人效率或制造费用分配的问题。因此精益会计需要采用的是价值流成本法而不是完全成本法。

2. 精益成本会计的目的就是消除浪费及追求最小价值流成本

精益会计构建在为客户创造价值为前提，以价值流成本最小为目标，从而实现对整个企业价值流会计管理之上。在价值流的各个环节中，不断地消除不为客户增值的作业，杜绝浪费，从而达到降低价值流成本、提高价值流效率的目的，最大限度地满足客户特殊化多样化的需求，使企业的竞争力不断增强。如何实现价值流成本最小，正确确认和计量精益成本，就显得十分重要了。

从总体说，价值流成本应是为保证价值流正常运作而支付的各种成本和费用的总和。价值流成本包含的内容十分广泛，国外有的学者提出价值流成本应包括取得成本、运行成本、培训成本、维护成本、仓储成本、环境成本和回收成本等。这种价值流成本划分方法主要基于价值流作业过程来进行的，但并没有考虑不同类型成本对整个价值流成本产生的影响和重要程度，不利于对价值流成本中关键性成本的控制和管理。鉴于这一原因，在考虑价值流成本作业过程相关性的同时，对关键性的影响价值流竞争力、客户满意度的成本应予以足够的重视。价值流成本可划分为采购成本、设计成本、生产成本、物流成本和服务成本等。

3. 精益成本会计是多种会计思想与管理思想共同构成的会计系统

精益成本会计以客户价值增值为导向，融合精益采购、精益设计、精益生产、精益物流和精益服务技术，把精益管理思想与会计思想相结合，形成了全新的会计理念——精益成本会计。它从采购、设计、生产和服务上全方位控制企业价值流成本，以达到企业价值流成本最优，从而使企业获得较强的竞争优势。精益会计思想十分丰富,管理方法很多,形成了相互联系、相互作用的方法体系。如果孤立地看每个思想、每种方法,不能准确把握精益会计的精髓。精益会计的每个管理思想、每种管理方法都不是孤立的,而是互相之间有联系的,一种方法支持另一种方法,方法又保证思想的实现,只有把价值流的精益管理思想与方法有机地组合起来,构成一个完整的精益会计系统,才能发挥每种方法的功能,才能达到系统的最终目标——质量是好的、成本是低的、品种是多的、时间是快的。精益会计不断追求增加企业的竞争力,这是系统的最高层次的目标。

4. 精益成本会计最高目标是为制造企业乃至整个制造业的发展提供支持

精益成本会计将以顾客需要为导向的市场营销观念深深扎根于会计之中,同时又将会计根植于成本发生的现场(广义的生产系统),以消灭一切浪费、追求精益求精和不断改善为目标,立足于企业整个生产系统的优化。加快我国理论界特别是实业界对精益会计的研究和应用,将会极大地提高我国制造业的管理技术水平,增强我国制造业整体的竞争能力,为国家创造财富。希望精益会计也能尽快地成为改变中国制造业乃至整个国民经济的机器。精益会计的原理可以同样应用于全球每一种工业,向精益生产转变将对人类社会产生深远影响,也就是说,这一转变将真正地改变世界。采用了精益会计,当它不可避免地扩大到制造业以外时,将改变几乎所有的一切,包括消费者的选择、工作的性质、公司的财富等,最终直指国家的前途。

三、精益成本会计下企业成本管理的内容

精益成本会计下企业成本管理的内容主要分为采购成本管理、生产成本管理、设计开发成本管理、物流成本管理、市场营销成本管理和服务成本管理六大模块。

1. 采购成本管理

(1)采购成本管理存在的问题。我国企业在采购过程中往往存在浪费、价格偏高、采购不及时等问题。

(2)精益会计下采购成本管理的策略。在精益会计体系下,企业采购成本管理是以企业采购流程为对象,通过企业规章、管理人员的科学决策来规范企业的采购行为,避免采购过程中的夸大采购价格、浪费等现象,并合理保证采购物资的质量、价格、售后服务等。在精益会计体系下,采购成本管理的策略主要有以下五个方面:

第一,建立专业化的采购部门,完善采购体系,尽量使采购工作做到规范化、制度化、透明化。

第二,建立恰当的责任归属制度,采购部门要及时承担起应负的责任,对于失职情况制定相对应的处罚制度。

第三,开发并保持优秀的供应商,与供应商建立良好的合作伙伴关系,保证企业采购价值链的完整与稳定。

第四，建立及时采购机制，做到需用时能够及时采购到质优价廉的物资，减少因为货物仓储积压等带来的成本增加。

第五，采购过程中与供应商的谈判是在所难免的，所以提高采购人员的谈判技巧或者成立专门的谈判小组对于精益成本会计下采购成本管理也是非常重要的。

2. 生产成本管理

（1）生产成本管理存在的问题。我国是制造业大国，但是制造的技术水平并不高，生产过程中产能过剩、资源浪费现象都会影响企业的价值，如近几年我国钢铁产业产能过剩，造成大量的钢铁企业出现亏损，少有能够盈利。另外，生产过程中员工的积极性往往不能够得到充分的调动。在精益成本会计下，生产成本的管理策略主要针对以上这些问题提出。

（2）生产成本管理的策略。为了应对以上存在的问题，精益会计下生产成本管理的策略主要有以下两个方面：

第一，采用先进的生产技术以降低生产成本。科技是第一生产力，先进的技术往往能形成企业的核心竞争力，所以对于技术的研发，其投入应该适度加大。

第二，采用作业成本法分配间接费用。在现代制造业中，依赖机器生产的程度越来越大，人工生产的比例越来越小，材料的利用程度也越来越高。相比于早期的制造业直接人工、直接材料的比重在减小，间接费用在加大，以前以产量来分配间接费用的方法已不能体现出产品的真实成本。作业成本法以成本消耗的动因来分配间接费用，使产品成本信息更具有价值性，更有利于管理人员了解哪些作业消耗的资源多，从而控制生产环节的成本。

3. 设计开发成本管理

制造业需要识别市场的需求并根据需求设计开发出相应的产品来迎合市场需求才能够取得成功。但是我国的很多企业设计开发的产品技术含量低、不够新颖，价格还偏高，造成产品滞销。

针对以上存在的问题，企业应当实施精益化的成本管理的策略，主要有以下三个方面：

（1）招聘高素质、高水平的设计人员和成本控制人员。

（2）充分调研市场需求，尽量避免因投资的盲目性给企业带来的价值损失。必要时可以利用专业的调查分析公司的工作。

（3）在投产之前，进一步地发现设计程序、装配过程中的成本节约空间。

4. 物流成本管理

（1）物流成本管理中存在的问题。物流成本主要包括仓储、运输、装卸搬运、流通加工等成本。目前，我国企业存在着运输成本比较高、运输的时间相对较长、货物流转的环节较多等问题。

（2）物流成本管理的策略。在精益成本会计下,物流成本管理就是要在满足客户需求或者自身需求的情况下,尽量做到物流成本的最小化。为了实现物流成本的最小化,需要对物流成本实施精益化的管理,具体有以下几方面的措施:一是在精益物流环节,减少不必要的物流环节既可以加快物资流转速度,又可以降低物流成本,一举两得。二是企业要合理布局生产设施。例如,京东商城在全国各大重要城市建立了自己的仓储设施,保证了重要城市及周边城市的物流速度,在降低物流成本的同时也改善了购物者的消费体验。三是企业采用先进的物流技术,提高效率。美国亚马逊公司是著名的网上零售商,其拟采用无人机配送货物,其效率是人工配送的数倍。四是建立健全物流信息系统,做到实时控制,及时处理突发情况以降低物流成本。

5. 市场营销成本管理

（1）营销成本管理存在的问题。我国企业每年的营销成本是巨大的,如广告费用、营销人员的薪酬等。但是很多企业的销售并没有随着营销成本的增长而增长。究其原因,与营销手段缺乏创新、不能树立正确的营销观念不无关系。

（2）营销成本管理的策略。在精益成本会计下,营销成本管理就是要在实现销售增长、提高知名度、树立形象等目标的前提下,尽量降低营销成本。针对存在的问题,其策略主要有以下三个方面:一是树立正确的营销观念。在制定营销策略时不仅要考虑企业的利益还要考虑社会大众的利益。二是高素质的营销团队对于树立企业形象、实现销售增长至关重要。三是广告的制作要注意创新,有新意的广告可以有效吸引消费者的注意力,实现销售增长。

6. 服务成本管理

（1）服务成本管理存在的问题。目前,我国企业服务质量普遍偏低,企业支付的服务费用与消费者获得的服务质量不成正比。

（2）服务成本管理的策略。在满足顾客需求的情况下,尽量降低服务成本是精益会计下成本管理的目标。针对以上的问题,在精益成本会计下,服务成本管理的策略主要有以下几个方面:一是建立客户满意程度调查制度,根据顾客的建议不断改善服务质量。二是调查顾客对于服务种类的需求,有针对地提供优质服务。三是招聘高素质的服务人员以提高顾客的满意程度。

综上所述,精益成本会计体系视角下的企业成本管理不仅仅局限于财务层面,而且还包括非财务层面,如企业人员素质、产品质量、营销手段、客户价值等。这是由精益成本会计关注企业的价值流和企业整体价值所决定的。所以,在精益成本会计体系视角下,企业成本管理策略更有助于帮助企业实现长期发展,提升企业的整体价值。

本章要点概览

1. 环境成本会计的核算内容一般包括:资源消耗成本、环境支出成本、环境破坏成本、环境管理成本、环境支援成本、自然资源超额消耗与环境机会成本。

2. 环境成本与传统会计的成本不同,环境成本主要有强制性、突发性、一体性和增长性等特点。

3. 人力资源成本的构成一般包括取得成本、开发成本、使用成本和替代成本等;其成本计量方法通常有历史成本计量法、重置成本计量法和机会成本计量法等。

4. 质量成本会计是基于全面质量管理运动产生和发展的,质量成本会计核算的主要内容包括预防成本、鉴定成本、内部故障成本和外部故障成本等。

5. 精益成本会计是以价值流为核心,以消除浪费为目标的"精益"理念。精益成本会计的核心是价值流效益最大化;精益成本会计的目的就是消除浪费及追求最小价值流成本;精益成本会计是多种会计思想与管理思想共同构成的会计系统;精益成本会计的最高目标是为制造企业乃至整个制造业的发展提供支持。

 主要术语

1. 环境成本会计	2. 可持续发展
3. 生态环境成本	4. 资源消耗成本
5. 环境支出成本	6. 环境管理成本
7. 防护费用法	8. 恢复费用法
9. 人力资源成本	10. 人力资源取得成本
11. 人力资源开发成本	12. 人力资源使用成本
13. 人力资源替代成本	14. 重置成本计量法
15. 历史成本计量法	16. 机会成本计量法
17. 质量成本会计	18. 预防成本
19. 鉴定成本	20. 内部故障成本
21. 外部故障成本	22. 精益成本会计

阅 读 文 献

1. 冯巧根、冯园主编:《成本会计》(第七章　精益成本会计、第八章　质量成本会计、第十章　环境成本会计、第十一章　人力资源成本会计),中国人民大学出版社2013年版。

2. 崔国萍主编:《成本管理会计》(第十五章　作业成本系统),机械工业出版社2012年版。

3. 万寿义著：《现代企业成本管理研究》(第五章 人力资源成本管理、第七章质量成本管理)，东北财经大学出版社 2003 年版。

复习思考题

1. 环境成本会计核算的具体内容有哪些？

2. 环境成本计量方法具体有哪几种？

3. 人力资源成本会计的特点有哪些？其核算需设置哪些会计账户？

4. 人力资源成本的构成具体有哪些方法？

5. 人力资源成本的计量方法主要有哪些？

6. 质量成本会计核算中具体包括哪些成本？

7. 精益成本会计的基本内容有哪些？

练 习 题

一、单项选择题

1. 构建环境成本会计的理论依据是( )。

    A. 马克思企业再生产理论   B. 社会成本理论

    C. 剩余价值理论   D. 价值规律理论

2. 核算资源闲置成本,包括闲置自然资源的补偿价值、保护费用以及科研费用的是( )。

    A. 资源消耗成本   B. 环境支出成本

    C. 环境机会成本   D. 环境破坏成本

3. 以企业取得、开发和使用人力资源时实际发生的支出来计量人力资源成本的计价方法称为( )。

    A. 重置成本计价法   B. 机会成本计价法

    C. 恢复费用计价法   D. 历史成本计价法

4. 企业为了保证和提高产品质量而支出的一切费用,以及因产品质量不能满足消费者的要求而产生的一切损失称为( )。

    A. 环境成本   B. 人力资源成本

    C. 质量成本   D. 固定成本

5. 根据合同规定,因产品质量缺陷赔偿给用户的费用,称为( )。

    A. 退货费用   B. 诉讼费用

    C. 保修费用   D. 赔偿费用

二、多项选择题

1. 在人力资源成本中,人力资源取得成本一般包括( )。

    A. 招募与录用成本   B. 在职培训与定向成本

    C. 选拔与安置成本   D. 维持与替代成本

2. 下列选项中,属于人力资源成本计量方法的有( )。

    A. 防护与恢复费用法   B. 历史成本计量法

C. 机会成本计量法   D. 重置成本计量法

3. 下列选项中,属于质量成本中内部故障成本的有( )。

  A. 废品与停工损失   B. 保修费用

  C. 产品降级损失   D. 鉴定实验费

4. 下列选项中,属于精益成本会计特征的有( )。

  A. 核心是价值流效益最大化   B. 目的是追求最小价值流成本

  C. 能为整个制造业的发展提供支持   D. 以社会成本理论为理论依据

5. 下列选项中,属于环境成本会计核算内容的有( )。

  A. 资源消耗成本   B. 环境管理成本

  C. 员工脱产培训成本   D. 维持与奖励成本

三、判断题

1. 环境成本会计计量的基本原则是一致性原则。   ( )

2. 用为消除和减少环境污染的有害影响所愿意承担的费用来衡量环境污染损失的方法,称为防护费用法。   ( )

3. 人力资源成本会计的特点,是将人力资源的取得、开发、使用和替代成本一律作为收益性支出处理。   ( )

4. 质量成本中的鉴定成本包括鉴定实验费、质检专职人员的薪酬、质量检测设备的折旧等。   ( )

5. 废品损失属于质量成本会计中的外部故障成本。   ( )

思政拓展思考

党的二十大报告在"推动绿色发展,促进人与自然和谐共生"中指出:坚持精准治污、科学治污、依法治污,持续深入打好蓝天、碧水、净土保卫战。加强污染物协同控制,基本消除重污染天气。统筹水资源、水环境、水生态治理,推动重要江河湖库生态保护治理,基本消除城市黑臭水体。加强土壤污染源头防控,开展新污染物治理。提升环境基础设施建设水平,推进城乡人居环境整治。全面实行排污许可制,健全现代环境治理体系。严密防控环境风险。

党的二十大报告在"增进民生福祉,提高人民生活品质"中指出:就业是最基本的民生。强化就业优先政策,健全就业促进机制,促进高质量充分就业。健全就业公共服务体系,完善重点群体就业支持体系,加强困难群体就业兜底帮扶。统筹城乡就业政策体系,破除妨碍劳动力、人才流动的体制和政策弊端,消除影响平等就业的不合理限制和就业歧视,使人人都有通过勤奋劳动实现自身发展的机会。完善促进创业带动就业的保障制度,支持和规范发展新就业形态。健全劳动法律法规,完善劳动关系协商协调机制,完善劳动者权益保障制度,加强灵活就业和新就业形态劳动者权益保障。

请思考:《企业会计准则》中会计六大要素没有纳入相关环境元素,仅要求在财务报表之外作为附注对有些影响环境项目作列示,这是远远不够的,无法全面地、准确地反映企业的经营成果,急需要从理论与规范的层面,将环境会计核算建立起来,纳入会计六大要素加以核算。另外,鉴于人才流动的体制,消除影响平等就业的不合理限制和就业歧视,完善促进创业带动就业的保障制度精神,适应全社会人力资源管理的需要,急需建立和完善人力资源成本会计,以便准确地反映人力资源成本,确保企业成本核算的真实度。对此,你有什么感想?

附录　练习题简要答案

第一章　总　　论

一、单项选择题

1. B　2. C　3. A　4. A　5. D

二、多项选择题

1. ABCD　2. AD　3. ABC　4. AC　5. ABCD

三、判断题

1. ×　2. ×　3. ×　4. √　5. ×

第二章　成本核算原理

一、单项选择题

1. D　2. C　3. B　4. A　5. C

二、多项选择题

1. ABC　2. ABD　3. AB　4. ABCD　5. ABC

三、判断题

1. ×　2. ×　3. ×　4. ×　5. √

第三章　成本核算概述

一、单项选择题

1. C　2. D　3. B　4. A　5. C

二、多项选择题

1. ABD　2. BD　3. AD　4. ABCD　5. ABD

三、判断题

1. ×　2. √　3. √　4. √　5. ×

第四章　要素耗费的核算

一、单项选择题

1. C　2. D　3. C　4. B　5. C

二、多项选择题

1. AC　2. BD　3. ABC　4. ABC　5. BC

三、判断题

1. √ 2. √ 3. × 4. √ 5. ×

四、业务题

【业务题一】

材料费用分配率＝110 000×(1＋2‰)÷(13 600＋8 400)＝5.1

甲产品应分配的材料费＝40×340×5.1＝69 360（元）

乙产品应分配的材料费＝20×420×5.1＝42 840(元)

借：基本生产成本——甲产品   69 360

　　　　　　　　——乙产品   42 840

　贷：原材料   110 000

　　　材料成本差异   2 200

【业务题二】

(1) 甲产品应分配的电费是 9 720 元,乙产品应分配的电费是 6 480 元。

(2) 借：基本生产成本——甲产品   9 720

　　　　　　　　　——乙产品   6 480

　　　制造费用   3 000

　　　管理费用   4 800

　　　销售费用   1 200

　　贷：应付账款   25 200

【业务题三】

(1) 甲产品应分配的直接工资费用＝80 000(元)

　　乙产品应分配的直接工资费用＝100 000(元)

(2) 应提其他职工薪酬费:甲产品 32 000 元,乙产品 40 000 元,制造费用 16 000 元。

(3) 借:基本生产成本——甲产品   112 000

　　　　　　　　　——乙产品   140 000

　　　制造费用   56 000

　　贷:应付职工薪酬   308 000

第五章　辅助生产费的核算

一、单项选择题

1. C 2. D 3. B 4. C 5. D 6. A 7. D 8. B 9. C 10. D

二、多项选择题

1. ACDE 2. BCDE 3. CD 4. ABCDE 5. BD 6. AE 7. ABCE 8. CE 9. ABCD

10. ABBD

三、判断题

1. × 　2. √ 　3. × 　4. √ 　5. √ 　6. × 　7. × 　8. √ 　9. × 　10. ×

四、业务题

【业务题一】

运输车间的实际单位成本为：交互分配 2.5 元，对外分配 2.7083 元，机修车间的实际单位成本为：交互分配 8 元，对外分配 8.1667 元。

【业务题二】

供水车间的成本差异＝(12 000＋10 000×0.70)－15 000×1.25＝250(元)

供电车间的成本差异＝(25 000＋4 000×1.25)－43 000×0.70＝－100(元)

【业务题三】

(1) 采用直接分配法，企业销售部门分配辅助生产费 68 850 元，行政管理部门分配辅助生产费 13 150 元。

(2) 采用顺序分配法，企业销售部门分配辅助生产费 67 500 元，行政管理部门分配辅助生产费 14 500 元。

(3) 采用交互分配法，企业销售部门分配辅助生产费 67 900 元，行政管理部门分配辅助生产费 14 100 元。

(4) 采用计划成本分配法，企业销售部门分配辅助生产费 68 175 元，行政管理部门分配辅助生产费 13 825 元。

(5) 采用代数分配法，运输实际单位成本 7.51805055 元，机修实际单位成本 25.96389892 元。

第六章　制造费的核算

一、单项选择题

1. D 　2. D 　3. A 　4. C 　5. B

二、多项选择题

1. ABC 　2. ABCD 　3. ABC 　4. ABC 　5. ABCD

三、判断题

1. × 　2. × 　3. √ 　4. × 　5. √ 　6. √ 　7. × 　8. × 　9. √ 　10. √

四、业务题

【业务题一】

企业本月制造费合计为 66 000 元(会计分录略)。

【业务题二】

按生产工人工时比例分配法和机器工时比例法分配制造费的分配率分别为 3.5 和 4。

【业务题三】

年度制造费计划分配率为 1.2；1月末"制造费用"账户余额在借方，为 50 元。

第七章　生产损失的核算

一、单项选择题

1. B 　2. D 　3. B 　4. A 　5. B

二、多项选择题

1. ABCD　2. ABCD　3. CD　4. AD　5. ABC

三、判断题

1. ×　2. √　3. ×　4. √　5. ×　6. √　7. ×　8. √　9. √　10. ×

四、业务题

【业务题一】

不可修复废品的生产成本为 115 元,可修复废品的修复耗费为 620 元。

【业务题二】

废品净损失＝7 100－50－200＝6 850(元)

【业务题三】

停工损失＝8 500＋9 500＝18 000(元)

第八章　完工产品成本的计算与结转

一、单项选择题

1. B　2. D　3. C　4. B　5. B

二、多项选择题

1. ABCD　2. ABC　3. ABCD　4. AB　5. CD

三、判断题

1. ×　2. ×　3. ×　4. √　5. ×

四、业务题

【业务题一】

月末在产品总成本为 18 000 元,完工产品总成本为 81 200 元。

【业务题二】

完工产品总成本为 20 000 元,月末在产品成本为 10 400 元。

【业务题三】

完工产品成本为 21 147.8 元,月末在产品成本为 9 252.2 元。

【业务题四】

完工产品成本为 75 179 元,月末在产品成本为 35 196 元。

【业务题五】

完工产品总成本为 377 398 元,月末在产品总成本为 88 860 元。

【业务题六】

在产品按定额成本计价法下:完工产品总成本为 138 600 元,月末在产品总成本为 42 000 元。

在定额比例法下:完工产品总成本为 140 500 元,月末在产品总成本为 40 100 元。

【业务题七】

加权平均法:完工产品的总成本为 27 200 元,月末在产品成本为 7 458 元。

先进先出法:完工产品的总成本为 27 216 元,月末在产品成本为 7 442 元。

第九章　产品成本计算的品种法

一、单项选择题

1. A　2. C　3. C　4. C　5. A

二、多项选择题

1. ABC　2. ABCD　3. ABC　4. ABC　5. ABD

三、判断题

1. √　2. √　3. ×　4. ×　5. ×

四、练习题

【业务题一】

总成本为 2 153 728 元;单位成本为 0.644057 元。

【业务题二】

甲产品完工成本为 22 633.32 元;乙产品完工成本为 15 159.32 元;丙产品完工成本为 4 273.33 元。

第十章　产品成本计算的分批法

一、单项选择题

1. B　2. C　3. B　4. C　5. D

二、多项选择题

1. BD　2. ABC　3. AC　4. ABCD　5. ABCD

三、判断题

1. ×　2. ×　3. √　4. ×　5. √

四、业务题

【业务题一】

直接人工费分配率＝10　　　　　　制造费分配率＝12.5

051 批完工产品总成本＝145 750(元)　　单位成本＝24 292(元)

052 批完工产品总成本＝47 760(元)　　单位成本＝7 960(元)

【业务题二】

直接人工分配率＝12.5　　　　　　制造费分配率＝15

401 批完工产品总成本＝355 300(元)　　402 批完工产品总成本＝247 325(元)

第十一章　产品成本计算的分步法

一、单项选择题

1. B　2. C　3. C　4. C　5. C

二、多项选择题

1. ABC　2. ABD　3. ACD　4. ABC　5. AB

三、判断题

1. × 2. √ 3. √ 4. √ 5. ×

四、业务题

【业务题一】

第一步骤完工半成品总成本为 536 000 元,自制半成品平均单位成本为 656 元。

第二步骤完工产品总成本为 1 108 800 元。

【业务题二】

第一步骤完工半成品总成本为 86 200 元(43 000+18 000+16 200+9 000)。

第二步骤完工半成品总成本为 91 834 元(74 100+7 020+6 500+4 214)。

第三步骤完工产品总成本为 105 843.80 元(81 523.80+11 200+7 680+5 440)。

第一次成本还原率为 0.88773,第二次成本还原率为 0.7631183295。

【业务题三】

第一步骤应计入产成品的份额为 51 400 元(30 000+6 400+9 000+6 000)。

第二步骤应计入产成品的份额为 26 200 元(8 000+10 400+7 800)。

第三步骤应计入产成品的份额为 16 200 元(4 800+6 600+4 800)。

完工产品总成本为 93 800 元。

第十二章 产品成本计算的分类法

一、单项选择题

1. D 2. D 3. D 4. C 5. B

二、多项选择题

1. AB 2. ABC 3. ABD 4. BCD 5. AB

三、判断题

1. × 2. × 3. √ 4. × 5. ×

四、业务题

【业务题一】

(1) A 类产品总成本=166 275(元)

(2) 甲完工产品:总成本=57 000(元)　　　单位成本=285(元)

乙完工产品:总成本=56 400(元)　　　单位成本=282(元)

丙完工产品:总成本=52 875(元)　　　单位成本=352(元)

(3) 会计分录略。

【业务题二】

(1) 标准产量计算表略。

甲完工产品标准产量=200(件)　　　甲在产品标准产量=20(件)

乙完工产品标准产量=178.5(件)　　　乙在产品标准产量=31.5(件)

丙完工产品标准产量=172.5(件)　　　丙在产品标准产量=11.5(件)

(2) 甲完工产品总成本=64 000(元)

乙完工产品总成本＝57 120(元)

丙完工产品总成本＝55 200(元)

在产品总成本＝15 750＋5 040＋5 670＝26 460(元)

第十三章 产品成本计算的定额法

一、单项选择题

1. C　2. B　3. B　4. B　5. B

二、多项选择题

1. ABD　2. ABC　3. ABD　4. ABCD　5. CD

三、判断题

1. √　2. √　3. ×　4. ×　5. √　6. ×　7. ×　8. √　9. √　10. √

四、业务题

【业务题一】

直接材料脱离定额差异＝(41 000－43 000)×3＋(7 200－6 800)×8＝－2 800(元)

材料成本差异＝(43 000×3＋6 800×8－2 800)×2％＝3 612(元)

直接人工脱离定额差异＝8 250－600×15＝－750(元)

制造费脱离定额差异＝4 510－600×7＝310(元)

【业务题二】

直接材料定额变动差异＝(90－92)×500＝－1 000(元)

直接人工定额变动差异＝(16－14.5)×80％×16×500＝9 600(元)

制造费用定额变动差异＝(16－14.5)×80％×7×500＝4 200(元)

【业务题三】

完工产品总成本为18 810元,月末在产品总成本为2 662元。

第十四章 标准成本法

一、单项选择题

1. B　2. D　3. C　4. B　5. A

二、多项选择题

1. ABC　2. ABD　3. BC　4. ABCD　5. ABCD

三、判断题

1. √　2. ×　3. ×　4. √　5. ×　6. ×　7. ×　8. √　9. ×　10. √

四、业务题

【业务题一】

(1) 直接材料标准成本＝5 000×2.4×1.1＝13 200(元)

直接材料实际成本＝14 560(元)

直接材料总差异＝14 560－13 200＝1 360(元)

（2）直接材料价格差异＝13 000×(14 560÷13 000−1.1)＝260(元)

直接材料用量差异＝1.1×(13 000−5 000×2.4)＝1 100(元)

【业务题二】

（1）直接人工总差异＝1 050×5.5−1 000×5＝775(元)

（2）直接人工的工资额差异＝1 050×(5.5−5)＝525(元)

（3）直接人工的效率差异＝5×(1 050−1 000)＝250(元)

【业务题三】

变动制造费实际成本＝10 458＋6 930＝17 388(元)

变动制造费耗费差异＝12 600×[17 388÷12 600−(0.80＋0.50)]＝1 008(元)

变动制造费效率差异＝(12 600−12 000)×(0.80＋0.50)＝780(元)

变动制造费总差异＝17 388−[6 000×2×(0.80＋0.50)]＝1 788(元)

第十五章　产品成本计算的作业成本法

一、单项选择题

1. A　2. C　3. C　4. B　5. A

二、多项选择题

1. ABCD　2. ABCD　3. ACD　4. ABC　5. ABC

三、判断题

1. ×　2. √　3. ×　4. √　5. ×

第十六章　各种成本计算方法的实际应用

一、单项选择题

1. C　2. D　3. A　4. B　5. B

二、多项选择题

1. ABC　2. ABCD　3. ABD　4. ABC　5. ABC

三、判断题

1. ×　2. ×　3. √　4. √　5. √

第十七章　其他主要行业成本核算

一、单项选择题

1. B　2. C　3. C　4. C　5. C　6. B　7. D　8. C

二、多项选择题

1. ABD　2. ABCD　3. ABC　4. ABD　5. ABCD　6. ABC　7. ABC　8. ABCD　9. AB

10. AB

三、判断题

1. ×　2. ×　3. ×　4. √　5. √　6. √　7. √　8. √　9. √　10. √

第十八章 工业企业的成本报表

一、单项选择题

1. B 2. C 3. D 4. A 5. D

二、多项选择题

1. ABCD 2. ABCD 3. ABCD 4. AC 5. ABCD

三、判断题

1. √ 2. √ 3. √ 4. √ 5. × 6. √ 7. × 8. √ 9. × 10. ×

四、业务题（略）

第十九章 工业企业成本的计划与分析

一、单项选择题

1. D 2. C 3. D 4. A 5. C 6. D 7. B

二、多项选择题

1. ABCD 2. BCD 3. ABCDE 4. ABCD 5. ABCD 6. ACE 7. AE 8. BCE 9. ABCDE 10. ABCDE

三、判断题

1. √ 2. × 3. × 4. × 5. × 6. √ 7. × 8. √ 9. × 10. √

四、业务题

【业务题一】

按产品品种编制全部产品成本分析表见表1。

表1 全部产品成本分析表（按产品品种）

| 产品名称 | 产量（件） | | 单位成本（元/件） | | 总成本（元） | | 实际与计划比 | |
	实际	计划	计划	实际	按计划单位成本计算	按实际单位成本计算	降低额（元）	降低率
	(1)	(2)	(3)	(4)	(5)=(1)×(3)	(6)=(1)×(4)	(7)=(5)−(6)	(8)=(7)÷(5)
可比产品：								
A	5 000	5 100	720	640	3 600 000	3 200 000	400 000	11.11%
B	5 000	4 900	380	380	1 900 000	1 900 000	0	0
小 计					5 500 000	5 100 000	400 000	7.27%
不可比产品：								
C	2 000	1 400	850	942	1 700 000	1 884 000	−184 000	−10.82%
小 计					1 700 000	1 884 000	−184 000	−10.82%
合 计	—	—	—	—	7 200 000	6 984 000	216 000	3.00%

根据表 1,可比产品成本降低额为 400 000 元,降低率为 7.27%;全部产品成本降低额为 216 000 元,降低率为 3%。

【业务题二】

按成本项目分别计算全部产品成本计划的完成情况见表 2。

表 2 按成本项目分别计算全部产品成本计划的完成情况

成本项目	计划总成本	实际总成本	成本差异额	成本差异率
直接材料	414 000	423 000	9 000	2.17%
直接工资	208 000	202 500	−5 500	−2.64%
制 造 费	280 000	255 000	−25 000	−8.93%
合 计	902 000	880 500	−21 500	−2.38%

根据表 2,直接材料、直接人工、制造费的成本降低率分别为 2.17%、−2.64%、−8.93%。

【业务题三】

(1) 计划降低额 $= 1\,600 \times (320 - 300) + 4\,000 \times (180 - 170) = 72\,000(元)$

计划降低率 $= \dfrac{72\,000}{1\,600 \times 320 + 4\,000 \times 180} \times 100\% = 5.84\%$

实际降低额 $= 1\,800 \times (320 - 310) + 3\,600 \times (180 - 160) = 90\,000(元)$

实际降低率 $= \dfrac{90\,000}{1\,800 \times 320 + 3\,600 \times 180} \times 100\% = 7.35\%$

(2) 超计划降低额 $= 90\,000 - 72\,000 = 18\,000(元)$

超计划降低率 $= 7.35\% - 5.84\% = 1.51\%$

(3) 第一,产量变动的影响:

产量变动对成本降低额的影响 $= \sum \left[(1\,800 - 1\,600) \times 320 + (3\,600 - 4\,000) \times 180 \right] \times 5.84\%$
$$= -467.20(元)$$

产量变动对成本降低率没有影响。

第二,品种结构变动的影响:

品种结构变动对成本降低额的影响 $= \left[1\,800 \times (320 - 300) + 3\,600 \times (180 - 170) \right] -$
$$(1\,800 \times 320 + 3\,600 \times 180) \times 5.84\%$$
$$= 518.40(元)$$

品种结构变动对成本降低率的影响 $= \dfrac{518.40}{\sum (1\,800 \times 320 + 3\,600 \times 180)} \times 100\%$
$$= \dfrac{518.40}{1\,224\,000} \times 100\%$$
$$= 0.042\%$$

第三,单位成本变动的影响:

单位成本变动的影响 $= 1\,800 \times (300 - 310) + 3\,600 \times (170 - 160) = 18\,000(元)$

$$单位成本变动对降低率的影响=\frac{18\ 000}{1\ 800\times320+3\ 600\times180}\times100\%$$

$$=\frac{18\ 000}{1\ 224\ 000}\times100\%$$

$$=1.47\%$$

汇总以上三个因素变动影响的计算结果：

对可比产品成本降低额的影响＝－467.2＋518.40＋18 000＝18 051.2(元)≈18 000(元)

对可比产品成本降低率的影响＝0.042%＋1.47%＝1.512%≈1.51%

【业务题四】

(1) 各年定基发展速度的计算见表 3。

表 3　　　　　　　　　各年定基发展速度的计算

2022 年 12 月

年　　度	2018	2019	2020	2021	2022
单位成本变动	100%	99.2%	96%	90%	85%

结果表明,2019 年的单位成本比 2018 年降低了 0.8%,2020 年比 2018 年降低了 4%,2021 年比 2018 年降低了 10%,2022 年比 2018 年降低了 15%。

(2) 各年环比发展速度的计算见表 4。

表 4　　　　　　　　　各年环比发展速度的计算

2022 年 12 月

年　　度	2018	2019	2020	2021	2022
单位成本趋势	100%	99.2%	96.77%	93.75%	94.44%

结果表明,2019 年的单位成本比 2018 年降低了 0.8%,2020 年比 2019 年降低了 3.23%,2021 年比 2020 年降低了 6.25%,2022 年比 2021 年降低了 5.56%。

第二十章　专项成本会计

一、单项选择题

1. B　2. C　3. D　4.　C　5. D

二、多项选择题

1. AC　2. BCD　3. AC　4. ABC　5. AB

三、判断题

1. ×　2. ×　3. ×　4. √　5. ×